刑法演習ノート 21問

第3版

…………刑法を楽しむ

只木　誠
編著

北川佳世子・十河太朗・髙橋直哉
安田拓人・安廣文夫・和田俊憲
著

弘文堂

第３版はしがき

この度、本書『刑法演習ノート――刑法を楽しむ 21 問』の第３版が刊行の運びとなった。第２版が刊行されてからすでに４年が経過したが、この間、新法令の制定や法改正がなされ、また、重要判例が現れた。これらに対応するため、本文に加筆・修正を加え、さらに、いくつかの項目については新規の設問へと差替えを行って、本書の内容をアップツーデートなものとしている。たとえば、平成 29 年の刑法改正により性的自由に対する罪および関連犯罪の内容が大幅に改められたことから、新法令の制定に平仄を合わせ、また、この間に現れた重要な判例を紹介している。法曹養成制度や司法試験制度をめぐる環境については変容も生じているが、とはいえ、今後、法曹となることを志す学生や法科大学院生の皆さんにおいて、なすべき学修の基本に変わるところはなく、その意味からも、本書が、幸いにも多くの読者の支持を得て、その学修に資してきたことを、編者としてあらためて嬉しく思う次第である。

本書は、初版の「はしがき」にも述べたとおり、刑法の基本的な知識の習得後、さらに応用力を身に付けるべく、読者の皆さんが行う自学自習の場により良く役立ててもらうことを意図したものである。具体的には、それぞれが習得した知識を事例問題においていかに実践運用することができるかを念頭に置き、起案練習で論点を横断的に考察する力を養うことの一助たらんとするものである。その意味で、本書の基本的な編集方針は、今回の改訂版においても従来と同じである。

すなわち、これまで記したところの繰り返しとなるが、まずは、しっかりと設問を読み込んでいただきたい。そして、そこに記述された事実関係から要点を押さえて論点を抽出する。その上で、これらに法的評価を加えるための論理の道筋を探る作業に取りかかる。このプロセスを繰り返すことの重要性は、読者の皆さんにとっては言わずもがなであろうが、あらためて強調しておきたいと思う。起案練習における高い学修効果は、「定義・要件・効果」についての正確な理解・把握によってもたらされるものであるということもまた、同様である。優秀な起案の答案例においては、その点が如実に現れるのである。なお、解答例については、読者の皆さんから予想以上の好評を得ており、その点はありがたいところである。これを１つの参考例として、アウトプットの鍛錬に供していただきたいが、ただ、解答例はあくまでも「例」の範囲を出ないのであることは、すでに示したとおりである。

初版、第２版と同様、今回の改訂にあたってもまた、弘文堂の北川陽子編集長には、作業の当初から校了に至るまで、的を得た助言と力強い応援でわれわれを支えていただき、たいへんお世話になった。編者として、執筆者を代表して、心から感謝の意を表したい。また、それぞれに厳しいスケジュールを縫って今回の改訂作業に携わって下さった執筆者の皆さんにも御礼を申し上げたい。

本書が、これまで同様、法曹を目指す皆さんにとって一層の力となることを心から願う次第である。

令和４年１月

執筆者を代表して

只木　誠

第２版はしがき

法科大学院の学生諸君の学修に資する「手助け」たる書を提供すべくなした本書の刊行（2013年５月）から、すでに４年が経過した。その間、本書は、幸いにも多くの読者の支持を得て、その声によって支えられ、また、種々のご意見を頂戴してきた。ここに、あらためて御礼を申し上げたい。そして、それらのご意見に耳を傾け、一層有用・有益なものとすべく共著者間で検討を重ねた結果、この度、初版の刊行の趣旨に基づき、執筆者代表の責任のもと、本書の第２版を刊行する運びとなった。第２版では、いくつかの項において新問への差し替を行い、また、新たな判例等も盛り込んでいる。

本書の趣旨、また、より良く役立ててもらうための使い方等の「レシピ」については、初版と変わるところはないので、そちらを参照されたい。本書で学ぶ諸君においては、設問をしっかりと読み込み、その事実関係から論点を抽出し、法的評価を加えるための論理の道筋を探っていくというプロセスを何度も繰り返すことで、必ずや汎用性の高いスキルを身につけることができるであろう。そのような訓練を、本書によって、是非とも行ってほしいと考える。

本書における「解説」は、いずれも、各執筆者において十分に練り上げられたものである。とはいえ、読者には、これを唯一の解決方法として、最終的な事例解決に至るための無二の指針と捉えるのではなく、判例や学説を十分に理解したうえで、ときにはこれを問い直し、異なる解決の可能性も、あるいは異なる道筋に立った解決の方途も探ってほしいというのが、執筆者全員の願いである。なによりも、物事について批判的に考え、他の可能性をも探るという態度が重要であるからである。

各設問に「答案例」が付いている点については、初版において予想以上の好評を得た。この手応えを、嬉しく思うと同時に、本書の執筆者においては、あらためて、解答例はあくまで１つの解答のありようであり、絶対的なものではないことを確認している。本文の解説を前提としても、当然ながら、解決・結論に至る道筋は他にもあり、解答の仕方もまた多様であり得よう。強調したいのは、同じ解決・結論に至るとしても、大切なことは、その表現の仕方、項目の取り上げ方のバランス、文章の流れ、「書きぶり」すなわち、いかにそれを上手く表現することができるかである、という点である。その意味でも、読者には、自身の法律的な文章力を鍛錬する、文章力を高めるということを念頭において自分が書くつもりで解答例を読み、自身の解答の作成の参考にしてほしいと考える。さらにいうならば、解答例の読み込みだけではなく、実際の判例の「写経」ともいうべき作業、すなわち、「書き写し」の励行も文章力を身につけるという点で有効であり、こちらも是非勧めたい。いずれにしても、自分が読む側になったつもりで「しまりがある文章」を書くこと、その体得を目指してほしいものである。

第２版の刊行にあたっても、初版同様に、弘文堂の北川編集長にたいへんお世話になった。編集の方針、内容、形式、字句の訂正、読みやすくする工夫といった点で様々に助言と全力のサポートをいただいた。なによりも、「強力な！」背中の後押しによって、われわれの作業に大いなるエネルギーを与えて下さったことに、執筆者を代表して深謝したい。本書が、初版と同様、刑法を学ぶ諸君のさらなる助けとなることを願う次第である。

平成 29 年２月

執筆者を代表して

只 木　誠

はしがき

本書は、法科大学院において、すでに刑法の基礎的な知識をひととおり身につけた、とりわけ2年次の院生諸君を対象に、読者が自学自習を行うことのできる補助教材として編まれたものである。

本書で意図したのは、法科大学院で教鞭をとっている教員が、授業の効果を測る設問として実際に出題したいと考え、そして、その意味で、院生諸君各自が自身の日頃の学習の成果を測るのに有用である、そのような設例を提供することにある。法科大学院で行われている試験では、習得した法律知識とそれを事例にあてはめて運用する能力が問われるが、その能力を養うためには、普段から適切な設例を素材として起案練習を行い、これを重ねることが重要である。起案を通して、各人の、論点を横断的に考察し問題を発見する能力は高められるのであり、その素材として、かかる設例が身近にあることは大きく有用である。いわゆる演習書と呼ばれる、それぞれに特色がある優れた書が数多あるなか、本書を発刊する意図はそこにある。

このような意図の下に、われわれ執筆者は以下の点を確認した。

まず、実際の判例・裁判例の存在を意識すること、である。司法研修所の前期修習のごとき役割の一部を担うとまでは考えなくとも、法科大学院が将来法曹実務家となって世に出る諸君の教育の場である以上、そこで行われる授業が判例を意識せずに成り立つはずはないといえよう。しかし、「何が判例か」、「その射程は」と問われれば、その捉え方は1つではない。本書では、ときに「この判例はその文言上はこうとも読める」、あるいは、「過去の判例との対比からするとこうみるべきである」等々の、判例の理解の仕方といった領域にまで踏み込んで、解説を行っている。それは、判例理論は不変ではなく、判例をあるべき方向に変えていくことが本書で学ぶ諸君の今後の務めでもある、と考えるからである。その意味では、本書は、判例・実務を意識した上で成り立っているものである。

つぎに、各自の思考力の涵養を目指すこと、である。いずれの授業でも強調されていることかと思うが、解答は決して1つではない。作問する教員の側においても、解答のはじめの時点から起案の筋・流れが大きく異なりうるような設問を提供することは少ないと思うが（なにしろ、万が一そのような問題を出してしまったら、採点が大変である！）、事実の捉え方が異なれば当然、さらには事実の捉え方が同じであっても、異なる結論に至ることは十分にありうることである。本書は各自の自習を前提としていることから、できるだけわかりやすい解説を心がけたが、同時に、視点を異にすれば異なる結論に達しうることを踏まえ、場合によっては判例理論に対して学理的に突き詰めた検討を行っている。また、思考の鍛錬の書たりうることを目指し、ときに、一般に広まっている学説に、理論上、あるいは実務上からの批判を加えたところもある。

このような点を理解した上で、本書の利用法としては、設問の文章を読んだなら、解説を読む前に、まず、論点を抽出し具体的な事実を拾って構成要件にあてはめる構想を練ってみてほしい。そして、それをもとに実際に起案してみることを勧めたい（ここで注意喚起し、強調しておきたいのは、教員側の経験上、問題文をしっかり把握していない解答、分析が甘い起案に接することは稀ではないという点と、そして、丁寧かつわかりやすい論述を心がけることが大切だという点である）。その上で、解説に目を通してみよう。そのときにも、改めて自分が文章を書くイメージをもって読み進めてみる。そのような地道な作業を繰り返し、本書を卒業したときに、諸君の起案構成力は一段と向上しているはずである。

本書の21個の設問は、いずれも、それぞれ、総論上の問題と各論上の問題を含んでいるが、あえて分類するならば、総論的なもの、基本的事項に関するもの、論点が絞り込まれているものが前半に、各論的なもの、論点が多岐にわたりより複雑なもの、事実の認定に関わるものが後半に配されている。その意味では、基本的には、並んでいる順にチャレンジしていくのがよいであろう。

本書では、問題文の解説の後に解答例を付している。具体的な「できあがりのイメージ」が示されないと、解説を読んだだけでは自分の欠点が見つけにくいと感じるものであるし、また、「習うより慣れろ」でもある。解答例の作成は、司法試験合格後間がない修習生、裁判官、検察官、弁護士の方々にお願いした。修習中の学習や日々の実務で忙しいなか本書の趣旨を理解して協力していただいたことに感謝申し上げたい。なお、いずれの解答例もそれぞれ１つの「解答」の「例」であって、それが唯一、最善たるということではないことはいうまでもない。

本書の企画をいただいた折、類書・良書がすでにあるところ、新たな書が世に出てどのような存在価値をもちうるであろうかとためらいの思いもないではなかった。しかし、そのような思いがあったにもかかわらず、このように上梓が実現したのは、この企画を引き受けるならばと、当初から必須の要件と考え、思い描いたところの執筆陣のお一人も欠けることなく本企画の趣旨に賛同、参加いただき、魅力的かつ充実した設問例を提供していただいたことによる。いずれの設問文、解説文においても、執筆者お１人お１人のこれまでの経験が余すことなく発揮されており、諸君は、それらを読みこなすことを通してその指導力に魅了され、必ずや事例研究の妙を得心するはずである。絶えず真摯かつ適切なアドバイスによって本書の実現に協力してくださった弘文堂の北川陽子編集長への深謝とあわせ、編者として、記して心からの御礼を申し上げる次第である。

平成 25 年 4 月

執筆者を代表して

只 木　誠

1. 故意煩い 和田俊憲 —— 2

1 概観 —— 4
2 故意の一般論 —— 8
(1)認容説と認識説 (2)結果の予見の認定 (3)客観的事情による主観面の認定
3 本問の分析 —— 10
(1)凶器の種類 (2)凶器の用法 (3)創傷の部位 (4)創傷の程度 (5)動機
(6)犯行後の行動 (7)その他
4 まとめ —— 12

2. とんだこんだの勘違い 北川佳世子 —— 16

1 概観 —— 17
2 小問❶ —— 18
(1)乙の罪責——誤想過剰防衛 (2)甲の罪責——窃盗の間接正犯、事後強盗
3 小問❷ —— 21
(1)乙の罪責——抽象的事実の錯誤 (2)甲の罪責——共犯と錯誤
4 小問❸ —— 23
事後強盗罪の共犯

3. 幸せな夫婦の暗転 安田拓人 —— 29

1 概観 —— 31
2 財布・現金の強取について —— 32
3 B に向けてペットボトルを投げつけた行為について —— 34
4 第三者の不適切な行動の介在と刑法上の因果関係 —— 35

CONTENTS

4. 迷える羊の帰還　只木　誠 —— 41

1　概観 —— 44
2　Aの罪責 —— 45
(1)放火罪　(2)中止犯
3　Cの罪責 —— 50
(1)財産罪　(2)住居侵入罪
4　Dの罪責 —— 54
財産罪に関する異なる構成要件間の錯誤

5. 忘れ物にはくれぐれもご注意ください　髙橋直哉 —— 61

1　概観 —— 65
2　甲の罪責 —— 66
(1)財布に関する占有の有無　(2)甲の主観面　(3)財布などをゲームセンターのゴミ箱に捨てた行為の評価
3　乙の罪責 —— 71
4　丙の罪責 —— 71
(1)3万円を受領した行為の評価　(2)甲に財布を捨てさせた後でキャッシュカードなどを領得した行為の評価　(3) ATMで預金を引き出そうとした行為の評価　(4)Bの顔面を殴打して傷害し、最終的にBが死亡した点についての評価

6. うまい話には裏がある　十河太朗 —— 81

1　概観 —— 83
2　甲の罪責 —— 84
(1)詐欺罪　(2)横領罪の共同正犯　(3)建造物侵入罪の共同正犯　(4)窃盗罪
(5)罪数

3　丙の罪責――89
詐欺幇助罪
4　乙の罪責――90
横領罪の共同正犯

7. 女心は春の空、男心は秋の空
和田俊憲――100
1　概観――103
2　Aの死亡結果のYへの帰責――104
3　Aの死亡結果のXへの帰責――109
4　第2暴行についてのYの殺人罪の成否――111
5　偽証について――113

8. お仕事の邪魔・嫌がらせアラカルト
安廣文夫――118
1　概観――121
2　事例❶について――121
(1)業務妨害罪と公務執行妨害罪　(2)往来妨害罪　(3)建造物侵入罪　(4)その他
3　事例❷について――126
(1)限定積極説の実質的解釈・運用　(2)修正積極説の評価
4　事例❸について――130
(1)名誉毀損罪と侮辱罪　(2)名誉毀損罪に関する事実証明等

CONTENTS

9. 血が酩酊するとき　安田拓人――142

1　概観――144

2　甲の罪責――145

(1)行為の切り取り方　(2)フライパンでの殴打行為と正当防衛の成否　(3)洋鋏での刺突行為と正当防衛・過剰防衛の成否

3　乙の罪責――151

(1)不作為犯の可能性　(2)片面的共犯・共犯の錯誤

10. 盗んだバイクで走り出す～　北川佳世子――158

1　概観――160

2　乙の罪責――161

(1)バイクの無断使用の可罰性　(2) A からバイクを奪う行為と利用処分意思　(3) A に対する暴行・傷害結果の評価　(4) 110 条 1 項の「公共の危険」の意義　(5)公共危険の認識　(6)甲との共犯関係

3　甲の罪責――166

(1)共犯の錯誤　(2)共同正犯の成立範囲

11. 僕は「ボク」で、「オレ」は僕でなく　只木　誠――172

1　概観――175

2　各論点の解説――176

(1)論点 1 について　(2)論点 2 について　(3)論点 3 について　(4)論点 4 について　(5)その他

12. パチンコは適度に楽しむ遊びです
高橋直哉――191
1 概観――195
2 設問1について――195
(1)甲がBのバッグを奪った行為の評価 (2)甲が車でBを振り払い、Bを転倒させて逃走した行為の評価 (3)傷害についての帰責 (4)他の法律構成 (5)その他
3 設問2について――200
4 設問3について――202

13. 妻の嘘と夫の嘘 十河太朗――216
1 概観――220
2 甲の罪責――220
(1)共同正犯 (2)有印私文書偽造罪の共同正犯 (3)偽造有印私文書行使罪の共同正犯 (4)詐欺罪の共同正犯 (5)虚偽有印公文書作成罪の共同正犯 (6)贈賄罪 (7)罪数
3 乙の罪責――224
(1)有印私文書偽造罪 (2)有印私文書偽造罪の共同正犯 (3)偽造有印私文書行使罪の共同正犯 (4)詐欺罪の共同正犯 (5)虚偽有印公文書作成罪の共同正犯 (6)罪数
4 丙の罪責――226
(1)加重収賄罪、事後収賄罪 (2)有印私文書偽造罪の幇助犯 (3)偽造有印私文書行使罪の幇助犯 (4)詐欺罪の幇助犯 (5)虚偽有印公文書作成罪の幇助犯 (6)罪数

14. 華麗ならざる犯行 只木 誠――235
1 概観――238

CONTENTS

2　甲の罪責——238

(1)レシートを手に取った行為について　(2)赤色の口紅を陳列棚から取った行為について　(3)商品交換を装ってピンク色の口紅の交付を受けた行為について
(4)Ｙから逃れ、化粧品の返還を免れようとして暴行を加えた行為について

3　乙の罪責——243

(1)共謀の内容　(2)共謀の射程　(3)共犯関係からの離脱・解消　(4)共犯の錯誤
(5)人の終期　(6)因果関係

4　Ｃの罪責——250

(1)業務上過失の認定　(2)因果関係

5　その他の論点——251

(1)建造物侵入罪の成否　(2)レシートに関する甲の窃盗罪につき、乙は共謀共同正犯としての責任を負うか　(3)罪数など

15. マル暴はマル秘事項？　北川佳世子——263

1　概観——265

2　甲の罪責——266

(1)相当対価の給付と詐欺罪　(2)業務上横領罪——親族相盗例の準用の可否

3　乙の罪責——271

(1)２項詐欺罪　(2)権利行使と恐喝罪　(3)（業務上）横領罪の共犯——身分犯の共犯

16. 替え玉受験の顛末　髙橋直哉——278

1　概観——282

2　Ｘの罪責——283

(1)文書偽造罪の成否　(2)強制わいせつ罪の成否　(3)ＸがＢの現金・携帯電話を奪った行為の評価　(4)その他

3 Yの罪責 290
4 Zの罪責 291
⑴共犯関係の解消 ⑵同時傷害の特例（207条）適用の可否

17. 組長のためなら 十河太朗 299

1 概観 301
2 乙の罪責 302
⑴犯人隠避罪 ⑵証拠偽造罪 ⑶罪数
3 丙の罪責 306
偽証罪
4 甲の罪責 307
⑴殺人未遂罪 ⑵犯人隠避罪の教唆犯 ⑶証拠偽造罪の教唆犯 ⑷偽証罪の教唆犯 ⑸罪数

18. テミス像の声 和田俊憲 315

1 概観 316
2 盗聴行為と公務員職権濫用罪 317
⑴公務員職権濫用罪と通信傍受法 ⑵権利妨害 ⑶職権 ⑷濫用
3 テミス像の窃取 319
4 テミス像の処分 319
⑴盗品性 ⑵本犯の犯人・関与者と盗品等関与罪
5 テミス像の売却代金の扱い 321

CONTENTS

19. 刑法好きの若頭と強盗犯の同士討ち

安廣文夫――325

1 概観――330

2 乙の罪責――331

(1)強盗等の目的でクラブに立ち入った点 (2)クラブ出入口の内側から施錠した点 (3)代金支払いの意思なく飲食している点 (4)B・C の財布を抜き取った点 (5)A に対しナイフを示してから A を死亡させるまでの行為 (6)丙を負傷させ死亡するに至らせた行為 (7)乙自身の負傷の点 (8)ホステスらを緊縛し店内の現金等を奪うなどした点 (9)ホステスらに暗証番号を言わせた点 (10)ホステスらにクロロホルムを吸引させ失神させた点 (11)D を死亡に至らせた点 (12)ATM での現金引出しの点 (13)甲に嘘をついて少ない現金を交付した点 (14)替え玉保険受診の点 (15)罪数関係

3 甲の罪責――339

20. ヴェルディのオペラ「リゴレット」より

安田拓人――349

1 概観――353

2 甲の罪責――354

(1)未成年者／わいせつ目的拐取罪 (2)住居侵入罪

3 丙らの罪責――355

(1)未成年者／わいせつ目的拐取罪 (2)監禁罪 (3)拐取罪と監禁罪の罪数関係

4 丁の罪責――358

(1)C の同意の不知と抽象的事実の錯誤 (2)共謀の射程（乙の丁との共同正犯の成否） (3)横領・詐欺罪（前払金の返還免脱） (4)詐欺罪（後払金の詐取）

5 乙の罪責――362

21. 天網恢恢疎にして漏らさず

安廣文夫――371

1 概観――378

2 事例❶について――379

(1)素材事件の紹介　(2)欺罔行為の捉え方　(3)「財産上不法の利益」の範囲　(4)レストランでの飲食　(5)偽計業務妨害罪について　(6)その他

3 事例❷について――381

(1)共謀内容は偽計業務妨害罪に該当　(2)乙の無銭飲食と詐欺罪の成立範囲　(3)甲に対する偽計業務妨害罪の成立　(4)偽計業務妨害罪と詐欺罪の関係　(5)甲・乙の共同正犯関係と各成立罪名

4 事例❸について――384

(1)素材事件の紹介　(2)詐欺罪の成否　(3)詐欺（未遂）罪の成立範囲　(4)共同正犯か幇助犯か　(5)法律の錯誤　(6)詐欺（未遂）罪の罪数　(7)その他

5 事例❹について――388

(1)素材事件の紹介　(2)各実行行為自体についての検討　(3)事実の錯誤・共犯の錯誤　(4)数故意犯説と罪数問題

6 事例❺について――390

(1)甲の関係　(2)乙の関係　(3)丙の関係

7 まとめと補説――392

(1)まとめ　(2)住居侵入罪（広義）に関する補説

事項索引――401

判例索引――405

凡　例

1　本書における法令は、令和4年1月1日現在の内容による。

2　本書では、刑法条文の引用に際しては法令名を省略し、条文番号のみで表示した。

3　本書における略号は、以下のように用いるほか、慣例にならった。

①　裁　判

最大判（決）	最高裁判所大法廷判決（決定）
最判（決）	最高裁判所判決（決定）
大連判	大審院連合部判決
大判（決）	大審院判決（決定）
高判（決）	高等裁判所判決（決定）
地判（決）	地方裁判所判決（決定）

②　判例集

刑集	最高裁判所（大審院）刑事判例集
刑録	大審院刑事判決録
裁判集(刑)	最高裁判所裁判集　刑事
高刑集	高等裁判所刑事判例集
判特	高等裁判所刑事判決特報
裁特	高等裁判所刑事裁判特報
高刑速	高等裁判所刑事判決速報集
高検速報	高等裁判所刑事裁判速報集
東時	東京高等裁判所刑事判決時報
裁時	裁判所時報
一審刑集	第一審刑事裁判例集
下刑集	下級裁判所刑事裁判例集
刑月	刑事裁判月報
家月	家庭裁判月報

③　単行本

井田・総論	井田良『講義刑法学・総論［第2版］』（有斐閣・2018）
大塚・各論	大塚仁『刑法概説（各論）［第3版増補版］』（有斐閣・2005）

大谷・総論	大谷實『刑法講義総論［新版第5版］』（成文堂・2019）
大谷・各論	大谷實『刑法講義各論［新版第5版］』（成文堂・2019）
斎藤・総論	斎藤信治『刑法総論［第6版］』（有斐閣・2008）
斎藤・各論	斎藤信治『刑法各論［第4版］』（有斐閣・2014）
曽根・総論	曽根威彦『刑法総論［第4版］』（弘文堂・2008）
曽根・各論	曽根威彦『刑法各論［第5版］』（弘文堂・2012）
争点	西田典之＝山口厚＝佐伯仁志編『刑法の争点』（ジュリスト増刊・2007）
大コンメ	大塚仁＝河上和雄＝中山善房＝古田佑紀編『大コンメンタール刑法［第3版］第1～13巻』（青林書院・2013～2021）
大コンメ刑訴法	河上和雄＝中山善房＝古田佑紀＝原田國男＝河村博＝渡辺咲子編『大コンメンタール刑事訴訟法［第2版］第7巻』（青林書院・2012）
高橋・総論	高橋則夫『刑法総論［第4版］』（成文堂・2018）
高橋・各論	高橋則夫『刑法各論［第3版］』（成文堂・2018）
中森・各論	中森喜彦『刑法各論［第4版］』（有斐閣・2015）
西田・総論	西田典之／橋爪隆補訂『刑法総論［第3版］』（弘文堂・2019）
西田・各論	西田典之／橋爪隆補訂『刑法各論［第7版］』（弘文堂・2018）
林　・各論	林幹人『刑法各論［第2版］』（東京大学出版会・2007）
百選Ⅰ・Ⅱ	佐伯仁志＝橋爪隆編『刑法判例百選Ⅰ総論・Ⅱ各論［第8版］』（別冊ジュリスト・2020）
藤木・各論	藤木英雄『刑法講義各論』（弘文堂・1976）
前田・総論	前田雅英『刑法総論講義［第7版］』（東京大学出版会・2019）
前田・各論	前田雅英『刑法各論講義［第7版］』（東京大学出版会・2020）
山口・総論	山口厚『刑法総論［第3版］』（有斐閣・2016）
山口・各論	山口厚『刑法各論［第2版］』（有斐閣・2010）

④　雑誌その他

警論	警察学論集

刑ジャ	刑事法ジャーナル
刑法	刑法雑誌
現刑	現代刑事法
ジュリ	ジュリスト
判時	判例時報
判セ	判例セレクト
判タ	判例タイムズ
判評	判例評論
ひろば	法律のひろば
法教	法学教室
法セミ	法学セミナー
最判解	最高裁判所判例解説刑事篇
重判解	重要判例解説（ジュリスト臨時増刊）

※　法令は法令データ提供システム Web サイト（https://elaws.e-gov.go.jp/）で閲覧、および、ダウンロードすることが可能である。

刑法 演習ノート

1. 故意煩い

設問　以下の事実関係に基づき、X について、❶殺人罪の成立を肯定する立論と、❷殺人罪の成立を否定する立論とを、それぞれ記述しなさい。

1　X は、無断外泊して帰宅した娘の A（16 歳）と口論となり、「うるさい、くそじじい」などと言われたことに憤激のあまり、某日午前 8 時 50 分頃、P 市市営住宅 51 号室前階段付近において、同女に対し、所携の刃体約 13.2 cm の出刃包丁を投げつけてその後頭部に命中させ、同女に左後頭部刺創を負わせた。同女は、同市所在の Q 病院に運ばれたが、同日午後 11 時頃、小脳刺創および頭蓋内出血により死亡した。

2　目撃者 B および X の妻 C の各供述を中心とした関係証拠によれば、犯行に至る経緯、犯行状況等として以下の事実が認められる。

(1)　被害者 A は X の一人娘であるが、X は日頃 A を大変にかわいがり、自分や 2 人の息子が高校を卒業していないことから A には無事卒業してもらいたいと切望していたところ、A は、本件の 1 か月半ほど前から外泊を繰り返し、本件の 1 週間くらい前からは無断での外泊もするようになったので、X はこれを注意していた。さらに、本件当日に予定されていた A の高校での親を含めた三者面談について、X は、被害者が高校を卒業できなくなるのではないかなどとひどく心配していたが、A がその前々日に無断外泊をしたので、X は、本件の前日の夕食の際、A に対して当夜は外泊をしないよう強く注意した。

(2)　X は、飲酒すると攻撃的になって、ささいなことでも自分の思うようにならないと怒り出し、「ぶち殺すぞ」などと言って妻に対して暴力を振るったり、食器等の物を投げつけたりすることがよくあり、本件の 1 か月前くらいからは、妻の足元などに出刃包丁を投げつけるようにもなった。X は、A に対しては、怒鳴りつけることはあっても暴力を振るうことはなかったが、本件の1週間くらい前には、外泊のことに関してAに対して出刃包丁を振りかざしたことがあった。

(3) Aは、上のように本件前日の夕食の際外泊をしないよう強く言われたにもかかわらず、当夜も行き先を告げずに外出して帰らなかった。これを知ったXは、怒ってCに当たり散らすなどした上、焼酎を飲んで眠った。

(4) 翌朝、Xは起きてすぐ残りの焼酎1合分を飲んだ。Xは、午前8時過ぎ頃、帰宅したAに対し、「お前、どこに行っていたんだ。何をしていたんだ。お前なんかいらない。出ていけ。ぶっ殺してやる」などと激怒して怒鳴りつけたのに対し、Aが、「くそじじい」などと口答えをして口論となった。Xは、台所の流しの下から出刃包丁を持ち出して振りかざしたが、これを見たCがXから包丁を奪い取り、Aに逃げるように言ったので、Aは玄関から屋外に逃げ出した。ついで、Xは、今度は箪笥からAの衣類を取り出し、「出ていけ」などと怒鳴りながらこれらを次々に玄関から外に放り投げた。そして、Xは、再び台所の流しの下から前記出刃包丁（刃体約13.2cm、重さ約178g）を持ち出し、「殺してやる」とつぶやきながら外に出た。その際、妻は再び外に向かって「逃げろ」と叫んだ。

(5) Aは、玄関から出て、いったんは51号室の出入口階段の途中に腰を下ろしていたが、前記Cの声を聞いたため立ち上がって歩いて降りかけたとき、Xが部屋から外に出てきた。Xは、階段の降り際に立ち止まり、右手に持った前記出刃包丁を頭部右側付近に振り上げて、階段を降りつつあったAの方に投げつけた。その時、Xは階段の一番上に、Aは階段の上から6段目付近におり、Aの頭部はおおむねXの足元の高さにあって、2人の間の水平距離は約3.3mであった。

(6) Xが投げた出刃包丁はAの後頭部に突き刺さり、その後階段上に落下した。Aは、出刃包丁が当たった後、両手を後頭部にあてがい、そのまま階段を降りて道路を歩いて行った。Xも、階段を降り、包丁を拾って、Aの後ろをしばらく歩いてついていった。Aは近くのそば屋付近まで歩いていったが、Xは、A

を立ち止まって見ており、その後引き返した。
⑺ 被害者は、左後頭部に深さ約 3 cm の小脳に達する刺創を負い、同日午後 11 時頃、収容先の病院で小脳刺創および頭蓋内出血により死亡した。

解　説

1…………概　観

⑴ 設問のねらい

本問の出題趣旨を説明するために、少し手前の一般論から話を始めたい。

一般的な事例問題で「被告人の罪責を論じなさい」と言われたとき、たとえば殺人罪が成立するという結論を示す場合は、「よって、殺人罪が成立する」という類の書き終わり方をする答案が多いと思われる。この書き方がそれ自体として誤っているとか不適当であるとかいうことは全くないのであるが、書いている本人が一種の「証明」をした気分に陥る危険を孕んでいる点が気がかりである。「以上の論証から、客観的に殺人罪が成立することが証明された」というニュアンスを含んでいるように感じられるのである。そして、そのような一文で締められる文章は、冒頭から、自分はこれから客観的に正しい解を導こうとしているのだという気分で書かれることになりやすい。そこでは、当該事例に一定の法則をあてはめると正しい唯一の解にたどり着くことが前提とされていそうである。

しかし、法学に正解はない、あるいは、正解は１つではない、などとよくいわれる。自然科学とは違うのだという。法学は説得の学問であるというのも、基本的に同じことである。法の適用場面では、紛争の当事者がそれぞれそれなりにありうる主張を戦わせ、いずれがより説得力ある主張であるかを判定者が判断するのである。必要なのは絶対的な証明ではなく、ほかのありうる主張を前提とした相手方や判定者に対する相対的な説得である。

証明ではなく説得の問題であるとすると、次の２点に注意が必要である。１つは、誰も争わないと考えられる点については、論じても論述の説得力に影響しないからその必要がないし、むしろ触れるべきではないことが多いということである。被告人が高校生の娘に包丁を投げつけて死なせたという本問のような事例問題で、「まず、被害者が人であるかを検討する。人とは、母体から一部または全部露出した後、脳死または心臓死に至るまでの間のヒトをいい、……」、「つぎに、結果が発生したかを検討する。殺人罪における結果とは、……」などと書くのは、証明問題の答案としては正しいかもしれないが、法学の答案としては積極的な誤りである。

そのようなことを書く人がいるとは信じられない、自分は関係ないと思われるかもしれない。さすがに殺人罪ではほとんどいないであろうが、詐欺罪や背任罪のように構成要件要素が多い少しマイナーな犯罪類型になると、とりあえず要件を全て列挙し、しかもその全てについてとるべき解釈を示した上で書き進めていくものが目立つようになる。それは、理解が不十分であることの不安に対応して、とりあえず覚えていることを書き出して安心したいという欲求の現れであることが多く、それを正当化してしまうのが「証明」をしているのだという感覚である。犯罪の成立を証明するのだから、全ての要件が満たされていることを示さなくてはいけないではないか、と思ってしまうのである。

しかし、それを徹底している答案は見たことがないし、それは物理的にありえない。ある犯罪が成立するという結論を論理的に証明しようと思ったら、その犯罪類型の構成要件要素が全て満たされることだけでなく、あらゆる違法性阻却事由が不存在であること、あらゆる責任阻却事由が不存在であることを論証する必要がある。さらに、その他の犯罪類型が１つも成立しないことをも論証しなければ、その犯罪のみが成立するという罪責についての結論を証明したことにはならないはずである。わが国法上 10,000 類型を優に超えるといわれる犯罪の全てについて言及することなどできないことはいうまでもないが、特別法を除き刑法典の犯罪類型に限定したとしても同じである。

その意味では、誰しも、どこかのレベルでは必ず、論述が必要である範囲を少なくとも無意識のうちに限定しているのである。そうであれば、もう少し意識的に頑張って、真に必要な範囲に限って述べる練習をすべきであろう。

証明ではなく説得の問題であるとした際に注意すべきことのもう1つは、規範の解釈問題よりも、それにあてはめるべき事実の認定・評価についての説得が求められる場面が多いということである。「証明」型で考えると、規範の内容は論理的に正しい解釈が1つに決まり、すでに定まっている事実にそれをあてはめれば自動的に正しい1つの結論が得られる、というイメージになり、何が正しい規範であるかを導く「論証パターン」を覚えることが非常に重要であるということになりがちである。そこでは、A説を否定してB説の正しさを論証する、という点に重点が置かれる。

しかし、実務家が刑事実体法の規範の内容について相手方当事者や裁判所を説得する必要に迫られる場面は多くない。確立した判例がある場合は裁判所はそれに従うから、反対説を出してみたところで全く意味がない。そうすると、実務家になるべき者を教育する法科大学院においても、判例が主、学説は従の扱いになるのは自然なことである。そして、規範の内容については基本的に判例をベースにするとすれば、主張者によって罪責の結論が分かれうるのは、事実の認定・評価が異なる場合だということになる。

主張者によって事実の認定・評価が異なるということ、そして、その点における説得力を争うということは、次のような意味である。

たとえば、本問では、事実関係としては、行為者が被害者に向けて包丁を投げつけたことまでしか書かれておらず、その際の行為者の主観面がどのようなものであったのかについては記載がない。そうすると、故意は行為から結果が発生することの認識・認容があるときに認められると考えるとしても、その規範にあてはめるべき事実がまだ得られていないことになる。「行為者は被害者に向けて包丁を投げつけた。よって、被害者が死亡することの認識・認容があったといえるので殺人罪の故意が認められる」という主張が、論理の飛躍であり説得力をもたないことは明らかであろう。被害者に向けて包丁を投げつける場合であっても、後頭部に突き刺すことを狙っていれば死亡結果の認識・認容は肯定される方向に強く傾くであろうが、単に被害者の足元に投げつけて脅かす目的なのであれば、死亡結果の認識・認容は認められないからである。したがってそこでは、被害者に向けて包丁を投げつけた際の行為者の主観面がどのようなものであったのかを、当該事案におけるその他の事実関係や一般常識、経験則等に基づいて自ら合理的に評価・認定する必要があるのである。

旧司法試験においては多くの場合、「行為者は、被害者は死亡するかもしれないがそれでも構わないと思っていた」といった記述が問題文中にあったので、結果の認識・認容という規範をそれにあてはめれば済んだが、今日では、「死亡しても構わないと思っていた」のかどうかを自分で判断しなければならないのである。問題文に書かれた裸の事実から、規範をあてはめることが可能な事実を導かなければならず、しかも反対の結論になる事実評価もありうる中でその説得力が問われるのである。比喩的にいえば、法科大学院は、「1つの規範、複数の事実」を前提に説得の技術を身につける高等専門学校であり、いわゆる旧司法試験を念頭においた従来の法学部における教育が「複数の規範、1つの事実」を前提にしていたのとは状況が異なるのである。

本問は、このことを強く認識する機会を提供するためのもので、横浜地判平成10年4月16日判タ985号300頁を題材にしている。問題となるのは殺人罪の故意の肯否である。故意を肯定して殺人罪の成立を主張する検察官と、故意を否定して傷害致死罪にとどまると主張する弁護人とが、それぞれ具体的にどのような論証を行うかを考えてもらおうとしている。同じ事実関係でも、評価の仕方によって結論は変わりうることが実感できると思われる。

(2) とりあげる項目

➤殺人罪の故意の認定

2…………故意の一般論

⑴ 認容説と認識説

一般に、故意には、意図、確定的故意、未必的故意があるとされ、故意の最低限度である未必的故意と認識ある過失との境界がどのように引かれるべきかが議論される。そして、故意の本質を意思にみるか認識にみるかの立場の違いを反映して、構成要件実現の可能性・蓋然性を認識するだけでなく、それを意思的に受け容れる人格態度としての認容がある場合に故意を認める「認容説」と、構成要件実現を認識した場合に故意を認める「認識説」とが対立し、後者は蓋然性説や動機説に分かれ、判例は認容説をとっているなどとされる。

確かに、標準的な裁判例は「被害者が死亡することがありうることを認識しながら、これを認容する意思」で行為に出たことを問題としている。しかし、行為者が結果発生を望んでいなくても、結果発生の高い可能性を認識していれば、「消極的認容」が肯定される（福岡高判昭和45年5月16日判時621号106頁〔診療所放火殺人事件〕参照）。認識はあるが認容がないので故意が否定される、ということを判例は認めていない（このあたりについては、池田真朗編・判例学習のA to Z 90頁以下〔辰井聡子〕がわかりやすい）。

そうすると、重要なのは、死亡結果発生の危険性が高い行為を、そのような行為であると認識して行ったといえるかどうかである。そして、そのような認識がある場合は、基本的にはどの見解からも故意は肯定されることになる。

⑵ 結果の予見の認定

死亡結果発生の危険性が高い行為をそのような行為であると認識して行ったといえるかどうかが重要であるということは、次の点から積極的に基礎づけられる。

故意は、単なる願望とは異なる。故意が肯定されるためには認識が必要であるが、ある事実を認識しているといえるためには、その根拠となるべきものを認識していなければならない。ある事実を根拠なく思い描くことは、故意ではなく願望にすぎない。

本問で問題となっているのは、故意の中でも、結果の認識（すなわち「予見」）である。結果は行為の時点からみると将来の事実であり、行為から結果が発生することの根拠となる事実は、当該行為が結果を発生させる危険性の高い行為であるということである。その意味で、結果に対する予見が肯定されるためには、当該行為が結果を発生させる危険性の高い行為であることを認識している必要がある（結果発生の危険性のさほど高くない行為であることの認識でも根拠の認識として十分かは、議論が分かれるところである）。

そして逆に、結果を発生させる危険性が高い行為であるということさえ認識していれば、それを否定する特別の事情がない限り、結果の認識（・認容）があるものとして、故意は肯定される。結果発生の危険性が高いことを認識していれば、結果が発生することを予見しているのが普通であって、危険性が高いにもかかわらず結果が発生しないと認識するのは、それを基礎づける特別の事情を認識している場合に限られるからである。

さらに、通常は自分の行為は正しく認識しているものである。そうすると、結果を発生させる危険性が客観的に高い行為であれば、そのことが認識できない特別の事情がない限り、行為の危険性は認識されていることになる。行為の危険性が認識されていれば、通常結果の予見があることは、上にみた通りである。

そうすると、①行為が客観的に危険かどうかがまず問題で、②客観的に危険性が高いとなった場合は、自分の行為であるにもかかわらずその危険性を認識していない特別の事情があるかどうかをみて、③行為の危険性を認識していたといえる場合には、それにもかかわらず結果の不発生を認識したといえる特別の事情があるかどうかをみる、という構造で理解するとよいと思われる。

⑶ 客観的事情による主観面の認定

行為の客観的危険性が重要であることは、次のような点にも現れている。

故意は主観面の問題である。主観面の直接証拠は、行為者の供述しかない。しかし、被告人が否認していれば必ず故意が否定されるわけではないのはもちろん、被告人の自白があってもそれだけで故意が肯定されると考えるべきではない。故意の肯否は、客観的な情況証拠の積み重ねによって判断することが必要である。

殺意の認定で主に利用される情況証拠は、①凶器の種類・形状・性能、②凶器の用法、③創傷の部位、④創傷の程度、⑤犯行の動機、⑥犯行後の行動であるとされる。このうち①〜④が行為の客観的な危険性を判断するためのものであり、⑤および⑥が結果発生を目指していたかどうかを判断するための補助的な資料となっている（判例における殺意の認定については、小林充＝香城敏麿編・刑事事実認定（上）16 頁以下〔大野市太郎〕参照)。

3…………本問の分析

本問の事実に即して、これらの要素をみていこう（本問の題材である前掲横浜地判平成 10 年 4 月 16 日における殺意認定の分析については、小林充＝植村立郎編・刑事事実認定重要判決 50 選（上）［第 2 版］379 頁以下〔原田保孝〕参照)。

⑴　凶器の種類

一般に、先端のとがった刃体・刃渡り 10 cm 以上の刃物は、致命傷を負わせるのに足りる凶器であるとされる。本問でこの点は否定できないが、握ったまま刺突するのではなく投げつけるという用法と併せて考えると、重量がさほど重くないことは消極（殺意を否定する方向）に働きうる。

⑵　凶器の用法

約 3.3 m 前方の階段を降りつつある被害者に向けて 1 回投げつけるという用法である。後頭部に刺さるところまで含めて考えれば客観的な危険性は高いが、投げる行為の時点でその認識があるといえるかというと議論の余地がある。逆に、投げるところまでに限定して考えればそのこと自体の認識があることは確かであるが、必ず刺さるとはいえない以上、刃物を持ったまま刺突するような場合と比較すると客観的な危険性は低くなる。また、包丁を投げた時点での被害者との距離の近さ・的の大きさを強調すれば積極に傾き、的である被害者が動いていることなどを強調すれば消極に傾くであろう。

⑶ 創傷の部位

創傷が身体の枢要部（身体の四肢を除く部分）にあることは、生命の危険が肯定される方向に働く。後頭部は身体の枢要部であるが、そこを狙ったといえるかというと問題である。犯行以前に妻の足元へ包丁を投げることに慣れていたことは、投げる感覚等を身につけていた点では積極に働くが、投げ慣れていても１度も枢要部に当てるつもりがなかった点では消極に働くであろう。今回も投げ慣れている通りの角度で下に向けて投げたところ、被害者が低い位置にいたために頭部に当たってしまったとも考えられる。

⑷ 創傷の程度

部位を前提とすると致命的であるが、さほど深い傷ではない。１回投げつけただけで行為態様が執拗でないことは、消極に働きうる。

⑸ 動　機

殺意の動機は薄そうである。実の娘に殺意を抱くというのは余程のことである。しかも、高校を無事卒業してもらいたいと思っていたのであれば殺意を抱くというのは不合理である。もっとも、当初はそのように思っていたとしても、状況の変化により思いが変わることはありうる。

⑹ 犯行後の行動

被害者に対する救護措置をとっていない。当初から包丁を投げて命中させるつもりで予想通りの結果になっただけだからであると考えれば、殺意を肯定する積極事情となる。刺さったことが意外であっても、その後被害者は１人で歩いており、重大なことであるという認識がなかっただけであると考えれば、消極事情となる。

⑺ その他

「ぶっ殺してやる」などと怒鳴ることは、直ちに殺意を認定する情況証拠とはならない。単なる強がりであるとも考えられるからである。もっとも、その後「殺してやる」とつぶやいており、怒鳴るのとは違って単なる強がりともいえない可能性があり、その間に動機が切り替わったとみれば、殺意を認める方向に働くということも考えられる。

4…………まとめ

本問の題材となった裁判例は、結論としては殺意が否定されたものであるが、実務家の間でも、人によって結論が分かれうる相当に微妙な事案であるとされているようである。答えが1つではないことを実感する格好の題材である。

故意のほかにも、法的因果関係、防衛行為の相当性、実行の着手時期、共謀、窃盗罪における占有、強盗と恐喝の区別、詐欺罪における財産的損害、横領と背任の区別、賄賂の職務対価性など、事実の評価が重要な問題となる場面は枚挙にいとまがない。法科大学院でも一般的には「刑事実務基礎」といったような実務科目で扱われることが多いかもしれないが、刑法を勉強する時点でこのようなことを意識することは極めて重要である。判例の勉強をする際には、どのような事実がどのように評価されているのかに着目し、また、結論が微妙な事例問題は、異なる結論で複数の説得力ある答案を書く練習をするとよいと思われる。

解答例

1　殺人罪の成立を肯定する立論

X は、A に対して出刃包丁を投げつけ、これを命中させることで同女を小脳刺創および頭蓋内出血により死亡させている。

そこで、殺人罪（刑法〔以下省略〕199 条）の故意が認められれば、これの成立を肯定することができるところ、この点について検討する。

ここに、故意とは、構成要件に該当する客観的事実を認識、認容することをいい、殺人罪の故意を肯定するにあたっては、凶器の形状や用法、創傷部位や創傷の程度、動機、行為後の事情等を考慮して判断がなされ、人を殺す危険性の高い行為を、そのような行為であると認識、認容して行った場合には、特段の事情のない限り、殺人罪の故意を肯定することができるというべきである。

本問では、X が投げた包丁は刃体の長さが約 13.2 cm もあり、重さも約 178 g であって、これを投げつけて命中した場合には人を殺すことが十分に可能な極めて危険な凶器であるといえる。また、X が A に対して包丁を投げた際、A は X の立っている位置から階段を 6 段ほど降りたところにいて、A の頭部は X の足元の高さにあったのであるから、X と A の水平距離は約 3.3 m しかなく、極めて近接した位置に両名は立っていた以上、A に対して包丁を投げつけた場合、後頭部をはじめとする人体の枢要部に包丁が命中する可能性は高かったといえるし、X はこのような状況を十分に認識、認容していたといえる。

そして、A の負った創傷は小脳に達するほどのものであり、包丁は強い力で投げつけられたといえ、そのようにして投げつけられた場合、人を殺す危険性が極めて高く、X もこれを認識、認容して投げつけたといわざるをえない。

動機については、確かに、日頃から X は A をかわいがっており、A が高校を卒業することを切望していたところ、X が A を殺害する動機は弱いとも思える。しかし、A が 1 か月半ほど前から外泊を繰り返し、無断外泊もするようになり、X は本件の 1 週間ほど前には出刃包丁を A に対して振りかざしており、強い攻撃的姿勢を示していた。X は酒を飲むと攻撃的になる性格であり、本件の 1 か月ほど前から妻の足元に包丁を投げつけることもあったのであるから、その攻撃的性格は根深いものであるということができる。本件の直前にも焼酎を 1 合分飲んでおり、「殺してやる」という殺意を強く示す言葉を発しつつ包丁を投げているところ、少なくとも包丁を投げつけた時点においては怒りのあまり A を殺害する動機を有していたということができる。

さらに、X は A に包丁が命中した後も、包丁が命中した後頭部を両手であてがっている A を助けるような行動は一切行っておらず、A の様子を立ち止まって見ていたにすぎない。仮に X に A を殺すことについての認識や認容がないのであれば、後頭部という人体の枢要部に包丁を命中させてしまった以上、A を心配して病院に連れていくといった行動に出ることが自然であって、Aの高校卒業を切望していたのであればなおさらそのような行動に出ることが自然であるといえる。それにもかかわらず、そのような行動は一切行っていないのであるから、犯行後の行動は、Aを殺すことについての認識、認容のない者の行動ではないといえる。

以上の事情に鑑みれば、Xは、殺人の結果を発生させる危険性の極めて高い行為を、そのような危険性を有するものであると認識、認容して行ったということができる。そして、動機、犯行後の行動も殺意を有していなかった者のものではないといえるから、殺意を否定すべき特段の事情も認められない。したがって、殺人罪の構成要件に該当する客観的事実を認識、認容していたといえるから、故意を肯定でき、Xの行為は殺人罪を構成する。

2　殺人罪の成立を否定する立論

殺人罪の構成要件の客観面を充足することについては問題がないところ、殺人罪の故意が否定される必要があるが、この点につき、前述した判断基準に照らして検討する。

まず、Xは刃体約13.2 cm、重さ178 gの包丁を投げつけており、そのような包丁が命中すれば人が死亡する危険性は高いものであったということはできる。しかし、Xは、日頃からAを大変かわいがっており、Aの高校卒業を切望していたのであるから、これまでAに対して暴力を振るうことはなかったことに鑑みても、手拳による暴行といったものではなく、このような危険性の高い行為を突然行うことは考えられない。すなわち、客観的には危険性の高い行為であったということはできるが、Xは、包丁をAに命中させるつもりであったということはできず、脅しのつもりにすぎなかったということができる。

Aの負った創傷も、小脳に至る程度のものではあったが、そもそも包丁を命中させるつもりであったといえないのであれば、強い力で投げつけられたことが殺人の故意を肯定することにつながるわけではない。

動機についても、Xは、日頃からAを大変かわいがり、高校の卒業を切望していたのであるから、Aを殺害してしまうと2度と生き返ることはないのであるから、無断外泊に怒ったから殺人の動機があるとすることは飛躍があるといわざるをえない。Xは飲酒をすると攻撃的になる性格の持ち主であり、1か月ほど前から包丁を投げつけるようにもなっていたが、それは足元などに投げつけていたのであって、投げつけたものを命中させることはなかったのであるから、むしろ、X の攻撃的性格は殺人を行わせるようなものではなく、無断外泊に怒ったとはいえ、殺人の動機を肯定する理由にはならない。

さらに、包丁を命中させてしまった後に救急車を呼ぶといった A を助けるような行動は行っていないが、A の死因は小脳刺創および頭蓋内出血であり、外部的に出血等を認識することはできないものであった可能性が否定できず、そうだとすれば、医療の知識に優れているとも思われない X が、出血等もなく、市営住宅の 51 号室付近からある程度は距離があると思われるそば屋付近まで歩けている A を見て、A は死亡しないだろうと考えて救急車を呼ぶ等の行動に出なかったとしても不自然ではなく、殺意がなければ A を助ける行動に出ることが自然であったということはできないから、そのような行動に出なかったことをもって殺人の故意を推認することはできない。むしろ、被害者の後ろをしばらく歩いてついていっているという事情は、日頃からかわいがっていた A に対して包丁を命中させてしまったために A を心配しての行動であるということもできるのであって、この X の行動は、殺人の故意を否定する方向に推認させるものである。

以上の事情に鑑みれば、X には殺人の動機もなく、犯行後の行動も殺人の故意がない者の行動として合理的に説明することが可能であって、包丁を投げつける行為は客観的に危険であったとしても、A に命中させることを認識、認容していたとはいえないのであるから、人を殺す危険性の高い行為を、そのような行為であると認識、認容して行ったとはいえず、殺人の故意を認めることはできない。

したがって、X に殺人罪は成立しない。 (T. A.)

(和田俊憲)

2. とんだこんだの勘違い

設問 次の事例を読んで、下記の各小問について解答しなさい。

1 甲（男性：39 歳、身長 165 cm・体重 60 kg）は、勤め先の後輩乙（男性：34 歳、身長 172 cm・体重 73 kg）と公園を散歩していたところ、公園のベンチに腰掛けていた A（男性：28 歳、身長 168 cm・体重 70 kg）が、子ども（ 3 歳）を 5 m ほど離れた公衆トイレに連れていくために、カバンを置いたままにしてベンチから離れたのを見て、A のカバンを持ち去ろうと考え、その際に全く事情を知らない乙を利用しようと思い、後方から甲に追従して歩いてきた乙に、「ベンチにカバンの忘れ物があるからとってこい」と指示した。乙は、A がそのカバンを置いて一時的に離れたにすぎないことを知らなかったので、甲に言われるままに、それを誰かの忘れ物だと思い込み、①警察に届けるのだなと思って取りに行き、取得したカバンを甲に渡した。

2 乙は甲にカバンを渡した直後、小用を足すためにトイレに入った。一方、甲は、ベンチから 20 m ほど離れたところに設置された滑り台の背後に隠れるようにして、急いでカバンの中身を確認した。その間に、A が、トイレから戻ってきて、ベンチに置いておいたはずの自分のカバンがなくなっていたので、驚いて周囲を見回したところ、滑り台の背後にいる甲が自分のカバンを持っているのに気付いたため、甲に声をかけ、自分のカバンだから返すよう求めた。甲は、すでにカバンの中から A の財布を抜き取って自分のポケットに入れていたので、カバンだけを A に向けて投げ返し、そのまま走って逃げようとしたところ、A は財布を抜き取られたことに気付いて、甲を追いかけてきた。A に捕まりそうになった甲は、逮捕を免れるために、A に手拳で暴行を加えたが、逆に A に手拳で反撃されて劣勢となってしまった。ちょうどその時、トイレから出てきて、その状況を見た乙が、② A を暴漢と勘違いして、甲を助けようと路上に落ちていたこぶし大の石を拾って走り寄り、3mほど離れた距離から、その石をAの顔面に向けて思い切り投げつけたところ、石は、乙の狙い通り、Aの顔面に命中して、Aは大怪我を負った。

❶ 甲と乙の罪責を論じなさい。
❷ 下線部①につき、乙が甲に警察に届ける意図がないことに気付きつつも、自分もおこぼれにあずかりたいと思って行った場合、1の部分に関する甲・乙両名の罪責はどうなるか。なお、甲乙間には共謀（意思連絡）がないことを前提にする。
❸ 下線部②につき、乙は、Aが甲に対して「どろぼう」と叫んでいるのを聞いて、はじめて甲が自分にAのカバンを盗ませたのだと気付いたが、乙にバレたことを悟った甲がなおも乙に助けを求めたことから、乙が甲を逃すためにAに石を投げつけて負傷させた場合であれば、乙の投石行為の刑法的評価はどうなるか。

解　説

1…………概　観

(1) 設問のねらい

本問は、基本問題（小問❶）をベースに、事実の一部が変更されること（小問❷と小問❸）によって、法律上の論点がどのように異なり、甲と乙の罪責にどう反映するのかを見極め、的確に論証する能力を試す問題である。論点としては、「人の不知・錯誤を利用した間接正犯」、「誤想過剰防衛」、「抽象的事実の錯誤」、「間接正犯の実行の着手」、「異なる関与形態間の錯誤」、「事後強盗の共犯」を扱っているが、これらの論点に対する適切な理解と十分な論述力が求められる。

(2) とりあげる項目

【小問❶】

➤人の不知・錯誤を利用した間接正犯

➤誤想過剰防衛

【小問❷】

➤抽象的事実の錯誤

➤間接正犯の実行の着手、異なる関与形態間の錯誤

【小問❸】

➤事後強盗罪の共犯

2…………小問❶

(1) 乙の罪責——誤想過剰防衛

(a) カバンを取得する行為の正犯性

まず、問題文**1**の、乙がＡのカバンを取得した行為は、客観的にはＡの財物に対する窃取行為にあたるものの、乙はカバンを忘れ物だと誤信し、甲の言うがままになされたものであるため、何らの規範にも直面しておらず、乙による故意の正犯行為とはいえない。すなわち、乙には、占有侵害の認識を欠いているので窃盗の故意が否定される結果、235条の窃盗罪が成立しないのみならず、カバンを警察に届けるつもりで取得している以上、不法領得の意思を欠くため、（小問❷とは異なり）254条の遺失物等横領罪も成立せず、問題文**1**の部分に関しては、乙は不可罰となる。

(b) 投石行為と誤想過剰防衛

(i) 故意の誤想過剰防衛

つぎに、問題文**2**の、乙がＡを暴漢と勘違いして、甲を助けるためにＡに対して石を投げつけた行為は、Ａを急迫不正の侵害者であると誤信して行った誤想防衛行為にあたる。さらに、この行為は、手拳のＡに対して、こぶし大の石をその顔面めがけて近距離から投げつける行為であり、Ａの生命、身体に重大な危険が及ぶ行為であるので、乙の行為は、仮に正当防衛状況下であったとしても、防衛の程度を超えた過剰なものと評価される（本問の設定を変えて、Ａが屈強な男性であり、甲・乙２人の体力をもってしても対抗できず、近くに落ちていた石を使う手段でしか有効な反撃ができない場合でも、近距離からいきなり顔面に石を投げつける行為は生命・身体に重大な危険を及ぼす行為であるから、過剰性を

肯定しうるであろう。なお、Aに石を示して威嚇するだけならば相当性が肯定される（最判平成元年11月13日刑集43巻10号823頁参照）。顔面ではなく、生命に別状のない足を狙って投石する場合、Aの攻撃の強度によっては相当性が肯定されよう）。そして、仮に乙がAに重傷を負わせることを意図していなかったとしても、同人がこぶし大の石をAの顔面に投げつける事実の認識を有している以上、自己の行為が防衛に必要な程度を超えていることの認識（違法な事実の認識）も認められる。したがって、乙は、過剰性の認識のある誤想過剰防衛として、違法な過剰防衛となる事実を認識している以上故意犯となり、傷害罪が成立する（さらに、本問の設定を変えて、乙にAに当てる認識がなく、Aを威嚇するために石を投げたが当たってしまった場合は、過剰性の認識を欠くため故意の傷害罪は成立しないが、過失傷害罪が成立する可能性は残る）。

(ii) 36条2項の適用の肯否

つぎに、誤想防衛状況下の防衛の程度を超えた行為に36条2項（過剰防衛における刑の任意的減免規定）の適用が認められるかが問題になる。

判例は、誤想過剰防衛の場合も、36条2項の規定を適用して刑の減免の余地を認めている（最決昭和62年3月26日刑集41巻2号182頁〔勘違い騎士道事件〕）。学説上、この問題は、一般に、過剰防衛規定の性格に関連づけて論じられており（もっとも、反対、山口・総論212頁）、違法減少説によれば、誤想過剰防衛は、現実の不正の侵害者に対する過剰防衛の場合とは異なり、急迫不正の侵害が存在しないので違法減少が認められず、36条2項の適用が否定されるのに対して、責任減少説、違法責任減少説によれば、誤想過剰防衛も過剰防衛も、いずれも主観的には急迫不正な侵害があると思って心理的に動揺している以上、責任減少の側面は同じであるとして36条の2項の適用が肯定される。誤想過剰防衛に36条2項を適用するとした場合、過剰防衛規定が適用されない誤想防衛との間で刑の不均衡が問題になるが、36条2項を適用するにせよ、誤想防衛で成立する過失犯の刑よりも軽く処断することはできないとすべきであると説かれている（平野龍一・刑法総論II 247頁）。

(2) 甲の罪責――窃盗の間接正犯、事後強盗

(a) 窃盗の間接正犯

他方、甲は、情を知らない行為者乙を利用してAのカバン（中身の財布も含めて）を窃取している。犯罪の事実を認識していない乙を道具のように利用した甲の行為は、乙が規範的障害となっておらず、あるいは甲が乙の行為を一方的に支配して構成要件を実現させたといえ、甲自らが直接窃取行為に及んだ場合と同視しうることから、窃盗の間接正犯になる。なお、Aは子どもをトイレに連れていくためにすぐ近くにあるトイレに入ろうとしてカバンをベンチに置いて一時的にその場を離れたにすぎないので、Aのカバンに対する占有はなお継続していると評価され（窃盗と遺失物等横領罪の区別については、**5. 忘れ物にはくれぐれもご注意ください**の解説**2**参照）、そうした状況を知っている甲には占有侵害の認識と領得意思が肯定でき、情を知らない乙を利用した占有侵害行為は窃盗罪の間接正犯であると肯定できるのである。

(b) 事後強盗罪の成立とA傷害結果の帰責の当否

さらに、甲はその直後にAに見つかり、捕まりそうになって、逮捕を免れるためにAを手拳で殴り暴行を加えているので、甲には238条の事後強盗罪が成立する。事後強盗の成立には、同罪の暴行・脅迫が窃盗の機会の継続中に行われたことが認められなければならないが、窃盗と暴行・脅迫の間に、単に時間的・場所的接着性が認められるかだけでなく、犯人が被害者等から追及され逮捕されうる状況が継続しているかで判断される（最決平成14年2月14日刑集56巻2号86頁、最判平成16年12月10日刑集58巻9号1047頁）。本問では、窃盗も暴行も、同じ公園内の距離的には20mほどしか離れていない場所で、窃盗直後の間もない時間内に行われており、被害者であるAから追及され、逮捕されうる状況が継続していて、安全圏に脱した事情が認められないため、窃盗の機会の継続性を優に肯定することができ、事後強盗罪の成立を肯定できる。

なお、乙がAに対して行った暴行（投石行為）およびその傷害結果は甲に帰責されない。乙のAに対する暴行（投石行為）は、（小問❸とは異

なり）甲との共謀に基づかない乙単独の（誤想による過剰防衛）行為だからである。

3…………小問❷

(1) 乙の罪責――抽象的事実の錯誤

小問❶とは異なり、乙にAのカバンを警察に届ける意図がなく、領得意思も認められる小問❷の場合、乙は、主観的には遺失物等横領罪のつもりで、客観的には窃盗罪の構成要件を実現したことになるが、このような場合の乙の罪責が38条2項との関係で問題になる。本問のように、遺失物等横領罪と窃盗罪にまたがる錯誤（異なる構成要件にまたがる「抽象的事実の錯誤」）の場合、通説・判例（最決昭和54年3月27日刑集33巻2号140頁）である構成要件的符合説によると、「両罪の構成要件が実質的に重なり合うか否か」を基準とし、保護法益や行為態様の共通性などを基準に重なり合い（符合）の有無が判断される。遺失物等横領罪と窃盗罪の場合、占有侵害の有無以外の部分において、つまり他人の財物を不法に領得する点（所有権という保護法益と領得行為の共通性）で重なり合いが認められると解せば、乙には、軽い遺失物等横領罪が成立する（大判大正9年3月29日刑録26輯211頁参照）。なお、窃盗罪が成立するが、刑のみ軽い遺失物等横領罪の限度で処断するという法律構成は、罪名と科刑が分離するという問題が生じることから、現在はとられていない（前掲最決昭和54年3月27日）。

(2) 甲の罪責――共犯と錯誤

他方、甲には、窃盗の認識が認められることから、甲・乙両名の間で意図する犯罪が食い違うために「共犯と錯誤」の問題が生じる。その前提として甲の関与形態から検討すると、甲と乙の間に共謀（意思連絡）がないことを前提にした場合、片面的共同正犯を否定する判例・通説に従えば、共同正犯は成立しない。甲は、事情を知らない乙を道具として意のままに利用する意思、つまり間接正犯の故意で、乙にカバンをとってくるよう指示したのに対して、乙は甲が警察に届ける意図がないことに気付いた上で自分もおこぼれにあずかりたいと思って行為に及んでいるため、甲は客観的には教唆犯を実現した（甲は間接正犯の意図で現実には乙の犯意を生ぜしめた）ことになる。

(a) 間接正犯の実行の着手

もっとも、甲が乙にカバンをとってくるよう指示した時点で窃盗の間接正犯の実行の着手を認めれば、窃盗未遂の限度で間接正犯の責めを負わせることができる。この点につき、間接正犯者自身の行為の開始を実行の着手とする利用者基準説は、甲の指示行為に窃盗の間接正犯の実行の着手を肯定するので、その後、乙が甲の領得意思に気づくことで甲の間接正犯性が失われても、甲に窃盗未遂の間接正犯を肯定する（なお、間接正犯の既遂まで認める少数説として、団藤429頁）。これに対して、道具である被利用行為者の行為が開始しなければ、未遂犯の処罰根拠である既遂に至る現実的危険性が認められないとする被利用者基準説によれば、乙のカバンを取得行為が開始された時点では乙の道具性が失われているため、窃盗の間接正犯の未遂は成立せず、甲は教唆犯の罪責を負うにとどまることになる。

(b) 異なる関与形態間の錯誤（間接正犯と教唆の錯誤）

ところで、甲が間接正犯の故意で教唆犯を実現した点については「異なる関与形態間の錯誤」の問題が生じており、ここでも構成要件の実質的重なり合いが問われる。この点につき、通説によれば、間接正犯の故意と教唆犯の故意とは軽い教唆犯の範囲内で重なり合うと解されており、甲には教唆犯の故意が認められることになる。

(c) 共犯の罪名従属性

最後に、甲には窃盗罪と遺失物等横領罪のいずれの教唆犯が成立するかが問題になるが、実行犯（正犯）の乙に成立する罪名が遺失物等横領罪である以上、その正犯を唆したものとして甲に成立する罪名についても、正犯に成立する遺失物等横領罪に制限される（なお、さらに、異なる故意を利用した間接正犯として構成する余地はあるかもしれない）。

したがって、利用者基準説によれば、甲には窃盗未遂の間接正犯と遺失物等横領罪の教唆犯とが成立するが、被利用者準説によれば、甲には遺失物等横領罪の教唆犯が成立するにとどまるというのが、上記(a)から

(c)の関連論点を整理して導いた結論である。

4…………小問❸

事後強盗罪の共犯

小問❸では、乙は甲が助けを求めたのに応じてAに投石しており、乙がAに対して行った投石行為（暴行）は甲との（現場）共謀に基づく共同暴行と評価できる。したがって、窃盗犯である甲は事後強盗罪にあたり、それによりAが負傷していることから、甲は強盗致傷罪の責めを負うが、問題は、窃盗犯でない乙も同じく強盗致傷罪の共同正犯となるのか、それとも、単なる傷害罪の共同正犯にとどまるのかであり、「事後強盗罪の共犯」という論点が問題となる。

下級審裁判例は、238条の「窃盗」を身分と解し、「身分犯の共犯」の問題として処理している。中でも、大阪高判昭和62年7月17日判時1253号141頁は、窃盗犯人たる身分を有しない者についても、65条1項、60条の適用により、(事後）強盗致傷罪の共同正犯が成立すると解すべきであるとして、事後強盗罪を真正身分犯であると解し（真正身分犯説）、暴行罪、脅迫罪に窃盗犯人たる身分が加わって刑が加重される罪であるとする「不真正身分犯説」を否定して、本罪は、窃盗犯人たる身分を有する者が、238条所定の目的をもって、人の反抗を抑圧するに足りる暴行、脅迫を行うことにより、はじめて成立するものであり、暴行罪・脅迫罪の単純な身分的加重類型ではないことから、65条2項を適用すべきではないと述べている（不真正身分犯説によれば、身分を欠く乙は、65条2項により、傷害罪が成立するにとどまる)。

他方、学説上は、事後強盗罪を、身分犯ではなく、結合犯とする見解も有力である（結合犯説。山口・各論233頁)。事後強盗罪の未遂・既遂は窃盗の未遂・既遂により区別されるのだから、238条の「窃盗」は、身分ではなく、実行行為の一部を意味するというのが、結合犯説の論拠である。結合犯説に対しては、身分犯説の立場から、事後強盗罪の実行行為を実質的に考えると、暴行・脅迫行為によって開始されるといわざるをえないとの反論がある。結合犯説に立つ場合、さらに強盗罪の承継的共同正犯の肯否が問題になり、承継的共同正犯を肯定するのであれば、乙は、事後強盗傷害罪の共同正犯となるが、否定するならば、傷害罪の共同正犯にとどまることになる。

解答例

小問❶

1　甲の罪責について

(1)　甲に窃盗罪（刑法〔以下省略〕235条）は成立するか。

Aは公園のベンチにカバンを置いたままその場を離れているが、その目的はAの子どもを公衆トイレに連れていくことであり、席を離れたのは一時的なものである。また、ベンチと公衆トイレはわずか5mという、目の届く距離にあり、当該カバンはAが占有していたといえる。甲は当該カバンの占有をAの意思に反して甲に移転したのであり、甲には窃盗罪が成立する。

なお、甲は直接カバンを窃取せず、乙がカバンをとっているため、甲に実行行為が認められないとも考えられる。しかし、本件では、乙はAが付近にいる事情を全く知らない上、カバンを警察に届けるものと誤認して行動している。そのため、乙には自己が犯罪行為の一部を担っている認識は全くなく、甲の道具として意のままに利用されているといえることから、甲自身が結果を惹起したとみうるため、甲には窃盗の間接正犯が成立する。

(2)　甲に事後強盗罪（238条）が成立するか。

Aのカバンを窃取し、「窃盗」にあたる甲はAに捕まりそうになり、逮捕を免れる目的でAに対し、手拳により、その反抗を抑圧する程度の暴行を加えている。もっとも、暴行は窃盗の現場であるベンチから20mほど離れた場所でなされている。かかる場合にも事後強盗罪が成立するか。

この点、事後強盗罪は財産犯であることから、同罪の暴行脅迫は窃盗の機会に行われることを要する。本件では、暴行の現場はベンチから 20 m ほど離れている。しかし、甲が滑り台の背後にいたことからその場所は同じ公園内と考えられ、またベンチ付近からAが見回しただけで甲を発見できたことから、場所的近接性は認められ、Aの用事は子どもをトイレに連れていくことであって、甲を発見するまでほとんど時間が経過しておらず、時間的接着性も認められ、かつ甲はAから容易に発見されうる状況が継続しているといえるから、甲の暴行は窃盗の機会に行われたものといえ、事後強盗罪は成立する。

(3) では甲は、Aの顔面の大怪我という傷害結果についてまで責任を負い、強盗致傷罪（240条前段）が成立するか。

この点、結果的加重犯における基本犯は、重い結果を生じさせる危険を内包することから、重い結果の発生につき行為者に過失がなくとも、法的因果関係が認められる場合には結果的加重犯が成立しても、責任主義に反しないと考える。

しかし、本件では、Aの傷害結果は甲の暴行によってではなく、乙の投石行為によって生じている。また、当該投石行為は、Aを暴漢と誤信した乙による過剰防衛行為であり、甲の暴行行為によって乙の投石行為が誘発されたとは認められない。したがって、甲の暴行とAの傷害結果には法的因果関係が認められず、甲には強盗致傷罪は成立しない。

(4) 以上より、甲には事後強盗罪が成立し、窃盗罪はこれに吸収される。

2 乙の罪責について

(1) 乙に傷害罪（204条）は成立するか。

乙の投石行為によってAは顔面に大怪我を負っており、その身体的機能を害しているため、乙は傷害罪の構成要件に該当する。さらに、乙は甲が暴漢に襲われていると考えて当該行為をしているが、甲は実際には暴漢に襲われているのではなく、Aによる正当防衛行為によって劣勢となっていたのであるから、正対不正の関係にはなく正当防衛（36条1項）は成立せず、乙の行為につき違法性は阻却されない。

もっとも、乙は、甲が暴漢に襲われていると誤信していたのであれば、違法性阻却事由の前提事実につき錯誤があり、乙は故意が認められないのではないか。

この点、故意責任の本質は、規範に直面し反対動機が形成可能であるにもかかわらず、あえて行為に及んだことに対する道義的非難であるところ、違法性阻却事由の前提事実につき錯誤がある場合には、行為者は規範に直面することができないため、原則として故意責任を追及できない。もっとも、行為者が行為の過剰性を基礎づける事実につき認識している場合には、かかる規範に直面したといえ、故意責任を追及できると考える。

本件では、A は年齢的にも体力があり、体格も平均以上の男性であるが、乙もまた、同等かそれ以上の体格を有する男性である。そのため、乙は、武器を用いずとも A の暴行を阻止できたと考えられる。これに対し、こぶし大ほどもある石を至近距離から顔面に思い切り投げつける行為は、A に大怪我を負わせる可能性を有しており、防衛のための相当な限度を超えるものである。乙はこれらの事実を認識しているのであるから、過剰性を基礎づける事実の認識があったといえ、したがって乙は規範に直面しており、故意が認められる。

では、乙に 36 条 2 項が準用され、刑の減免はなされるのだろうか。

この点、過剰防衛の場合に刑が任意的に減免されるのは、正当防衛が成立しうる状況においては、行為者は恐怖や興奮によって冷静な判断が困難であるという責任減少が認められるためである。そして、急迫不正の侵害を誤認した場合でも同様の責任減少が認められることから、36 条 2 項の準用を認めるべきである。

(2) 以上より、乙には傷害罪が成立するが、36 条 2 項により刑が任意的に減免される。

なお、乙の投石行為は甲の事後強盗の機会と同時期に行われたものであるが、甲・乙間には何ら共謀が認められないし、乙は甲が窃盗犯人である等の事情を知らないことから、故意が認められず、事後強盗罪は問題とならない。

小問❷

1 乙の罪責について

乙は、甲にカバンを警察に届ける意図がないことに気付きつつ、自分もおこぼれにあずかろうと指示に従っている。もっとも、乙はカバンの持ち主 A が近くにいることを認識していない。そのため乙は、主観的には遺失物等横領罪（254条）をするつもりで客観的には窃盗罪を実現している。乙にいかなる犯罪が成立するか。

この点、乙には重い罪である窃盗罪の故意がないことから、窃盗罪は成立しない（38条2項）。他方、構成要件は法益侵害行為を類型化したものであるから、保護法益および行為態様に着目し、構成要件の重なり合う限度で軽い罪の成立は認めてよいと考える。そして、窃盗罪と遺失物等横領罪は人の財物を保護法益とする点、および領得行為という行為態様の点で共通しており、異なるのは占有侵害の有無のみであるから、軽い罪である遺失物等横領罪の限度で重なり合うといえる。

したがって、乙には遺失物等横領罪が成立する。

2 甲の罪責について

(1) 甲は事情を知らない乙を自己の道具として意のままに利用する意思で、乙にカバンをとるよう指示している。ところが乙は、甲に警察に届ける意図がないことに気付き、自分もおこぼれにあずかろうと行為に及んでいる。両者間に共謀はなく、甲は窃盗罪の間接正犯の故意で乙に指示し、乙は遺失物等横領罪の故意でカバンを領得している。かかる場合に甲にはいかなる犯罪が成立するか。

(2) まず、甲が乙にカバンをとってくるよう指示した行為の時点で窃盗の間接正犯の実行の着手は認められるか。この点、被利用者が行為を開始しなければ、未遂犯の処罰根拠である既遂に至る現実的危険性が認められず、間接正犯の実行の着手は認められないと考える。そして、被利用行為にあたる乙がカバンを取得する時点では、乙は甲の領得意思に気付いているので、もはや甲の間接正犯は認められない。もっとも、乙は、甲の指示によって犯意を生ぜしめたのだから、乙の行為を教唆したと考えることができる。すると、甲は主観的には間接正犯を意図しているが、客観的には教唆犯（61条）を実現しており、間接正犯の故意と教唆犯の故意は軽い関与形態である教唆犯の限度で重なり合いが認められ、甲には教唆犯の故意を認めることができる。

(3) 次に、甲は窃盗の故意であるところ、乙は遺失物等横領罪の故意でカバンを領得しているため、上記1のとおり、正犯の乙には遺失物等横領罪が成立するにとどまる。すると、教唆犯の罪名は正犯に成立する罪名に従属することから、結局、甲は、乙に成立する遺失物等横領罪の限度で教唆犯となる。

小問❸

乙は甲が窃盗犯人であることを認識しつつも、甲の依頼に応じて甲を逃がすために投石している。そこで、事後強盗罪において、暴行脅迫から加担した者の取扱いが問題となる。

この点、事後強盗罪の性質を窃盗罪と暴行罪の結合犯と捉え、承継的共同正犯の問題として処理する見解がある。しかし、事後強盗罪を結合犯と考えると、窃盗行為に着手した時点で事後強盗罪の実行の着手を認めることになりかねず、妥当ではない。

事後強盗罪は窃盗犯人という身分をもつ者の行為を特別に規定した身分犯と考え、65条によって処理すべきである。

では、65条のいずれの規定を適用すべきだろうか。この点、事後強盗罪を単なる暴行罪の加重規定と捉える見解からは、事後強盗罪は不真正身分犯となり、65条2項が適用される。しかし、非財産犯である暴行罪と財産犯である事後強盗罪の間に加重類型の性質は認め難い。事後強盗罪は、窃盗犯人が一定の目的で暴行脅迫に及ぶ、真正身分犯であり、65条1項を適用すべきである。

したがって、乙には65条1項および60条が適用され、事後強盗罪の共同正犯が成立し、乙は事後強盗致傷罪の責めを負う。

(K. T.)

（北川佳世子）

3. 幸せな夫婦の暗転

設問 以下の事例につき、甲の罪責を論じなさい（自動車の運転により人を死傷させる行為等の処罰に関する法律〔以下、「自動車運転死傷行為処罰法」という〕違反の点も含む）。

❶ 男性会社員A（27歳）は、妊娠中の妻B（24歳）を乗せて久しぶりにドライブに出かけ、C自動車道下り車線の片側1車線しかない区間を、Bの身を気づかって慎重に走行していたところ、後続車が数珠つなぎとなり、ドライバーたちはそれぞれ相当いらいらしながら運転をしていた。

❷ その日納車されたばかりの新車のスポーツカーの性能を楽しむためC自動車道を利用していた甲は、A車の直後を走りながら、「高速［道路］やのに何をとろとろ走っとるんや。お前みたいなもんは下道［一般道］で十分や」と悪態をついていたが、いらいらが限界に達し、1発殴ってやろうと決意すると、Aに自車の前照灯をパッシングするなどして合図を送り、次のDサービスエリアの進入路上脇に停止させ、自車もその後方に停車させた上、降車してA車の方に向かった。

❸ 甲は、「何かありましたか」と尋ねたAに対して、「高速［道路］やのに、なんでとろとろ走っとるんや」などと怒鳴りながら、腹立ちのあまり、いきなりその顔面を手拳で殴りつけ、くわえていた煙草の火を頬にこすりつけるなどの暴行を加えたほか、妊婦である身を忘れ、乱暴を止めるよう、車内に差し入れられた甲の腕に取りすがって懇願するBに対しても、「静かにせい」と怒鳴って、A車のボトル受けにあった開封前の500 mlペットボトルを投げつけた。この際、甲は、好みのタイプであるBを傷つけるつもりはなかったので、驚かせるだけのつもりで、絶対に当たらないよう慎重にコントロールしながらも、しかし、ぎりぎりのところを狙って強く投げたところ、甲の予想に反して、ペットボトルが車の壁に跳ね返り、

勢いなくＢの肩の上に落ちた。

さらに、甲は、Ａの胸ぐらをつかんで運転席から引きずり出して、その場に転倒させ、倒れたＡの頭部、顔面、腹部などを多数回足で蹴りつけたため、Ａはぐったりして、いびきをかき始めた。

❹　甲は、ＡをＡ車の後部座席に押し込んだ後、Ａらが裕福そうであったことから、所持金を奪うとともに、住所などを控えておけば、あとあともＡらが金蔓になるのではないかとのアイデアが浮かび、Ｂに対し、「姉ちゃん、こいつの免許証と財布出しいや」などと言いながら、Ｂの股間や胸を触ったため、Ｂは甲に強姦されるのではないかと思い、恐怖心を抱いた。Ｂは、「どこにあるか知りません」などと答えていたが、甲は、Ａのズボンのポケットから財布を発見し、財布の中身を確認するとともに、免許証の記載内容を確認し始めた。

❺　Ｂは、身元を知られて、今後も因縁をつけられることを恐れ、泣きながら、甲の服をつかむなどして、Ａの財布の免許証や財布の返還を求めたが、甲は応じるそぶりを示さず、「やらせてくれたら返してやってもええんやで」などと言ってＢの要求を拒絶したところ、Ｂは完全に畏怖し、抵抗をあきらめたため、甲は、「姉ちゃんタイプやし、そんな無茶せんから安心しいや。迷惑料として金だけもろとくわ」などと言いながら、悠然とＡ車を離れ、自車に乗り込んでその場から走り去った。

❻　甲は、次のＥパーキングエリアで停車し、奪った財布の中身を確認したところ、5万円が入っていたため、これを自らの財布に移し替えた後、財布をゴミ箱に投棄した。甲は、もともと、財布については、金目のものを抜き取った後は、サービスエリア等のゴミ箱に投棄するつもりであった。

❼　Ｂは、Ａがぐったりしているため、救急車を呼ばなければと思ったが、Ａ車がＤサービスエリア進入路上に停車しているため、このままでは衝突されてしまうのではないかと心配し、とりあえず駐車場まで車を移動させようとしたが、見知らぬ関西弁の男に襲撃された恐怖心が消えず、エンジンキーが付いたままになっているのに、Ａがキーを抜いてポケットに入れたものと誤信したまま後部座席をくまなく探しており、探し始めてからすでに15分間以上が

経過していた。

❽ その頃、本線からあまり速度を落とさないでDサービスエリアに進入してきたFは、普通車の駐車エリアを確認するべく前方上方の案内掲示板を注視していたことから、停車中のA車の存在に気付くのが遅れ、高速度のまま同車に後ろから衝突したため、Aは死亡するに至った。

Aは、甲に加えられた頭部への打撃による脳内出血により、そのまま放置すれば数日以内に死亡していたとみられるが、直接的な死因はF車の衝突による全身打撲に起因するショック死である。

❾ 衝突時までに運転席に移動していたBは、エアバッグの作動により外傷は負わなかった。

解　説

1…………概　観

(1) 設問のねらい

本問は、財物の所有者が反抗を抑圧された後に財物奪取意思を生じたが、その交際相手はなお反抗を抑圧されていない場合に、この者を脅迫して財物の占有を確保したという事例を素材に、1項強盗罪（236条1項）の成立要件に関する基本的理解を問うものであるが、併せて、総論上の問題として刑法上の因果関係の判断、各論上の問題として暴行罪における暴行の意義に関する基本的理解が問われている。

いずれも重要判例を素材とした出題であるから、何が問題となっているかの見当はつくものと思われるが、具体的事実関係に即した適切な解決を導くためには、それぞれの問題についての本当の理解が必要となるものである。

(2) とりあげる項目

►強盗罪

・財物の占有の確保と1項強盗罪の成否

・1項強盗罪における暴行の相手方

・不法領得の意思（利用処分意思）の有無

➤暴行罪
・命中させるつもりのない物理力の行使と暴行罪の成否
➤因果関係
・第三者の不適切な行動の介在と因果関係の存否

2…………財布・現金の強取について

⑴ 甲は、Aの財布の占有を、Aに暴行を加えてその反抗を抑圧した後に、Bに脅迫を加えて確保している。このことを捉えて「これは反抗抑圧後に財物奪取意思が生じた場合の問題だ」と考えた人もいるかもしれないが、本問では他にBがいることに注意しなければならない。甲が、Aの財布の占有を確保するには、これを取り返そうと必死になっているBの抵抗を排除しなければならないことは明らかであるが、甲は、財布の返還にはBが性的行為に応じる必要があることを告げており、これは強盗の手段としてのBの反抗を抑圧するに足りる程度の脅迫だと評価できよう。

ただし、1項強盗の手段としての暴行・脅迫は誰に対してなされたのでも足りるわけではなくて、判例によれば、財物の強取について障害となる者（大判大正元年9月6日刑録18輯1211頁）に対してそれがなされた場合に限られることになる。学説上は、そこにいるのが邪魔になるというだけの者では足りず、より限定的に、財物の保持に協力すべき立場の者に対するのでなければならないとする見解も有力である（中森・各論121頁、山口・各論219頁など）が、こうした見解からも、Aの妻であるBに対する脅迫には問題なく1項強盗罪の手段性が認められよう。

⑵ 甲のBに対する脅迫は、すでに甲が財布を手にした後で行われていることから、すでに甲が財布の占有を取得しているとすれば、それにもかかわらず1項強盗罪がなお成立するかが問題となりうるが、判例の立場は、暴行・脅迫が奪取を「確保」する目的で用いられた場合にも1項強盗罪が成立するというものであり（最判昭和24年2月15日刑集3巻2号164頁）、本問と同様の事案に関する東京高判平成15年3月20日判時1855号171頁も1項強盗罪の成立を認めている（**4. 迷える羊の帰**

還の解説**3**(1)参照)。

これに対し、学説上は、窃盗既遂犯人が家人に見つかり、暴行を加えて占有を確保したという事案を念頭に置いて、窃盗が既遂になった後は、1項強盗罪は成立せず、2項強盗（236条2項）もしくは事後強盗（238条）にしかならないとする見解も有力であり（西田・各論184頁、山口・各論221頁など)、これに従えば、本問においても事後強盗罪もしくは2項強盗罪の成立を検討することになるものとも考えられよう。しかし、本問の事案では、Aの財布の保持に協力すべき立場にある妻のBが、財布を取り戻そうと必死の抵抗を試みているのだから、甲がすでに財布を手にしているからといって、すでに甲に占有が移転していると評価できるかは微妙であろう。そうだとすれば、甲のBに対する脅迫は、甲の占有を移転・確立させるための手段だと評価されるから、1項強盗罪で処理されるべきことは当然である。

(3) なお、甲は、財布の中身（現金）だけを抜き取って自らのものとするつもりであり、財布そのものはゴミとして投棄するつもりであることから、財布についても不法領得の意思が認められるかは一応問題となりうる（**16. 替え玉受験の顛末**の解説**2**(3)参照)。

判例・学説上、当該財物につきもっぱら毀棄・隠匿目的しかない場合には、利用処分意思が認められず、領得罪は成立しないと考えられている（最決平成16年11月30日刑集58巻8号1005頁参照）から、財布と現金を分けて考えれば、財布自体については利用処分意思が否定され、財布の内容の現金（最終的には5万円）についてのみ1項強盗罪の成立が認められることになりそうであるが、このように分けて考えた場合でも、財布を1万円札のホルダーとして次のEパーキングエリアまで利用しているとみれば、辛うじて財布についても不法領得の意思を認めることができよう。

もっとも、実際の処理としては、このように財布と中身の現金を分けて考えるのではなく、「現金の入った財布」全体について財産犯の成否を検討するのが自然であろうと思われる。

3…………Bに向けてペットボトルを投げつけた行為について

⑴　甲は、Bに対して、あくまで驚かせて静かにさせるつもりで、開封前の500 mlペットボトルを投げつけたところ、自らの予想に反し、車の壁に跳ね返って勢いなくBの肩の上に落ちている。これが暴行罪にあたるかを検討するにあたっては、暴行罪における暴行の意義を、それに対応する故意が甲に認められるかを視野に入れて、検討する必要がある。

⑵　まず、本問では、Bの身体に対して投げつけられたペットボトルが勢いを失ってはいるもののBの肩の上に落ちており、物理力が相手方の身体に加えられたものといえる。確かに、甲は、Bの身体には絶対に当てないよう慎重にコントロールしているが、そうはいっても、手元が狂う可能性、本問におけるように車の壁に当たって跳ね返ってくることもありうるため、命中する可能性が確実に排除されているわけではないのであり、このような危険性の認識は甲にも否定できないと考えることは十分に可能であろう。

問題は、これが暴行罪にいう暴行にあたるかであるが、判例は、相手方の身体に物理力が命中したものの傷害の危険性が認められない場合についても暴行罪の成立を認めている（塩をふりかけた事案に関する福岡高判昭和46年10月11日刑月3巻10号1311頁など）。ここでは、相手方の身体に対して物理力を加えることそのものが不法視されているといえよう。この判例の立場に従うのであれば、本問でも、甲に故意が認められる限りで、暴行罪の成立を認めることができる。

もっとも、学説上は、暴行罪は傷害罪の未遂的な場合を処罰するものであるから、傷害の危険がない場合には本罪の成立を否定すべきだとの見解も有力であり（林・各論58頁以下など）、このような見解による場合には、暴行罪の成立は否定される。

⑶　暴行のもう１つの捉え方は、暴行の不法内容は傷害の危険性にあるとするものであり、この捉え方からすれば、相手方の身体に向けて傷害の危険性を含んだ物理力が行使された場合には、それが相手方の身体に命中しなくても、傷害未遂としての暴行罪の成立が肯定されることに

なる（最決昭和39年1月28日刑集18巻1号31頁）。

Bに投げつけられた500 mlもの液体が入ったペットボトルはそれなりの重さがあり、甲がこれを強く投げつけていることも考慮すれば、ボトルが目などに当たれば重大な傷害を負わせる危険性があろうし、判例上は全治10日ほどの疼痛でも傷害罪の成立が認められている（最決昭和32年4月23日刑集11巻4号1393頁）ところ、ペットボトルが相手方の身体に命中するならば、その程度の傷害を負わせる危険性は十分に認められよう。そして、甲にはこうした危険性の認識は十分に認められる。

こうみれば、甲がBの身体に向けて500 mlペットボトルを強く投げつけた行為には、ボトルがその強さではBの身体に命中していないが、暴行罪の成立が認められよう（なお、本問におけるのと異なり、仮にその強さで相手方に命中して負傷させた場合には傷害の故意があれば故意犯としての傷害罪が、暴行の故意しかなければ結果的加重犯としての傷害罪がそれぞれ成立することになる）。

もっとも、このように物理力の身体的接触を必ずしも要求しないことに対しては、暴行と脅迫の区別を曖昧にする（山口・各論44頁など）などといった批判的見解も有力であり、これによる場合には、暴行罪の成立は否定される。

4…………第三者の不適切な行動の介在と刑法上の因果関係

(1) 高速道路のサービスエリアの進入路上でA車を停車させた甲の行為は、自動車運転死傷行為処罰法5条の過失致死傷罪の問題として捉えられ、そこにAの死亡結果を帰属させることももちろん考えられる（この点において本問同様の事案に関する最決平成16年10月19日刑集58巻7号645頁では、自車および後続車を高速道路上で停車させたことが自動車運転者としての業務上過失とされているから、現在では自動車運転過失として処理されることになろう）。

このように考える場合には、甲自身によるAに対する暴行等の故意行為、Bの不適切な行動、Fの前方不注意による衝突という事情の介在により、Aの死亡結果の帰属が否定されないかを検討するという流れになろう。

⑵　しかし、本問では、後続車の運転者や同乗者に死傷結果が生じた前掲最決平成16年10月19日の事案におけるのと異なり、甲により暴行を加えられたA自身に死亡結果が生じているのだから、この暴行を問責対象行為と捉えて、結果の帰属が可能とならないかを優先的に検討すべきこととなろう。そして、この場合、停車させた過失行為はその準備的行為としてこれに吸収され、独立の検討を要しないことになる。

⑶　ところが、①Aは、最終的にはFの前方不注意と速度超過というかなり重大な過失に基づく追突事故による全身打撲によってショック死している。また、本問では、②Bが、エンジンキーがついたままになっているのに気付かないまま後部座席をくまなく探し続け、15分も車を移動させなかったという不適切な行動も介在している。そのため、甲の暴行とAの死亡結果との間の因果関係が否定されないかが問題となりうる。

まず、①の追突が直接的な死亡原因となっている点については、前掲最決平成16年10月19日や最決平成18年3月27日刑集60巻3号382頁が参考になる。そこでは、前者の事案における道路上に停車させる行為、後者の事案における車のトランクに監禁し路上に停車する行為は、それ自体では当該死亡結果の危険性を含んでいないのであり、そうした行為の当該死亡結果を惹起する危険性は、追突の可能性がある程度あることを併せ考慮することによってはじめて基礎づけられる。そして、いったん追突事故が起きれば、その危険性がそのまま実現したものと評価されることになるのである。

本問においては、暴行して路上停車中の車の後部座席に放置するという行為経過には、追突の可能性があることを併せ考慮すれば、当初の暴行がそうした死亡結果をもたらす危険性が認められ、その危険性がそのまま相当な経過をたどって実現したものと評価することができよう。

以上は、判例の判断枠組みである危険の現実化説を前提とした説明であるが、伝統的な相当因果関係説によったとしても、こうした経過は必ずしも異常不相当だとはいえないから、結果の帰属は肯定されよう。

(4) つぎに、②Bの不適切な態度が介在した点については、①で検討した危険の実現を決定的に左右するほどのものでないとみれば、特に問題とする必要はないともいえよう。他方、高速道路サービスエリアの進入路上という、高速道路からさほど速度を落とさず高速で進入してくる車も多いところで長時間停車するという行動の異常性は相当大きいとみる場合には、それにもかかわらず、甲の暴行にAの死亡結果を帰属できるかが問題となる。

判例の立場は、そうした不適切な態度が介在したとしても、それが行為者の暴行等に「誘発」されたものである場合には、因果関係が認められるとするものである（前掲最決平成16年10月19日のほかさらに、最決平成4年12月17日刑集46巻9号683頁、また最決平成15年7月16日刑集57巻7号950頁）。

本問では、Bの不適切な態度が甲に襲撃されたために生じた恐怖心によるものであるという事情は、判例の枠組みにおいて、結果の帰属を認める方向に働くものである。もっとも、本問では、Aに対する暴行とは独立に、Bに対してペットボトルを投げつけるという暴行、強制わいせつ、強盗の手段としての脅迫がなされており、このことがBの恐怖心に大きく寄与している点をどう考慮するかが問題となりうるが、Bの恐怖心はAに対する暴行と自らに対するこれらの攻撃が相まって生じたものであり、その限りでなおAに対する暴行によって誘発されたものだと評価することは可能であろう。

以上は、判例の枠組みを前提とした説明であるが、伝統的な相当因果関係説によったとしても、こうした経過は必ずしも異常不相当だとはいえないから、結果の帰属は肯定されよう。

(5) こうして、Aを死亡させたことについては、甲に傷害致死罪が成立する。

解答例

1　Aに対する傷害致死罪の成立について

甲はAの顔面を殴り、煙草の火をAの頬にこすりつけ、さらにAの胸ぐらをつかんで運転席から引きずり出して転倒させ、倒れたAの頭部、顔面、腹部などを多数回足で蹴りつけており、これは故意による人の身体に対しての物理力の行使であることは疑いなく、その結果、脳内出血を引き起こしてAの意識を失わしめ（これがAの生理的機能の障害であることに疑いはない）、のちにAが死亡するという結果を招いている。そのため、甲の暴行・傷害とAの死亡との間に事実的因果関係は存在し、Aに対して傷害致死罪（刑法〔以下省略〕208条、204条、205条）が成立しないかが検討されなければならないが、直接的なAの死因は（Fの前方不注意と速度超過という過失に基づく）F車の衝突による全身打撲によるショック死であり、かつ、Aの暴行とF車の衝突との間にはBが車をサービスエリア進入路上に停車させたままにしていたという不適切な行為が介在していることから、甲の暴行・傷害とA死亡結果との間に法的因果関係が認められるかが問題となる。

刑法上の法的因果関係は、行為者の行った行為の危険が結果に実現しているか否かによって判断されるが、前述のように本件でのAの直接の死因は、高速道路サービスエリア進入路上からBがすぐに移動しなかったために起こったF車との衝突による全身打撲によるショック死であり、甲の暴行に基づく脳内出血による死亡ではないため、行為者甲の行った行為の危険が結果に実現していないかのようにも思われる。しかし、高速道路サービスエリア進入路上という高速度で車が進入してくる可能性の高い場所で意識不明になるまでAを暴行するという行為は、そのまま放置されればAが後続の車に追突されてそれによって死亡するという危険性も類型的に内包するものと評価できる。問題はこの危険が結果に実現しているといえるかである。確かに、現実にF車による後ろからの高速度での衝突によりAが死亡している以上、上記のような甲の暴行・傷害の危険が結果に実現したともいえそうだが、本件では上記のように危険な場所で15分以上という短いとはいえない時間停車し続けており、Bが新たな危険を作り出しているともいえ、これが結果に実現したにすぎず、甲の行為の上記危険性が実現しているとはいえないとも思われる。しかし、かかる介在事情が行為者の行為によって誘発される関係にある場合には、当該介在事情は行為者の行為に内在する危険の実現を妨げることはなく、むしろ行為者の当初行為の危険が実現したといいうる。本件Bの不適切な行為については、Bが同伴者Aへの甲の激しい暴行により気が動転することは十分にありうることであり、現実に、Bは自らへの暴行・脅迫をともなうとはいえ甲のAに対する暴行によって恐怖心を抱いたのであり、そのためにすぐに車を移動することができずにその場に滞留したのである。したがって、A・Bが高速道路サービスエリア進入路上にとどまったのは甲の行為に誘発されたものと評価できる。ゆえに、甲の暴行・傷害の危険はBの介在行為によって遮断されることなく結果に実現したと評価できる。よって、甲の暴行・傷害とAの死亡結果との間には法的因果関係が認められ、甲の行為は傷害致死罪（208条、204条、205条）の構成要件に該当する。

2　Bに対する暴行罪の成立について

甲は、開封前の500 mlペットボトルをBの方へ強く投げており、その結果、車の壁に跳ね返ってBの肩の上に落ちている。これがBに対する暴行罪（208条）にあたらないか。暴行とは人の身体に対する物理力の行使であるが、塩を相手方に投げつけるなどの、傷害の危険性はないが相手方の身体に接触する行為もこれにあたるとされるので、本件でも勢いがないとはいえペットボトルがBの肩に接触している以上、客観的には暴行がある。もっとも、甲は、Bにペットボトルを接触させるつもりはなく、この客観に対応する故意はない。とはいえ、当てるつもりなく狭い部屋で日本刀を振り回すように、当たりはしないが万が一当たれば傷害の危険が高い行為も、傷害未遂の性質をも含む暴行罪の機能からは、人の身体に対する物理力の行使にあたると解すべきであり、とすれば、本件でも開封前の500 mlペットボトルという軽くはないものを相手の体ぎりぎりを狙って強く投げる行為は、万が一当たれば打撲や最悪の場合には失明などの重大な傷害を惹起する危険を有する行為といえ、その認識は甲にも十分にある。ゆえに、この観点で捉えれば、客観的にも主観的にも、Bに対する甲の行為は暴行罪の構成要件に該当する（208条）。

3　Aの財物の奪取について

甲は、Aが意識を失った後に、Aの財布と免許証を奪っている。この財物奪取意思を抱いたのはAが意識を失った後（すなわち反抗を抑圧された状態になった後）なので、Aに対する暴行との関係では1項強盗罪（236条1項）は問題にならないが、Aの財物を奪取するのに障害となる者に対する暴行・脅迫も強盗罪における暴行・脅迫にあたるので、本件で甲の奪取を阻止しようとしているBに対する脅迫によってAの財布・免許証を強取したとして、1項強盗罪が成立しうる。そして、すでにAへの暴行やBへのわいせつ行為により恐怖心を抱かせているBに対して、返してほしければ性的行為に応じよと、「Aの財布・財物を渡さなければ強姦する」というに等しい言葉を浴びせており、これはBの反抗を抑圧する程度の害悪の告知といえ、現にBは完全に畏怖して抵抗をあきらめている。このBの反抗抑圧状態に基づいて、甲はAの財布・免許証の占有を奪っており、客観的に財物の強取があったといえ（脅迫以前に甲はすでに財布・免許証を手に持ってはいるが、いまだBの目の前でのことであり、しかもBが当該財物を取り戻そうと抵抗を試みている以上、占有はいまだ移転していないといえ、1項強盗を検討すれば足りる）、主観面でも、故意・不法領得の意思に疑いはなく（不法領得の意思について、財布はもともと中身を奪えば投棄するつもりであり利用処分意思がないとも思われるが、財布自体と財布の中身を区別して扱うことは不自然であり、一体として利用処分意思はあったとみなしうる）、甲の行為は1項強盗罪の構成要件に該当する（236条1項）。

4　罪数

以上より、Aに対する傷害致死罪、A・Bに対する1項強盗罪、Bに対する暴行罪が成立し、それらは併合罪になる（45条）。

（Y. S.）

（安田拓人）

4. 迷える羊の帰還

設問　以下の事例に基づき、A、C および D の罪責について、具体的な事実を摘示しつつ論じなさい（特別法違反の点は除く）。

❶　A（80 歳）は、営んでいた食料品店をたたんだ後は、妻 B（78 歳）と二人、年金と少々の蓄えとに頼るつましい生活を送っていた。一人息子の C（43 歳）は、若い頃から定職にも就かず、その日暮らしをしては A に金の無心を繰り返すという有様で、ここ 1 年ほどは、A の叱責を嫌って家にはほとんど顔を出さないような状態が続いていた。

　そんな不甲斐ない息子の先行きが案じられることに加え、5 年前に脳梗塞で倒れた B の毎日の介護にも疲れて、A は、このところ鬱々とした日々を過ごすようになっていた。

❷　一方、ある晩、行きつけのスナックで飲んでいた C は、遊び仲間の D に、知人 E に結構な借金をしてなかなか返せないでおり、今日もきつく返済を求められたとぼやいたところ、D は、「それなら、お前が前に話してた『あれ』、おまえのアパートにあるんだろう。それで何とかしたらどうだ」と C に耳打ちをした。「けどよ、俺のもんじゃないしな」などと言って C が取り合わないでいると、D は、さらに、「すぐに持って行けば、E が受け取って、その後は何とかしてくれるだろうから、是非そうしろよ」とたたみかけた。

　D の言う「あれ」とは、C が以前から話の種にし、自分が預かって手許に置いているかのように吹聴していたひと振りの日本刀のことであったが、実をいえば、C のもとにそのような刀はなかった。それは、「ご先祖様から伝わる値打ちある刀で、大事なものだ」と、C が子どもの頃から幾度となく聞かされていた品で、A が、実家の押し入れの奥あたりにしまい込んでいるらしい品のことを言っていたものであった。

❸　その数日後、5 月半ばのある土曜日の午後 4 時頃、どうしても金

の工面ができずにいたCは、Aに無心するか、さもなければ金目の物を持ち出そうと数か月ぶりに実家を訪ねたが、玄関ブザーに応答はなかった。Aが留守であることを見て取ったCは、合い鍵で家の中に入り、寝たきりのBの様子を一瞥すると、座敷の押し入れから売れそうな古い掛け軸や花瓶等を取り出し、持参の大きなショルダーバッグに詰め込んだ。そして、さらに日本刀を探し回っていると、帰宅したAが物音を聞きつけて「何をしてる」と声を荒げてCを睨みつけた。Cが、「金になりそうな物をいただくのさ。それがいやなら金をよこせよ」と返すと、Aが、「うちには金などもうない。とった物をおいてさっさと出ていけ。この親不孝者！」と怒鳴ったので、かっとなったCはAに飛びかかり、体当たりでAを押し倒した。Cは、起き上がれないでいるAを尻目に、「ご先祖様の刀とやらがあったよな」と再び押し入れの奥を探り、まもなく、風呂敷に包まれた箱入りのひと振りの日本刀を探し当てた。Cは、これもショルダーバッグの中に入れ、「こんな貧乏家とは、もうおさらばだ。お前らが死んで生命保険の金が入るとか、葬式に香典が集まるとかなら別の話、そうでなければ用はない。もう2度と帰ってくるものか」と吐き捨てると、ショルダーバッグを持って家を出ていった。

ややあって身を起こしたAは、動く気力も起こらず呆然としていたが、Cが帰ってくることはもうなかろうと、ほとほと愛想が尽きたという思いであった。

❹ その日の夜の8時頃、Aは、いつものBの世話を終え、Bが寝付いたのを見届けてからコップで酒を飲んでいたが、ついつい深酒をしていつの間にかテーブルでうたた寝をしており、寒気を感じて目が覚めたのは深夜の2時頃であった。

Aは、倒れたコップの酒で濡れているシャツの袖先にぼんやりと目をやり、昼間のことを思い返すと、自身の無力さが情けなく、また、Cが立ち直るのを唯一の望みにしているBが哀れになった。そして、「この家は終わりだ。もう、どうにでもなれ。いっそ何もかもないものにしてしまえば自分もBも楽になる」と考えているうちに、ふと、Cの言葉が思い出された。もし自分達が死ねば息子にとって面倒もなくなり、また、自分名義のこの家が焼けて火災保険からなにがしかの保険金でもCにおりることになれば、その時はきっとBも自分を許してくれるであろう。そう思うと、Aは、衝動に駆られるまま台所の流し台から刃渡り15cm、刃幅約5cmの包丁を取り出し、Bの寝室に赴くと、眠っているBに「俺も、すぐいくぞ」などと言いながらその左胸のあたりを包丁で1回突き刺し、しばらく様子を見守った後、Bが死んだものと見て、寝室を後にした。

❺ その後、Aは、茶の間で、ストーブ用の灯油をまき散らし、畳の上に敷いてあったカーペットに火をつけた。すると、燃えだした火は、部屋の中央に置いてあった雑貨の入った段ボール箱や無造作に積んであった新聞紙に燃え移り、さらに障子やふすまにも燃え広がり、そのうち天井にも燃え移って、柱も燃え始めるに至った。

一方、火が燃え上がっていくのを見届け、Bのところに戻ってきたAは、不憫なBの後を追って自らも命を絶つべく、Bの傍らで、先ほどの包丁で自分の左の手首を切り、喉元を突き刺すと、Bの布団の足元あたりにうつ伏せに倒れた。

❻ しばらくその場に倒れていたAではあったが、手首、喉元の傷は致命傷にまでは至っておらず、その後、煙の息苦しさで意識を取り戻して目をやると、大量の出血ながら、Bも息絶えてはおらず、助けを求めてもがいているようであった。この様子にはっと我に返ったAは、後悔の念から、なんとしてもBを助けてやらねばと、炎の広がる中、ようやくのことでBを玄関まで運んだが、煙を吸い込んだのと出血のために玄関の引き戸を開けたところで自らもBとともにその場に倒れ込み、再び気を失ってしまった。

❼ 一方、昼間のことで腹の虫が収まらず、もう1度金目のものを探してやろうと考えていたCは、A、Bともにぐっすり寝込んでいるはずと思われる深夜の3時頃、集落のはずれの、普段であれば夜間、まして深夜には人の行き来はほとんどない道はずれに建っている家の近くまで来たところ、火の手が上がっているのが見えた。驚いて駆け寄ってみると、軒先から炎が延びている玄関を出たところに血まみれのAとBが折り重なるように倒れており、二人ともまさに瀕死の様子であった。この状況に思わず我を忘れ、Cは、とっさに、BそしてAを炎に包まれた玄関からなんとか庭まで引き

ずって運ぶと、すぐさま携帯電話で119番通報をした。これにより、AとBは、駆けつけた救急車によって病院に搬送されてすぐさま緊急手術を受け、その結果、ともに一命を取り留めるに至った。

解　説

1…………概　観

⑴　設問のねらい

本問は、Aの罪責に関しては、いかなる放火罪が成立するのか、既遂時期はどの段階か、また、殺人について中止未遂は成立するのか、Cの罪責に関しては、住居侵入罪および強盗罪の成否、Dの罪責に関しては、教唆犯の成立に関し同じ財産罪における異なる構成要件間の錯誤につきどの範囲で符合を認めうるのかなどの各論点を扱うものである。具体的には、放火罪の客体および既遂時期については、法的な基礎知識を問うものであり、また、中止犯の成否、住居侵入罪の成否については、判例の知識を借りつつ、法規範をいかに具体的事実にあてはめるかを評価するものであり、さらに、財産罪に関する錯誤や（事後）強盗罪の成否については、法的な思考力を問おうとするものである。

⑵　とりあげる項目

➤放火罪

・既遂時期

・現住性と非現住性

・差押え等にかかる自己の物に関する特例

・抽象的事実の錯誤

➤中止行為と中止犯の成否

➤事後強盗罪と（居直り）強盗の区別

➤住居侵入罪の成否

➤財産罪に関する抽象的事実の錯誤

2…………Aの罪責

(1) 放火罪

① Aの罪責については、まず、いかなる放火罪が成立するかが問題となる。当該家屋について、Cはもはや居住者でないとしても、Aとその妻Bが暮らしており、Aが火を放った時点でBが死亡していない以上、客観的には、108条の現住建造物ということになる。また、放火罪は目的物の焼損によって既遂に達するので、判例・多数説の独立燃焼説によれば、Aが家に火をつけた後、その火が天井に燃え移って独立して燃焼を開始し、あるいは燃焼を継続するに至った段階で焼損となり放火罪は既遂となる。放火罪の既遂時期、すなわち焼損の時期は、判例によれば、独立燃焼が開始された段階、より正確には、独立燃焼が「継続」することをもって判断すべきである。そのような段階に至れば、「公共ノ静謐ニ対スル危険ハ既ニ発生」(大判大正7年3月15日刑録24輯219頁)しているとみなされるからである。したがって、焼損についての故意は、火が媒介物を離れ独立燃焼すること、あるいはそれが継続することの認識・認容である(西田・各論323頁、山口・各論385頁、高橋・各論472頁、只木誠・法学新報121巻11=12号439頁参照)。

② しかし、Aは、Bがすでに死亡し、Cは家出してもう帰ってこないと思っていることから、Aの錯誤を論じる前提として、この「死亡している」、「家から出ていっている」という事情との関係で住居の現住性が問われることになる。なお、Cが客観的に居住者といえるか否かは微妙であり、自己の居室もあり、そこに自分の生活用品等も残しており、時折は出入りしていたとすれば、客観的にはいまだ居住者であると解することができよう。もっとも、「無心」、「たかり」や「持ち出し」に来訪する程度では、もはや居住者とは認め難いとする見解もありえよう。

これまで、居住の有無が争われ、これが否定されないとされた事例としては、①妻との夫婦生活が破綻状態にあり、犯行時において、妻子の衣類・調度品等のほとんどすべてが他に運び去られていても、その直前まではこれらが同女等の居住にともなう生活用具として相応の場所に存在する状態が継続していたことから(東京高判昭和54年12月13日判タ

410号140頁)、また、②被告人との離婚を固く決意して家出をしたものの、着の身着のままの状態で、本件家屋に衣類等の生活品を残したままであり、従前家出しては戻っている経緯等があったことから（横浜地判昭和58年7月20日判時1108号138頁）それぞれ、犯行当時においても依然被告人の妻子の住居たる性質を失うに至ってはいないとされた事例のほか、③被告人の中学1年の二男および小学5年の長女は、被告人の放火の意図を知らず、親戚訪問の名目で自宅から連れ出されたものであって、当時自らの家につき居住の意思を放棄していたものとはとうてい認められないとした事例（最決昭和37年12月4日裁判集(刑)145号431頁）がある。

これに対して、④3歳の長女が祖母方に預けられていた間に、妻を殺害し家屋に放火した場合、上記長女の住居は、母の死後は父である被告人の意思に従って定まるものであるから、被告人が本件家屋を住居とすることを放棄した以上、現住建造物放火罪は成立しないとされ（福岡高判昭和38年12月20日下刑集5巻11＝12号1093頁)、⑤就寝中の老夫婦を絞殺して金員を強奪し、その犯跡を隠蔽するため放火して、両死体を損壊するとともに家屋を焼損した事例につき、老夫婦が生前5歳の幼女を預かり、老夫婦の殺害時、同女も両名と同室内で就寝中であったが、放火前に被告人自ら同女をその生家に連れていき、両親の許に帰らせ、その監護の下に復せしめた場合には現住性は喪失するとされている（松江地判昭和33年1月21日一審刑集1巻1号50頁参照)。

このようにみてくると、判例は、客観的な住居たる性質の存否、主観的な居住者の意思を基礎として「現住性」を判断しており、判例において住居の現住性が否定されるのは、放火行為当時、他の居住者において住居として使用する意思を放棄し、実質的には被告人のみが居住者であると同視できるような場合の事例に限られよう。

本問では、当該放火の客体は、108条の現住建造物ということになるところ、しかしAの主観においては、息子Cはすでに家を出て、もう帰ってはこないと思い、妻Bは死亡していると誤信している。そうである以上、Aの認識上は、当該建物は109条2項の自己所有（この点、妻Bなどが建物の共同所有者であれば事情を異にするが、かかる事情にはない）の非現住建造物にあたることになるが、当該家屋が火災保険に付されていることから、115条の規定により、同家屋は109条1項の他人所有の非現住建造物ということになる（それゆえ、本問では公共の危険の発生は要件とはならない）。とすれば、客観的に発生した犯罪事実と主観的に行為者が認識した事実との間に異なる構成要件にまたがる齟齬が生じていることから、いわゆる抽象的事実の錯誤の問題となる。なお、Aの家屋の周りに焼損のおそれのある他人の住居があれば、それを認識している以上現住建造物放火の少なくとも未必の故意が存しうることになるが、本件では周囲に民家が存しないことからも、現住建造物放火の故意は、認められない。

したがって、Aには、38条2項により重い罪にあたる108条の現住建造物（等）放火罪は成立しないが、客観的事実と主観的事実の重なり合う範囲で、軽い罪にあたる109条1項の非現住建造物放火罪が成立することになる。

⑵ 中止犯

① Aは、Bへの殺意をもって、その胸付近を包丁で突き刺しており、これは他人の生命を断絶させる現実的危険性のある行為である。そして、この時点で殺人の実行の着手が観念できる。しかし、その後、Aは、Bの生きているのを見て我に返ってBを救助しようとし、最終的にBは搬送された病院での緊急手術によって救助されるに至っていることから、Aの行為に殺人の中止犯の成立が認められるかが問題となる。

中止犯の成立要件は、犯罪の実行に着手した後に、ⓐ「自己の意思」によって（任意性）、ⓑ「犯罪を中止した」（中止行為）ことである。そこで、まず、ⓐについて検討するに、火災のなか重傷を負ってもがいているBが可哀想に思えたこと、すなわち広義の後悔の念を動機として、Aは自らの意思でBを救助しようとしており、中止犯の任意性についてのいずれの学説によっても、任意性は肯定されると思われる。

② では、Aに中止行為は認められるか。本問は、Bに対する殺人の実行行為は終了している、すなわち、事前の一般人の立場から判断すれ

ば、既遂に至る現実的危険が生じている、いわゆる実行未遂の事例である（東京地判平成 14 年 1 月 22 日判時 1821 号 155 頁は、「既遂に至る具体的危険が生じたか否かについては……事前の一般人の立場からの判断を基準とすべきであり、事後的な客観的判断を基準とすべきではない」とする。和田俊憲・刑ジャ 4 号 79 頁参照）。本問の中止犯に関する設問の部分は、東京地判平成 7 年 10 月 24 日判時 1596 号 125 頁の事案をもとにして、若干その事実関係を変えて出題したものである（本判決の中止犯の判断には批判的な論考も少なくないが、中止行為の認定の仕方については、好個の例となるものであると思われる）。

その事案は、概要以下のようなものである。

被告人は、妻 A が家出をした後、養女 B 子(13 歳)と 2 人で生活をしていたが、某日午前 3 時 30 分頃、A の家出以降のいら立ちと家族の将来の生活を悲観する気持ちが一気に高まって、1 人あとに残すには不憫である B 子を殺害して自分も死のうと決意し、寝ていた B 子の胸を出刃包丁で突き刺したのち家屋内に放火して現住建造物の一部を焼損させ、その直後自殺を図った。その後、しばらく意識を失っていた被告人は、室内に立ち込めた煙に息苦しくなり、目を覚ましたところ、「お父さん、助けて」という B 子の声が聞こえて、急に B 子のことが哀れに思えて B 子を助け出そうという気持ちになり、B 子を玄関から室外に引きずり出すと、被告人の住居の前の道路に出た上、付近の C 方出入口の門扉を開けてその敷地内まで B 子を引きずって行ったが、そこで意識を失って B 子とともにその場に倒れ込んだ。被告人らが倒れ込んだ前記 C 方敷地付近は、夜間の人通りのほとんどない住宅街に位置するが、犯行当日の午前 3 時 55 分頃、同所付近を偶然通りかかった通行人が被告人および B 子を発見して 110 番通報したことから、B 子は、病院に収容され、緊急手術を受けて一命を取り留めた、というものである。

この事案に対して、前掲東京地判平成 7 年 10 月 24 日は、客観的事情および主観的事情を考慮した上、本件はいわゆる実行未遂の事案であるとし、「被告人が B 子を室外に引きずり出したのは、B 子が『お父さん、助けて』と言ったのを聞いて B 子のことをかわいそうに思ったことによるものであるから、右行為はいわゆる憐憫の情に基づく任意かつ自発的なものであったと認められる。[原文改行] しかしながら、被告人は、B子を被告人方からC方敷地内まで運び出してはいるものの、それ以上の行為には及んでいないのであって、当時の時間的、場所的状況に照らすと、被告人の右の程度の行為が結果発生を自ら防止したと同視するに足りる積極的な行為を行った場合であるとまでは言い難く、B子が一命をとりとめたのは、偶然通り掛かった通行人の110番通報により病院に収容されて緊急手術を受けた結果によるものであったことを併せ考慮すると、本件が被告人の中止行為によって現実に結果の発生が防止された事案であるとは認められない」として、殺人未遂について中止犯は成立しないと判示した（同判決に対する、批判的な検討として、斎藤・総論357頁、395頁。なお、原口伸夫・桐蔭法学11巻1号36頁、83頁、山中敬一・刑法総論［第3版］816頁参照）。

このように、中止行為の存在を認定するに際しては、まず、実行未遂の事例における中止行為は、なるほど他人の助力を受けても差し支えないが、行為者自身が結果の防止にあたらないときは、少なくとも自ら防止にあたったと同視しうる程度の努力が払われたことを必要とすべきであろう。本問では、AはB子を玄関まで運び、玄関の引き戸を開けたところで倒れるに至っている。前掲東京地判平成7年10月24日が、「［隣家の］敷地内までB子を引きずっていった」行為について、当時の時間的、場所的状況に照らして、中止行為を認めることはできないとしたことと比較しても、B子を運び出そうとする行為が行われた時間的・場所的状況に照らし（起案においては、この点への言及は必要であろう）、たまたま帰宅した息子Cに、まさに偶然に発見されて、それによってはじめて本格的に救助されている本件事案では、Aの行為を中止犯に必要な中止行為、すなわち結果の発生を防止するに適切（真摯）な行為と認めることは一層困難であろう。これは、今日有力である、中止犯の刑の減免の根拠にいう「責任減少説」からも同様の結論になるかと思われる。もっとも、責任減少説の背景をなしている考え方を推し進めれば、本問において、玄関までBを運び出したことに中止行為を肯定することはできなくもない。そのような立論に立つならば、中止行為を否定する方向の事情にも言及した上で、中止行為を肯定するための説得的な論証が求められよう。責任減少説に立っても、中止行為自体が存在しない限り、因果関係を論じる出発点（通常の因果関係論にいう「実行行為」に対応する）が存せず、中止犯は認められないのである（中止犯の規定を、刑罰規定と同じ目的をもった、しかし、反対方向の規定であるとする「裏返しの構成要件」として理解する見解が有力である。和田俊憲「中止犯論」刑法42巻3号287頁、西田典之＝山口厚＝佐伯仁志編・注釈刑法第1巻679頁〔和田俊憲〕など参照）。したがって、Aには殺人の（障害）未遂罪が成立することになる。

なお、実行行為と中止行為との間に時間的離隔が存在する場合でも、中止犯を認めることは可能である（大阪地判平成14年11月27日判タ1113号281頁参照）。

3…………Cの罪責

(1) 財産罪

窃盗罪の既遂時期に関しては、学説が分かれるところ、判例·通説は、窃取とは、財物に対する他人の占有を侵害し、その財物を自己または第三者の占有に移す行為と解すべきであることを根拠に、取得説、すなわち、他人の占有を排して、財物を行為者または第三者の占有に移したときであると理解している。そして、占有の取得という事態を判断する素材として、財物自体の性質、被害者の占有の形態・支配の強弱、窃取行為の態様などを考慮して、具体的に判断すべきであるとしている。

このような基準に照らせば、まず、本文においてCが掛け軸と花瓶をバッグの中に詰め込んだ行為は、その段階でそれらを行為者の実力的支配内に置いたということができるので、窃盗既遂であると評価しうるであろう。たとえば、服地約10mをコートの内側に入れて隠匿した行為に窃盗既遂を認めた東京高判昭和31年3月15日東時7巻3号109頁、家人不在中の店内で被害物件を風呂敷に包み、その風呂敷包を携え屋内から戸口に出てきたところを捕えられた事案について、窃盗罪の既遂を認めた広島高判昭和 29 年 7 月 14 日裁特 1 巻 1 号 21 頁などが参照されよう。

そして、その後の反抗を抑圧する程度の暴行・脅迫行為があった場合には、これを先行する窃盗行為と併せて事後強盗と評価するという余地もある。ただ、そうであれば、C の「かっとして掴みかかり、押し倒した」行為を「取り返し防止」目的によるものと評価しうるかが問われよう。この点については、各自の理由づけが重要となる。

また、一方で、掛け軸と花瓶をバッグの中に詰め込んだ行為はいまだ窃盗未遂であると捉えて、なおもそれら財物の奪取を遂げようとして相手方の反抗を抑圧する行為、すなわち窃盗にかかる財物の占有を確保するための暴行を居直り強盗（1 項強盗）に問疑するという余地もあろう。ただ、本問では、窃盗がいまだ未遂にとどまるといえるかが問題となる。

このように、いずれの解釈も不可能ではないが、そのいずれに解しても、その後の日本刀の奪取行為との罪数関係が問われるところ、これについては全体として包括一罪と解すべきであろう。掛け軸等に関する窃盗既遂罪ないし未遂罪の成立を認め、その後の日本刀の強盗罪を認め、両罪を併合罪とする考え方は、同一住居内における時間的・場所的近接性のある中で、同一人に向けられた、方法態様の類似する一連の奪取行為を 2 つに分断する点で不当であると思われる。

とすれば、窃盗既遂の後、さらに暴行・脅迫により財物、すなわち本来意図した日本刀を強取した本件のような場合には、全体を包括して強盗既遂の一罪を肯定すれば足りるとする解釈が、より妥当であるように考えられる。高松高判昭和 28 年 7 月 27 日高刑集 6 巻 11 号 1442 頁は、同一家屋内で、まず金品を窃取し、さらに引き続き、物音に目覚めた家人に対し暴行・脅迫を加えて金品を強取した場合は、その前後の奪取行為は包括して単一の強盗罪を構成する、としている（同旨、西田・各論 195 頁）。なお、このように解する場合には、窃盗部分につき親族間の犯罪に関する特例の適用があるかといった困難な問題は生じないことになる。

なお、時間的に引き続き行われた窃盗と強盗との関係について、若干ながらここで敷延しておきたい。まず、窃盗既遂の後に暴行·脅迫がなされた場合、当該暴行・脅迫は財物奪取の手段となっていないので、1項強盗とはならず、その場合には、事後強盗罪かあるいは2項強盗罪の成立が考えられるとする説が主張されている（西田・各論184頁、大谷・各論244頁、高橋・各論276頁など）。これに対しては、必ずしもそのように理解する必然性がないとする説も有力である。すなわち、たとえば本問でいえば、いまだAの占有は完全には失われてはおらず、Cが占有を確保しているわけではないから、Cがその後の暴行により、弱まった形で残存しているAの占有を完全に排除したものとして、1項強盗の成立を認めうるとする考えであり、判例・実務の考え方はむしろこのような考え方に沿っているともいえよう。このような考え方によれば、仮に、Cが、暴行の後日本刀を発見できず、これを強取しなかったとしても、1項強盗（これも居直り強盗の一種）になるであろうし、事後強盗とみることも可能ということになろう（詳細は、安廣文夫・昭和61年度最判解298頁以下、319頁注18参照）。また、共同占有者を排除して自己の単独占有に移せば窃取したことになる以上、単独占有までは取得せずとも共同占有を取得すれば占有の侵害・取得、すなわち「窃取」した、したがって窃盗既遂ありということができ、その後、さらに、その共同占有を単独占有に変えれば、再び占有の侵害・取得ありといえ、その手段が相手の反抗を抑圧するに足る程度の暴行・脅迫ならば「強取」として1項強盗になるとするのも同様である（斎藤・各論125頁）。

さらに、このような、窃盗既遂後の暴行・脅迫が財物の占有確保の手段となることに着目して居直り強盗を認める見解に立って考えると、以下のような解釈も可能となる。すなわち、Cが先行して窃取した掛け軸等を持ち出して自己が運転してきた車に積み込むなどしており、AもBもこれに全く気付いていない場合とか、Cが窃取したのがカード等の小物でこれをすでにポケットに収めてしまっており、AもBも全く気付いていない場合においても、それに引き続いて強盗が敢行されれば、それらの行為全体が包括一罪として処理されるであろうが、暴行・脅迫行為は掛け軸やカード等財物の占有確保の手段となっていないことから、先行する窃盗部分には親族間の犯罪に関する特例の適用を認めるべきとの解釈もありうるのではなかろうか。実務的には、実に興味深い問題である。もちろん、本問ではこのような事情にないが、是非とも、検討してほしい。

⑵ **住居侵入罪**

本問では、Cに住居侵入罪が成立するかというのも、1つの問題である。住居侵入罪の法益概念については、周知のように見解の対立があるが、この対立は、「侵入」の意義に関する対立につながる。今日有力な住居権説によれば、「侵入」とは、住居者等の意思に反して立ち入ること（意思侵害説）、平穏説によれば、住居等の事実上の平穏を害する態様で立ち入ること（平穏侵害説）と定義される。

しかし、侵入概念をいずれに解そうとも、本問においては、Cが勘当されているとか、明確にAらとの共同生活から離脱しているならともかく、対象となっている住居が数か月ぶりに訪ねた実家であること、当初「玄関のブザーを鳴らし」て両親の住居に平穏に立ち入ろうとしていること、Cは合い鍵をもっており、また、A、Bがこれを容認していたと思われること等を考え合わせると、あるいは異論も存するであろうが、たとえ窃盗・強取の目的であっても、よしんば未必的な違法目的を有していたとしても、住居権者であるAとBの意思に反する立入りであるとはいえず、住居侵入罪は成立しないと解すべきであろう（贈賄、詐欺目的であればなお一層住居侵入罪は否定されることになろう）。

一方、住居侵入罪を肯定した判例には以下のものがある。たとえば、最判昭和23年11月25日刑集2巻12号1649頁は、家出していた息子が、強盗の目的で、しかも共犯者3名と一緒に深夜父親宅に立ち入った事案について、被告人が、家出したことを後悔して父に謝罪するつもりで涙の帰宅をしたのであれば、たとえ深夜戸締まりを破っての侵入であっても「父にとってはそれは『迷える羊の帰還』であり、心からの歓喜そのもので」あったであろうが、しかし、同じく「帰還」したのであっても、強盗目的で、しかも共犯者3名をも帯同した場合には事情を異にする、として住居侵入罪の成立を認めている。また、東京高判昭和58年1月20日判時1088号147頁は、離婚訴訟中で妻と別居していた被告人が、妻の住む自己所有の家屋へ、同女の不貞行為を現認する目的で、同女の意思に反して、従前より所持していた合鍵を使って夜間玄関から立ち入ったという事案について、別居の期間がすでに1年5か月ないし2年6か月であること、「[妻]において被告人に所論の合鍵を所持させたままにしておいたのは、被告人の同女方への立ち入りを容認していたからではなく、同女においてよもや被告人がこれを使用して同女方に立ち入ることはあるまいと思い……被告人から敢えて右合鍵を回収することなくそのままにしておいたからである」ことを認定して住居侵入罪の成立を肯定している。

なお、住居侵入罪を否定するならば前記放火罪の関係での建造物の現住性は肯定されるべきであり、あるいは、現住性を否定するならば、住居侵入罪も肯定すべきではないかとの疑念も生じようが、法益に照らしても住居侵入罪と放火罪の成立要件の問題は別個のものであり、住居侵入罪を否定しても、そのことと現住性を否定することとは矛盾はしない。

本問において、仮に住居侵入罪を肯定するのであれば、上記の住居侵入罪を認めることにつき否定的な事情に触れた上での論証が求められよう。また、住居侵入罪の成立を肯定し、A宅内の行為を併合罪とした場合には、いわゆる「かすがい作用（現象）」の問題が生じ、罪数処理においてその点を踏まえた記述が求められる。

4…………Dの罪責

財産罪に関する異なる構成要件間の錯誤

Dは、自己の利益のためではなくCの利益のためにCの横領行為を、具体的な財物（日本刀）を暗示しつつそそのかしている（仮にCがDからも借金をしており、Dが自己の利益のために犯行を唆したのであれば、まずは共同正犯の成立が検討されるべきである）。しかし、結果的に、正犯であるCはその財物につき強盗を行っている。そこで、ここでは、客観的に正犯に成立している強盗罪と、主観的に教唆者が認識している（単純）横領罪との間の共犯の錯誤が問題となる（**2. とんだこんだの勘違い**の解説**3**(1)参照）。

この点、横領罪と強盗罪とは、占有の存否について相違がある、あるいは何ら構成要件的に重なり合うところがないとして、Dに犯罪の成立を否定することも理論上は可能である。しかし、このような結論は、Dの行った行為についての評価としては、財産罪の実態にそぐわず、妥当でないと思われる。そこで、たとえば、横領罪と強盗罪とは、占有の侵害・取得と暴行・脅迫の有無において違いがあるが、いずれも財産罪における（直接）領得罪、すなわち「他人の財物を領得する罪」であるとして、また、財産罪においては究極のところ「所有権」が保護法益である点で共通していることから、構成要件的な重なり合いを認めることは可能であると思われる（このように、財産罪における錯誤は、広く符合を認めてよいであろう。名古屋地判平成20年12月18日研修761号83頁は、窃盗の故意で詐欺を行ったという事案に、窃盗の限度で重なり合いを認めている)。そうであれば、部分的犯罪共同説からは、Dには、両罪の構成要件が実質的に重なる範囲で軽い横領の教唆罪が成立すると解されよう（なお、この場合、65条1項の適用が必要である)。

もちろん、この点についても、かかる解釈によらない立場を採用することも可能であり、その場合には、その理由を付することが望まれるであろう。たとえば、横領教唆によって強盗が行われた場合、横領に関する教唆行為と強盗に関する正犯結果について因果関係がない、などである。

なお、日本刀の強盗については、横領と強盗との間では、構成要件の重なり合いがあるとして、実質上その限度で軽い横領罪の教唆犯が成立するとしても、掛け軸等の窃盗もしくは強盗については、その客体につきDの認識にないことから、教唆犯は成立しないという立論も可能であろう。しかし、窃盗と解した場合でも、法定的符合説、数故意犯説的理解を前提に、判例は、正犯が当初の教唆行為によって生じた犯意とは別個独立の新たな意思決定をもって犯罪を行った場合（たとえば、最判昭和25年7月11日刑集4巻7号1261頁）の他は、教唆行為と正犯行為との因果関係を広く認めており、また、強盗と解した場合でも、同様に解することができよう。

解答例

第1　Aの罪責

1　Bの左胸あたりを包丁で1回突き刺した行為について

(1)　Aの上記行為は、刃渡り約15 cm、刃幅約5 cmの包丁という鋭利な刃物で、人体の枢要部である左胸のあたりを突き刺すものであるため、生命侵害の現実的危険性のある行為であり、殺人罪（刑法〔以下省略〕199条）の実行行為にあたるといえる。

もっとも、Bは、一命を取り留めており、死の結果は発生していないため、Aの上記行為には、殺人未遂罪（199条、203条）が成立するにとどまる。

(2)　そして、Aは、上記行為に出た後、救命のためにBを連れ出していることから、Aの行為には、中止犯が成立し、刑の必要的減免がなされるものといえないか（43条ただし書）。

まず、Aは、火災の中、必死にもがくような素振りをみせたBを見て、後悔の念が生じたことから、Bの救命行為に出ているため、かかるAの行為は、「自己の意思により」なされたものであるといえる。

では、かかるAの行為をもって、「犯罪を中止した」といえるか。

そもそも、中止犯における刑の必要的減免の根拠は、中止行為に示された行為者の態度が責任を減少させる点にあるものと解する。そして、中止行為に出る前に、実行行為が終了し、既遂に至る現実的危険が生じている場合には、結果発生防止のための真摯な努力が払われたものと評価できる行為のみが、責任減少を認めるべき中止行為にあたるものと解する。

本件では、Aは、Bを助けようと、寝室からBを運び出したものの、玄関で力尽きてしまい、それ以上の救命行為には及んでいないところ、深夜2時すぎに、集落の外れで人通りの少ない道路沿いにあるA宅内でなされたものであることからすれば、かかるAの行為が、第三者によるBの発見および救命を容易にしたものとは認め難い。

したがって、本件Aの行為を、結果発生防止のための真摯な努力が払われた行為であると評価することはできず、たとえそこに任意性が肯定されるとしても、かかる行為をもって、「犯罪を中止した」とはいえない。

よって、本件Aの行為に、中止犯は成立しないものといえる。

2 A宅の茶の間に灯油をまき散らした上、畳の上に敷いてあったカーペットに点火した行為について

(1) Aがカーペットにつけた火は、A宅の天井や柱に燃え移り、独立に燃焼を継続する状態に至ったため、Aは、上記行為によって、A宅を「焼損した」ものといえる。

そして、Aの1人息子であるCは、ここ1年ほどA宅にほとんど帰らず、Aに金の無心をするために来訪するぐらいであったことから、A宅の居住者とはいえないものの、Aの妻であるBは、A宅の居住者であり、Aによる上記行為時にも生きていたため、A宅は、「現に人が住居に使用」している「建造物」であったといえる。

よって、Aの上記行為は、現住建造物放火罪（108条）の客観的構成要件に該当する。

(2) もっとも、Aは、上記行為時には、Bがすでに死亡しているものと誤信しているため、A宅に火災保険がかけられていたことも考慮すると、Aとしては、A宅は、109条1項の非現住建造物にあたるとの認識をしていたものといえる（115条、109条1項）。

したがって、Aの上記行為につき、客観的に発生した犯罪事実と主観的に行為者が認識した事実との間に異なる構成要件にまたがる食い違いが生じているものといえ、38条2項により、Aの上記行為には、重い罪にあたる現住建造物放火罪は成立しない。

もっとも、108条の罪と109条1項の罪は、その保護法益および行為態様が共通しており、構成要件的な重なり合いが認められる。そのため、Aの上記行為には、Aの認識に対応した、軽い罪である109条1項の非現住建造物放火罪が成立するものといえる。

(3) よって、Aの上記行為には、109条1項の非現住建造物放火罪が成立する。

3　罪数

以上より、本件Aの行為には、①殺人未遂罪（199条、203条）、②非現住建造物放火罪（109条1項）が成立し、①と②は、併合罪（45条前段）となって、Aは、その罪責を負う。

第2　Cの罪責

1　合い鍵を使ってA宅の中に入った行為について

⑴　Cの上記行為は、A宅への「侵入」にあたるとして、住居侵入罪（130条前段）が成立しないか。

そもそも、「侵入」とは、住居権者の意思に反して住居に立ち入ることを意味するものと解する。

本件では、Cは、金目の物を持ち出す目的で、上記行為に出ているため、A宅の住居権者であるAおよびBの意思に反する立入りとして、「侵入」にあたるものとも思える。しかし、A宅はCの実家であること、Cは、ここ1年ほどはほとんどA宅に帰っていなかったものの、AおよびBから、A宅を追い出されたわけではなく、合い鍵の所持も容認されていたと思われること、そして、Cは、当初、玄関のブザーを鳴らしてA宅に立ち入ろうとしていたことからすると、CのA宅への立入りが、AおよびBの意思に反するものであったとは認められないものといえる。

⑵　よって、Cの上記行為は、A宅への「侵入」にはあたらず、住居侵入罪は成立しない。

2　A宅にあった掛け軸や花瓶等をバッグの中に詰め込んだ行為等について

⑴　Cが、A宅にあった掛け軸や花瓶等を持参したバッグの中に詰め込み、その搬出を容易にした行為は、他人の占有を侵害して財物を自己の占有に移した行為にあたり、Cは、「他人の財物」を「窃取」したものといえる（235条）。

⑵　そして、その後、Cは、物音を聞きつけてCのいる部屋に入ってきたAを両手で押し倒しているところ、かかるCの行為につき、事後強盗罪（238条）が成立しないか。

まず、Cは、前述の通り、「窃盗」犯人であるものといえる。

また、Cが、しばらく起き上がることができなくなるほどの力で、Aを押し倒した行為は、相手方の反抗を抑圧するに足りる「暴行」にあたるものといえる。

そして、Cは、「とった物をおいてさっさと出ていけ」とAに怒鳴られたことに、かっとなって、Aを押し倒しているため、かかる暴行時、Cには、バッグに詰め込んだ掛け軸等をAに取り返されてたまるかという気持ちがあったものといえる。したがって、Cは、「財物を……取り返されることを防」ぐために、Aに対し、上記暴行に出たものといえる。

(3) よって、Cの上記行為には、事後強盗罪が成立する。

3 A宅にあった日本刀をバッグの中に入れて持ち去った行為について

Cの上記行為は、日本刀に対するAの占有を侵害し自己の占有に移した行為にあたり、「他人の財物」を「窃取」したとして、窃盗罪（235条）が成立する。

なお、前述の通り、Cは、上記行為に出る前に、Aに対し、反抗を抑圧するに足りる暴力を加えているところ、その余勢をかって日本刀を奪取しているのであるから、日本刀の奪取行為は強盗罪に該当し、この強盗罪は先の事後強盗罪によって包括的に評価されると解しうる。

4 罪数

以上より、本件Cの行為には、①事後強盗罪（238条）、②窃盗罪（235条）が成立し、①と②は、併合罪となって、Cは、その罪責を負う。

第3 Dの罪責

1 Cに対し、CのEに対する借金返済のために、日本刀を持ち出すようそそのかした行為について

Dは、Cの話から、Cが日本刀を保管しているものと誤信していたため、Dとしては、Cに、横領罪（252条1項）を実行させるつもりで、上記行為に出たものの、実際には、Cは、日本刀を保管しておらず、前述の通り、掛け軸等の強盗および日本刀の窃盗の実行に出ている。したがって、正犯であるCが実現した構成要件該当事実と教唆者であるDが予見・認識した構成要件該当事実との間に、異なる構成要件にまたがる食い違いが生じているものといえる。

もっとも、横領罪と窃盗罪・強盗罪は、いずれも、他人の財物を領得する罪であり、その保護法益に共通するところがあるため、構成要件的な重なり合いが認められる。よって、Dの上記行為

には、Dの認識に対応した、軽い罪である横領罪の教唆（252条1項、61条）が成立するものといえる。

2　以上より、本件Dの行為には、横領罪の教唆（252条1項、61条）が成立し、Dは、その罪責を負う。　(A. H.)

（只木　誠）

5. 忘れ物にはくれぐれもご注意ください

設問　以下の事例に基づき甲、乙および丙の罪責について、具体的な事実を摘示しながら論じなさい（特別法違反の点は除く）。

❶　大学の同級生である甲（男性：21歳）、乙（男性：21歳）および丙（男性：21歳）の三人は、令和3年8月3日、連れ立って、N市内にある大型スーパー『マルチ堂』（鉄骨鉄筋地上7階・地下1階建）に赴いた。同店において、甲と乙は、6階にあるゲームセンターに向かい、丙は、1階にある10分ほどでカットが終わる理髪店で髪を切っていた。同日午後2時ころ、6階に着いた甲は、同階エスカレーター脇の通路に置かれたベンチの上に女性ものの財布があることに気付いた。周囲に人はおらず、他に手荷物らしきものも置かれていなかったことから、甲は、該財布は誰かが置き忘れた物だと思った。

❷　甲は、すぐに、近くにいた乙に対して、該財布の方に視線を送りながら、「あの財布、誰かが忘れていったんじゃないか」と耳打ちした。乙は、その状況を見て、置き忘れた物にまず間違いないであろうと思い、持ち主が戻って来ないうちに領得しようと考え、甲に対して「持っていってしまおうよ」と申し向けたところ、甲も「そうだな」と答えた。

❸　そこで、甲は、財布が置いてあるベンチに近づいたが、そのとき、斜め前方の10ｍほど離れたベンチに座っているA（女性：11歳）が、該財布を注視していることに気付いた。そのため、甲は、少し躊躇し、Aが立ち去るのを1分ほど待ったが、Aはなおも該財布を注視しており、さらには甲らの振る舞いにいぶかしげな眼差しを向けはじめているようにも感じられた。そこで、甲は、Aに対し「この財布、誰の物かわかる？」と尋ねると、Aは、「わからない。忘れ物みたいなので、誰か取りに戻って来るのかなと思って見ていた」と答えた。この答えを聞いて、甲は、落し物として警備員に届

ける振りをすることにし、Aに対して、「お兄さんが、警備員に届けてやるから」と告げて、午後2時04分ころ、該財布を持って乙と共にエスカレーターで階下に降りていった。

❹ 乙は、甲がAに対して財布を警備員に届ける振りをする行動に出たときから、これはまずいと思いはじめていたが、途中で甲の行動を遮るのも不自然だと考え、一旦その場を離れてから警備員に届けるよう甲に言おうと思った。そこで、二人がAから離れエスカレーターで階下に降りはじめ、5階に着く手前で初めて、乙は甲に対して、「おい、少しまずいんじゃないか。あの娘がいろいろしゃべったらばれてしまうかもしれないぞ。このまま警備員に届けようよ」と言いはじめた。甲は、見つかるはずはないと楽観的に考えていたので、「今さら何をびびっているんだ。大丈夫だよ」と答えたが、乙は、「やっぱり嫌だよ。警備員に届けようよ」と繰り返した。しかし、甲は、警備員に届け出ることを了承しなかったので、結局、乙は、「俺は関係ないからね。お前のやったことだから」と言って、一人でそそくさと『マルチ堂』から立ち去った。

❺ 該財布の所有者であるX（女性：42歳）は、同日、『マルチ堂』に家族と共に買い物に来ていた。Xは、同スーパー6階エスカレーター脇の通路に置かれたベンチでアイスクリームを食べたが、同日午後1時55分ころ、その場を立ち去る際に、他の手荷物などは持ったものの、財布をベンチの上に置き忘れたまま立ち去った。

Xは、6階からエスカレーターで3階の洋服売場に行き（6階から3階までのエスカレーターによる移動所要時間は約1分である）、少しの間売場の様子などを見渡してから、買い物をするため財布を取り出そうとして、これがないことに気付き、すぐに財布を6階のベンチに置き忘れてきたことを思い出し、直ちに同所へ引き返したが、その時には既に財布は見当たらなかった。この時、財布を置き忘れてから約10分が経過していた。

その後、Xは、直ちに銀行やカード会社にキャッシュカードおよびクレジットカードの盗難届を出している。

❻ 乙が立ち去った後、甲は、『マルチ堂』2階のトイレで該財布の中身を確認したところ、現金10万円のほか、キャッシュカード、クレジットカードなどが入っていた。そのとき、丙からカットが終

わった旨の電話があったので、甲は、該財布を持って理髪店の前で待っていた丙のところに行き、『マルチ堂』の外に出て、事の成り行きを丙に話した。丙は、「乙もバカだな。こんなのばれるわけないだろ」と言い、さらに、「なあ、俺にも少し分けてくれよ」と甲に申し向けた。甲は、あまり乗り気ではなかったが、後々、いろいろ言われるのも嫌だと思ったので、現金3万円を丙に渡し、残りの7万円は自分のものとした。

❼ その後、甲は、該財布には運転免許証も入っていたことから、もしかしたら生年月日が暗証番号かもしれないと思い、キャッシュカードで預金を引き出すことを丙に提案した。これを聞いた丙は、内心では、甲の言う通り預金を引き出せるかもしれないと思ったが、ここは独り占めしたいと考え、うまく甲を言いくるめて財布を捨てさせ、その後で拾って自分のものにすることを狙って、甲に対し「それはまずいよ。防犯カメラに映ったりするぜ。やめた方がいいよ。カード類は捨てちまいな」と申し向けた。甲は、少し残念そうにしながらも「それもそうだな」と言って、『マルチ堂』の隣にあるゲームセンターに入り、店内のトイレの中にあるゴミ箱にキャッシュカードなどが入った該財布を捨てた。そのとき、丙も同ゲームセンター内に入り、甲がトイレに該財布を捨てに行くのを見ていた。

二人は、その場ですぐに別れたが、丙は、帰る振りをして同ゲームセンター周辺にとどまり、甲の姿が見えなくなると、直ちにゲームセンター内に入り、トイレのゴミ箱から該財布を見つけ、キャッシュカード、クレジットカードおよび運転免許証を抜き取り、財布はゴミ箱に捨てた。

❽ その後、丙は、同日午後4時ころ、先のキャッシュカードを使って預金を引き出そうとして、N市所在のK銀行S支店のキャッシュコーナーに赴いた。そこに設置されているATMは、常時現金を保管しており、初期画面上には「お引出し」、「お預入れ」、「残高照会」等の各表示があり、「残高照会」の表示に指で触れると、「キャッシュカードを入れてください」という表示に変わる。その後、キャッシュカードをカード挿入口に入れると、「暗証番号を押してください」という表示に変わり、指で4桁の数字を入力すると、暗証番号に合致すると否とにかかわらず、A銀行本店のホストコンピ

ュータに接続する。このとき、盗難等が届けられている場合には、ホストコンピュータが事故カードを認識し、直ちにATMが当該キャッシュカードを機械の中に取り込む仕組みとなっている。盗難等の届出がない場合には、暗証番号が合致すれば、画面に預金残高の金額とともに、「お引出し」、「お振込み」および「確認」の文字が表われ、残高照会のみで操作を終了する場合は、「確認」の表示を指で触れるとカード挿入口からキャッシュカードが排出されて初期画面に戻り、他方、引き続いて払戻しまたは振込みをする場合には、画面の「お引出し」または「お振込み」の表示を押し、再度暗証番号を押した上、それぞれの操作を続けて払戻しまたは振込みができるようになっている。

❾ 丙は、該ATMの残高照会の表示パネルに触れ、前記キャッシュカードを挿入して生年月日から当たりをつけた暗証番号（なお、この番号は正しい暗証番号に合致するものではなかった）を入力したところ、キャッシュカードはATM内に取り込まれたままの状態になってしまった（これは、上記の通り、既に預金者であるXから盗難届が出されていたことによる）。丙は一瞬何が起こったのか理解できずにいたところ、キャッシュコーナーの奥で待機していた警備員B（男性：40歳）が出て来て「何かお困りですか」と尋ねられたので、これはまずいと思い逃走しようとした。Bは、その様子を見て不審だと感じ、「ちょっと待ちなさい」と言って丙の右腕をつかんだところ、丙はそれを振り払い、なおも制止しようとするBの顔面を手拳で思い切り1回殴打した。そこでBが一瞬ひるんだすきに、丙はキャッシュコーナーを出て、その出口に面している道路を走って横断して逃走を図った。

❿ 暴行を受けたBは顔面を挫傷し、一瞬ひるんだが、すぐさま体勢を立て直し、キャッシュコーナーから外に出て行こうとする丙を追った。Bは、殴られたことで怒りの念も生じ、非常に興奮しながら、猛然と丙の後を追い、丙の後方約2mの位置で同じくキャッシュコーナー出口に面した道路を横断しようとしたが、該道路を右側から進行してきたCが運転する乗用車（以下、「C車」）に衝突した。それによって、Bは、跳ね上げられ地面に落ちた際に頭部を強打し脳挫傷で死亡した。

⓫ 該道路は、道幅3mほどの一方通行の道路であり、制限速度は40kmとされている。見通しがよい直線道路で、Bが横断しようとした地点からC車の発見を妨げる障害物は全くない。状況から見て、Bは該道路を走行する車両があるかどうかを全く確認せずに、丙を追いかけて路上に飛び出してきたものと考えられる。他方で、Cは、制限速度を守り、また、前方にも十分に注意を払っており、前方に丙を発見した時点で直ちに急ブレーキを踏んだが、Bとの衝突を回避できなかったものである。丙はすんでのところでC車との衝突を免れたのであるが、逮捕後、「道路を横断して逃走するときには、捕まりたくない一心だったので、走行する車両があるかどうかなど全く気にかけていませんでした。実際、C車が走っていたことについては記憶がありません。ただ、自分が道路を渡ったとき急ブレーキの音がしたので振り返ってみると、Bが路上に倒れていました」と供述している。

解　説

1…………概　観

(1) 設問のねらい

本問は、甲の罪責に関しては、窃盗罪と占有離脱物横領罪の区別、乙の罪責に関しては、共犯関係の解消、丙の罪責に関しては、財産犯の保護法益、欺罔行為により財物を放棄させた後の領得行為の擬律、事後強盗（致死傷）罪の成否といった点を主として検討させようとするものである。いずれも基本的な問題であり、一般的な判断枠組みを設定すること（規範定立）自体はさほど難しくないであろうが、それによって具体的事案を処理しようとするときの事実認定ならびにその事実の評価はやや迷うのではないかと思われる。規範と事実との間で視線を往復させながら、柔軟ではあるけれども基本線は逸脱することなく具体的に妥当な解決策を見出していくような姿勢が求められる。

(2) とりあげる項目

➤窃盗罪と占有離脱物横領罪の区別

➤共犯関係の解消
➤財産犯の保護法益
➤欺罔行為により財物を放棄させた後の領得行為の擬律
➤窃盗罪の実行の着手および不能犯
➤事後強盗致死傷罪の成否

2…………甲の罪責

(1) 財布に関する占有の有無

(a) 甲は、Xが置き忘れていった財布を持ち去っている。この甲の行為について窃盗罪が成立するかが問題となる。窃盗罪は占有移転を必要とする犯罪であるから、その客体となる財物には他人の占有が及んでいなければならない。そこで、まず、この財布にXの占有が及んでいるかが問題となる。

窃盗罪における財物の占有は、財物に対する事実上の支配を意味するものとされ、民法における代理占有（民法181条）や占有改定（民法183条）のような観念的占有は認められない。そして、その有無は、占有の事実と占有の意思という二つの要素を総合的に考慮して決するものとされる（もっとも、学説上は、客観的な占有の事実を基本に据え、占有の意思はそれを補充する役割を担うものとの理解が有力である〔山口・各論178頁、西田・各論156頁など〕）。しかしながら、財物に対する事実上の支配といっても、常に現実に握持していることや目前で監視していることまでは必要でないとされていることから、このような関係がない場合、どこまで、また、どのような理由で占有を肯定することができるのかが問題となる。この点の判断は、最終的には「社会通念」によって決するほかないが（最判昭和32年11月8日刑集11巻12号3061頁）、社会通念によるというだけでは判断基準として明確ではなく、問題となる場合をある程度類型化し、それぞれについて下位基準を具体化していくことが必要である。

この問題が顕在化する典型例の一つが、本問のような「置き忘れ」の場合である。この場合、被害者は財物の存在を失念して現場を離れているため、他者が置き忘れた財物を持ち去るのを阻止する行動を実際上とることができない。その点で、財物に対する直接的・現実的支配を認めることには無理がある。しかし、仮に置き忘れたことに気付き直ちに現場に戻れば、他者による持ち去りを阻止する行動をとることが可能な状況であるならば、そこには他者の妨害を排除して財物を確保する可能性があることを理由に、依然として占有を肯定することができるであろう。これは、財物に対する直接的・現実的支配を回復する客観的な可能性が占有を基礎づけるという見方であり、社会通念に照らしても合理性があるといえよう（山口厚・新判例から見た刑法［第3版］184頁以下、橋爪隆「窃盗罪における占有の意義について」法教427号83頁以下参照）。

この財物に対する直接的・現実的な支配を回復する客観的な可能性は、他者が財物を領得する時点で存在しなければならない。「窃取」が占有移転を内実とする以上、領得行為の時点で被害者に占有が認められなければならないのは当然のことだからである。最決平成16年8月25日刑集58巻6号515頁も、被害者が公園のベンチに置き忘れたポシェットを被告人が持ち去ったケースについて、「被告人が本件ポシェットを領得したのは、被害者がこれを置き忘れてベンチから約27 m しか離れていない場所まで歩いて行った時点」であり、その時点において被害者の本件ポシェットに対する占有は失われていないとして窃盗罪の成立を認めている。もっとも、他者が財物を領得した時点で被害者と財物との位置関係について正確に立証することは困難な場合も少なくない。そのような場合には、証拠上認定できる被害者と財物との最大限の離隔を前提にして判断されることになろう（池田修＝金山薫編・新実例刑法〔各論〕17頁以下〔波床昌則〕）。そのような観点から、被害者が置き忘れにどの段階で気付いたか、その段階で財物との距離はどのくらいであったのか、といった事情が考慮されることもある。

次に、財物に対する直接的・現実的な支配を回復する客観的な可能性を何に基づいて判断するかであるが、これは、基本的に時間的・場所的近接性、特に場所的近接性が重要な基準となろう（被害者が置き忘れに気付く可能性は常にある以上、被害者が財物の存在を失念していた時間の長短は、財物に対する直接的・現実的な支配を回復する客観的な可能性の存否を左右する決定的な要因とはいえないと思われる)。さらに、被害者による財物の確保可能性は、被害者が他者による財物の持ち去りを視認できるかどうかによっても影響を受けると思われる。例えば、直線距離としては近くとも、階段やエスカレーターなどで移動しなければ、置き忘れ場所を見通せないような建造物の中では、置き忘れに気付いても直ちに財物を確保することが困難な状況も考えられる。東京高判平成3年4月1日判時1400号128頁は、被害者が大規模スーパーマーケットの6階ベンチの上に札入れを置き忘れたまま、エスカレーターで約2分20秒かかる地下1階に移動し、約10分後に置き忘れに気付いて現場に引き返したが、既に札入れは被告人に持ち去られていたという事案について、「社会通念上、被告人が本件札入れを不法に領得した時点において、客観的にみて、被害者の本件札入れに対する支配力が及んでいたとはたやすく断じ得ない」として被害者の占有を否定しているが、ここでは、被告人による領得行為の時点で、被害者は財物が置かれている場所を視認できなかったという事情も考慮されているように思われる(小林充＝植村立郎編・刑事事実認定重要判例50選(下)[第2版]13頁〔金谷暁〕)。

なお、置き忘れた財物の占有を認めるために、他人の事実的支配の継続を推認せしめる客観的状況を必要とする(西田・各論157頁)のは、過度の要求であろう。そのような客観的状況がなくとも、現に被害者が気付けば直ちに財物を確保することが可能な位置関係にあれば、占有を肯定することは可能であると思われる(山口・前掲新判例185頁。前掲最決平成16年8月25日も、客観的に他人の事実的支配を推認させるような状況の有無といったことを問題とはしていない)。

(b) このような一般的な理解を前提にして、本問を見た場合、Xが財布を置き忘れてから甲が領得するまで約9分が経過していること、財布は6階にありXは3階にいる(移動にはエスカレーターで約1分かかる)という位置関係であることをどのように見るかがまず問題である。このシチュエーションは、類似の状況で占有を否定した前掲東京高判平成3年4月1日よりも時間的・場所的に近接している。特に、Xは財布を6階に置き忘れたことを明確に記憶しており、甲が領得した時点からXが6階に着いた時点までは、約1分しか経過しておらず、いわばタッチの差だったとも見得るところがあり、このような事情からXが置き忘れに気付けば財布を確保する可能性が十分あったと評価することも不可能ではないかもしれない。

しかし、時間的な関係を見ると、甲が領得した直後にXは置き忘れに気付いたものと考えられるが、それでも財布を確保することはできていない。これが、仮に、甲の領得行為の時点でXが置き忘れに気付いたとしても、置き忘れた場所を見通せない本問の状況下では、Xが6階に着くまでに甲はその場を立ち去ってしまっている公算が大である。このような点を考慮するならば、甲が財布を領得した時点で、Xが甲を排除して該財布を確保する可能性は、ほとんどなかったと見る方に分があるように思われる。したがって、Xには、該財布に対する直接的・現実的な支配を回復する客観的な可能性がなく、占有は否定されることになろう。

(c) なお、該財布の占有については、以下の諸点にも留意する必要がある。

第1は、Aが財布を注視していたという事情が、占有の有無を判断する上で何か意味をもつのかという点である。刑法上の占有は、他人のためにするものであってもよいとされるので、仮に、Aが落とし主が現れるまで該財布を管理していたというような事情があれば、Aに占有を認めることができるかもしれない。しかし、本問におけるAは、「誰かが取りに戻ってくるのかな思って見ていた」という意思で、10mほど離れたベンチから該財布を注視していたというものであり、主観的にも明確に落とし主のために管理しておくというような意思を有しているわけではなく、客観的にも多数の人が自由に出入りできる場所であることに鑑みれば、この程度では該財布を事実上支配していたとは言い難いであろう（なお、前掲東京高判平成3年4月1日は、類似の事案に関し、ベンチ近くにいた他の客が札入れの存在に気付いていて、持ち主が取りに戻るのを予期して注視していたという事情を、被害者の財物に対する支配力の有無と関連づけながら占有を否定している)。

第2は、Xの占有が失われたとしても、建物の管理者に占有が認められないかという点である。判例では、宿泊客が旅館内のトイレに遺失した財布(大判大正8年4月4日刑録25輯382頁)、旅館内の風呂の脱衣所に置き忘れた時計(札幌高判昭和28年5月7日判特32号26頁)について、旅館主の占有に属するとしたものがある。他方で、一般人が自由に立ち入ることができる場所に置き忘れられた物については、管理者の事実的支配は及んでいないとされるのが一般である(大判大正15年11月2日刑集5巻491頁〔列車内に毛布を置き忘れた事例〕)。本問の場合、大型スーパー店内のベンチの上に置き忘れられた物であることからすると、一般人の立入りが自由な場所であり、『マルチ堂』の管理者の事実的支配は十分に及んでいないと解するべきであろう。したがって、『マルチ堂』の管理者の占有も認められないことになる。

(2) 甲の主観面

本問の状況設定からすると、甲は、該財布を占有離脱物だと認識していたと見るのが妥当だと思われる。この場合、客観的にも占有を否定すれば、占有離脱物横領罪が成立することになるが、客観的に占有を肯定した場合には、占有離脱物横領罪の認識で窃盗罪に当たる事実を実現したことになり、いわゆる抽象的事実の錯誤の問題となる(**2. とんだこんだの勘違い**の解説**3**(1)参照)。結論的には、占有離脱物横領罪の成立を肯定すべきであろうが(なお、東京高判昭和35年7月15日東時11巻7号191頁参照)、構成要件の実質的な重なり合いを基準とする通説的な立場からこの結論をいかにして導出するかは多少問題である(この点に関しては、山口・前掲新判例185頁以下参照)。なお、逆に、窃盗罪の認識で占有離脱物横領罪に当たる事実を実現した場合にも、占有離脱物横領罪の成立を肯定することが可能であるが、未遂犯についての考え方次第では、窃盗未遂罪の成立が認められる可能性もあろう。

(3) 財布などをゲームセンターのゴミ箱に捨てた行為の評価

器物損壊罪が問題となり得るが、一般には不可罰的(共罰的)事後行為と解されよう(なお、先行する行為が占有離脱物横領罪である場合には、器物損壊罪の方が法定刑が重いことに注意を要する)。なお、仮に器物損壊罪の成立可能性があり得るとした場合、丙にその教唆犯が成立するのではないかが一応問題となるが、後述のように丙に詐欺罪が成立すると解するならば、とりたてて論ずる必要性は乏しいように思われる。

3…………乙の罪責

乙は、甲がＡに対して財布を警備員に届ける振りをする行動に出たところから、財布を警備員に届けようと思いはじめ、現場を離れて程なく、甲に対して警備員に届けるよう繰り返し迫っている。このような事情は、乙の罪責に影響を及ぼすであろうか。

この点、検討の余地があるとすれば、共犯関係の解消であろうが、共犯関係の解消が認められるためには、犯罪が終了していないことが前提となる(**16. 替え玉受験の顛末**の解説**4**(1)参照)。したがって、即成犯や状態犯においては犯罪が既遂に至れば、最早、共犯関係の解消の問題は生じない(これに対して、継続犯の場合には、既遂に達しても犯罪が継続している限り、共犯関係の解消は可能だということになろう)。乙が警備員に届ける旨の意思表示をしたのは、甲が財布を領得しエスカレーターで階下に降りていった段階であり、この時点で既に占有離脱物横領罪(あるいは、窃盗罪)は既遂に達していると考えられる。とすれば、既に犯罪は既遂に至っているので、乙については共犯関係の解消を認めることはできない、とするのが一応無難な解答であろう。

なお、乙は、甲が財布を警備員に届ける振りをする行動に出た時点で、既に共同して犯罪を実行する意思を放棄しているのではないか、とも思われるが、乙がただ主観的に犯意を放棄したというだけでは、それ以降の甲の犯行について共同正犯の関係を否定することはできないであろう。

4…………丙の罪責

(1) 3万円を受領した行為の評価

甲から現金3万円を受け取った行為については、盗品等無償譲受け罪が成立する(もっとも、甲は占有離脱物横領罪の罪責しか負わないとした場合、この結論がバランスのとれたものかは、検討の余地があるかもしれない)。

(2) 甲に財布を捨てさせた後でキャッシュカードなどを領得した行為の評価

(a) 該キャッシュカードなどは、甲が占有離脱物横領罪(あるいは窃盗罪)によって獲得した物であるが、このような物に対しても財産犯が成立するのかが問題となる。財物を所持している事実状態を保護法益とする占有説の立場からすれば、丙が該キャッシュカードなどを領得した行為について財産犯の成立を認めることができるが、所有権その他の本権を保護法益とする本権説や様々な中間的見解に立った場合には、やや説明に工夫を要するであろう(山口・各論192頁など参照)。

なお、キャッシュカードなどは、それだけとってみれば単なるプラスチック片であり、それ自体が財産的価値を有するといえるのかは若干疑問なしとしない。しかしながら、キャッシュカードの財産的価値は、それを用いて預金を引き出すことができるという性質を加味して考えるべきであるから、財物性は十分肯定できるであろう(なお、最決平成14年2月8日刑集56巻2号71頁参照)。

(b) 丙は、甲を欺いてキャッシュカードによる現金引出しを断念させ、該キャッシュカードなどを放棄させた上で、後にこれを領得しているが、このような場合はどのように擬律すべきであろうか。占有者を欺罔して一旦財物を放棄させた後にこれを領得する行為(例えば、当選した宝くじを外れくじであると騙して捨てさせ、その後に領得するような場合)の擬律に関しては、窃盗罪説、占有離脱物横領罪説なども主張されているが、詐欺罪説が多数である(大谷・各論279頁以下、西田・各論211頁、山口・各論255頁など)。問題の焦点は欺罔行為の有無、ならびに、処分行為の有無というところにあろう。欺罔行為は、処分行為の基礎となる重要な事項を対象とするものでなければならないが、財物の価値を偽って無価値な物と思い込ませるような場合には、これを認めることができるであろう(この場合、その欺罔行為は、占有を失わせることに向けられていれば足り、直接、犯人に交付することにまで向けられていなくともよいと思われる)。他方、処分行為については、直接、犯人に交付しなくとも、財物を放棄することによってほぼ確実に犯人が占有を取得し得るような関係が認められる場合には、これを肯定することができると解される。

本問の場合、丙は、内心ではキャッシュカードによる預金の引出しを可能と考えていながら、それを秘し、発覚のリスクが極めて高いと甲に思い込ませることによって、キャッシュカードなどを放棄させている。キャッシュカードの財産的な価値はそれを用いて預金を引き出すことができるといった点に強く依存していることを考えると、預金の引出しを断念させるということは、該キャッシュカードには財産的価値がないと思わせたと評価することが可能であろう。したがって、欺罔行為は肯定することができるであろう。他方で、処分行為に関しては、若干、問題がある。甲が財布などをゴミ箱に捨てた後、丙は、甲が立ち去るまで待たねばならず、その間、該財布などはゲームセンターの管理者の支配下にあるとも見得るので、甲の占有放棄によって丙が該キャッシュカードなどを確実に取得できるような関係があるといえるのか、疑問が生ずるからである。この点、ゲームセンターは誰でも自由に立ち入れる場所であることから、その場所内における管理者の支配力は一般に低いと解され、他方で、ゴミ箱には通常価値のないものが捨てられているのだから、他者がゴミ箱の中をあさるようなことは通常はあまり考えにくい。だとすれば、甲が立ち去った後、丙が、ゴミ箱から該キャッシュカードなどを取得する可能性は極めて高いといえよう。したがって、丙には詐欺罪の成立を肯定することができると思われる（なお、詐欺罪の成立を肯定した場合、その既遂時期については、甲がゴミ箱に捨てた時点とすべきか、それとも丙がキャッシュカードなどを取得した時点とすべきか判断が分かれるかもしれない）。

⑶ ATMで預金を引き出そうとした行為の評価

(a) 丙は、キャッシュカードを用いてATMから預金を引き出そうとしたが、残高照会に取り掛かった段階でキャッシュカードはATM内に取り込まれてしまった。この段階で窃盗の実行の着手を肯定することができるかが、特に、事後強盗罪に発展するかどうかとの関係で問題となる（ATM内の現金に対する管理者の占有を侵害することになるので不可罰的事後行為ではないこと、機械は騙されないので詐欺罪ではなく窃盗罪の問題となることは、当然のこととしてわきまえておきたい。なお、キャッシュコーナーへの立入りについて建造物侵入罪の成立を認めることも理論的には考え得るが、詳細に論ずる必要性は乏しいであろう)。

丙は、預金を引き出すためにまず残高照会をしたものであるが、残高照会と預金の払戻しは通常密接に関連する一連の行為であることに加え、丙の計画を前提とすれば両者の結びつきはより一層強く、残高照会に成功すれば払戻しの障害は事実上なくなることを考えると、残高照会は払戻しに密接な行為であり、その時点でATM内の現金の占有を侵害する現実的な危険性が発生したと解するのが相当であろう（名古屋高判平成13年9月17日高検速報平成13号179頁参照)。

(b) なお、本問では、入力した番号が正しい暗証番号と合致していなかったこと、および、盗難届が出されていたことから、不能犯ではないかとの疑問も生じ得る。このうち、暗証番号の点に関しては、生年月日などが判明していることなどからすると正しい暗証番号に合致する可能性は十分にあったとみることができようし（さらに、適当に入力した暗証番号がたまたま正しかったという場合でも、それによって現金が引き出されたならばこれを不問に付すことはできないであろうから、このようなケースでは、正しい暗証番号が入力される可能性が実際にはかなり低くとも、結果発生の危険性は肯定されなければならないであろう)、盗難届が出されるかどうかは被害者の対応次第であり、本問ではXが迅速な対応をしたから引出しを阻止できたが、届出が間に合わない事態も一般的には十分に考えられるところである。そのような点も加味すると、本問における丙の行為にも十分に結果発生の現実的な危険性が認められるといえよう。

(4) Bの顔面を殴打して傷害し、最終的にBが死亡した点についての評価

(a) 事後強盗罪の成否

事後強盗罪は主体が「窃盗」に限定されているが、ここにいう「窃盗」には、窃盗未遂犯人も含まれるとするのが判例・通説である。前述のように、丙が窃盗の実行に着手したとされるのであれば、この要件は

満たされる。

次いで、事後強盗罪が成立するためには、238条所定の目的が存在しなければならない。この点、本問における丙については、逮捕を免れる目的の存在を肯定することができる。

さらに、暴行・脅迫は、窃盗の機会になされ、また、相手方の反抗を抑圧するに足りる程度のものでなければならない。丙の殴打行為が窃盗の機会になされたものであることには問題がない。その程度の点については、Bが一瞬ひるんだものの、すぐさま体勢を立て直し追跡行為に出ていることから、疑問も生ずるが、丙は若い男性であり、しかも顔面を思い切り殴打していることを考えると、社会通念上一般に被害者の反抗を抑圧するに足りる程度のものであったといい得るであろう（暴行の程度の問題としては、相手方が実際に反抗を抑圧されることまでは必要ではない）。

以上より、丙には事後強盗罪が成立するが、Bが負傷していることから最終的には事後強盗致傷罪が成立することになる（判例・通説によれば、事後強盗罪の既遂・未遂は、窃盗の既遂・未遂によるが、強盗が未遂でも致傷結果が発生した場合、強盗致傷罪は既遂となる）。なお、事後強盗罪の成立を否定した場合には、窃盗未遂罪と傷害罪の併合罪となる。

(b)　強盗致死罪の成否

逃走した丙を追って道路を横断しようとしたBはC運転の自動車にはねられて死亡している。このBの行動はかなり無謀なものだったとみられるが、このような事情を経て発生したBの死の結果についても丙は罪責を負うべきであろうか。

丙の逃走行為は、強盗の機会（最判昭和24年5月28日刑集3巻6号873頁参照）に行われたものであり、強盗と密接に関連する行為（大谷・各論258頁以下など参照）でもあろう。しかし、逃走行為それ自体は被害者に対して積極的に害を加える性質のものではなく、生命・身体に対する高度の危険を有しているとはいえないから、強盗致死傷罪における死傷結果の原因行為としての適格性を欠いているというべきであろう。

これに対して、先行する暴行、ないしは、先行する暴行とそれに引き続く逃走行為を併せた一連の行為を、強盗致死傷罪における死傷結果の原因行為として把握することは、理論的にはあり得ると思われる。しかし、そのように理解したとしても、これらの行為の危険がBの死の結果に現実化したといえるかは疑問であろう（橋爪隆「強盗致傷罪について」法教432号110頁参照）。丙の暴行（およびその後の逃走）は、Bの追跡行為をある種誘発したようにも見え、また、Bが興奮状態にあったことも加味すれば、Bがこのような行動に出ても不自然ではないといえるかもしれないが、丙の暴行などが自己を危殆化する行為へとBを追いやるような関係は認められず、このような場合にまで丙の暴行などとBの死の結果との間に危険の現実化の関係を認めることは妥当ではないと思われる。したがって、いずれにせよ強盗致死罪は成立しないと考えるべきであろう（強盗犯人が逃走するのを被害者が追跡する過程で傷害が生じた事案につき、強盗致傷罪の成立を否定した裁判例として、神戸地姫路支判昭和35年12月12日下刑集2巻11＝12号1527頁、横浜地判平成21年6月25日判タ1308号312頁）。なお、丙の行為とBの死の結果と間の因果関係が否定されるのであるから、過失致死罪も成立しないことになる。

解答例

第1　甲の罪責

1　財布の領得行為

(1)　甲は、権利者を排除して経済的に利用処分する意思、すなわち不法領得の意思をもって、Xの財布を持ち去り、領得している。この甲の領得行為について、窃盗罪（235条）と占有離脱物横領罪（254条）のいずれが成立するか。領得時において、同財布に他人の占有が及んでいたかが問題となる。

(2)　Xの占有

占有の有無は、客観的要素たる占有の事実と主観的要素たる占有の意思を総合考慮し、その物を事実上支配していたといえるか否かによって判断する。

甲が財布を持ち去ったのは、午後2時04分頃であり、Xが置き忘れてから9分程しか経過していなかった。しかし、Xが財布の置き忘れに気付いたのは、同じく午後2時04分頃になってからであり、その正確な先後関係は明らかではない。仮に、甲が財布を領得した時点でXが置き忘れに気付いていたとしても、同時点においてXは、財布がある6階からは移動に1分程かかる3階におり、本件財布を視認できる状況にもなかった。したがって、Xが同時点において、甲の領得行為を阻止するのは困難であったと言わざるを得ない。これらの主観的及び客観的事情からすれば、Xは財布を事実上支配していたとはいえず、Xの占有は認められない。

(3) Aの占有

Aは、財布が置き忘れられた物であることに気付き、同財布を注視しているものの、落とし主のために積極的な管理行為を行っていたとまではいえず、同財布に対する事実上の支配があるとはいえない。よって、Aの占有も認められない。

(4) マルチ堂の占有

Xの財布は、エスカレーター脇のベンチの上という誰でも立ち入りが自由で、かつ、目につきやすい場所に置き忘れられていた。このような排他性の乏しい状況下においては、マルチ堂が同財布について事実上の支配を及ぼしていたということはできない。よって、マルチ堂にも占有は認められない。

(5) 以上に述べたところによると、甲が財布を領得した時点において同財布にはいずれの者の占有も及んでおらず、同財布は「占有を離れた」「物」であったと認められる。

よって、甲の領得行為には、占有離脱物横領罪が成立する。なお、後述のように乙との関係では共同正犯（60条）となる。

2 罪数

甲には、占有離脱物横領罪の共同正犯が成立する。

第2 乙の罪責

1 財布の領得行為についての共謀共同正犯の成立

(1) 共謀の成立

共謀が認められるためには、意思の連絡と正犯意思が必要となるところ、乙が、甲に対して財布を持ち去ることを申し向け、これに対し甲が「そうだな」と答えた時点で、甲と乙の間に占有離脱物横領罪を行う意思連絡が認められる。これらの発言から甲乙には取得した利益を自らのものとする意思も当然にあったと認められ、自らの犯罪として行う正犯意思も優に認められる。したがって、甲と乙の間には、占有離脱物横領罪の共謀が成立している。

(2) 共犯関係の解消

甲は、上記共謀に基づいて財布を領得しており、この時点で犯罪は既遂に達している。乙は、その時点において内心、財布を警察に届けるつもりであったとしても、それを甲に伝えていない以上、心理的因果性も遮断できていない。したがって、共犯関係の解消を認める余地はない。

よって、甲の財布の領得行為については、乙にも占有離脱物横領罪の共謀共同正犯が成立する。

2 罪数

乙には、占有離脱物横領罪の共同正犯が成立する。

第3 丙の罪責

1 3万円の受領行為

丙が、甲からXの財布から抜き取った3万円を受領した行為について、盗品等無償譲受け罪（256条1項）が成立する。

2 甲に財布を捨てさせた行為

(1) 丙が甲に対し「それはまずいよ。……カード類は捨てちまいな」などと申し向け、財布を捨てさせた行為について、詐欺罪（246条1項）が成立しないか。

(2) 甲の占有について

甲は、上述のように、本件財布の占有を不法に取得しているが、詐欺罪の保護法益は、事実上の占有状態それ自体であるから、その取得経緯は同罪成立の妨げとなるものではない。

(3) 詐欺行為

詐欺行為とは、財物の交付の基礎となる重要な事実を偽ることをいうところ、丙は、内心としては、キャッシュカードを用いて預金を引き出そうとする意思があるのにもかかわらず、これが無いかのように装い、上記発言に及んでいる。甲としては、そのような丙の真意を知れば財布を捨てることはないであろうから、甲の上記発言は、財物の交付の基礎となる重要な事実を偽るものとして詐欺行為にあたる。

(4) 錯誤に基づく処分行為、占有の移転

上記詐欺行為により、甲は錯誤に陥り、財布をゴミ箱に捨てている。通常、ゴミ箱に財産的価値を有するものが入っていることは少なく、丙が甲と別れて戻ってくるまでの間に、その中を漁るものが現れる可能性は極めて低いから、甲が財布をゴミ箱に捨てた時点で、丙が財布を事実上支配し占有を取得したといえる。したがって、同時点で、甲の錯誤に基づく処分行為及び占有移転が認められる。

よって、丙の上記行為には、詐欺罪が成立する。

3 建造物侵入

丙は、他人のキャッシュカードを用いてATMから現金を引き出すという窃盗の目的をもってK銀行S支店に侵入している。かかる丙の侵入行為は、管理者の意思に反する立ち入りにあたり、丙には建造物侵入罪（130条前段）が成立する。

4 キャッシュカードで預金を引き出そうとした行為及びBに死傷結果を生じさせた行為

(1) 窃盗の着手

実行の着手は、行為者の認識を前提として法益侵害の現実的危険性が生じていると評価できる場合に認められる。

これを本問についてみると、残高を確認して現金を引き出そうとする丙の認識を前提とすれば、残高照会は払戻しに密接な行為であり、残高照会と払戻しの間には操作上特段の障害がないことなどに照らすと、残高照会の時点で占有侵害の現実的危険性が発生したと評価するのが相当である。

よって、丙がキャッシュカードを挿入し、暗証番号を入力した行為について窃盗の実行の着手が認められる。

なお、丙のキャッシュカード挿入に先立ち盗難届が出されており、また、入力された暗証番号も正しいものではなかったが、盗難届が出されていることや正しい暗証番号が何かということは一般人の認識し得る事情ではなく、行為の時点で一般人が認識し得た事情を基礎として判断すれば、結果発生の危険性は肯定されるので不能犯ではない。

(2) 事後強盗致傷罪の成立

丙は窃盗未遂犯であり、事後強盗の主体たる「窃盗」にあた

る。

丙は、追及を続けるBから逃げようとした際に、Bを殴打しているのであるから、「逮捕を免れ」る目的でBを殴打したといえる。また、丙は、顔面という殴打されると狼狽しやすい箇所に挫傷を負わせるほどの力で殴打を加えたのであるから、丙の殴打行為は、Bの反抗を抑圧するに足りるものであったといえ、同罪における「暴行」にあたる。そして、その暴行によってBは、顔面挫傷の傷害を負っており、丙には事後強盗致傷罪が成立する。

(3) Bの死亡との因果関係

因果関係は、行為の危険性が結果へと現実化したと評価できる場合に認められる。

Bは、丙を逮捕する目的で、丙を追いかけているものと認められるが、これは丙の暴行がきっかけにはなっているとはいえ、当該暴行がもつ危険性が影響したものとは言い難い。さらに、BがC車に衝突したのには、進入してくるC車を確認せずに道路に飛び出したというBの不注意が大きく影響している。丙の暴行は、顔面を1回殴打するという態様にとどまり、恐怖・狼狽等によりBの判断能力を低下させるほどのものではなく、Bの不注意に丙の暴行の危険性が寄与しているとは言い難い。したがって、Bの死亡に対する丙の暴行の寄与度は小さく、Bの死亡を丙の暴行の危険性が現実化したものと評価することはできず、両者の間に因果関係は認められない。

よって、丙には、事後強盗致傷罪が成立するにとどまる。

5 罪数

丙には、①盗品等無償譲受け罪、②詐欺罪、③建造物侵入罪、④事後強盗致傷罪が成立し、③と④は牽連犯（54条1項後段）となり、その余は併合罪（45条前段）となる。 (K. K.)

（髙橋直哉）

6. うまい話には裏がある

設問　以下の事例に基づき、甲、乙および丙の罪責について、具体的な事実を摘示しつつ論じなさい（特別法違反の点を除く）。

❶　甲（男性：35歳）は、令和2年1月頃、趣味の競馬を通じて乙（男性：32歳）と知り合い、それ以来、甲と乙は、一緒に競馬場に通ったり、飲食したりするようになった。

　乙は、競馬だけでなく株式投資にも関心があり、株式投資により資産を運用していたが、投資に失敗し、生活費にも窮するようになった。そこで、令和3年3月1日、乙は、生活費に充てるため、30万円を貸してくれるよう甲に依頼した。甲は、これを承諾し、利息は付けず同年8月1日までに全額を返済するという約束で、乙に30万円を貸した。乙は、この30万円を生活費に使った。

❷　同年7月20日、乙は、知人Aから、「株式投資をしたいが、どうすればいいかわからないので、自分の代わりに株式を購入してほしい」と依頼され、Aのための株式購入のみに充てる約束で、現金50万円を預かった。乙は、実際に株式を購入するまでの間はこれを銀行の口座に預け入れることとし、翌21日、B銀行C支店に開設した乙名義の普通預金口座（残高は0円）に前記50万円を預け入れた。同日、乙は、甲と飲食した際、そのことを甲に話した。

❸　同年8月1日、返済期限が来たので、甲は、乙に30万円の返済を求めた。しかし、乙は、「今、返す金がないんだ。1週間待ってほしい。親や友人に金を貸してくれるよう頼んでみる」と答えた。甲は、これを了承し、1週間待つことにした。

　乙は、親や友人に30万円を貸してくれるよう頼んだが、誰からも借りることはできなかった。同月8日、甲が乙に返済を求めたところ、乙は、「金を用意できなかった。もう少し待ってくれ」と答えた。その後も、甲は、乙に度々返済を求めたが、乙は、全く返済することができなかった。

❹ 乙がなかなか借金を返済しようとしないことから、甲は、乙が関心をもっている投資話を乙に持ちかければ乙が無理にでも金を用意して借金を返済するのではないかと考え、D という会社の未公開株を購入すれば必ず儲かるという架空の投資話を乙にすることにした。ただ、甲は、株式のことに詳しい乙がそのような投資話を信用しない可能性もあると思い、乙を説得するために、知人の経営コンサルタントの丙（男性：35 歳）に、D 社の業績が好調であることなどを記した文書を丙の名前で作成してもらい、これを乙に見せて、30 万円を出資する気にさせようと考えた。

同月 20 日、甲は、丙にこれまでの経緯をすべて話し、「D 社の業績が好調で、D 社の未公開株が必ず値上がりするという内容の文書を書いてくれないか。乙もそれを見れば、信用して 30 万円、いや、もしかしたら、それ以上の金を出すかもしれない。頼むよ」などと文書の作成を依頼した。丙は、当初、躊躇していたが、甲から何度も説得され、「お前の頼みだから、仕方ないな」と言い、渋々甲の依頼を承諾し、甲の投資話が架空のものであることを知りながら、甲の依頼内容どおりの文書を作成し、甲に渡した。甲は、この文書があれば必ず乙が出資する気になるだろうと思い、安心して計画を実行することにした。

❺ 同月 25 日、甲は、「実は、いい儲け話がある。俺の得た情報では、今月中に D という会社の未公開株を買うと、1 か月後に倍近くに値上がりするらしい。少し無理してでも今月中に 30 万円出してみないか。それでお前の借金は消えるし、それ以上に儲かればお前の利益になるぞ」と、乙に架空の投資話をした。甲の話を信用した乙は、「いい話だな。ただ、金がないんだ。知ってるだろ」と答えた。これに対し、甲は、「A から預かった金をこっそり使えばいいじゃないか。事前に言っても、A は承諾しないだろうから、A には内緒にした方がいい。ただ、確実に儲かるんだから、後で全額返せば A も文句は言わないよ」と提案した。乙は、「そうだな」と言いながら考え込んだ。甲は、乙の迷っている様子を見て、もう一押しすれば乙が金を出すと思い、丙の作成した前記文書を乙に見せようとしたところ、乙は、「30 万円と言わず、思い切って 50 万円出すことにするよ。A からは 50 万円預かっているから、お前の言うとお

り、それをこっそり使わせてもらうことにする。確実に儲かるみたいだから、後で穴埋めすればAに迷惑をかけることもないからな」と言った。甲は、乙が簡単に甲の提案を受け入れ、しかも、50万円も投資すると自ら言ってきたことに驚きつつも、「そうか。では、この口座に50万円を振り込んでくれ」と言い、E銀行F支店（支店長G）に開設された甲名義の普通預金口座の口座番号を記したメモを乙に渡した。甲は、結局、丙の作成した前記文書を乙に見せなかった。

❻ 同月27日、乙は、乙宅においてパソコンを使い、インターネット上で乙名義の前記口座からE銀行F支店の甲名義の前記口座に50万円を送金した。なお、令和3年7月21日の50万円の預入れおよび同年8月27日の50万円の送金以外には、乙名義の前記口座において金員の出し入れや送金等は行われなかった。

❼ 翌28日、甲は、E銀行F支店に行き、同支店のATMを操作して、甲名義の前記口座に乙から50万円が振り込まれていることを確認した上で、同口座から現金50万円を引き出した。

❽ なお、犯罪利用預金口座等に係る資金による被害回復分配金の支払等に関する法律3条1項は、「金融機関は、当該金融機関の預金口座等について、捜査機関等から当該預金口座等の不正な利用に関する情報の提供があることその他の事情を勘案して犯罪利用預金口座等である疑いがあると認めるときは、当該預金口座等に係る取引の停止等の措置を適切に講ずるものとする」と規定しており、E銀行では、詐欺罪等の犯罪の被害金である疑いがある場合には、口座からの預金の払戻し等の取引に応じない取扱いが徹底されていた。

解　説

1…………概　観

(1) 設問のねらい

本問においては、詐欺罪、横領罪、窃盗罪等の成否およびその共犯の成否について検討することが求められる。財産罪の成否に関しては、誰に対する罪か、何を客体とする罪か、実質的にみて財産上の損害を生じさせたといえるかなどの点に着目しながら、検討を進めることが重要となる。

(2) とりあげる項目

➤1項詐欺罪と2項詐欺罪の関係

➤権利行使と詐欺罪

➤共犯と身分

➤侵入の意義

➤犯罪の被害金の引出し

➤幇助犯の因果関係

➤預金による金員の占有

➤補塡の意思と横領罪

2…………甲の罪責

(1) 詐欺罪

甲が乙に架空の投資話をして50万円を送金させた行為については、詐欺罪の成立が考えられる。

(a) 構成要件該当性

(i) 1項詐欺罪か、2項詐欺罪か

まず、問題となるのが、1項詐欺罪（246条1項）か、2項詐欺罪（同条2項）かである。本問では、乙から甲に現金が送付されたわけではないから、厳密な意味での財物の占有移転はなく、乙の振込送金によって甲名義の口座の残高が50万円増加したにすぎない。そこで、預金債権という財産上の利益を客体とする2項詐欺罪が成立するという見解もありうる。

ただ、実務の主流は、特殊詐欺など、他人を欺罔して口座に振込送金させた事案を1項詐欺罪として処理しており（大判昭和2年3月15日刑集6巻89頁）、多くの学説も、これを支持している（大コンメ第13巻85頁以下〔高橋省吾〕参照）。自己の口座等に振込送金させることによって預金を自由に払い戻しうる地位を取得することは現金の授受と同視しうるというのが、その理由である。こうした取扱いは、被害者が現金を用意してそれを犯人側の口座に送金する場合だけでなく、被害者の口座から犯人の口座へと振替送金がなされた事例のように現実の現金の移転が全くない場合にも認められるに至っている。このような理解からは、甲の行為についても1項詐欺罪の成否を検討すべきであるということになる。

(ii) 財産上の損害

詐欺罪の成立には、①欺く行為、②相手方の錯誤、③錯誤に基づく処分（交付）行為、④財物・財産上の利益の取得が、それぞれ因果関係を有していることが必要である。甲は、乙に架空の投資話をして、確実に儲かると偽って乙を錯誤に陥れ、乙は、錯誤に基づいて50万円を甲名義の口座に送金して交付し、甲はこれを受け取っていることから、甲の行為は、当然に詐欺罪の成立要件を満たすようにも思える。

ただ、詐欺罪は財産犯である以上、その成立には財産上の損害の発生が必要である。乙は、返済期限を渡過しているにもかかわらず、甲から借りた30万円を甲に返済しておらず、乙が送金した金員のうち30万円については、弁済すべき債務を履行したにすぎないから財産上の損害（詳細については、**15. マル暴はマル秘事項？**の解説**2**(1)参照）が認められず、詐欺罪の構成要件該当性が否定されるのではないかが問題となる。

この点については、詐欺罪は個別財産に対する罪であるとの前提に立ち、真実を知っていれば交付・処分しなかったといえるときには交付・処分自体が財産上の損害であるとする見解によれば、乙は投資話が虚偽であると知っていれば50万円を送金しなかったと考えられるから、乙が送金した50万円全体について財産上の損害の発生が認められ、詐欺罪の構成要件該当性が肯定される（大谷・各論306頁参照）。これに対し、債務者は、返済期限を過ぎていながら返済していない金額の金員を適法に保持する正当な利益を欠くから、本問では、債務の金額を超過する20万円の範囲で法益侵害が認められるとする見解や、詐欺罪を個別財産に対する罪と位置づけつつも、詐欺罪における財産上の損害を実質的に捉え、乙は送金したことによって30万円の債務が消滅するから、実質的には20万円の限度で財産上の損害が生じているとの見解によれば、20万円についてのみ詐欺罪の構成要件該当性が肯定される（西田・各論246-247頁参照）。

なお、1項詐欺罪とした場合、既遂時期は、金員を口座から引き出した時点ではなく、口座に送金された時点に求められる。行為者の口座に入金されれば、預金を自由に払い戻しうる状態により占有を取得したといえるからである。

(b) 違法性阻却

甲の行為が詐欺罪の構成要件に該当するとしても、甲は自己の債権の回収のために上記行為を行っていることから、違法性が阻却されるのではないかが問題となる。判例は、恐喝的手段を用いて権利行使をした場合について、権利の範囲内であり、かつ、その方法が社会通念上一般に受忍すべきものと認められる程度を超えないときは、違法性を阻却するとしている（最判昭和30年10月14日刑集9巻11号2173頁）。この基準を本問に適用すると、乙がなかなか借金を返済しようとしなかったため、甲がやむをえずに詐欺的手段を用いたという側面もあり、また、暴行・脅迫といった手段も用いていないものの、甲は債権の金額を超える50万円を乙から詐取していることから、違法性は阻却されないであろう。

(2) 横領罪の共同正犯

後述するように、乙がAから預かっていた50万円を乙名義の口座から引き出し、甲名義の口座に送金した行為について横領罪（252条）が成立するが、こうした乙の行為は、甲に提案に基づいて行われたことから、甲には横領罪の共犯が成立する可能性がある。

(a) 共同正犯と狭義の共犯

甲は横領罪の実行行為を分担していないが、共同正犯（60条）は成立するだろうか。

共同正犯の成立要件については様々な見解がありうるが、共謀が成立し、その共謀に基づいて実行行為が行われたことが、共同正犯の中核であるといってよいであろう（裁判所職員総合研修所監修・刑法総論講義案［四訂版］352頁以下参照）。共謀とは、犯罪の共同遂行に関する合意をいう。本問では、甲と乙の間には横領の実行について意思の連絡がある。また、甲が乙に対して横領を行うよう提案した動機は、自己の債権を回収することにあり、乙の横領罪の実行に利害関係を有していたことなどから、甲には正犯意思（共同犯行の意識）も認められる。その上、甲と乙とは友人関係にあるとともに債権者と債務者の関係にもあり、甲の言動には乙に対して一定の影響力があったこと、Aから預かった金員を使用するよう提案したのは甲であることなどから、甲は横領罪の実現に向けて重大な寄与をしたといえる。こうした点から、甲と乙には犯罪の共同遂行に関する合意が形成され、共謀が成立したといえよう。また、乙の横領罪の実行行為は、この共謀に基づいて行われたといえる。したがって、共同正犯の成立要件を満たす。

(b) 共犯と身分

横領罪は、他人の物の占有者のみが主体となりうる身分犯であるところ、甲は、占有者の身分を欠くことから、65条の適用が問題となる。

判例（大判大正2年3月18日刑録19輯353頁、最決昭和40年3月30日刑集19巻2号125頁）、通説（大谷・総論455-456頁）によると、65条1項は、真正身分犯における身分の連帯的作用を定めたものであり、身分を欠く者にも真正身分犯の共犯が成立する。また、同項の「共犯」には、共同正犯も含まれる。横領罪は真正身分犯であるから、甲には、65条1項により横領罪の共同正犯が成立する。

(3) 建造物侵入罪の共同正犯

後述するように、甲がE銀行F支店において甲名義の口座から現金50万円を引き出した行為が窃盗罪にあたるとすると、甲は、犯罪を実行する目的で同支店に立ち入ったことになる。そこで、建造物侵入罪（130条前段）の成否も問題となる。

E銀行F支店は、130条前段の「人の看守する……建造物」である。それでは、甲が同支店に立ち入った行為は、「侵入」にあたるか。「侵入」の意義に関しては、ⓐ住居権者・管理権者の意思に反する立入りをいうとする意思侵害説（大谷・各論144頁）と、ⓑ平穏を害する態様の立入りをいうとする平穏侵害説（岡野光雄・刑法要説各論［第5版］73

頁）とが対立している。判例（最判昭和58年4月8日刑集37巻3号215頁）は、意思侵害説に立っているとされる。

ただ、本問において両説がどのような帰結に至るのかは、必ずしも明確ではない。ⓐ意思侵害説からは、甲の立入りは犯罪目的であるから管理権者であるＥ銀行Ｆ支店の支店長Ｇの意思に反する立入りであるとして、侵入にあたるとする見解もありうるし、逆に、甲の立入りの態様は外観上、一般のATM利用客と異ならないので、管理権者Ｇの包括的な承諾の範囲内であり、侵入に該当しないという見解もありうる。一方、ⓑ平穏侵害説からも、犯罪目的である以上は法益侵害の危険があり、平穏を害する立入りにあたるとして、甲の立入りを侵入であるとする解決も可能であるし、逆に、甲の立入りの態様は外観上、一般のATM利用客と異ならないので、法益侵害の危険は大きくなく、平穏を害する立入りにはあたらないとして、侵入でないとする見解もありえよう。

なお、最決平成19年7月2日刑集61巻5号379頁は、ATM利用客のカードの暗証番号等を盗撮する目的で銀行支店出張所に盗撮用のビデオカメラ等を持って立ち入った事案につき、そのような立入りが同所の管理権者である銀行支店長の意思に反するものであることは明らかであるから、その立入りの外観が一般のATM利用客のそれとことくに異なるものでなくても、建造物侵入罪が成立するとしている。

(4) 窃盗罪

甲がＥ銀行Ｆ支店のATMから50万円を引き出した行為については、窃盗罪（235条）の成立が考えられる（**11. 僕は「ボク」で、「オレ」は僕でなく**の解説**2**(2)参照）。

50万円は、Ｅ銀行Ｆ支店のATMにおいて管理されていた同銀行の現金であり、235条にいう「他人の財物」である。また、Ｅ銀行では、犯罪の被害金である疑いがある場合には、口座からの預金の払戻し等の取引に応じない取扱いが徹底されていた。甲が引き出した50万円は、詐欺の被害金であり、甲の引出しは、Ｅ銀行Ｆ支店（支店長Ｇ）の意思に反する占有移転であり、同条の「窃取」にあたる。故意および不法領得の意思も認められる。

⑸ 罪　数

建造物侵入罪と窃盗罪とは、手段と目的の関係にあり、牽連犯である。これらと詐欺罪、横領罪の共同正犯は、併合罪（45条）となる。

3…………丙の罪責

詐欺幇助罪

前述したように、甲には乙に対する詐欺罪が成立するが、丙がD社の業績等に関する文書を作成した行為については、その共犯が成立する可能性がある。

文書の作成は甲における詐欺の実現にとって重要であると考えて、丙に共同正犯の成立を認める見解もありうる。しかし、実際には丙が作成した文書を乙には見せなかったこと、丙は文書の作成以外には犯行に寄与していないこと、丙は甲から何度も説得されて渋々これに応じていることなどから、共同正犯の成立を認めるのは困難であろう。

そこで、幇助犯（62条1項）の成否が問題となる。既遂罪の幇助犯が認められるためには、①幇助行為が行われること、②正犯者によって既遂罪が実現され、幇助行為と正犯者の実行行為・既遂結果との間に因果関係が存在することが必要である。丙が文書を作成した行為は、乙を誤信させる可能性を高める行為であり、幇助行為にあたる。また、甲により詐欺既遂罪が実現されている。

ただ、丙が作成した文書を甲が使用するに至らなかったことから、丙の幇助行為と甲の実行行為・結果との間に因果関係が存在するかが問題となる。一般に、幇助犯の因果関係としては、幇助行為と結果との間の条件関係までは必要でなく、促進的因果関係で足りると解されている（大判大正2年7月9日刑録19輯771頁、東京高判平成2年2月21日判タ733号232頁）。促進的因果関係とは、実行行為を強化し、結果の実現を促進することである。

まず、丙の行為が物理的に甲の正犯行為を強化し、結果の実現を促進したかを考えてみると、甲は、丙の作成した文書を乙に見せることはなかったため、物理的な促進的因果関係は認め難い。つぎに、丙の行為が心理的に甲の正犯行為を強化し、結果の実現を促進したかを考えると、丙が文書を作成したことにより甲は安心して実行に及んだのであるから、心理的な促進的因果関係が認められる。

丙には、甲が詐欺罪を実現することの認識・認容があり、故意が認められる。また、丙は、甲の欺罔行為によって錯誤に陥った乙が債務の金額を超過した金額を交付する可能性があることを認識しており、違法性を基礎づける事実の認識や違法性の意識に欠けるところはないといえる。

このように考えると、丙には詐欺幇助罪が成立する。

4…………乙の罪責

横領罪の共同正犯

乙がAから預かった50万円を甲の口座に送金した行為については、横領罪が成立する。

(a) 客体

乙は、乙名義の口座から甲名義の口座に50万円を送金したのであるから、横領罪の客体は、乙名義の口座に預けられていた50万円である。

横領罪における「占有」は、物に対する事実上の支配だけでなく法律上の支配も含むとされている。法律上の支配とは、法律上自己が容易に他人の物を処分しうる状態をいう。他人の金銭を自己名義の口座で保管しているときには、法律上の支配による占有が認められる（大判大正元年10月8日刑録18輯1231頁）。預金名義人として正当な払戻権限を有している者は、自分の口座からいつでも自由に預金を払い戻すことができるからである。

本問において、50万円は、Aから預かった「他人の物」であり、乙は、これを乙名義の口座に預け入れ、Aの委託に基づいて「占有」していたといえる。

なお、ここでは、物の概念が拡張されていることに注意する必要がある。横領罪の客体は「物」であるが、甲の横領行為の客体は、有体物である現金50万円ではなく、甲名義の口座に預け入れられている50万円の金額という価値である。このような理解に対しては、有体物ではない金額あるいは預金債権を「物」とするものであり、類推解釈であるという批判もありうる。しかし、口座に預け入れられている金員は、いつでも自由に処分しうるという点で、自分の財布の中に現金を入れているのと同視できること、もしこのような場合に横領罪の成立を認めないとすると、背任罪しか成立せず、他の横領罪の事案との均衡を失することなどから、判例・通説は、預金も「物」にあたると解している。

(b) 横領行為

「横領」とは、不法領得の意思を発現する一切の行為を意味する。判例によると、横領罪における不法領得の意思とは、他人の物の占有者が委託の任務に背いて、その物につき権限がないのに、所有者でなければできないような処分をする意思をいう（最判昭和24年3月8日刑集3巻3号276頁）。乙は、Aのための株式購入のみに充てる約束でAから50万円を預かったにもかかわらず、これを自らの未公開株購入に充てるために引き出している。この行為は、Aの委託の任務に背き、権限がないにもかかわらず所有者でなければできないような処分を行うものであり、「横領」にあたる。

乙は、これらの事実を認識、認容しており、故意も認められる。

(c) 補塡の意思

なお、乙は、D社の未公開株を購入することによって確実に儲かると思っており、Aから預かった現金50万円を未公開株の購入資金に流用としても確実に補塡できると考えていた。この点から、横領罪の成立が否定されることはないだろうか。

使途を定めて寄託された不特定物としての金銭を後に補塡する意思で一時流用する場合について、判例は、後日に補塡する意思があったとしても横領罪の成立を妨げないとしている（前掲最判昭和24年3月8日）。ただ、学説の多くは、確実な補塡の意思と能力がある場合には、①所有者でなければできないような処分をする意思はなく、不法領得の意思を欠く、②価値としての金額に対する所有権を侵害したとはいえず、領得行為にあたらない、③可罰的違法性がないなどの理由で、横領罪の成立を否定している（西田・各論265-266頁参照）。これに対し、補塡が不確実である場合や、委託の趣旨が絶対に流用を許さない場合には、横領罪の成立が認められることになる。

本問では、現実はともかく、少なくとも乙自身は、未公開株の値上がりが確実であると思っていることから、確実な補填意思があったとする見解もあるかもしれない。しかし、Aの委託の趣旨は流用を許さないものであったと考えられる上に、必ずしも未公開株の取引による利益の取得によって確実に補填できるとはいえず、横領罪の成立を否定するのは困難であろう。

前述したように、甲と乙が共同正犯の関係にあるとすると、乙には横領罪の共同正犯が成立することになる。

解答例

第1　甲の罪責

1　詐欺罪（刑法246条1項）の成否

甲が乙に架空の投資話を持ちかけ、50万円を自己の普通預金口座に送金させた行為について、同罪が成立するか。

⑴　まず、本件で乙は甲に50万円を送金しているが、乙は甲に対して30万円の借金があることから、50万円のうち30万円については借金の弁済に当たり、財産的損害が乙に生じておらず、詐欺罪が成立しないとも考えられる。

この点、同罪は、財産犯である以上、同罪の成立には財産的損害の発生を要するところ、同罪は個別財産に対する罪であるため、被害者を錯誤に陥れ、占有する財物を交付させた以上は債務の弁済の受領であるとしても、財産的損害が発生したといえ、同罪が成立すると解すべきである。

本件では、以下の通り、甲が乙を錯誤に陥れて50万円を送金させていることから、50万円全体につき財産的損害が発生したといえ、同罪が成立し得る。

⑵　そこで、構成要件について検討するに、「人を欺いて財物を交付させた」というためには、欺罔行為、錯誤、処分行為、財

物の取得のそれぞれが因果関係を有していることを要する。

ア　欺罔行為とは、財物の交付に向けて人を錯誤に陥れ、交付の判断の基礎となる重要な事項を偽ることをいう。

本件において、甲は乙に対して実際には存在しない架空の投資話を提案しており、交付の判断の基礎となる重要な事項を偽ったといえる。

イ　そして、乙は、甲による実際には存在しない架空の投資話を信じているため、錯誤に陥っているといえ、この錯誤に基づき、甲名義の口座に50万円を送金している。

ウ　甲は乙からこの50万円が甲名義の口座に送金されたことで、この50万円を自由に払い戻し得る地位を取得したといえ、これは現金の授受と同視し得るため、財物が甲に移転したといえる。

エ　以上より、甲は「人を欺いて財物を交付させた」といえる。

(3)　甲は、乙から30万円を返済させるために架空の投資話を乙に対して提案しているため、自己のした行為が詐欺に当たることの認識、認容があったといえる。そして、不法領得の意思も認められる。

(4)　以上より、1項詐欺罪の構成要件を満たす。

(5)　もっとも、送金を受けた50万円のうち、30万円については、乙の甲に対する借金30万円の弁済であることから、債務の弁済として違法性が阻却されるのではないか。

この点、甲は、この30万円に貸金債権について権利を有するため、①権利の行使という正当な目的があり、②権利の範囲内であって、③手段が社会的相当性の範囲内にあると認められるときは、違法性が阻却されると解すべきである。

本件で甲は、権利の範囲を超える50万円を乙から詐取している上、架空の投資話によって乙を欺くことで、乙がAから預かった金を交付させようとしており、手段が社会的相当性の範囲にあるとは言い難いことから、②及び③を満たさず、違法性は阻却されない。

(6)　したがって、甲には1項詐欺罪が成立する。

2　横領罪の共同正犯（刑法60条）の成否

(1)　共同正犯が成立するためには、共謀、共謀に基づく実行行為、重大な寄与が認められる必要がある。

(2) 共謀が認められるには、①犯行の本質的部分について共謀者間に了解があること（意思の連絡）、②他の関与者と協力して自己の犯罪を遂行しようという意識（正犯意思）が認められる必要がある。

ア　本件で甲は、乙がAのための株式購入のみに充てる約束で預かった50万円について、この約束を知りながら、甲名義の預金口座にこの50万円を送金させようとしているため、犯行の本質的部分について両者に了解があったといえる（①を満たす）。

イ　甲は、50万円を乙から送金させることで、乙の甲に対する借金の弁済に当てさせようとしていることから、自己の犯罪を遂行しようという意識も認められる（②を満たす）。

ウ　以上より、甲乙間に共謀が認められる。

(3) 甲乙間の上記共謀に基づいて、乙は後記**第2の1(2)**の行為に及んでいるため、共謀に基づく実行行為が認められる。

(4) 甲は乙に対して、架空の投資話を持ち掛け、Aから預かっている50万円を自己に対して交付するよう提案しているため、重大な寄与が認められる。

(5) 以上より、甲は、横領罪の共同正犯の要件を満たす。

(6) そこで、横領罪は身分犯であるところ、非身分者である乙についてどのように取り扱うべきかが問題となる。

ア　まず、非身分者も身分者と共同して身分犯の構成要件を実現し得るため、刑法65条1項の「共犯」には、狭義の正犯・共同正犯も含まれると解される。

イ　そして、同条1項は真正身分犯の連帯的作用を、2項は不真正身分犯の身分の個別的作用を規定したものであると解すべきである。そのため、正犯に真正身分犯が成立する場合、共犯には1項が適用される結果、同罪が成立し、正犯に不真正身分犯が成立する場合、共犯には2項が適用される結果、通常の罪が成立するにとどまる。

ウ　横領罪は真正身分犯であるため、同条1項が適用され、その結果、甲には横領罪の共同正犯が成立する。

3　窃盗罪（刑法235条）の成否

甲が乙に送金させた50万円をATMから引き出した行為について、同罪が成立するか。

(1) 「他人の財物」とは、他人の占有する財物をいうと解される。本件では、甲が甲名義の預金口座から50万円引き出しているところ、この50万円の預金を誰が占有しているかが問題となる。

ア 後述する通り（第2の1(1)）、預金については、当該口座の預金の正当な払戻権限を有する場合であれば、その者に預金の占有が認められる。

イ そこで、甲がこの50万円につき、正当な払戻権限を有しているかが問題となる。E銀行は、犯罪利用預金口座に係る資金による被害回復分配金の支払い等に関する法律第3条第1項に基づき、詐欺罪等の犯罪の被害金である疑いがある場合には口座からの預金の払戻し等の取引に応じない取扱いを徹底している。そのため、前記1の通り、詐欺罪が成立する行為に口座に送金された50万円について、甲の取引にE銀行は応じないのであり、この50万円につき甲に正当な払戻権限は認められない。

ウ したがって、この50万円の預金は、E銀行が占有しているといえ、「他人の財物」に当たる。

(2) 「窃取」とは、他人の占有する財物を、占有者の意思に反して、自己又は第三者の占有に移転させることをいう。

甲は、E銀行で上記のような取扱いがされているにもかかわらず、E銀行の意思に反して、ATMを操作してこの50万円を引き出し、現金50万円の占有を取得しているため、当該行為は「窃取」に当たる。

(3) 甲は、詐欺罪の成立する行為によって送金させた50万円を引き出そうとしていることから、当該行為が窃取に当たることの認識、認容があったといえる。そして、不法領得の意思も認められる。

(4) 以上より、甲には窃盗罪が成立する。

4 建造物侵入罪（刑法130条前段）

甲が、E銀行F支店のATMから50万円を引き出すために同支店に立ち入った行為について、同罪が成立するか。

(1) E銀行F支店は「人の看守する……建造物」である。

(2) 同罪の保護法益は、住居に誰を立ち入らせ誰の滞留を許すかを決める自由であるから、「侵入」とは、管理権者の意思に反する立ち入りをいう。

銀行の支店のような公的な場所は、管理権者によって、立ち入りの包括的同意がなされていると解されるため、原則として、同場所に立ち入ったとしても、「侵入」には当たらない。もっとも、立ち入りの時点において、甲が違法目的を有することを管理権者が分かっていた場合には、立ち入りを拒否していたと解されるため、違法目的での立ち入りは、管理権者による包括的同意の範囲外であり、「侵入」に当たると解すべきである。

本件において、甲は前記2の通り、50万円を窃取するという違法目的で同支店に立ち入っており、これは同支店の管理権者の意思に反する立ち入りであることから、「侵入」に当たる。

(3) 甲には当該行為の認識、認容が認められる。

(4) 以上より、甲には建造物侵入罪が成立する。

5 罪責

3と4は手段と目的の関係にあり、牽連犯（刑法54条後段）である。これらと1、2は併合罪（同法45条）となる。

第2 乙の罪責

1 横領罪（刑法252条）の成否

乙がAから預かった50万円をE銀行F支店の甲名義の普通預金口座に送金した行為について、同罪が成立するか。

(1) まず、この50万円が「自己の占有する他人の物」といえるか。

ア 「自己の占有する他人の物」といえるには、①財物、②自己の占有、③他人の所有、④委託信任関係を満たす必要がある。

イ 現金50万円は財物に当たる（①を満たす）。

ウ ②にいう「占有」とは、物に対して事実上支配、又は法律上支配力を有する状態をいい、ここでいう法律上の支配とは、法律上自己が容易に他人の物を処分し得る状態をいうと解される。そして、預金については、当該口座の預金の正当な払戻権限を有する場合であれば、機能上、自己が直接現金を支配・管理しているのと等しいため、その者に預金の占有が認められる。

本件で乙は、B銀行C支店に開設した乙名義の普通預金口座にAから預かった現金50万円を入金しており、当該口座の名義人である乙は当該口座の正当な払戻権限を有するため、乙の「占有」が認められる（②を満たす）。

エ　次に、刑法上、委託された金銭の所有権は、委託者に帰属すると解される。

したがって、Aが乙に預けた50万円は、委託者であるAの所有といえる（③を満たす）。

オ　Aは、「自分の代わりに株式を購入してほしい」と乙に依頼して、現金50万円を乙に預けており、Aと乙との間に委託信任関係が認められる（④を満たす）。

カ　以上より、この現金50万円は「自己の占有する他人の物」といえる。

(2)　「横領」とは、不法領得の意思の一切の発現行為をいい、不法領得の意思とは、他人の物の占有者が委託の任務に背いて、その物につき権利がないのに所有者でなければできないような処分をする意思をいう 。

ア　乙は、Aのための株式購入のみに当てる約束で現金50万円を預かっているにもかかわらず、これに反し、甲の提案に従い50万円を甲名義の普通預金口座に送金している。そして、この送金行為は、この現金の所有者でなければできない行為であるから、乙の当該行為は不法領得の意思を発現する行為であり、「横領」に当たる。

イ　本件で乙は、後で穴埋めする意図で当該行為を行っているところ、このような場合にも「横領」に当たるかが問題となる。

この点、不特定物として金銭が寄託された場合の保護対象は、価値としての金額に対する所有権であるため、委託された金銭の金額について確実な補填の意思と能力がある場合には、価値としての金額に対する所有権を侵害したとはいえないため、委託された金銭を流用したとしても領得行為に当たらないと解される。

もっとも、本件において、乙は甲に対して30万円を返済できないほど生活品に困窮していることからすると、確実な補填の能力は認められないため、乙による当該行為は「横領」に当たる。

(3)　乙には、当該行為が横領に当たるとの認識、認容が認められ、前記(2)の通り、不法領得の意思も認められる。

2　罪責

以上より、乙には横領罪が成立する。

第3　丙の罪責

1　詐欺罪の幇助犯（同法62条1項）の成否

丙が、甲から説得を受け、甲の投資話が架空のものであることを知りながら、甲の依頼内容通りの文書を作成し、甲に交付した行為について、丙はいかなる罪責を負うか。

(1)　まず、甲と丙の間で共同正犯が成立することが考えられるが、丙の作成した文書を乙に見せていないこと、丙は当該文書の作成以外に犯行に寄与していないこと等に鑑みると、共同正犯の要件を満たすとは言い難いため、共同正犯は成立しない。

(2)　そこで、幇助犯が成立すると考えられる。

ア　まず、前記第1の1(2)の通り、甲の行為は詐欺罪の実行行為に当たる。

イ　「幇助」とは、実行行為以外の方法で正犯者の実行行為を容易にすることをいい、当該行為によって正犯者の実行行為を容易にすることができれば、方法・手段は問わないと解すべきである。

丙は経営コンサルタントであり、丙が「D社の業者が好調で、D社の未公開株が必ず値上がりする」という内容の文書を作成し、これを乙が見た場合、架空の投資話を信用する可能性が高まり、金銭を甲に交付する可能性が高まるため、丙による文書作成行為は甲の実行行為を容易にする行為であり、幇助行為に当たる。

ウ　次に、前記アとイの間に因果関係が必要か、必要であるとしてこれが認められるか。

この点、既遂結果について責任を問う以上、既遂結果との因果関係が必要である。そして、幇助犯の処罰根拠は正犯者の実行を容易にし、結果の実現を促進する点にあるため、因果関係の程度は実行行為を強化し、結果の実現を促進すれば足りると解すべきである。

本件で甲は欺罔行為の際に、丙が作成した文書を乙に提示していないため、乙に50万円を交付させることを物理的には促進していない。もっとも、甲が、丙の作成した文書があれば必ず乙が出資する気になるだろうと思い、安心して計画を実行していることからすると、甲の実行行為を精神的に促進したといえるため、因果関係が認められる。

エ　丙は、甲が乙に対して架空の投資話を持ち掛けて借金を弁済させようとしているという計画を聞いた上で、上記幇助行為に及んでいるため、幇助の認識、認容も認められる。

2　罪責

以上より、丙には詐欺罪の幇助犯が成立する。　(M. G.)

（十河太朗）

7. 女心は春の空、男心は秋の空

設問　以下の事例に基づき、X、YおよびZの罪責を論じなさい（特別法違反の点は除く）。

❶　ある年の夏が終わるとともに、X（女性：27歳）は結婚生活が破綻し、長男Aの2歳の誕生日を機に同児を連れて実家に戻っていたところ、アルバイト先のカラオケ店でプロのミュージシャンを目指していたY（男性：25歳）と知り合って夢中になり、ほどなくして交際を始めた。その後Xは、アルバイトを辞めたことなどについて父親から強く叱責されたこともあり、Yに実家には居づらいと相談したところ、Yから「一緒に住まないか」「Aも一緒に連れてきたらいい」などとY方での同居を提案された。そこでXは、実家に置き手紙を残して連絡先も知らせないままAを連れてY方アパートの居室に転がり込み、Y、XおよびAの共同生活が始まった。

Yは当初Xに、2人で生活費を稼ごうなどと話していたが、実際はほとんど働かず、家にこもって曲作りなどに没頭する毎日で、結局Xがスナックなどで働いて3人の生活費を稼ぐほか、Yの実家からの仕送りを家賃の支払いに充てるなどして生活していた。生活費は、Yが、実家からの仕送りだけでなくXの日給も全額を受け取って管理し、XはYから金をもらって買い物するなどしていた。

共同生活を始めて数か月のうちはXとYとの円満な関係が続き、Aの世話は主にXが行っていたものの、YもAをかわいがって、Xの不在時には一緒に遊んだり風呂に入れたり寝かしつけるなどし、AもYに懐いて、Aの3歳の誕生日にはXとYがお祝いをするなどしていた。

❷　ところが、その翌月頃から、Yは、Aが泣くと「気が散って曲ができない」とうるさがり、Xにも「Aを実家に帰せば」と言う

など、A を疎んじる態度を示すようになった。そのため X は、Y が A をひどく邪魔に思っていると感じ取って、そのままでは A ばかりか自分まで嫌われてしまうのではないかと懸念するようになった。

曲作りがうまくいかず、プロのミュージシャンを目指すという夢も実現のめどが立たないことにいらだちを募らせていた Y は、そのうちに、泣いて言うことをきかない A に対し、手拳で殴打するようになった。はじめのうちは、X が在宅していれば、Y が A に手を上げるのを「あなた、やめて」などと言って止めに入り、止められるのを半ば期待していた Y もそれに応じていた。

しかし、次第に Y の暴行はエスカレートし、A を足蹴にしたり、体を抱えて居室の壁に投げつけたりするようになった。そして X が止めようとしても、Y は「お前のしつけがなってないんだ。ふざけんじゃねえぞ」などと言って制止を聞かないだけでなく、「俺の音楽よりも泣き虫小僧の泣き声が大事なのか」と言ってますます不機嫌になり、ときには自宅アパートを出て行って数日間帰らないこともあった。

Y に対する精神的および肉体的執着が同居を始めたときよりも強くなっていた X は、Y が自分に寄り付かなくなることは何としても避けたかったので、次第に調子を合わせて、「しつけが必要よね」などと言って、Y の暴行を止めないどころか、自らも一緒になって A に上記のような暴行を加えるようになった。

一方、X に対する気持ちが冷めつつあった Y は、出会い系サイトを通じて Z（女性：18 歳）と知り合い、同女とも情交関係をもちはじめて、A のことなどで自宅にいるのが嫌になったときには、Z の 1 人暮らしのアパートで寝泊まりすることもあった。秋が深まるとともに、Y は、X および A との共同生活にうんざりし、機会があれば、X との関係を清算して Z と一緒になりたいと考えるようになった。

❸ 年が明けた真冬のある夜、X がいつものように仕事に出ており、Y が自宅で A と 2 人でいた際、同児がまた大声で泣き始めた。Y は、それにより、せっかく頭に浮かびかけたメロディが消えてしまったことに激怒し、A の頬を平手で数回叩いた上、腹部および大

腿部を手拳で十数回殴打し、泣き叫ぶ同児を部屋着のままでベランダに出し、中から鍵をかけて室内に入れないようにした。Y はそのまま曲作りを続け、1 時間ほどして A を室内に入れたところ、声をかけても返事がなかったことから、再び激怒し、同児に対しさらに頭部を含めて全身を十数回足蹴にするなどの暴行を加えた。A は、上記一連の暴行により、体の複数箇所に打撲傷等を負い、座ったまま壁に背中をもたれかけ、動かなくなった。

❹　そこに、X が帰宅してきた。壁にもたれかかっている A を認めて歩み寄る X に対し、Y は「A のやつ、また泣きやがった。うるせえったらありゃしねえよ」などと言った。X は、Y が A にいつものように暴行を加えたのであろうと思い、Y におもねる気持ちで、「A、あんたまた邪魔したの。どうしようもない子だね」などと言って叱り始めた。しかし、A は全く返答しなかったので、X は A を数発平手で殴打した上で、同児の体を抱きかかえ、壁に向かって投げつけるようなポーズをとりながら、「あんた今日はいつになく反抗的ね。何様のつもり。お仕置きしなきゃね。パパも怒ってるわよ」などと、Y の方を向きながら、わざと大きな声で言った。

Y は、A が少し前から血の気の引いた表情で身じろぎもしない状態であるのを見て、内心、「今回はやり過ぎたみたいだ。さすがにやばそうだ。これ以上暴行を加えれば、A の命が危ないかもしれない」と考えたが、他方で、「A が死んでくれて、全てを X のせいにできれば、Z と一緒になるのに障害がなくなる。そうなったら好都合ではないか」という考えも頭に浮かんだ。そして、「しつけは親の仕事だろ」とつぶやいて、すっくと立ち上がり、背を向けて玄関の方に向かった。そこで X は、「Y に捨てられたくない」との思いの下に、それまでしばしばそうしていたように、抱えた A を壁に投げつける暴行を加えた。それにより、A は頭部を含む全身を壁に打ちつけて打撲傷等を負った。

❺　その直後 X は、うずくまったまま全く動かない A に、「あんた、いつまでふてくされてるのよ」などと言って近寄ったところ、同児が顔面蒼白で虫の息の状態になっていることに気付いた。普段と全く異なる様子に狼狽し「どうしよう」と言ってすがりついてくる

Xに対し、Yは「俺は知らねえぞ。俺は出かけていていなかったんだからな。お前がしつけだと言って勝手にやったんだからな。そうだよな。いいな」などと言い残し、出ていってしまった。

Xはすぐに119番通報したが、Aは搬送先の病院に到着した直後に死亡した。後の鑑定によれば、Aの死因は、後頭部を強く打ちつけられたことによる急性硬膜下血腫であった。しかし、その原因となった暴行が、上記❸においてYが加えた足蹴にする暴行と、上記❹においてXが加えた壁に投げつける暴行のいずれであるかは、判明しなかった。

❻ 一方Yは、自宅を出た後、Zのアパートに向かい、Zに対して「今日はずっと君の家で一緒にいたことにしてくれないか。事情は聞かないでくれ。ちょっとごたごたがあったけれど、落ち着いたら君と結婚したい。万が一警察に呼ばれても、俺たちの将来のために気持ちを貫いてくれ」などと懇願した。Zは、詳しい事情がわからない不安もあり、はじめは躊躇したが、Xとの結婚を望んでいたことから、言う通りにすることにした。

❼ 事件の捜査が始まり、XおよびYは逮捕され、両名が起訴された。Yのアリバイ証人として公判期日に出廷したZは、証人尋問において、宣誓の上、Yに言われた通りにしようと考えて、「その日は、昼前から私のアパートでYと一緒に過ごしました」と証言し、いったんは結審に至った。

しかし、Zは、母親から本当のことを言った方がよいと強く諭されたことに加え、裁判を傍聴してわかったYの犯行内容や平素の生活態度に嫌気がさして気持ちが冷めてきたことから、裁判所に連絡して、公判で嘘をついていたことを打ち明けた。そこで、弁論が再開され、改めて証人尋問が行われ、真実の証言が行われた。

解　説

1…………概　観

(1)　設問のねらい

80分での解答を想定した問題である。論ずるべき点が多いわけではないが、論理構造の理解が難しいタイプの問題である。前提として事実関係を正確に把握することが重要であることはいうまでもない。

本問で柱となるのは、①Aの死亡結果をYに帰責できるか、②Aの死亡結果をXに帰責できるか、③YのAに対する殺人未遂が肯定できるか、の3点である。これらは、それぞれ別個にみれば、①XとYの間に暴行の共謀が認められるか、②Xに承継的共犯や同時傷害の特例の適用が認められるか、③YのAに対する殺意を認定できるか、という問題がその中心となる。

関連して、傷害致死と殺人未遂の罪数関係および共犯関係の処理も問題となるほか、付加的に、偽証罪における自白減免と、被告人自身による偽証教唆罪の成否も問われている。

ちなみに、一般的に「女心は秋の空」といわれるが、正しくは「男心は春の空、女心は秋の空」というようである。どちらも変わりやすいのは共通であるが、前者は変わりやすくも段々あつくなるのに対して、後者は次第に冷えてゆくということを対照させているという。本問はその逆である。最後は結局、ことわざ通りであるが。

⑵ とりあげる項目

➤因果関係の概括的認定

➤共謀の成否

➤承継的共犯

➤同時傷害の特例

➤殺意の認定

➤行為共同説と部分的犯罪共同説

➤偽証

2…………Aの死亡結果のYへの帰責

⑴ 以下では、問題文の❸においてYがAに加えた手拳で殴打し足蹴にする一連の暴行を第1暴行と呼び、❹においてXがAに加えた壁に投げつける暴行を第2暴行と呼ぶ。

本問でAの死亡結果につきYに帰責できるかを検討すると、問題になるのは、Yが直接に実行した第1暴行と、Xが直接に実行した第2暴行の、いずれがAの死因を形成したのかが明らかでないことである。Aは、Yの第1暴行により打撲傷等を負い、また、Xの第2暴行によっても打撲傷等を負っており、ここまでは証明されているから、YとXにその限りで（いわば2つの軽い傷害について）傷害罪が成立することは明らかである。問題なのは、Aが負い死因となった急性硬膜下血腫の傷害（いわば重い傷害）が、YとXのいずれの暴行から生じたのかが証明されないことである。

この場合、Yに傷害致死罪が認められるか否かは、第2暴行についてXとYの間に共謀が認められるか否かにかかっている。もし共謀が認められるのであれば、Yは第2暴行を「共同して……実行した」（60条）ということになり、したがってYは、自身単独による第1暴行およびXとの共謀に基づく第2暴行をAに対して加え、その一連の暴行から急性硬膜下血腫によりAを死亡させたということができ、死因を形成したのが第1暴行と第2暴行のいずれであるかが具体的に特定できなくても、いずれにせよ傷害致死罪の成立を肯定することができる。

これに対して、もし共謀が認められないのであれば、Yは、第1暴行について傷害罪、第2暴行について傷害教唆罪または傷害幇助罪の罪責を負うにとどまり、Aの死亡結果については責任を負わない。なぜなら、共謀がなければYは第2暴行を（共同して）実行したものとは評価されないので、第1暴行と第2暴行の全体をYによる一連の暴行ということはできず、したがってYの行為は、自身単独の第1暴行と、Xの第2暴行に対する教唆行為ないし幇助行為に分断され、それぞれについて「疑わしきは被告人の利益に」の原則を適用すると、いずれについてもAの死亡結果の帰属は否定されることになるからである。

⑵　事実関係が明らかでない場合の処理について若干の補足をしておきたい。

上の説明は、Yに傷害致死罪が認められるか、それとも傷害罪と傷害教唆罪・幇助罪が認められるにとどまるかは、「一連の暴行」からの死亡結果発生、すなわち、「第1暴行または第2暴行」からの死亡結果発生、という概括的認定が認められるか否かにかかっており、そのような概括的な認定は同一訴因内においてのみ認められるべきものであり、第1暴行と第2暴行とが同一訴因内に収まるか否かは第2暴行に共謀が認められるか否かによる、という整理である。共謀の成否が、共同正犯の成否のみならず、死亡結果についての帰責の肯否に直結する構造となる（なお、訴因と概括的・択一的認定に関しては、刑事訴訟法の問題であるが、古江賴隆・刑事訴訟法判例百選［第9版］202頁参照）。

別の構成もありうる。第1暴行と第2暴行のいずれが死因を形成したか不明の場合、「疑わしきは被告人の利益に」の原則を適用すると、Yが直接実行していない第2行為から死因が形成されたというYに有利な事実を前提に犯罪の成否を検討することになり、第2行為に共謀が認められれば傷害致死罪の共同正犯、教唆や幇助にとどまれば傷害致死教唆罪・幇助罪が成立するという見方が、その1つである。そのように構成する場合は、第2暴行についての共謀の有無は、死亡結果について帰責された傷害致死罪の共犯が成立することは前提にして、共同正犯と教唆・幇助とを区別する意味をもつにすぎなくなる。共謀の有無にかかわらず、致死結果の責任をYは負うことになる。

これは「疑わしきは被告人の利益に」の原則に関して次のような理解を前提としている。すなわち、事実Aと事実Bの少なくともいずれかであることは証明されるが、いずれであるかは特定できず、被告人にとっては事実Bの方が有利であるという場合、事実Bを前提にした認定が許されるという理解である。これは刑法の教科書等ではよくみられる理解であり、たとえば、本問とは論点が異なるが、いわゆるクロロホルム事件（最決平成16年3月22日刑集58巻3号187頁）についても、計画通り車を海に転落させる第2行為から溺死結果が発生した場合よりも、それに先立ちクロロホルムを吸引させる第1行為から中毒死の結果が発生した場合の方が被告人に有利であるという前提で、第1行為からの結果発生の事実があったものとして殺人既遂の成否が論じられることが多い。しかし、この事件で最高裁はクロロホルム吸引行為から死亡結果が発生していた場合の方が被告人に有利であるからその事実を前提に犯罪の成否を検討するとは言っていないし、第1審判決の罪となるべき事実においても、「上記のとおり［被害者］が昏倒した後の経過の中で、同人をクロロホルム摂取に基づく呼吸停止、心停止、窒息、ショック若しくは肺機能不全又は溺水に基づく窒息により死亡させて殺害した」と概括的な認定がなされている。ここでは、「被告人に有利な事実を前提とすると殺人罪が成立する」とされているのではなく、「いずれにせよ殺人罪が成立する」とされているのである。刑法の議論において、「疑わしきは被告人の利益に」の原則が、具体的な訴訟手続を前提とした場合よりも広く適用されていることが現れている。あえていえば、「被告人にとって有利な事実Bを前提にした認定が許される」というのは、実際の訴訟においてではなく、刑法の事例問題の解答として許される、ということである。

(3) では、本問の第2暴行についての共謀の有無を検討しよう。

共謀共同正犯というのは要するに、実行行為を分担していない場合も含めて共同正犯をいかなる範囲で認めるかという問題であり、その範囲画定の任を負わされているのが「共謀」である。そこでは、①意思連絡の存在に加えて、②同じく通常は意思連絡がある教唆や幇助ではなく重い共同正犯を基礎づけるだけの「何か」が認められるかが問われる。実行共同正犯においては、意思連絡があることを前提に、自ら実行行為を行っていることが共同正犯としての重さを基礎づけている。実行行為を自ら行っていなくてもそれに匹敵するものが認められるかが、共謀共同正犯では問われる（「共謀」の位置づけについては、佐伯仁志・刑法総論の考え方・楽しみ方393頁以下参照）。

本問で具体的に検討してみよう。

まず、Xにおいて第2暴行を行うことについてのX・Y間での意思連絡は、XがAの体を抱きかかえ、壁に向かって投げつけるようなポーズをとりながら、「お仕置きしなきゃね。パパも怒ってるわよ」などと、Yの方を向きながらわざと大きな声で言ったのに対し、Yが「しつけは親の仕事だろ」とつぶやいて答えた点に認められる。Aを壁に投げつける暴行はこれ以前にXもYも日常的に行っており、Xはそれを「しつけ」と称していたのであるから、上記のやりとりは、壁に投げつけるという具体的な暴行についての合意とみることができる。

Yについて暴行の共同正犯の重さを基礎づける事情としては、XがYに対し精神的に強く依存していたことが重要である。Xは徹底してYの意思に沿うように行動していたのであり、その状況下でYが暴行を支持する言葉を吐きながら、従わないと立ち去るかのような脅迫的な仕草を見せることは、主導的な役割どころか、支配的な立場から犯行を命ずるに等しい。しかも、XのYへの依存は、Yによる同居生活の開始・継続と、同居しつつも距離をとってXに不安を与えることにより、長期間かけて強化されたものである。これらの事情は、犯行時におけるYの支配性を間接的に高めるものといえる。そしてYはそれらを全て認識した上で行動している。

そうすると、Yには第2暴行についての共同正犯を認めてよいであろう。

Xが暴行を働いてAを死亡させれば自分にとって好都合であるとYが考えていたことは、伝統的な実務の枠組みでは「自己の犯罪」であることを基礎づける事情ということができる。しかし、犯罪遂行に対する主観面での積極性が客観的であるはずの正犯性を直接基礎づけるとする見方には批判が強い。最近では、因果性の強さに共同正犯の基礎づけを求め、実行行為者と心理的に強く結びついた背後者に共同正犯を認める見解もあり（今井猛嘉ほか・刑法総論［第2版］385頁〔島田聡一郎〕)、これは主観面を客観的な要素に反映させる意義を有している。もっとも、ここで求められているのは強い「心理的」因果性であり、背後者にとっての心理的因果性は自らの心理ではなく実行行為者の心理を介した因果性であるから、背後者の動機等の主観面は、それが実行行為者に認識されていてはじめて「心理的な強い（相互の）結びつき」の要素となり、共同正犯性を基礎づける（あるいはそれを推認させる事情になる）と考えられる。本問では、上記のようなYの主観面をXは知らないのであるから、やはりそれはYの共同正犯性を基礎づける事情とみるべきではないと思われる。

それを考慮しなくても、上述の通り、Yが共同正犯であることは肯定できるであろう。結論として、Yには傷害致死罪の共同正犯が認められる。

(4) なお、共謀共同正犯に代えて、不作為の共同正犯という構成をとる余地もなくはない。共謀を認定するのではなく、作為義務を認めて不作為により傷害を実現したものとし、作為による実行者との間の意思連絡に基づいて共同正犯とするものである。この点については、東京高判平成20年10月6日判タ1309号292頁参照。

3…………Aの死亡結果のXへの帰責

(1) 以上の通り、Yが第1暴行と第2暴行からなる一連の暴行を行ったとみると、Xは途中から第2暴行にのみ共謀加担し、Aの死因となった傷害はXの加担の前後いずれの暴行から生じたのか明らかでないという構造で把握されることになる。

この場合、Xに対してAの死亡結果の帰責を認めることができるかどうかを検討する際にまず問題となるのは、承継的共犯である。もっとも、最決平成24年11月6日刑集66巻11号1281頁は、「被告人は、共謀加担前に［他の者ら］が既に生じさせていた傷害結果については、被告人の共謀及びそれに基づく行為がこれと因果関係を有することはないから、傷害罪の共同正犯としての責任を負うことはな［い］」として、傷害罪の承継的共犯を否定した。

これに従うと、つぎに問題となるのは、同時傷害の特例である。本問では、一連の暴行行為を行っているYは、一連の暴行から死因となる傷害結果を生じさせ、そこから死亡結果も発生させたという構成で、Aの死因となった傷害結果および死亡結果について責任を負うことから、そのようなYがいる場合であってもXに同特例を適用してよいかが問題である。学説上は消極説も有力であるが、最決平成28年3月24日刑集70巻3号349頁は、同時傷害特例の基本的な適用要件を提示するとともに、同特例は傷害致死罪にも適用があること、また、関与者の中に結果について責任を負う者がいる場合であっても、その他の者への同特例の適用は排除されないことを示した。

以上の判例の考え方に基づくと、すでに発生していた（可能性が否定できない）傷害結果については承継的共犯は認められないので、承継的共犯の理論によってXにAの死因となった傷害結果の責任を負わせることはできず、したがって、そこから生じた死亡結果についても同様である。その一方で、いずれにせよYはこれらの結果について責任を負うが、そのことは、Xに対する同時傷害の特例の適用を排除せず、つまり、Xは、承継的共犯ではなく、同時傷害の特例によって、Aの死因となった傷害結果について帰責され、したがって、そこから生じた死亡結果についても責任を負って、傷害致死罪が成立するという結論になりそうである。

このような処理は、最決令和2年9月30日刑集74巻6号669頁で正面から認められた（ただし、傷害致死ではなく傷害の事案）。当初から共謀がある場合は、共謀に基づき、すべての傷害について責任を負わせることになり、また、およそ共謀がない場合は、同時傷害の特例に基づき、すべての傷害について責任を負わせるのであるから、途中から共謀加担したという中間領域においても、同時傷害の特例の適用を認めることには合理性があるといえよう。

⑵ 同時傷害の特例が適用されうるとして、前掲最決平成28年3月24日によると、検察官が証明すべき要件は、①各暴行が当該傷害を生じさせうる危険性を有するものであること、および、②各暴行が外形的には共同実行に等しいと評価できるような状況において行われたこと（同一機会性）である。

本問についてみると、このうち①との関係では、Aを壁に投げつけるXの暴行は、Aの頭部に対する強い攻撃を含んでいるから、急性硬膜下血腫を生じさせうる危険性を有するものであったといえる。また、②についても、Xの暴行はYの暴行と同じ場所で、かつ、接着した時間内に行われているから、問題なく肯定することができよう。

4…………第２暴行についてのＹの殺人罪の成否

⑴　第２暴行については、Ｙに殺人の故意が認められ、Ｙに殺人罪の共同正犯が成立する可能性があるので、この点を検討する。

まず、故意は行為時に存在しなければならない。本問で殺人罪が問題となるＹの行為は、Ｘに対して「しつけは親の仕事だろ」とつぶやいて背を向け玄関に向かうという、Ｘとの間で暴行の共謀を成立させる行為である。この行為について、その時点で殺人の共同正犯の故意が認められるかが問題である。

一般論として、行為の高い危険性を認識していれば、結果発生を予見していたといえるのが通常で、特に結果発生を否定すべき事情を認識していない限り、結果についての未必的故意が認められる（故意の認定に関しては、**1．故意煩い**も参照）。本問で問題となっているのは共同正犯であるから、上の意味で危険性が問題となるのは実行者の行為である。

Ｙは、すでに自らがＡに対して相当強度の暴行を加えていることを前提に、Ａが血の気の引いた表情で身じろぎもしない状態であるのを見て、「これ以上暴行を加えれば、Ａの命が危ないかもしれない」と考えており、Ａを壁に投げつけるというＸの暴行行為がＡの生命に対する危険を有する行為であるという認識を有していた。そのような危険な行為であるにもかかわらず、今回は死の結果が発生しないであろうと考えるべき特段の事情を認識していたわけでもなく、むしろ、「Ａが死んでくれれば好都合である」という考えが頭に浮かんでいる。そうすると、この時点でＹは殺人の共同正犯の未必的故意を有していたと判断される。

⑵　その故意に基づいても、Ｙには殺人既遂の共同正犯は成立しない。第２暴行と死亡結果との間の因果関係が証明されないからである。殺人罪との関係では、同時傷害の特例を適用して因果関係を推定することは認めるべきでない。また、第１暴行の時点ではまだ殺人の故意はないのであるから、第１暴行と第２暴行の一連の暴行と死亡結果の間に因果関係が認められることも、殺人既遂の基礎づけに用いることはできない。

したがって、成立するとしても殺人未遂の共同正犯が上限となる。

⑶　行為共同説によれば、第2暴行についてXとの故意のずれを気にすることなく、Yに殺人未遂の共同正犯を認めることができる。この場合さらに、第1暴行と第2暴行の全体について成立するY自身の傷害致死の共同正犯との罪数関係が問題となる。被害者が同一であるから、包括して重い殺人未遂の共同正犯で処断するというのが1つの考え方であるが、死亡結果に対する帰責を明示するために観念的競合とすることも考えられる。

⑷　部分的犯罪共同説によると、傷害致死の限度でYとXの共同正犯を認めることになる。この場合は、それを超過するYの要素をどのように処理するかが問題となる。

判例（最決平成17年7月4日刑集59巻6号403頁）は部分的犯罪共同説をとっている。殺意のあるPと殺意のないQが共同し、Pにおいて直接被害者の死亡結果をもたらしたという不作為殺人と保護責任者遺棄致死の共同正犯の事案において、「[P]に殺人罪が成立し、殺意のない[Q]との間では保護責任者遺棄致死罪の限度で共同正犯となる」と判示されている。部分的犯罪共同説に対しては、この判例の事案とは異なり殺意のない者において直接の実行が行われた場合にどうするのかが問題とされてきたが、本問ではまさにそれが問われる（もっとも、上述の通り死亡結果の帰属が別の理由で否定されている点が、通常の議論とは異なる）。

傷害致死の共同正犯を超える部分については、Yの単独正犯という構成になる。死亡の危険を生じさせたことについて客観的に単独正犯の正犯性が認められなければならない。このような場合一般について単独正犯性が肯定できるかは議論の余地があるが、本問では、Yのつぶやく等の行為が、Xとの共謀を成立させることを超えて、Aの状況について情を知らないXによる暴行を利用した殺人未遂の間接正犯であるといえればよく、より軽い故意を有する者を利用する背後者に広く間接正犯を肯定する見解（井田・総論488頁等）によれば、これは肯定することができよう。

これとＹ自身の傷害致死の共同正犯との罪数関係は、行為共同説の場合と同じである

5…………偽証について

⑴　Ｚには偽証罪が成立し、自白による裁量的減免の対象となる(170条)。裁判確定前であればよく、結審後の自白でも足りる。自白には一定の自発性が必要と解されるが、母親に強く諭された程度でそれが否定されることはない。

なお、偽証の正犯による自白があっても、自白していない偽証教唆者に減免効果は及ばない。

⑵　Ｙに偽証教唆罪が認められるかが問題である。被告人自身に、自己の刑事事件についての偽証教唆罪を認めてよいかという問題である。これが問題とされるのは、証拠隠滅罪（104条）においては条文上明示的に、犯人自身が自己の刑事事件の証拠を隠滅することが構成要件の枠外に置かれており、その理由は期待可能性の欠如に求められているところ、偽証罪においても同じことが妥当するとも考えられるからである。

学説の中には、そのような理由で偽証教唆罪の成立を否定するものもある。しかし、偽証罪では被告人は構成要件から外されていない。刑事被告人は自己の刑事被告事件において証人になれないと解されているため、通常は事実上偽証罪の正犯となりえないが、審理が分離されている共犯者等の被告事件では証人となりうるから、偽証罪の構成要件の枠外に類型的に置かれているわけではなく、したがって期待可能性が欠如するとはいえない（山口・各論595頁)。判例・通説は、被告人自身による偽証教唆罪を認めている。

⑶　本問でＹはＺに対し、裁判所に対する偽証を明示的に唆したわけではない。単に警察に虚偽の事実を述べることのみを求めたのではなく、「結婚できるように気持ちを貫く」ことまで求めているから、Ｚの偽証行為との間に因果性は認められるであろうが、裁判所に対する偽証を教唆する故意が肯定できるかが問題である。

それが否定されるとすると、その一方で犯人隠避教唆の故意は肯定で

きるであろうから、偽証教唆と犯人隠避教唆との間の抽象的事実の錯誤の問題になる。そこでは、①偽証罪と犯人隠避罪の保護法益の異同等をみて、偽証教唆罪と犯人隠避教唆罪の構成要件が後者の限度で実質的に重なり合っているといえるか、そして、②犯人自身に犯人隠避教唆罪（の構成要件該当性）を認めてよいかという問題を検討する必要が生じる。両方とも積極に解する場合は、Ｙに犯人隠避教唆罪の成立が肯定される。①を認めても、期待可能性の類型的欠如を理由に②を否定する場合は、Ｙは犯罪の故意を有していないことになるから、この点に関しては不可罰となる（これらの点については、**17. 組長のためなら**の解説**4**も参照）。

解答例

第1　Ｙの罪責

1　Ｙは、Ａに対して平手や手拳、足蹴による暴行（以下「第1暴行」という）を加え、Ａに打撲傷を負わせているため、傷害罪（刑法〔以下省略〕204条）が成立する。

2　では、Ａの死亡についてＹに帰責し、傷害致死罪の成立を肯定することができるか。Ａの死亡はＸによる壁に投げつける暴行（以下「第2暴行」という）によって引き起こされた可能性があるため、因果関係を肯定することができるかが問題となる。

ここで、第1暴行から結果が発生している場合には因果関係を肯定できるのは当然であるが、第2暴行をＹも「共同して……実行した」（60条）といえる場合には、第2暴行からＡ死亡結果が発生している場合も「すべて正犯とする」のであるからＹの行為との因果関係を肯定できる。そこで、第2暴行に先立ってＹが「しつけは親の仕事だろ」とつぶやいていることによって共同正犯関係が成立したといえるかが問題となる。

思うに、共同正犯とは、互いに他人の行為を利用、補充することで自己の犯罪を実現することを内容とする共謀をなし、よって犯罪を実行するものである。したがって、意思連絡が存在し、それが自己の犯罪を実現する意思で行われたといえる場合には共同正犯が成立すると考える。

本問では、Xは以前からYの目の前でしつけと称してAに対して暴行を加えていたのであるから、「しつけは親の仕事だろ」という発言は、Aに対して暴行を加えることを示唆するものであり、X・Y間に暴行の意思連絡があったといえる。

また、XはYに精神的肉体的に執着していたのであるから、Yの発言はXに対して強い影響力を有していたといえる。これまでもAに対して暴行を加えていたという経緯に鑑みても、そのようなXに対して「しつけは親の仕事だろ」と述べることは、Aに対する暴行を強く促すものといえるから、関与の態様としてもYの発言は重大な役割を果たしたといえる。さらに、YにはAが死亡すればZと一緒に暮らせるという利益があり、それを実現するという動機もある。

かかる事情の下では、Xは積極的主体的に犯罪の実現に関与したといえるから、自己の犯罪を実現する意思であったということができる。

したがって、第2暴行はYも「共同して……実行した」といえるから、第1暴行と第2暴行のいずれからAの死亡結果が発生したか不明であっても、Yの行為とAの死亡との因果関係を肯定することができ、傷害致死罪が成立する。

3　つぎに、Aが死亡することは好都合だと考えて「しつけは親の仕事だろ」とつぶやいているところ、殺人未遂罪（203条、199条）が成立しないかが問題となる。

Yは、XがAに対して暴行を加えることおよびこれ以上暴行を続ければAの命が危ないことを認識した上で、Aが死亡すればZと一緒に暮らすことができるので好都合であると考えているから、Aの死亡について認識、認容があり、殺人の故意を肯定することができる。

そして、殺人の故意が発生したのは第2暴行の時点であるから、第2暴行とAの死亡との因果関係は肯定できない以上、殺人未遂罪（203条、199条）が成立する。

なお、後述するように第2暴行についてXには傷害罪が成立するから、異なる構成要件間で共同正犯関係が成立するかが問題となるも、殺人未遂罪は傷害罪を包摂するので、傷害罪の限度で共同正犯となる。

4　では、Ｚに対して「今日はずっと君の家で一緒にいたことにしてくれないか」と虚偽の事実を警察に述べるよう伝え、Ｚは公判廷で「その日は、昼前から私のアパートでＹと一緒に過ごしました」と述べているところ、犯人隠避教唆罪（61条1項、103条）が成立するか。

まず、犯人隠避罪は当該犯人については成立しないが、その教唆犯が成立するかが問題となるも、犯人が自ら行った犯人隠避行為は期待可能性がないから不可罰とされているものの、他人を教唆して犯人隠避を実行させることは期待可能性がないとはいえないから、犯人による犯人隠避教唆は成立すると考える。

つぎに、後述のようにＺには偽証罪が成立するが、警察に虚偽の事実を述べるという犯人隠避の教唆によって異なる構成要件である偽証罪が行われた場合、軽い犯人隠避教唆罪の限度で故意を肯定することができるかが問題となる。

思うに、故意とは構成要件事実の認識、認容をいうから、保護法益ないし行為態様の点で構成要件的に実質的に重なり合う限度においては、構成要件事実の認識、認容があったといえるので、異なる構成要件であっても故意を肯定することができる。

本問では、偽証罪と犯人隠避罪は、前者が国の審判作用を保護しているのに対し、後者は刑事司法作用を保護するものであるが、どちらも刑事司法の実現の手段である点で共通しており、保護法益の共通性を肯定できる。また、行為態様も、虚偽の事実を述べるという点で共通している。

したがって、両者には実質的重なり合いが肯定でき、軽い犯人隠避教唆罪の限度で犯罪の成立を肯定することができる。

5　以上より、Ｙには傷害致死罪と殺人未遂罪、犯人隠避教唆罪が成立し、傷害致死罪と殺人未遂罪は連続して行われた同一の法益に対する犯罪であるから、傷害致死罪は重い殺人未遂罪に包括され、殺人未遂罪のみが成立する。そして、この殺人未遂罪と犯人隠避教唆罪は併合罪（45条）となる。

第2　Ｘの罪責

1　Ｘは、第2暴行を行うことでＡに打撲傷等を負わせていることから、傷害罪が成立する。

2　つぎに、前述のように第2暴行についてYとの共同正犯関係が認められるところ、第1暴行についても承継的共同正犯としてXに帰責することができるかが問題となる。

しかし、共同正犯は、共謀に基づいて犯罪が実行された場合に成立するものであるから、第1暴行の時点では何ら共謀は存在しなかった以上、第2暴行について共謀が認められるとしても、第1暴行をXに帰責することはできないと考える。

3　では、Aの死亡結果についてもXに帰属させることができるか。Aは第1暴行によってその死因となる急性硬膜下血腫の傷害を負った可能性もあるから、同時傷害の特例（207条）を適用してこの傷害をXに帰属させ、ひいては死亡結果についても責任を問えるかが問題となる。

思うに、同時傷害の特例は誰にも傷害結果を帰属させることができない場合に例外的に適用されるものであるから、ある者に傷害結果を帰属させることができる場合には適用の前提を欠くというべきである。

本問では、前述のようにYに第1暴行および第2暴行による結果が帰属することから、Aの死因となる急性硬膜下血腫もYに帰属する。そのため、同時傷害の特例の前提を欠くので、XにAの死因となる急性硬膜下血腫は帰属せず、死亡結果についてもXは責任を負わない。

4　以上より、Xには傷害罪のみが成立する。

第3　Zの罪責

1　Zは宣誓をした上で、客観的な真実および記憶に反する事実を陳述していることから、偽証罪（169条）が成立する。

2　もっとも、裁判の確定前および懲戒処分が行われる前に虚偽の事実を述べたことを裁判所に対して打ち明けているから、刑を任意的に減免することができる（170条）。　(T. A.)

（和田俊憲）

8. お仕事の邪魔・嫌がらせアラカルト

設問　以下の各事例におけるA〜Eの罪責を論じなさい（特別法違反の点は除く）。なお、A〜Eにはそれぞれ数名の共犯者（関与者）があるが、その共犯関係には触れなくてよい。

❶　Aは、遊び仲間数名と共謀して、サッカーの国際大会の開催当日、周囲の盛り上がる熱気に悪乗りして、試合会場となるY市内のサッカースタジアムでの警備の体制を混乱させせようと計画し、併せて警察に一泡吹かせてやろうと考えた。そこで、Aらは、Aの主導の下、同スタジアム近くの公園で多量の爆竹を鳴らし、花火を打ち上げ、あたかも熱狂的ファンの一群が気勢を上げているかのように装った上、携帯電話から110番に再三電話をかけ、暴徒化したファンの一部が大勢同公園で暴れて自分たちが被害に遭っている旨の虚偽の事実を通報した。その後、これに応じて、上記の警備に従事していた警察官7名がパトカー2台に分乗して現場に急行しようとしたところ、Aらは、その直前に、自分達の運んできておいた2トントラックをパトカー（幅1.8m）が進行してくるはずの幅員6mの路上中央に、進行方向に向かって右側2m、左側1mの余地を残して放置して、パトカーを立ち往生させた。

一方、Aらとは別に、会場で一騒ぎしようと考え、あらかじめ多量の発煙筒を用意して隠し持っていたBら数名は、Aらの一連の騒ぎを見てこれに刺激され、一般観客を装って正規の入場券を所持してサッカースタジアムに入場した後、発煙筒に点火し、入場者のチェックをしていた会場の係官（市職員）に向けて投げつけた。

❷　N県内の暴力団X組と暴力団Y組とは抗争中であり、相互に組事務所等への発砲・襲撃を繰り返していたところ、N県警察においては、平成28年4月6日、これらの発砲事件等を被疑事実として、X組およびY組の組事務所、幹部宅等、数十か所に対する捜索差押許可状の発付を受け、翌7日早朝に一斉捜索して拳銃、実包、

日本刀等を多数差し押さえるとともに、居合わせた幹部・組員らを拳銃等の不法所持容疑で現行犯逮捕することを予定していた。ところが、X組の幹部Cは、かねてから密かに親交を結んでいた警察官から、6日深夜、その一斉捜索のことを耳打ちされたため、直ちにX組内で対策を相談したところ、今からでは、警察が把握しているであろう十数か所から拳銃等を運び出してこれらをどこかに隠匿するだけの時間も人手も足りないし、すでに警察官が監視している場所もあるかもしれないから、何とか1日だけでも時間稼ぎができないだろうか、ということになり、Cがその工夫をすることになった。そこで、Cは、悪知恵がよく働く知人のDに相談したところ、Dは、「警察が大慌てするような虚偽通報をして、時間を稼ぐことにするから、その間に拳銃等を隠せばよい。任せてください」と言った。Dは、Cと打ち合わせた上で、「今、P村の空き家に立ち寄ろうとしたら、人がいる気配がしたので、物陰に隠れて見ていると、中から、全身黒装束でライフル銃か刀でも入っているような筒を背負った男が5、6人出てきた。彼らは日本語でも英語でもない言葉を交わしていたが、分散して暗闇に消えていった。変なことが起こるといけないと心配になったので、お知らせしました」と110番通報し、その約30分後に、今度はCが、Dの発案に従って、「自分は某国人数名とともに明朝の通勤時間帯に、N駅構内や市内の官庁街等人通りの多い数か所で、同時的に無差別殺人を実行する。ライフル銃や手榴弾も準備している。本当だ。通報はこの1度限りとする」と110番通報した。N県警察では、この通報のため、6日深夜から7日早朝にかけて、多数の警察官を動員して、P村やその付近につき、大規模な捜索活動を行い、7日早朝からN駅構内や官庁街等に多数の警察官を配置して、犯行の防止と犯人の検挙に備えた。このため、人手不足になり、X組およびY組の組事務所等の一斉捜索は延期せざるをえなくなった。Cは警察のそのような動きを察知し、X組組長らに今のうちに拳銃等を別の場所に隠しておいてくださいと言った。7日午前10時になっても、N駅等に不審な人物等は現れず、先の110番通報は虚偽であると判断された。N県警察は、翌8日早朝にX組およびY組の組事務所等の数十か所の一斉捜索を実施したところ、Y組関係の場所からは多数の拳銃等が押収され、居合わせた幹部·組員十数名が現行犯逮捕されたが、X組関係の場所からは拳銃等の武器は何1つ発見されなかった。X組組長らは、X組は無傷であった上、Y組が大打撃を受けたことに満足していたところ、8日の昼頃、CおよびDから虚偽通報等の詳しい経過を聞き、「よくやった。大手柄だ」と言いつつ、100万円ずつを渡した。

❸ Eは、政治結社Tの代表者であるが、同結社の構成員数名と共謀の上、平成28年5月14日から同月25日までの間、ほぼ連日にわたり、東京都M区所在のU商事株式会社（わが国では最大手の総合商事会社。以下「U社」ともいう）本社ビル前路上において、街頭宣伝車の拡声器を使用して、「U商事社長V、いやホモ商事社長V、貴様のようなホモ野郎を日本貿易会会長に据え置くことは日本の恥なんだ。即刻辞職しろ。貴様は元左翼活動家を手先に使い、地方の中小零細企業の財産を根こそぎ奪い取り、そして男妾に貢ぐ。貴様は男妾の事業での失敗の尻拭いをして、今度はその男妾の尻に世話になっているホモ野郎だ」、「U商事……通称ホモ商事といいます。社長がホモなんです」などと大声で多数回にわたって怒鳴り、あるいは童謡「桃太郎」の節で「ホモ商さん、ホモ商さん、貿易会長やめなさい。社長がホモでは恥ずかしい」などと歌った音声を収めた録音媒体を大音量で再生した（日本貿易協会は、平成24年4月以降一般社団法人となった貿易業界団体であり、わが国の貿易に関する全国的な民間中枢機関として、政府に政策提言を行うなどの公的活動も行っている）。

Eの弁護人は、Eは公的存在（パブリック・フィギュア）であるVの行状という「公共の利害に関する事実」につき、もっぱら公益を図る目的で、上記行為に及んだのであり、摘示した事実は真実であるか、仮に真実でないとしてもEは真実であると信ずるにつき相当な根拠を有していた旨主張した。これに対し、検察官は、情状の関係でも、Eの摘示事実が虚偽であるとまでは主張しないと述べている。

解　説

1…………概　観

(1) 設問のねらい

各小問は、いずれも業務妨害罪・名誉毀損罪等に関する比較的単純な事例問題であり、詳しい論述が期待されている論点の見極めは容易であろう。また、付随的な論点のある小問もあるが、中心的な論点について掘り下げた論述をし、付随的な論点にも簡潔に目配りをした解答が望まれる。

これまであまり論じられていない論点も含まれており、刑法解釈論に関する応用的思考力を高めるのに役立つものと思われる。

(2) とりあげる項目

➤業務妨害罪と公務執行妨害罪

➤業務と公務の関係（特に限定積極説・修正積極説）

➤警察への虚偽通報と偽計業務妨害罪

➤道路の一部閉塞と往来妨害罪

➤官公庁等への違法目的での立入りと建造物侵入罪

➤名誉毀損罪と侮辱罪

➤名誉毀損罪における真実性の証明および錯誤

2…………事例❶について

(1) 業務妨害罪と公務執行妨害罪

(a) Aが虚偽の電話をかけて警察を出動させた行為（第1行為）は「偽計」に、Aによる自動車放置行為（第2行為）は「威力」に該当し、Bが点火した発煙筒を投げつけた行為（第3行為）は「暴行」に該当する。したがって、第1行為、第2行為については公務執行妨害罪（95条1項）は成立しない。もっとも、第2行為については、判例の中には間接暴行をかなり広く認めているものもあるので（大コンメ第6巻143頁以下〔頃安健司＝河村博〕参照）、議論の余地がなくはないが、結論的には消極に解すべきことにほぼ異論はないと思われる。

これら3つの行為によって妨害されたのは（もっとも、判例は、妨害の危険を生ずれば、業務妨害罪は成立するとしている）、いずれも公務であるところ、第1行為によって妨害されたのは、110番通報受理事務や公園への出動ではなく、このような虚偽通報による徒労の出動によって中断を余儀なくされたサッカースタジアムでの警備事務なのであり（詳しくは、**3**で後述）、警備事務それ自体（異常事態が発生した場合を除く）は、強制力を行使しない権力的公務というべきであろう。第2行為によって妨害されたのは、虚偽通報に基づく徒労の出動であるとはいえ、パトカーで暴徒がいると思われる現場に急行しようとする事務であり、警察官らは暴徒に直面すれば強制力を行使しうるが、パトカーで道路上を進行している段階では、強制力を行使しているとはいえないであろう（路上に妨害物を設置されれば、進行が妨げられるのは、一般の車両とほぼ同様である）。第3行為によって妨害されたのは、入場者のチェック事務であって、非権力的公務である。

(b) ところで、公務は果たして業務妨害罪（233条、234条）にいう「業務」に（どの範囲で）含まれるのか、また、強制力を行使する権力的公務を含めた全ての公務について公務執行妨害罪が成立しうるのかの点については、周知のように説が分かれるので、3つの行為が各説でどのように扱われるかをみてみると、おおむね以下のようになろう。

まず、判例･通説である限定積極説（強制力を行使する権力的公務は業務妨害罪の業務には含まれず、それは公務執行妨害罪のみにより保護の対象とされ、それ以外の公務は業務に含まれるとする説。判例としては、最決昭和62年3月12日刑集41巻2号140頁、最決平成12年2月17日刑集54巻2号38頁、最決平成14年9月30日刑集56巻7号395頁参照）によれば、警察官の権力的公務を妨害する第1行為および第2行為については、妨害対象としての公務を上記のように分析すれば、いずれも強制力を行使しない権力的公務であるから、第1行為につき偽計業務妨害罪（233条）、第2行為につき威力業務妨害罪（234条）が成立することになり、第3行為については、威力業務妨害罪も成立しうるし、公務執行妨害罪でいう「公務」に特に限定を加えない一般の理解に従う限り（以下、原則的に同様)、同罪も成立することになるところ、両罪の関係は、観念的競合と解するよりは、法条競合により公務執行妨害罪のみが成立すると解すべきであろう。仮に第1行為および第2行為により強制力を行使する権力的公務が妨害されたものと解するとすれば、いずれも業務妨害罪は成立せず、せいぜい軽犯罪法1条16号のような軽微犯罪が成立するにとどまることになりそうであるが、第1行為については、強制力を行使する段階に至らない時点での(それも、虚偽を見抜くことの困難な虚偽通報による)妨害行為である等の理由により、偽計業務妨害罪の成立を認める見解が実務上有力である(なお、後記**3**参照)。

つぎに、その余の説について検討する。

積極説(全ての公務が業務に含まれるとする少数説)に立つと、特段の検討を要しないで、第1行為につき偽計業務妨害罪、第2行為につき威力業務妨害罪が成立することになり、第3行為については限定積極説と同様である。ただし、積極説に対しては、立法者が公務執行妨害罪の可罰的行為態様を暴行・脅迫に限定した趣旨を実質的に没却し、実際にも処罰範囲を無用に拡張しすぎる、との批判がある。

公務振分け説(強制力を行使する権力的公務以外の公務については、公務執行妨害罪は成立しないとする少数説)によれば、第3行為については公務執行妨害罪は成立せず、威力業務妨害罪のみが成立する。しかし、平成18年の刑法改正で、公務執行妨害罪の法定刑に選択刑として50万円以下の罰金が加えられ、業務妨害罪とほぼ同様になったことから、公務執行妨害罪の成立範囲を本説のように限定する必要があるのか、疑問であろう。

消極説(公務は一切業務に含まれないとする少数説)によれば、第1行為および第2行為には業務妨害罪は成立せず(もっとも、第1行為は軽犯罪法違反に、第2行為は往来妨害罪にはあたる)、第3行為についてのみ公務執行妨害罪が成立することになる。ただし、消極説に対しては、非権力的公務についても、ただ公務であるというだけで偽計・威力から保護されないとすることに合理性があるとはいえないとする批判がある。

修正積極説(「威力」の関係では限定積極説と同様であるが、「偽計」の関係では全ての公務が業務に含まれるとする有力説。強制力を行使する権力的公務は威力には強いが、偽計には弱いことを根拠とするもの）によれば、偽計による第1行為については、当然に偽計業務妨害罪が成立するが、第2行為および第3行為については、限定積極説と同様である。この修正積極説に対しては、業務の意義を233条と234条で別異に解することになり不自然であるとか、強制力を行使する権力的公務は、偽計に対しても一定の抵抗力がある（打たれ強い）とか、偽計か威力かの判別が微妙な事案や両者が混用される事案もあるという批判が寄せられている。なお、最高裁判例上は、この説は受け入れられていないとする理解が一般的であるが、後述する通り、必ずしもそうとはいえない（以上の判例・学説については、山口厚「公務と業務」争点156頁参照）。

⑵ 往来妨害罪

なお、第2行為に関しては、判例（最決昭和59年4月12日刑集38巻6号2107頁）・通説によれば、道路を部分的に閉塞する行為であっても、往来の危険を生じさせた場合には、往来妨害罪（124条1項）が成立するので、同罪の成立を肯定しうるであろう。威力業務妨害罪とは観念的競合になる。

⑶ 建造物侵入罪

官公庁等の建造物への立入りやデパート等への（スリや万引き等の）違法目的での立入り等の場合の建造物侵入罪の成否については、議論がある。官公庁等の建物への立入りについて、平穏侵害説は、住居権説に立ち管理権者の意思を形式的に理解すると、特に労働運動・市民運動等の事件において処罰範囲の不当な拡大を招くことが危惧されるとするが、住居権説（意思侵害説）は、住居権といっても自ずから制限があり、あるいは違法阻却を認めうるとして、不当な結論に至るものではないとする。また、スリ目的でのデパートへの立入りについては、包括的承諾ないし社会的相当性の範囲内として、あるいは、違法目的は客観化されていないとして、いずれの説からも「侵入」にはあたらないと解されるであろう。

もっとも、違法目的での建造物侵入について、判例は広く建造物侵入罪（130条）の成立を肯定している。夜間税務署庁舎内に人糞を投げ込む目的で、人が自由に通行する同構内に立ち入った場合（最判昭和34年7月24日刑集13巻8号1176頁）、発煙筒を燃焼発煙させる目的で皇居の一般参賀会場に入った場合（東京地判昭和44年9月1日刑月1巻9号865頁）、国体開会式を妨害する目的で開会式場に一般観客を装って入場券を所持して入場した場合（仙台高判平成6年3月31日判時1513号175頁）、ATM利用客の暗証番号等を盗撮する目的で、営業中の銀行支店出張所に立ち入った場合（最決平成19年7月2日刑集61巻5号379頁）、虚偽の傍聴券であることを秘して参議院に立ち入った場合（東京高判平成5年2月1日判時1476号163頁）に、いずれも本罪が成立するとされている。これらの裁判例に照らせば、本問のBの行為は建造物侵入罪にあたるというべきである（以上については、山口裕之・平成19年度最判解199-226頁参照）。

⑷ その他

Aらが公園で多量の爆竹を鳴らし、花火を打ち上げ、あたかも熱狂的ファンの一群が気勢を上げているかのように装った行為につき、騒乱罪（106条）の成否を論ずるのは場違いである。騒乱罪における「暴行」（または「脅迫」）は最も広い意味のものであるといわれ、「物に対する暴行」も認められると説かれるが（疑問視する学説もある）、少なくとも、一地方（かなりの広さが念頭に置かれており、公園内という程度では足りない）の平穏を害するに足りる程度の「暴行・脅迫」「多衆」が要件になっているのである（なお、交通の要衝である新宿駅構内等での過激派による激しい騒乱事件についての最決昭和59年12月21日刑集38巻12号3071頁参照）。また、Aの上記行為やBの第3行為につき、凶器準備集合罪（208条の3第1項）の成否を論じたり、Aの第1行為につき、虚偽告訴罪（172条）の成否を論ずることも不要と思われる（いずれの罪も不成立）。

3…………事例❷について

⑴ 限定積極説の実質的解釈・運用

本設問のCおよびDは、大規模な犯罪を予告する虚偽の110番通報という「偽計」により、警察官多数に徒労の出動等を余儀なくさせ、予定されていた令状に基づく捜索差押え等の強制力を付与されている権力的公務を中心とする通常の公務全般を妨害したものであり、判例・通説である限定積極説を形式的にあてはめると、CおよびDが狙いとした一斉捜索の妨害については、これが典型的な「強制力を行使する権力的公務」にあたるため、偽計業務妨害罪は不成立と解するか、徒労の出動に従事した警察官らの中には、一斉捜索以外の「強制力を行使しない権力的公務」や「非権力的公務」に従事することが予定されていた者もいたであろうから、これらの公務を妨害したものとして、同罪の成立を認めるということになりそうである。しかし、前者の結論が妥当でないことは極めて明白であるし、後者の解決は、妨害された公務の中核的なものを被害対象から除外する点で不自然であり、いわば売り物の饅頭を丸ごと食われてしまったのに、その餡は被害に遭わず、皮だけが食われたかのように評価するに等しいであろう。

そこで参考になるのが、東京高判平成21年3月12日判タ1304号302頁（山﨑耕史・警論63巻9号150頁、田山聡美・刑ジャ20号73頁、奥村正雄・研修755号3頁、原口信夫・法学新報121巻1＝2号235頁等参照）である（その後、東京高判平成25年4月12日東時64巻1～12号103頁、および名古屋高金沢支判平成30年10月30日LEX/DB25561935が類似の事案につきほぼ同旨の判断を示している。なお、以下の本章においては、平成21年の上記判決を、単に「東京高判」という。また、海上保安庁への虚偽通報に関する横浜地判平成14年9月5日判タ1140号280頁参照）。東京高判の原判決が認定判示した犯罪事実（要旨）は、「被告人（X）が、平成20年7月26日、茨城県内の自宅において、パソコンを操作して、そのような意図がないにもかかわらず、インターネット掲示板に、同日から1週間以内にJR東日本の土浦駅において無差別殺人を実行する旨の虚構の殺人事件の実行を予告し、これを不特定多数の者に閲覧させ、同掲示板を閲覧した者からの通報を介して、同県警察本部の担当者らをして、同県内において勤務中の同県土浦警察署職員らに対し、その旨伝達させ、同月27日午前7時頃から同月28日午後7時頃までの間、同伝達を受理した同署職員8名をして、上記土浦駅構内及びその周辺等への出動、警戒等の徒労の業務に従事させ、その間、同人らをして、Xの予告さえ存在しなければ遂行されたはずの警ら、立番業務その他の業務の遂行を困難ならしめ、もって偽計を用いて人の業務を妨害した」というものであり、弁護人の控訴趣意は、「本件において妨害の対象となった警察官らの職務は『強制力を行使する権力的公務』であるから、同罪にいう『業務』に該当せず、同罪は成立しないから、原判決には法令適用の誤りがある」というものである。東京高判は以下のように判示している。すなわち、「最近の最高裁判例において、『強制力を行使する権力的公務』が本罪［234条の罪を含めて業務妨害罪を指す］にいう業務に当たらないとされているのは、暴行・脅迫に至らない程度の威力や偽計による妨害行為は強制力によって排除し得るからなのである。本件のように、警察に対して犯罪予告の虚偽通報がなされた場合（インターネット掲示板を通じての間接的通報も直接的110番通報と同視できる）、警察においては、直ちにその虚偽であることを看破できない限りは、これに対応する徒労の出動・警戒を余儀なくさせられるのであり、その結果として、虚偽通報さえなければ遂行されたはずの本来の警察の公務（業務）が妨害される（遂行が困難ならしめられる）のである。妨害された本来の警察の公務の中に、仮に逮捕状による逮捕等の強制力を付与された権力的公務が含まれていたとしても、その強制力は、本件のような虚偽通報による妨害行為に対して行使し得る段階にはなく、このような妨害行為を排除する働きを有しないのである。したがって、本件において、妨害された警察の公務（業務）は、強制力を付与された権力的なものを含めて、その全体が、本罪による保護の対象になると解するのが相当である（最決昭和62年3月12日刑集41巻2号140頁も、妨害の対象となった職務は、『なんら被告人らに対して強制力を行使する権力的公務ではないのであるから、』威力業務妨害罪にいう『業務』に当たる旨判示しており、上記のような解釈が当然の前提にされているものと思われる)。所論は、①警察官の職務は一般的に強制力を行使するものであるから、本罪にいう『業務』に当たらず、②被告人の行為は軽犯罪法1条31号の『悪戯など』に該当するにとどまるものである、というようである。しかし、①については、警察官の職務に一般的に強制力を行使するものが含まれるとしても、本件のような妨害との関係では、その強制力によってこれを排除できず、本罪による保護が必要であることは上述したとおりであって、警察官の職務に上記のようなものが含まれているからといって、これを除外した警察官の職務のみが本罪による保護の対象になると解するのは相当ではない。……②については、軽犯罪法1条31号は刑法233条、234条及び95条(本罪及び公務執行妨害罪)の補充規定であり、軽犯罪法1条31号違反の罪が成立し得るのは、本罪等が成立しないような違法性の程度の低い場合に限られると解される。これを本件についてみると、被告人は、不特定多数の者が閲覧するインターネット上の掲示板に無差別殺人という重大な犯罪を実行する趣旨と解される書き込みをしたものであること、このように重大な犯罪の予告である以上、それが警察に通報され、警察が相応の対応を余儀なくされることが予見できることなどに照らして、被告人の本件行為は、その違法性が高く、『悪戯など』ではなく『偽計』による本罪に該当するものと解される」。

東京高判は、限定積極説をその実質的根拠に即して合理的に解釈・適用するものである。判例のいう「強制力を行使する権力的公務」は、「現に強制力を行使するか、行使し得る局面における権力的公務」を意味するのであり、「強制力を付与されていても、これを行使し得る局面には至っていない権力的公務」はこれに含まれないと解するものといえよう。この考え方によれば、本設問のCおよびDは、虚偽通報という偽計により、「遂行されたはずの令状によるX組及びY組の組事務所等の一斉捜索その他の業務の遂行を困難ならしめた」ものとして、偽計業務妨害罪の罪責を負うと解されるのであり、これを正当とすべきであろう。そして、東京高判が所論②について判示するところは、軽犯罪法1条16号や消防法44条20号(傷病者・火災に関する虚偽通報を30万円以下の罰金または拘留に処する）についてもあてはまる。

なお、東京高判に対して、「虚偽の犯罪予告に対応して出動・警戒することも本来の警察官の職務であって、上記事例のような場合には、業務（公務）が妨害されたとはいえない。これを妨害というのであれば、企業組織などにおいて、同僚の意図的懈怠により自らの仕事が増えた者は、同僚を業務妨害罪で訴えてもよいことになる。何らかの事件を起こして警察の人員が投入された事件はすべて『なされたはずの公務の遂行を妨害した』ことになる」旨の論評もある（成瀬幸典＝安田拓人＝島田総一郎編・判例プラクティス刑法Ⅱ各論132頁および松宮孝明編・ハイブリッド刑法各論［第2版］108頁〔いずれも野澤充〕等）。しかし、虚偽通報による警察官の出動等が「徒労」（税金や労力の無駄遣い）であることは明らかである。一方、同僚の分まで仕事を頑張った会社員は有用な業務に従事しているといえるのと同様に、現に何らかの犯罪が実行されれば、警察官がこれを捜査するのは有益な公務であり、いずれも「徒労」ではない。

⑵　修正積極説の評価

前記の修正積極説は、威力に対しては「強制力」で対処できるが、（巧妙な）偽計に対しては「強制力」も有効ではない（あるいは有効でない場合もある）ことを根拠とするものであると理解されるので、東京高判は修正積極説に親近性をもつものであるとする評価もありえよう。「強制力を行使する権力的公務は偽計にも打たれ強い」といわれるが、このような公務に従事する公務員は周到な準備に基づき注意深く公務を遂行する場合が多いので、軽度の（あまり巧妙でない）偽計ならば看破することが期待できる、ということであって、強制力自体により偽計に対処できるわけではないと思われる。修正積極説は、結論の妥当性に優れた魅力的な見解というべきであろう（もっとも、容易に看破された軽度の偽計の場合についてまで、偽計業務妨害罪の成立を認めるべきかどうかは、なお検討の余地があろう）。

ところで、近時の最高裁判例の判文上は、偽計も威力と同列に記載されているので、修正積極説は、最高裁判例上は、採用されていない（あるいは否定されている）との理解が広まっている。しかし、最高裁判例の事案は、いずれも「強制力を行使する権力的公務」ではない（権力的）公務が、威力ないし偽計により妨害されたものであり、いまだ「強制力を行使する権力的公務」が（巧妙な）偽計により妨害された事案について、偽計業務妨害罪の成立を否定した最高裁判例は存しないのであるから、将来において、最高裁は（大法廷による）判例変更をすることなく、そのような事案につき同罪の成立を認める解釈を採用することが可能なのであり、厳密には、修正積極説の判例上の採否は未定というべきなのである（中野次雄・判例とその読み方［第3版］39-67頁の「結論命題」と「理由付け命題」についての考察が参考になる）。

本設問の解答においては、限定積極説を前提にして東京高判のような考え方によるのがオーソドックスであるが、修正積極説によるのも簡便であって一案というべきであろう。もっとも、修正積極説によるのであれば、判例・通説である限定積極説に対する問題点の指摘は必要と思われる。

4…………事例❸について

(1) 名誉毀損罪と侮辱罪

本設問は、東京地判平成9年9月25日判タ984号288頁（名取俊也・研修610号31頁、池田修＝金山薫編・新実例刑法各論431頁〔菊池則明〕参照）を素材にしたものであり、以下の解説にはこの判決文を要約しつつ引用した部分が少なくない。

Ｅの行為については、Ｖ個人およびＵ社（法人）を被害者とする名誉毀損罪（230条1項）・侮辱罪（231条）の成否が検討されるべきことは明らかである。なお、Ｕ社の本社ビル内にまで音声が聞こえ、その業務にも影響が及んでいたとすれば、威力業務妨害罪も成立する（名誉毀損罪等とは観念的競合）であろうが、事例ではこの点は定かではないから、論じなくてもよいであろう。

Ｅによる表示が公然となされたものであること、その表示の中にＶの名誉を毀損する具体的な事実の摘示が含まれていることは、いずれも明白である。問題は、Eの表示の中にU社の社会的評価を害するに足るべき具体的事実の摘示が含まれていると認められるか否かである。

Eが表示した内容は、①U社の代表取締役社長であるVがホモであり、男妾を囲い、男妾に貢いでいること、②Vが元左翼運動家を手先に使い、地方の中小零細企業の財産を根こそぎ奪い取り、これを男妾に貢いでいること、③U社を「ホモ商事」あるいは「ホモ商さん」と繰り返し呼称したことである。

このような表示は、大手商社であるU社の顔ともいうべき代表者の人格に対する倫理的価値を低下させ、U社が事業活動中で中小企業の財産を収奪してあたかも不当な利益を挙げているかのような印象を一般通常人に与えるものであるから、U社の社会的評価を低下させるものであって、U社の名誉を毀損しているとする見解（上記東京地判における検察官の主張）もありうるであろう。

しかし、①の表示について検討すると、法人あるいはそれに類する団体（以下「法人等」という）も名誉毀損罪および侮辱罪の保護法益である名誉の主体になりうると解されるが、それは法人等もその構成員とは別個の社会的な活動の重要な単位であり、その社会的評価についても保護に値するからなのである（侮辱罪の保護法益を名誉感情と解し、法人等に対しては同罪は成立しないとする少数説もあるが、判例・通説は、侮辱罪の保護法益も名誉であり、名誉毀損罪とは具体的事実の摘示の有無で区別されるとする。この判例・学説については、大塚裕史・刑法各論の思考方法［第3版］398頁以下参照）。そして、法人等の活動とは無関係なその構成員の私的行状は、それが当該法人等の代表者の行状であったとしても、直ちに当該法人等自体の社会的評価を低下させるものではないと解される（もっとも、宗教団体等のように、一定程度の倫理性をその存立基盤とし、代表者の行動に対する倫理的評価が当該法人等の社会的評価に結びつくような法人等の場合は、別論である）。そして、①で表示されているのは、Vの純粋な私生活における性癖あるいは行動に関する事実であるところ、この事実は、U社の事業活動とは全く関わりのないものである。このような事実の摘示によってU社の社会的評価が低下するおそれがあるとはいえない。

②の表示は、VがU社の社長であるということを前提としてのものであり、その内容からしても、これを聞いた者にVがU社の代表取締役として行った活動を指すもののように理解されるであろうから、U社の社会的評価を低下させるおそれがあるものとはいえる。しかしながら、他人の社会的評価を低下させるおそれのある表示をした場合であっても、それについて名誉毀損罪が成立するためには、他人の社会的評価を害するに足るべき「具体的」事実を摘示することが必要であり、当該表示が具体性を欠き、他人の社会的評価を軽侮する自己の抽象的評価・判断の表示にとどまるときには、侮辱罪が成立するにすぎないと解される。②において表示された内容は抽象的であり、そこにはU社のどのような具体的活動を指すかを暗示するものすら含まれていない。U社は日本有数の総合商社であり、その事業活動は極めて多岐にわたっており、その個々の活動内容は、不特定多数の者には知られていないのである。したがって、Eの表示によって、不特定多数の者がU社の具体的な活動を想起するとは認められず、この表示はU社の社会的評価を害するに足るべき具体的事実を摘示したものとはいえないであろう。

そして、③の表示が具体的な事実の摘示にあたらないことは明白である。

Eの表示については、Vを被害者とする名誉毀損罪は成立するが、U社を被害者とする名誉毀損罪は成立しないというべきであろう。

しかしながら、②の表示は、U社に関する具体的事実の摘示にはあたらないとしても、その内容からして、U社が不当、悪質な活動をしている旨のU社の社会的評価を軽侮するEの抽象的評価・判断を示したものであることは明らかである。なお、「ホモ」という表現は男性同士の同性愛を意味するところ、今日では、同性愛への理解が進みつつある一方で、いまだ一部では社会的偏見が現に存在していることも否定できず、そのような偏見を利用して社会的評価を低下させるおそれのある行為がなされるようなことがあれば、本罪の成立を肯定すべきであろう。そして、③には、童謡「桃太郎」の節に乗せて「ホモ商さん、ホモ商さん」と歌うなど、U社を揶揄して呼称する部分も織り込まれており、この歌声を含む③の表示は、U社の社会的評価を軽侮するEの抽象的評価を端的かつ執拗に示したものと評価できる。さらに、①の表示は、それ自体は主としてVの私的行状に関するものといえるのであるが、「ホモ商事」あるいは「ホモ商さん」という軽侮の表示と一体となっている限度において、U社に対する軽侮の表示とみることができよう。

結局、Eの表示は、全体として、Vを被害者とする名誉毀損罪のみならず、U社を被害者とする侮辱罪をも構成するのである。なお、Eの行為は、同一人の名誉の侵害に向けて、連日にわたり、ほぼ同一の場所で、ほぼ同一内容の表示をほぼ同一の態様で連続的になしたものであるから、各被害者に対する行為ごとに包括して一罪を構成するにとどまると解するのが相当であり、これらの各包括一罪は観念的競合の関係にあるものと解される。

⑵ 名誉毀損罪に関する事実証明等

弁護人は、EのVに対する名誉毀損罪について、230条の2第1項による真実性の証明または相当の根拠に基づく真実性の誤信（最判昭和44年6月25日刑集23巻7号975頁参照）により、無罪を主張しているものと理解される。

しかし、EがVに関して摘示した事実は、その純粋な私生活上の行状を核心とするものと認められる。私人の私生活上の行状であっても、そのたずさわる社会的活動の性質およびこれを通じて社会に及ぼす影響力の程度などのいかんによっては、その社会的活動に対する批判ないし評価の一資料として、「公共の利害に関する事実」にあたる場合があると解される（最判昭和56年4月16日刑集35巻3号84頁参照）。Vは日本貿易会の会長であるところ、同会は貿易業界に関する諸問題について政府に政策提言を行うなどの公的活動も行っているが、Vが同会を通じてたずさわるこのような社会的活動の性質からすれば、Eが摘示した事実は、Vの社会的活動に対する批判ないし評価の一資料とはなりえないから、「公共の利害に関する事実」にあたらないと解される。弁護人の主張は最も重要な前提を欠くものであって、その余の点を検討するまでもなく、失当というべきであろう。

230条の2第1項所定の「事実の公共性」および「目的の公益性」（法文には「専ら」とあるが、「主として」で足りるとする解釈が一般化している）の要件が満たされない場合には、被告人側による真実性の立証は許されないと解される（少数ながら反対説もある）。しかし、検察官が情状として摘示事実が虚偽である旨の主張・立証をすることは、許されると解されるので、そのような場合には、被告人側も反証として真実性の立証が許される。本設問では、検察官は摘示事実が虚偽であるとの主張はしないと述べているので、E側による真実性の立証は許されない（以上の「真実性の証明」や「真実性の錯誤」については、山中敬一・刑法各論［第3版］214頁以下参照。この論点は、刑事訴訟法の挙証責任とも関連しているので、刑法解釈論を含め、大コンメ刑訴法第7巻420頁以下〔安廣文夫〕参照）。

なお、名誉毀損罪および侮辱罪は、親告罪であって、告訴がなければ公訴を提起することができない（232条1項）。前掲東京地判には、告訴（その起訴後の追完）の効力のほか、名誉毀損罪の訴因につき縮小認定として侮辱罪を認定する場合の事物管轄などの刑事訴訟法上の論点も含まれている。

解答例

事例❶

第1　Aの罪責について

1　虚偽の事実を通報した行為に、偽計業務妨害罪（刑法〔以下省略〕233条）が成立しないか。

(1)　同罪の客観的構成要件は、「偽計を用いて」「業務を妨害する」ことである。

ア　「偽計」とは、人を欺き・誘惑し、または他人の無知・錯誤を利用することをいう。

本件において、Aはその事実がないにもかかわらず、暴徒化したファンにより自分たちが被害に遭っているとの虚偽の通報をしており、この行為は通報を受けた警察官にその旨誤信させるものであるから、人を欺く行為といえる。したがって、Aは「偽計を用い」たといえる。

イ 「業務」とは、人の社会的地位に基づき反復継続して行う事務をいう。

本件において、Aの虚偽の通報に応じた警察官が被害現場に駆けつけたことにより、サッカースタジアムの警備という公務が「妨害」されている。

ここで、公務が「業務」に含まれるかが問題となるところ、「強制力を行使する権力的公務」は「業務」に含まれないが、それ以外の公務は「業務」に含まれると解する。

サッカースタジアムの警備は、暴動を鎮圧するような一定の有形力の行使も予定されるが、むしろ暴動等の予防・防止に重点が置かれ、強制力の行使は本来は予定されていない。そのため、サッカースタジアムの警備は「強制力を行使しない権力的公務」といえ、「業務」に含まれる。

ウ 以上より、Aが虚偽の通報をした行為は、同罪の客観的構成要件に該当する。

(2) Aは、警備体制を混乱させることを意図して虚偽の通報をしているから、Aには同罪の故意が認められ、同罪の罪責を負う。

2 トラックを放置した行為について

(1) この行為に、威力業務妨害罪（234条）が成立しないか。

ア 同罪の客観的構成要件は、「威力を用いて」「業務を妨害する」ことである。

(ア) 「威力」とは、人の意思を制圧するに足る勢力を示すことをいう。

Aは道路に2トントラックを放置しているところ、その左側の余地はパトカーの幅よりも狭く、右側の余地はパトカーの幅（1.8m）に対して安全に通行するために十分な間隔でない上、2トントラックは外部から容易には動かせない。

このことから、この行為はパトカーの運転手をして同道路の通行を断念させるに足り、その意思を制圧するに足る勢力を示すものといえる。したがって、Aの放置行為は「威力を用い」たといえる。

(イ) Aの放置行為により、警察官が通報のあった現場へ急行することが妨害されている。

ここで、現場へ急行することは警察官の任務であるから公務といえるところ、1(1)イに述べたのと同様、「強制力を行使する権力的公務」は「業務」に含まれないが、それ以外の公務は「業務」に含まれると解する。

本件において、通報のあった被害現場に急行することには、その現場での被疑者の逮捕など強制力をともなう公権力の行使が見込まれる。しかし、Aの放置行為により直接妨害されたのは被害現場への急行事務であり、この時点ではいまだ強制力の行使はなされない。そうであれば、現場への急行は「強制力を行使しない権力的公務」といえ、「業務」に含まれる。

(ウ) 以上より、Aの放置行為は同罪の客観的構成要件に該当する。

イ　Aは、通報のあった現場に駆けつけることを妨害することを意図して放置行為に及んでいるから、Aには同罪の故意が認められ、同罪の罪責を負う。

(2) また、Aは(1)ア(ア)記載の狭い幅しか残さずに2トントラックという障害物を置いて道路を遮断し、これにより車両の通行が不可能ないし困難な状態になっている。

そして、Aはパトカーの通行を妨げる目的で同行為に及んでいるから、車両の通行が困難になる危険の発生を認識・認容しているといえる。

したがって、Aの放置行為には往来妨害罪（124条1項）が成立する。

3　罪数

以上より、Aには偽計業務妨害罪、威力業務妨害罪、往来妨害罪が成立する。そして、威力業務妨害罪と往来妨害罪は1つの放置行為によるから、観念的競合（54条1項前段）となり、これと偽計業務妨害罪は併合罪（45条）となる。

第2　Bの罪責について

1　サッカースタジアムに立ち入った行為に、建造物侵入罪（130条前段）が成立しないか。

(1)　サッカースタジアムは、当然に「人の看守する建造物」にあたる。

(2)「侵入」とは管理者の意思に反する立入りをいう。Bは正規の入場券を所持して入場しているものの、騒ぎを起こすというサッカースタジアムの目的に反する行為を目的としているから、その入場は管理者の意思に反するものといえる。

　したがって、Bがサッカースタジアムに入場した行為は、「侵入」といえる。

(3)　以上より、Bの行為には同罪が成立する。

2　発煙筒を投げつけた行為

(1)　この行為は、入場者のチェックをする市の職員に向けられた有形力の行使であり「暴行」にあたるから、この行為には公務執行妨害罪（95条）が成立する。

(2)　また、この行為は、人の意思を制圧するに足る勢力を示すものでもあり、「威力」にも該当する。

　そして、これにより市職員は入場者のチェックという非権力的公務を妨害されているから、この行為には威力業務妨害罪が成立する。

(3)　このように、Bの行為には公務執行妨害罪と威力業務妨害罪が成立しうるが、両者は法条競合により前者のみが成立すると解する。　(M. Y.)

事例❷

　CおよびDが意思を相通じ合って、それぞれ110番通報した行為に、偽計業務妨害罪（233条）が成立しないか。

1　同罪の客観的構成要件は、「偽計を用いて」「業務を妨害する」ことである。

(1)「偽計」とは、人を欺き・誘惑し、または他人の無知、錯誤を利用することをいう。本件において、まずDは、その事実がないのに、「ライフル銃か刀でも入っているような筒を背負った男が5、6人出てきた」と虚偽の通報をし、ついで、Cは、その通報を前提にして、その意図がないのに、「某国人数名とともに、明朝の通勤時間帯に、数か所で、無差別殺人を実行する」旨の虚偽の通報をしており、N県警察に無差別殺人が実行されると誤信させているのであるから、これらの行為は「人を欺く」ものといえる。

(2) 「業務」とは、人の社会的地位に基づき反復継続して行われる事務をいう。

本件において、C・Dの虚偽の通報によりN県警察は大規模な捜索活動や犯行防止体制をとったため、X組およびY組の捜索が1日延期されるなど、その公務が「妨害」されている。

ここで、公務が「業務」に含まれるか問題となるところ、「強制力を行使する権力的公務」は「業務」に含まれないが、それ以外の公務は「業務」に含まれると解される。もっとも、権力的公務が強制力の行使場面に至らず、その強制力によって妨害を排除できない場合は、当該公務は「業務」に含まれると解する。

組事務所に対する捜索は、人の住居等に対してその管理者の意思にかかわらず強制的に立入りをするものであるから、強制力を付与された権力的公務である。もっとも、C・Dによる虚偽通報が行われたのは捜索が行われる前日であって、いまだ捜索に着手していない段階である。すなわち、Cによる虚偽通報がなされた時点では、一斉捜索に際して行使しうる強制力は、全く機能しないのであり、虚偽通報による妨害を排除しうるものではない。

したがって、X組およびY組の組事務所等の捜索は、Cの虚偽通報の時点では「強制力を行使する」権力的公務にあたるとはいえない。

(3) 以上より、C・Dの通報行為は、偽計業務妨害罪の客観的構成要件に該当する。

2 Cは、X組への捜索を遅らせる目的をもって通報行為に及んでおり、無差別殺人をするという通報があれば、警察は大規模被害の防止策をとることは明らかであるから、Cにはその行為が同罪の客観的構成要件に該当することの認識認容があったといえる。

また、Dは、Cから相談を受け、虚偽の通報をしてX組に対する捜索の時間稼ぎをする方法を提案するなど、Cと打ち合わせをし、その意を通じて、自らも率先して虚偽通報に及んでいる。

したがって、C・Dに同罪の故意が認められ、両名に共同正犯が成立することも明らかである。

3　よって、C・Dには、偽計業務妨害罪の（実行）共同正犯が成立する。 (M. Y.)

事例❸

第1　Vに対する犯罪

1　Eは、U社本社ビル前路上において、連日にわたり、拡声器を用いて、「U商事社長Vは、元左翼活動家を手先に使い、地方の中小零細企業の財産を根こそぎ奪い取り、そして男妾に貢ぐホモ野郎である」などという内容を、多数回にわたり大声で怒鳴っている。

そこで、かかる行為につき、名誉毀損罪（230条1項）が成立しないか検討する。

2　名誉毀損罪が成立するためには、①「公然と」、②「事実を摘示」し、③「人の名誉を毀損した」ことが必要となる。

(1)　まず、Eの行為は、路上において拡声器を用い、大声で怒鳴るという態様でなされたものであるから、明らかに①公然となされたものであるといえる。

(2)　また、事実を摘示するとは、人の社会的評価を害するに足るべき具体的事実を示すことをいう。

本件では、Eは、Vが中小零細企業から財産を巻き上げ、それを男妾に貢いでいるなど、具体的な事実を示している。このような事実は、Vが不当に中小企業から財産を奪い取り、それを私的に用いているかのような印象を一般人に与えるものであるといえるから、人の社会的評価を害するに足るといえる。

したがって、Eは②事実を摘示したといえる。

(3)　そして、名誉毀損罪は抽象的危険犯であるから、「名誉を毀損した」というためには、人の社会的評価が低下するおそれがあるといえることで足りる。

本件では、Eの行った事実の摘示によって、一般人がVに前述のような悪印象を抱き、Vの社会的評価が低下するおそれがあるといえるから、Eは③Vの名誉を毀損したといえる。

(4)　なお、Eの弁護人からは、Vが公的存在であるとして、Eの行為は「公共の利害に関する事実」（230条の2第1項）にかかるものであるとの主張がなされている。

もっとも、Eが摘示したのは、Vの私生活上の行状を核心としたものであるところ、Vの行っている公的活動は貿易に関する政府への政策提言などであって、議員等とは異なり、Vの私生活上の行状は当該活動の評価に影響を与えない。

したがって、Eの摘示した事実を資料としてVの公的活動を批判ないし評価することはできないから、Eの摘示した事実は「公共の利害に関する事実」とはいえず、弁護人の主張は失当である。

3　以上より、Eには、Vに対する名誉毀損罪が成立する。

第2　U社に対する犯罪

1　Eは、前記の行為と同時に、「U社は社長がホモである」などと大声で怒鳴り、また、童謡の節に乗せてU社を「ホモ商」と呼称するなどの行為をしている。

そこで、かかる行為につき名誉毀損罪が成立しないか検討する。というのも、同性愛に対していまだ一部に存在する社会的偏見を利用して社会的評価を低下させるおそれのある行為がなされれば、名誉毀損罪の成立する可能性があるからである。

2(1)　まず、Eの行為が「公然と」行われているものであることは明らかである。

(2)　もっとも、Eの言動は、Vの行状に関する具体的な事実の摘示は含まれているが、U社に関しては、直接的には「ホモ商」などという抽象的な評価が示されているのみである。

したがって、Eの言動をもって、Vとは別人格であるU社に関して「事実を摘示」したというためには、Vの行状に関する具体的な事実の摘示が、U社に関しても、具体的な事実を示したものといえる必要があることになる。

ア　本件でVの行状として示されている事実としては、Vが地方の中小零細企業の財産を根こそぎ奪い、その財産を男娼に貢いでいるということが挙げられる。

イ　このうち、Vが男娼に貢いでいるという部分については、Vの私生活上の行状を示すものであり、U社と何ら関わりを有しないものであるから、そもそもU社に関する事実の摘示にあたらない。

ウ　また、Vが中小企業から財産を巻き上げているという部分については、VがU社の代表者として行動していることを前提とするものであるから、U社に関する事実を示したものであるとはいえる。

しかし、U社は日本で最大手の総合商事会社であり、その事業活動は多岐にわたると考えられるところ、そのうちどのような事業において「中小企業からの財産の巻き上げ」が行われているのか、その態様はどのようなものか等の具体的な事実を、Eの言動から推知することはできない。

したがって、かかるEの言動は、U社に関する具体的な事実を示したものであるとはいえない。

(3) よって、EはU社の名誉に関して「事実を摘示」したとはいえないから、U社に対する名誉毀損罪は成立しない。

3 もっとも、Eの行為は、具体的な事実の摘示は含まないとしても、U社の社会的評価を軽侮したものであるということはでき、かかるEの行為により、U社の社会的評価が低下するおそれがあるということもできる。

したがって、Eは公然と人を侮辱したものといえるから、EにはU社に対する侮辱罪（231条）が成立する。

第3 罪数

以上より、EにはVに対する名誉毀損罪、U社に対する侮辱罪が成立するところ、V、U社それぞれに対する行為は、同一の法益主体の名誉の侵害に向けて、連日にわたり、ほぼ同一の場所で、ほぼ同一内容の表示をほぼ同一の態様で連続的になされたものであるから、各被害者に対する行為ごとに、それぞれ包括して一個の名誉毀損罪、侮辱罪が成立する。

そして、Eの行為は、V、U社に対して同時に行われているから、これらの包括一罪は観念的競合（54条1項前段）の関係に立つ。

(I. M.)

（安廣文夫）

9. 血が酩酊するとき

設問　以下の事例につき、甲・乙の罪責を論じなさい。

❶　35歳の専業主婦である甲は、夫A（38歳）とかねてから不和になっていたが、ある日の深夜、Aがワイシャツに口紅を付けてリビングルームに入ってきたのを見とがめ、浮気をしてきたのではないかと問いただしたところ、Aは謝罪をするどころか、かえって離婚を求め、「俺に文句を言えた立場か」などと暴言を吐きながら、甲の顔面を手拳で何度も殴打するなどした。

なお、この日は、甲の結婚生活を心配した母・乙が来ており、リビングルームに隣接する甲の部屋でお茶を飲んでいたが、暴れ者のAの怒鳴り声を聞いて震え上がり、事態が沈静化するのをひたすら祈っていた。

甲は、離婚されたときの経済面での先行きに対する不安から、耐えるしかないと自らに言い聞かせ、ひ弱な女性である乙に加勢を求めてもAに対抗できないと考え、いつものようにぐっと怒りを抑えていた。

❷　ところが、その日のAは、ホステスB（27歳）が「離婚してくれれば一緒になってあげてもいいわ」とはじめて言ってくれたことから気持ちが大きくなっており、いつもより抑制がきかない状態で、「お前なんかほんと邪魔だ」などと言いながら、さらに殴る蹴るの暴行を手加減なしに加えてきたため、甲はこのままでは殴り殺されてしまうのではないかとのおそれを感じ、自らの身を守るため、たまたま近くにあったフライパンを手に取って、底面でAの頭部を思い切り1回殴打した。

なお、甲は、身長154 cm、体重45 kgの非力な女性であり、一方Aは、体育大学を卒業し、格闘技の経験のある、身長180 cm、体重70 kgの屈強な男性であり、日常的にフィットネスクラブに通い、筋力が20代並みであることを誇りにしていた。

❸ Aは、これまで甲に対して暴君のように振る舞い、甲には口答えすら許してこなかったことから、思いがけず反撃を受けたことに激高し、「お前は誰に食べさせてもらっているかわかっているのか」などと暴言をはき、鬼のような形相で「殺してやる」などと言いながら、甲からフライパンをひったくって投げ捨てると、甲の首を絞めようと両手を広げて甲に襲いかかった。

乙は、フライパンで人を殴るにぶい音を聞いて、さすがに心配になって襖を少し開き、事態を認識したが、小心者の乙は、Aに自らの存在を気付かれて殴られたりするのは嫌だと怯み、リビングルームに出て行くことはしなかった。しかし、このままでは甲がやられてしまうと判断した乙は、洋裁をしている甲が使っていた洋鋏が甲の部屋にあったのを発見し、「これを使って甲がAをちょっと怪我でもさせて威嚇すれば、Aの攻撃が収まるのではないか。甲がやりすぎてAが大怪我をすることになるかもしれないが、それは暴力的な夫であるAの責任だから仕方がないのではないか。しかしまさか刺し殺したりはしないだろうし、この洋鋏で致命傷まで負わせるのは無理だろう」と考えて、襖を背にしているAに気付かれないよう、襖の方に向いている甲の方に向かって、洋鋏をリビングルームの中に滑らせるように投入した。

❹ 甲は、Aが自らを殺そうと襲いかかってきたことに驚愕するとともに、「殺してやる」という発言を聞いて、これまで耐えに耐えているうちにうっ積していた感情が爆発し、目の前の床に洋鋏が転がっているのを目にすると、とっさに殺意を生じて、洋鋏でAの上体左側部分を力まかせに数回突き刺したところ、Aはその場に倒れ、動かなくなった。

なお、Aが動かなくなったのは、失神したからであり、間もなく態勢を立て直して甲に対し再び暴行に及ぶことは、困難な状況にあったものである。

❺ 甲は、倒れたAの身体に馬乗りになると、殺意を継続して、Aの顔面、頸部、胸部、腹部、腰部などを少なくとも100回突き刺し、Aを失血死させるに至った。甲は、無我夢中で突き刺しているうちに、うっ積した感情の爆発に加え、Aの出血を目にしたこともあって、Aの身体に馬乗りになって突き刺し始めて以降は、精神

的に極度に興奮した情動性朦朧(もうろう)状態（血の酩酊状態）に陥っていた。

なお、乙は、携帯電話を持っておらず、甲の部屋には電話がなかったため、洋鋏をリビングルームに投げ入れた後、直ちに、近くの交番に通報するべく、甲の部屋の窓から庭を経由し戸外に出ていったため、リビングルームで何が起きているかについては認識していなかった。

❻ 甲はこの際の心理状態について次のように供述しており、これは信用できるものとする。

「Aを突き刺していたときは無我夢中で、Aが倒れたことはもちろんわかっていましたが、Aが動かなくなったことまではわかっていませんでした」

「Aの『殺してやる』という怒気を含んだ声が、頭の中で響いている中で、それを振り払おうと必死の思いで突き刺しました」

「私としては体を鍛え上げているAがちょっとやそっと刺したくらいで動けなくなるはずはなく、Aはすぐにも態勢を立て直し、怒りに燃えて間違いなく私を殺しにかかってくると思っていました」

❼ なお、信用できるC大学教授Dによる法医学鑑定を踏まえて検討すると、Aが倒れる前に上体左側部分を突き刺した行為により生じた傷害が、死亡結果につながった可能性が否定できない。

また、信用できるE病院医師Fによる精神鑑定の結果を踏まえて検討すると、甲は、精神病には罹患しておらず、知能程度も正常で、情動性朦朧状態（血の酩酊状態）に陥るまでは、完全な責任能力があったが、その状態に陥ってからは、根深い意識障害のために、違法性の認識に従って行動を制御する能力が著しく減少していた可能性が排除できない。

解　説

1…………概　観

(1) 設問のねらい

本問は、まず、甲の罪責については、防衛行為を継続するうちに侵害の急迫性が失われた場合における量的（事後的）過剰の処理を検討させるとともに、この行為の途中から責任能力の著しい減少があった場合における39条2項の適用の当否を検討させるものである。前者については、その前提として、一連の行為をどのように法的評価の対象として捉えるのかが問われるとともに、侵害の急迫性、防衛行為の相当性といった正当防衛の成立要件に関する理解も併せて問われている。それぞれの問題は基本的なものであるが、後者については本問が量的過剰の事案であるという特殊性によって、通常と異なる解決が求められるかについても意識しておく必要があろう。そのほか、乙の罪責について、片面的共犯の成否、および、共犯の錯誤の処理が問われている。

⑵ とりあげる項目

➤行為の切り取り方
➤正当防衛の成否
➤量的（事後的）過剰防衛
➤実行行為途中からの責任能力低下
➤片面的共犯
➤共犯の錯誤

2…………甲の罪責

⑴ 行為の切り取り方

本問で甲の罪責を検討しようとすれば、構成要件レベルでみた場合、故意が異なれば別個に評価されることになるから、少なくとも、①暴行の故意でAをフライパンで殴打した行為、②殺意をもって洋鋏でAの身体を突き刺した行為は別個に評価されることになる。それゆえ、前者から傷害結果が生じたという記載はないから暴行罪が成立する。また、後者については、一連の行為から死の結果が生じたとみた場合には、本問におけるように、死の結果がどの段階での行為から生じたかが不明であっても殺人既遂が成立することはもちろんであるが、②の行為を分断して捉えた場合でも、「疑わしきは被告人の利益に」の原則に従って、被告人に有利な方に死の結果が帰属されることになろう。

もっとも、②については、正当防衛・過剰防衛との関わりでみると、a）上体を突き刺した行為❹は急迫不正の侵害に対する反撃行為であるが、b）様々な部位を100回突き刺した行為❺は侵害終了後の追撃行為であるため、これらを一連の行為として捉えるかどうかが問題となる。これは量的過剰（事後的過剰）の処理と密接に関わる問題であるので、詳しくは後述(3)(b)で解説する。a）とb）を、「相手の攻撃から身を守ろうとする行為かどうか」という社会的意味の違いでもって区別し、すでに構成要件該当行為のレベルで分断して捉えようとすることも考えられるが、このような判断は、量的過剰の問題についての態度決定なくしては不可能であり、体系的に構成要件該当性判断の問題として処理されるとしても、そこでは一定限度で、量的過剰の問題が先取りされているのである。

また、②については、責任能力との関わりでみると、情動性朦朧状態（血の酩酊状態）に陥る前後で、責任能力の程度に違いがあるから、このことを考慮してその前後で行為を分断して把握すべきかが問題となる。これは実行行為開始後に責任能力が低下した場合の処理と関わる問題であるので、詳しくはそこで解説するが、学説上有力な、責任能力低下の前後で行為を分断し、能力低下後の行為について原因において自由な行為の理論によるべきだとの見解による場合には、体系的には責任論の問題である責任能力低下を確認してはじめて問題とされるべきであるものの、事例問題の検討としては、そのことを簡単に確認した上で最初から分断して検討を進めていって差し支えないであろう。

以下では、判例の立場を基軸として解説を行い、これと異なる見解については、その見解からの解決の体系的位置づけにかかわらず、それぞれの箇所で言及することとする。

(2) フライパンでの殴打行為と正当防衛の成否

甲は、Aから殴る蹴るの暴行を加えられたのに対し、自らの身を守るため、フライパンでAの頭部を思い切り1回殴打しているが、これは正当防衛として違法性が阻却され、不可罰となろう。急迫不正の侵害、防衛の意思を疑わせる事情はないし、すでにAの手の届く範囲で暴行を受けていることを前提として、甲とAの体格差・体力差を考えれば、たまたま近くにあったフライパンを手段として、この程度の反撃を加えることは許容されてしかるべきである。

(3) 洋鋏での刺突行為と正当防衛・過剰防衛の成否

(a) 侵害の急迫性（侵害の終了）の判断

問題文の❸以降では、乙が関わってきているが、このように共犯者がいる場合の罪責を検討する際には、全てを成し遂げた直接実行者がいれば、その者の罪責を先に確定するのが便宜であろう。ここではそれはもちろん甲である。

甲は、Aが首を絞めようと襲いかかってきたのに対し、自らの身を防衛するため、洋鋏でもってAの身体を何度も突き刺しているが、上体左側部分を数回突き刺したところでAが倒れ、動かなくなっているため、そこで急迫性が否定されるのではないか（侵害が終了しているのではないか）をまず確認しておく必要がある。判例上は、1度も攻撃を受けていない場合に比べれば、すでに攻撃を受けている場合には急迫性の判断が緩やかになされており、攻撃が中断したように見えても、「間もなく態勢を立て直した上、……追い付き、再度の攻撃に及ぶことが可能であった」といえるような場合には、急迫不正の侵害の継続が認められ、正当防衛になりうるものとされている（最判平成9年6月16日刑集51巻5号435頁）。それゆえ、いったん態勢が崩れても、不正の侵害者がなおも旺盛・強固な加害意欲を示しているような場合であれば、急迫性がなお肯定されえようが、本問では、Aは失神しており、間もなく態勢を立て直して再び攻撃に及ぶことは困難だったのであるから、侵害は終了したものと判断されるべきである。

それゆえ、それ以降の甲の刺突行為は、それだけ切り離してみれば、不正な侵害に対する反撃ではないから、防衛行為だとは評価されないことになる。他方で、侵害現在時の刺突行為は、Aが鬼のような形相で「殺してやる」などと言いながら首を絞めようと襲いかかってきており、生命の危険が差し迫っていたのだとすれば、その行為がAの死をもたらした可能性が否定できないとしても、なお正当防衛だといってよいであろう。

(b) 量的（事後的）過剰防衛

このような場合になお、侵害終了後の追撃行為を、「急迫不正の侵害に対して反撃を継続するうちに、その反撃が量的に過剰になったもの」（最決平成20年6月25日刑集62巻6号1859頁参照）として過剰防衛を認めることができるかについては、反撃行為と追撃行為という一連の行為を全体として過剰防衛と評価するのが判例の立場である（最判昭和34年2月5日刑集13巻1号1頁）。もっとも、前掲最決平成20年6月25日によれば、相手方が「更なる侵害行為に出る可能性はなかった……ことを認識した上で、専ら攻撃の意思に基づいて第2暴行に及んでいる」場合には、このような全体的評価はできず、分断して評価されるべきことになる。

甲は、❻に掲げた供述内容が信用できることを前提とすれば、Aからの攻撃が終了したことを十分に認識しておらず、Aからなされた攻撃に対応する意思で突き刺しているのだから、前掲最決平成20年6月25日のいう「防衛の意思」の継続が認められ、一連の殺害行為につき全体として過剰防衛が認められることになろう。

もっとも、本問では、侵害現在時の反撃行為（上体左側への刺突行為）から死亡結果が発生した可能性があり、反撃行為だけを切り離して捉えれば正当防衛となりうるのだとすれば、一連の行為と捉えて全体として過剰防衛だと評価される反面において、それ自体として正当化されるべき行為・結果が違法とされてしまうのではないか、という問題が浮上してこよう（量的過剰の事案ではないがこの点が問題となった例として、最決平成21年2月24日刑集63巻2号1頁がある）。この批判をクリアーするためには、(あ)侵害現在時の反撃行為と侵害修了後の追撃行為を常に分断して評価し、追撃行為は単なる違法行為だとみる見解（橋田久「外延的過剰防衛」産大法学32巻2＝3号227頁以下など）によるか、(い)侵害現在時の反撃行為と侵害終了後の追撃行為を原則的に分断して評価し、判例とほぼ同じ基準により防衛事象的性格が認められる限りで過剰防衛に固有の責任減少が認められるとし、追撃行為につき過剰防衛を認める見解

(安田拓人「過剰防衛の判断と侵害終了後の事情」刑法52巻2号291頁以下など）による必要があろう。

(c) 実行行為途中からの責任能力低下

(i) 甲は、刺突行為の途中で情動性朦朧状態（血の酩酊状態）に陥り、制御能力が著しく低下した状態で、さらに刺突行為を継続しているが、能力低下後の行為から死の結果が発生した可能性も否定できず、このことが甲の有利に考慮されるため、それにもかかわらず、殺人既遂につき39条2項の適用を排除できないかが問題となる（なお、量的過剰について判例の立場によるときは、一連の行為から結果が生じたものとして扱われるため、上体左側を刺した行為から死の結果が発生した可能性があることを特に意識した検討を行う必要はないことになる。また、量的過剰について一連の行為を違法とみていることから、実行行為途中からの責任能力低下の問題についても、責任能力ある段階で及んだ行為は正当防衛だったのではないかといったことを意識した検討は必要ないことになる)。

本問類似の事案につき、東京高判昭和54年5月15日判時937号123頁は、①完全責任能力状態で殺意をもって加害行為を開始していること、②以後の実行行為はその殺意の自ずからなる継続発展であり、主としてその加害行為と同様の加害行為をひたすら反復継続した関係にあること、③完全責任能力状態での部分が本件行為全体の非難可能性の有無・程度を判定する上で無視して差し支えないほど、あるいは、みるべき意味をもたないほどの軽微僅少なものだとはいえないこと、④情動性朦朧状態は自ら招いた面が多いことを指摘して、39条2項の適用を排除している。

このような要件を立てる判例の理論的立場は必ずしも明らかではなく、これを、自由な意思決定の実現があれば完全な非難が可能だとする見解から説明する場合（理論モデルⅠ）には、①を前提として、②の要件が満たされていれば、当該一連の行為全体を自由な意思決定の実現だと評価できようから、③④の要件は必ずしも必要でないようにも思われる。

他方で、①～④の要件が全て必要となる理論的枠組みとしては、完全責任能力ある段階での行為だけを問責対象の実行行為として取り出し、責任能力低下後の行為が当該実行行為の影響下にあったと評価できる場合に限って、完全な責任非難を肯定しようとすることが考えられる（理論モデルⅡ）。その場合には、②は意思の継続による心理的因果性を、④は情動性朦朧状態が抑制の解除と表裏のもので、構成要件実現の危険性と結びついていることを前提として、その状態を自ら招いたことによって当初の実行行為のもつ危険性が実現したことを、それぞれ表現しているものと考えることもできるであろう。

(ii) 以上と異なり、行為を（責任能力判断との関わりでは）1個1個分断して捉え、能力低下後の刺突行為については、行為の時点で「すでに」能力が低下していたとみる見解からは、実行行為途中からの責任能力低下という固有の問題領域は存在せず、原因において自由な行為の理論によって解決されることになる。

もっとも、ここでの理論モデルとして、自由な意思決定の実現があれば39条の適用を排除するという多数の見解を採用する場合には、結論的には、実行行為途中からの責任能力低下の問題に関する上述した理論モデルⅠによるのと同様の結論になろう。この限りでは、行為を分断して捉えた上で原因において自由な行為の理論によるか、行為を全体として捉えた上で実行行為途中からの責任能力低下の問題として扱うかは、結論に相違をもたらさない仮象問題となる。

他方、原因において自由な行為の理論に関する間接正犯類似説は、実行行為と責任能力の同時存在原則を堅持するために、実行行為を前倒しするものであり、ここでは問責対象行為は飲酒等の責任能力低下を招く行為（自招行為）になる。ただし、本問では、情動性朦朧状態により責任能力が低下しているので、自招行為と責任能力に問題がない段階での実行行為が一致する。それゆえ、その行為に能力低下後の行為・結果を帰属しうるかが問題となるだけだとすれば、結論的には、実行行為途中からの責任能力低下の問題に関する上述した理論モデルⅡによるのと同様の結論になろう。

(iii) なお、量的過剰の問題について、侵害現在時の反撃行為を正当防衛、侵害終了後の追撃行為を単なる違法行為ないし過剰防衛と評価する場合には、完全な責任能力のある段階での意思決定は、その段階で行われた適法行為に及ぶことに向けられたものだから、これを責任能力低下後の追撃行為を非難するための根拠とすることはできないだろう。

また、量的過剰の事案では、本問の甲も含め、防衛行為を継続するうちに過剰な行為に及ぶのが一般的であり、当初から過剰な追撃に及ぶことを予想していることは考えられない（予想していればかえって反撃行為も含めた全体が違法となることも考えられる）から、原因行為時に後の結果行為に関する予見を要求するわが国の通説的見解からは、原因において自由な行為の理論によっても、39条2項の適用は排除されないこととなろう。

3…………乙の罪責

(1) 不作為犯の可能性

このような修羅場に偶然居合わせた乙としては、どのように行動するべきなのだろうか。

単純に、娘がその夫に暴行を加えているのを目撃したという事案であれば、親族関係等を根拠に保障人的地位・義務が仮に肯定される限りで（頻繁に行き来しているなどの密接な結びつきがあれば辛うじて肯定されるかもしれない）、暴行を阻止すべき義務の違反を理由に、娘の行為につき不作為犯としての責任を問われることになろうが、娘の暴行は急迫不正の侵害に対する防衛行為としてのものであるから、その阻止義務が生じることはありえない。

他方、娘との親族関係を理由に、娘に対する保護義務を背景として、Aに対する緊急救助が義務づけられ、それを怠ったことにより娘が被った侵害につき、不作為犯としての責任を問われることも考えられるが、本問では、乙は、甲がリビングルームで受けた暴行については正確には認識できておらず、乙が襖を開けて以降は、甲には物理力は加えられていないという設定になっているから、結論的には、この点については不可罰でよいことになる。以上のことは書く必要まではないが、前提として確認しておきたいところである。

(2) 片面的共犯・共犯の錯誤

(a) そこで問題となるのは、乙が、甲に威嚇手段として使わせることで甲の防衛行為を援助するべく、洋鋏を甲・Aに気付かれないようリビングルームに投げ入れ、これを見たことも相まって甲が殺意を生じて、Aを刺突した行為につき、乙がどのような責任を負うかである。

片面的共同正犯は成立しえない（大判大正11年2月25日刑集1巻79頁）が、片面的幇助なら成立しうる（大判大正14年1月22日刑集3巻921頁、東京地判昭和63年7月27日判時1300号153頁）との判例の立場を前提とすれば、乙は、脅迫ないし傷害の（片面的）幇助の故意で、殺人幇助の結果を実現したことになろう。また、片面的教唆も成立しうるとの理解（積極説として、山口・総論365頁以下、井田・総論542頁など多数）に立ち、乙は甲に洋鋏を手にさせることにより結果的には殺意を生じさせたものとして、殺人の片面的教唆が実現したものと捉えることも可能であろう。

(b) このような共犯の錯誤の場合には、構成要件が実質的に重なり合う限度で軽い罪が成立するとするのが判例の立場である。脅迫と殺人は保護法益が異なるから全く重なり合わないが、傷害致死と殺人との間には重なり合いが認められる（最決昭和54年4月13日刑集33巻3号179頁参照）から、罪名としては、乙に甲がAを死亡させることに関する予見可能性が認められれば（大怪我をさせることまで予見していたのだから予見可能性を認めることも不可能ではないであろう）、傷害致死の限度で成立が認められる。

そして、片面的教唆を認める見解に立ち、教唆の結果が実現したとみる場合は、幇助の意思で教唆の結果が生じたことになるが、幇助と教唆はいずれも正犯を介した間接的な犯罪実現形態であり、その差は正犯者がすでに犯意を生じているか否かにあるにすぎない（大判大正6年5月25日刑録23輯519頁参照）と考えれば、幇助の限度での重なり合いを肯定することは十分に可能である。こうみれば、乙には、傷害致死の幇助犯の成立が認められる。

(c) なお、乙が、あくまで甲の行為が正当防衛の範囲内にとどまるものと認識していた場合には、制限従属性説を前提とすれば、幇助の構成要件に該当すべき事実である、正犯が違法な行為を行うことの認識が欠けるがゆえに、故意が認められず、不可罰とされるべきことになろう。しかし、本問では、乙には、甲がやりすぎて大怪我をさせることの認識まであったのだから、甲の防衛行為が過剰になること、すなわち、甲が違法行為に及ぶことの認識が認められる。確かに、甲の質的過剰を予想していたところ、実際には量的過剰になったという錯誤は認められるが、この錯誤は法的評価に関するものであり、いずれにせよ甲が違法行為に及ぶことの認識はあるのだから、幇助犯の故意として欠けるところはないものと思われる。

解答例

1　甲の罪責について

(1)　まず、甲はAの頭部をフライパンの底面で1回殴打しており、これは故意で人の身体に物理力を加えたといえ、暴行罪の構成要件に該当する（刑法〔以下省略〕208条）。もっとも、これはAによる殴る蹴るの暴行という急迫不正の侵害から自らを守るためのものであり、また素手の相手に対してフライパンという道具を使っているとはいえ、甲とAの体格差・体力差に鑑みれば、必要最小限度のやむをえない行為といえ、正当防衛として違法性は阻却される（36条1項）ので、不可罰となる。

(2)　つぎに、甲は①殺意をもってAの上体左側部分を洋鋏で数回突き刺し、②さらに倒れたAに馬乗りになって殺意を継続させてAの顔面・頸部等を100回ほど突き刺して、結果Aを死亡せしめているが、①②のいずれから死亡結果が発生したかは不明となっている。

(a)　確かに①②の間には前者は身体の一部への数回の突き刺し、後者は身体全体への100回ほどの突き刺しというように行為態様に大きな違いがあるようにも思われるが、①②いずれもAが鬼のような形相で「殺してやる」と言いながら、甲からフライパンを奪った上で甲の首を絞めようと襲いかかってくるという急迫不正の侵害から自分の身を守るために（後述のように防衛の意思は認められる）なしたものということが甲の供述からは窺え（甲はＡの「殺してやる」という声を振り払うために必死であったこと、Ａがすぐに態勢を立て直して殺しに来る、すなわち不正の侵害が継続していると認識していたということから、一貫してＡに対する自己の防衛を目的としていたと考えられる）、1つの意思決定に担われた「1つの行為」と評価することが可能である。ゆえに、①②合わせて1つの殺人の実行行為であり、その1つの実行行為にＡの死亡結果が帰属され、故意も認められるので、甲の当該行為は殺人罪の構成要件に該当する（199条）。

なお、②の段階ではＡは失神して動けなくなっており、甲に対して再び暴行に及ぶことは困難な状況であり、なお侵害が継続しかねない事情も存在しないので、もはや法益の侵害が現に存在してもいないし、間近に迫っているとすらいえない。とすると、①②を分断して正当防衛として違法性が阻却される①と完全な犯罪たる②とみるべきとも思われる（しかも分断して評価した上で「疑わしきは被告人の利益に」の形で結果を①に帰属せしめれば、死亡結果は完全に正当化され、②が殺人未遂として処理されることになり、一体評価して殺人既遂の任意的減免となる上記処理より刑が免除されない限りは被告人に有利になるところを、あえて一体的に評価することに対しては疑問がさしはさまれうるだろう）。しかし、全体を1つの行為と評価するのは構成要件レベルの評価であり、その段階ですでに1つと評価された行為を違法性阻却の判断で分断することは適切でない。そして上記不都合に対しては、量刑レベルで適切に対応すれば足りる。ゆえに、やはり①②を1つの行為として以下処理していく。

(b) 甲の当該1つの行為が殺人罪の構成要件に該当するとして、正当防衛による違法性阻却が検討されうる。36条1項によるとその要件は、①急迫不正の侵害が存在すること、②その侵害に対して自己の権利を防衛するための行為であること、③その行為がやむをえずになされたものであること、である。

(i) ①については、Ａが甲を殺そうと首を絞めに襲いかかってきているので、違法な法益侵害が間近に迫っていると十分にいえ、問題なく認められる。

(ii) ②については、正当防衛が、正を不正に対して防衛する意思に担われている点に行為反価値性の不存在を見出して違法性を阻却するものなので、正当防衛状況を認識しそれに対応する意思は不可欠である。防衛の動機が必要なわけではないが、攻撃意思が防衛の意思を完全に排除しつくしている場合には、防衛の意思は認められない。

本件では、確かに甲は、Aが自分を殺そうと襲いかかってきたのに対して、従前の暴力に耐えてきた際にうっ積していた感情が爆発していること、またAに対して馬乗りになってからの100回にも及ぶ洋鋏での突き刺し行為にも鑑みると、攻撃意思がかなりのものになっていたことは窺える。しかし、信用できる甲の供述によれば、Aの「殺してやる」との声を振り払うために必死の思いで突き刺し、しかもAが失神した後もすぐに態勢を整えて攻撃してくると認識して、それに対して身を守ろうと無我夢中で突き刺していたのだから、正当防衛状況を認識した上で、自らの身を守ろうとする意思は十分に残っていたといえる。ゆえに、防衛の意思は否定されない。

(iii) ③については、防衛のために必要最小限のものである必要があるが、正が不正に譲歩する必要はないので、結果の衡量や行為の危険性の衡量は不要である。

本件では、素手で襲ってきたAに対して洋鋏で襲いかかるという点で③の要件に疑問がさしはさまれるかもしれないが、上記の通り行為の危険性の衡量自体は意味がなく、本件のように体格・体力で大きく勝っているAが激高して首を絞めにきたのに対して、劣っている甲が自己の身を守ることは素手では不可能であり、また最初に武器として選んだフライパンもAに取り上げられており、もはや残る手段は床にある洋鋏だけであった。また攻撃意欲旺盛なAに対して、洋鋏で威嚇するだけで甲が十分に自己を防衛することができたかは疑わしい。ゆえに、最初にAの上体左側部分を数回刺す行為に関しては必要最小限といえる。しかし、Aが失神した後については、もはや動く可能性がなかった以上、さらなる甲の攻撃は必要とはいえず、その限りでやむをえずにした行為ではなく、過剰防衛となる。

(c) さらに、甲はＡに馬乗りになって突き刺し行為をする際、血の酩酊状態に陥っており、信用できるＥ病院医師Ｆによる精神鑑定の結果を踏まえると、馬乗りになる時点以前では完全な責任能力があったが、馬乗りになった状態以降は根深い意識障害のために違法性の認識に従って行動を制御する能力が著しく減少していた、すなわち心神耗弱の可能性があるとされている。この事情により39条2項が適用されて刑の必要的減軽に至らないかが検討に値するが、それは認められない。というのも、前述のように、本件甲の殺人行為は、行為態様の変化はあるものの一貫してＡに対する防衛の意思に貫かれた一連一体の行為であり、その1つの行為を完全な責任能力の下で開始した後に途中で限定責任能力に陥ったにすぎない。そして、完全な責任能力の下で開始され、その時点での意思決定に貫かれた1つの行為が結果に実現したならば、当該行為の完全な責任が問えるので、途中で責任能力が失われたり著しく減少したとしても、そのような事情は考慮されえない。ゆえに、39条2項による刑の必要的減軽は認められない。

(d) 以上より、甲には殺人罪が成立し（199条）、過剰防衛として刑の任意的減免がなされうる（36条2項）。(1)での犯罪成立は否定されたので、甲の罪責はこれのみである。

2 乙の罪責について

(1) 乙は、甲の足元近くに洋鋏を投入することで、甲のＡに対する殺人実行の意思を生じさせ、実行させているので、殺人罪の教唆の客観的構成要件に該当する（199条、61条1項。なお、共同正犯には意思連絡に基づく相互拘束が前提として必要されるため、意思連絡のない甲・乙間には共同正犯は認められない。他方で、教唆・幇助は正犯結果を促進すればよいので片面的でも可能である）。もっとも、乙自身は、洋鋏を見ることで甲がＡに対して殺意を抱くことになるとは考えておらず、すでに甲が犯意を抱いていると思われる傷害を促進するつもりであり、しかもその洋鋏でＡに致命傷を負わせるのは無理であろうと考えていた。とすれば乙には甲の傷害罪の幇助の故意しかなく、乙の主観に沿えば乙には甲の傷害致死罪の幇助（205条、62条1項）しか成立しえない（基本犯たる傷害とAの死亡結果との間に相当因果関係があるので傷害致死罪になる。結果が発生する類型的危険に鑑みて結果的加重犯が定められている以上、過失は不要でありこれで足りる）。かかる異なる構成要件間での事実の錯誤の場合には、直ちに故意が認められないというのではなく、保護法益や行為態様の共通性から相互の構成要件が実質的に重なり合う限りで、行為者の認識事実に対応する実現意思が発生した事実の中に実現したと考えられるので、軽い罪による犯罪の実現が肯定される（38条2項）。

本件では、主観的には傷害致死の幇助、客観的には殺人の教唆を行っているが、殺人と傷害致死は同じく人の生命・身体に対する犯罪であり、行為面での限定もないので、保護法益・行為態様の観点から十分に重なり合いが認められる。また、教唆と幇助も、いずれも正犯の犯罪を間接的に促進するという形態において変わりはなく、犯罪実行意思の発生までさせる教唆は単に援助するだけの幇助に内包されると評価でき、十分に重なり合いが認められる。ゆえに、傷害致死の幇助と殺人の教唆は構成要件が実質的に重なり合うといえ、軽い罪である傷害致死罪の幇助の限度で犯罪の実現が肯定される。結局、乙の行為は、傷害致死罪の幇助の構成要件に該当する（205条、62条1項、38条2項）。

(2) もっとも、乙の行為は、過剰防衛として違法性の減少している正犯甲の行為の幇助である。そして、従犯行為の違法性は正犯行為のそれに従属するので、本件乙の行為も正犯甲の行為に従属して違法性が減少し、36条2項により刑の任意的減免を受ける。なお、乙自身も甲がやりすぎてAが大怪我をすることになるかもしれない（過剰防衛となる）ことを認識しつつそれも仕方ないと認容していたので、過剰性の未必の故意は認められ、違法性阻却（本件では正確には減少）を基礎づける事実の錯誤は存在しない。ゆえに、傷害致死罪の幇助が成立し、36条2項より刑の任意的減免を受ける。 (Y. S.)

（安田拓人）

10. 盗んだバイクで走り出す〜

設問　以下の事例における甲および乙の罪責を論じなさい（住宅等侵入罪および特別法違反の点は除く）。

❶　甲は、K 県を拠点にする暴走族グループ X のリーダーであったが、同じ地域に拠点を置く暴走族グループ Y と頻繁に対立し、同グループのリーダー A に対する怨恨を募らせ、A が愛用している同人所有のバイクを奪い、破壊してやろうと決意した。甲は、自ら A のバイクのありかを探って実行するのは面倒だと思い、グループ X の隊員乙に実行させようと考え、某年 4 月 1 日、自分のアパートに乙を呼び出して、「A のバイクを奪って破壊してこい」と指示し、その褒美として 10 万円をやると告げた。

❷　乙は、褒美欲しさに甲の話を承諾し、A のバイクの所在を突き止めるべく、A の自宅付近等、A のバイクが置かれてありそうな場所を探し回ったが、3 日経っても発見することができなかった。そこで、乙は、探索範囲を広げるためにバイクに乗って探し回りたいと考えた。しかし、当時、乙が所有するバイク（時価 20 万円）は、知人 B から現金 20 万円を無利子で借りた担保として B のもとにあった。乙はこれまでに 10 万円を B に返済したが、バイト先を首になった 3 か月前から返済の目処が立っておらず、B からはこれ以上返済が滞れば担保にとったバイクを売却するぞと強く返済を迫られていた。乙は、今回の仕事で甲から 10 万円をもらえれば B に借金を全額返済できて、バイクは自分のもとに戻るのだし、現在 B は家を不在にしておりバイクを使わないのだから、乙がバイクを使用しても、B が 1 週間後に帰ってくるまでに戻しておけばバレないだろうと考えた。そこで、乙は、同月 4 日午後 7 時頃に B 宅に赴き、玄関脇に停めてあった乙のバイクをスペアキーを使って同所から持ち出した。

❸　その後、乙は、上記バイクに乗って A のバイクを探し回ったと

ころ、翌日午後 11 時頃、某コンビニ店舗前の駐車スペースで、A がバイクを停めてキーを付けたままにして同店舗内に入っていくのを目撃した。乙は、今がチャンスだと思い、同駐車スペースに自分が乗ってきたバイクを停めて降りるや、A が同所に停めたバイクに乗り換え、そのキーを回して発進させた。

❹ ところが、乙はバイクを発進後、20〜30 m ほど走行した公道上で、上着のポケットに入れていた自分の財布を落としてしまったので、これを拾うためにいったんバイクを降り、暗がりの中で財布を探してもたついている間に、コンビニ店舗から出てきた A に発見されてしまった。全速力で駆けてきた A は、「どろぼう、バイクを返せ」と怒鳴って、後ろから乙を羽交い締めにしたので、乙は必死で抵抗し、A の胸部周辺に肘鉄砲を食わせたり同人の脚部を蹴るなどの暴行を加えた結果、A は転倒して負傷してしまった。

❺ A が転倒した隙に、乙は、A から奪ったバイクのところまで戻り、同バイクにまたがるやエンジンをかけて発進させ、現場から逃走した。ところが、乙が A から奪ったバイクは、A が知人 C から借りていた A 所有のバイクと同じメーカーの同一タイプのものであった。

❻ 乙は、A から奪ったバイクに乗って、前記コンビニ店舗から 5 km ほど離れた人気のない駐車場まで逃走し、そこでバイクを破壊しようと考えた。ところが、周囲に石や鉄パイプ等適当な破壊道具が見あたらなかったため、乙はバイクのタンク内に入っていたガソリンを流出させて、手持ちのライターで火をつけ、バイクを燃やしてしまおうと考えた。駐車場は、市街地にあって、公園および他の駐車場に隣接し、幅員 10 m の道路を挟んで小学校や農業協同組合の建物に隣接する位置関係にあり、当時の天候は晴れで顔に感じる程度の風はあったが、バイクに火を放っても周囲の建造物にまで燃え移る危険性はなかった。また、当時、バイクの左側部から約 4 m 離れたところに E の自家用車が、その車両の左側部からさらに約 1 m 離れたところに F の自家用車が駐車してあったが人はいなかった。乙は、これらの状況を認識した上で、他の車に火が燃え移ることはないだろうと考えて、同日午後 11 時半頃、バイクを倒してタンク内に入っていたガソリンを流出させ、手持ちのライターで火を

放ち、バイクが炎上するのを見届けて立ち去った。炎は高さ約２ｍに達して、バイクは焼損したが、Ｅの自家用車は右側面が一部すすけたものの、燃え上がるには至らず、Ｆの自家用車は何らの被害も受けなかった。

解　説

1…………概　観

(1) 設問のねらい

本問は、まず、実行犯乙の、①Ｂのもとから自己のバイクを一時使用目的で持ち出した行為、②Ａからバイクを奪った行為、③その際に逮捕を免れるためにしたＡに対する暴行行為、④Ａから奪ったバイク燃やした行為がそれぞれ何罪を構成するのかについて、問題文に記載された事実関係から的確に分析する能力を問うとともに、窃盗罪における不法領得の意思や建造物等以外放火罪における公共危険の意義およびその認識の要否といった、刑法各論の解釈に関する知識や理解を試す問題である。つぎに、犯行現場にいなかった首謀者甲には、実行犯乙との間に認識の齟齬があることから、共犯と錯誤や共同正犯の成立範囲が問題になるため、刑法総論に関する理解も求められる。

(2) とりあげる項目

➤財物の一時使用の可罰性（権利者排除意思）

➤毀棄目的の財物奪取と不法領得の意思（利用処分意思）

➤建造物等以外放火罪における公共の危険の意義と公共危険の認識

➤共犯と錯誤

・同一構成要件内の正犯（実行犯）の客体の錯誤に対する共犯（共同正犯）の錯誤

・異なる構成要件にまたがる錯誤

・共同正犯の成立範囲

2…………乙の罪責

(1) バイクの無断使用の可罰性

まず、甲が関与しない乙単独の行為として、乙は、Aのバイクを探すために使用する目的でBのもとにあった自分のバイクをBに無断で持ち出して使用している。自己が所有するバイクとはいえ、借金の担保としてBの占有下にあった物であるから、占有説はもちろん、本権説によってもBに権限ある占有が認められ、242条の適用による窃盗罪の構成が考えられるが、その際に問題になるのは、一時使用目的で返還意思をもってバイクを持ち出している点である。

判例・通説によると、窃盗罪の成立には、その主観的要件として、窃盗の故意（財物に対する他人の占有を奪うという認識）のほかに、不法領得の意思が必要である。その内容は、「権利者を排除して他人の物を自己の所有物としてその経済的用法に従い利用、処分する意思（①権利者排除意思と②利用処分意思）」であると解されているところ、乙には②のバイクを利用する意思が認められる一方で、①のBを排除する意思が認められるかが問題になる。

権利者排除意思必要説によると、権利者排除意思には、不可罰な一時使用と可罰的な窃盗罪を区別する意義がある。これに対して、権利者排除意思不要説は、不可罰な一時使用にとどまるか否かは、客観的な利用妨害の程度により判断すれば足りると主張するが、必要説は、窃盗罪の成否は財物を領得（窃取）した時点の事情で判断すべきであるのに、利用妨害の程度といった窃盗既遂後の事情で判断するのは背理であり、領得時の排除意思を要件とするほかないと反論している。

もっとも、権利者排除意思の存在を推認する事情としては、権利者による物の利用可能性、予定された利用妨害の時間、物の価値や消耗などの諸事情が考慮される（最決昭和55年10月30日刑集34巻5号357頁等参照）。乙のように返還意思があり、一時使用する間にBの利用可能性が極めて低く、乙が所有するバイクであることを考慮すれば権利者排除意思を否定するという見方もできないわけではないが、債務者が債務を果たさない場合の債権者の損害を補うために提供された担保物を、一時的にではあれ、債務者が持ち出して使用することは、乙の返済が滞り、Bが乙が督促に応じなければバイクを売却して債権を回収しようとしていた状況であったことも踏まえれば、権利者Bが許容しない使用といえ、にもかかわらず、バイクを持ち出した乙には、権利者を排除する意思が認められるといえよう。そうすると、乙には、不法領得の意思をもって、242条にいう「自己の財物であっても、他人が占有する」財物を窃取したものとして、窃盗罪が成立する。

⑵ Aからバイクを奪う行為と利用処分意思

つぎに、乙がAからバイクを奪ったのは、甲から指示されてAのバイクを破壊する目的であったことから、上述の不法領得の意思のうち、②の利用処分意思を欠き、窃盗罪は成立しないのではないかが問題となる。

判例・通説である利用処分意思必要説によれば、利用処分意思には毀棄罪と窃盗罪を区別する意味がある。これに対して、利用処分意思不要説は、他人の財物を毀棄目的で持ち去った後毀棄せずに利用・享受した場合も窃盗罪で処罰できるという、同説のメリットを説く。しかし、利用処分意思を考慮しなければ、占有を奪わずに毀棄した場合しか毀棄罪が成立せず、隠匿行為は全て窃盗罪を構成することになってしまうし、毀棄罪よりも窃盗罪が重く処罰されるのは、財物を利用することから生じる何らかの効用を享受しようとする動機がより強い非難に値し、一般予防の見地からも抑止の必要性が高いからであることを考慮すると、必要説が妥当である。判例も、校長を失脚させる目的で教育勅語の謄本等を持ち出して隠匿した事案（大判大正4年5月21日刑録21輯663頁）や、報復目的で動力鋸を持ち出して海中に投棄した事案（仙台高判昭和46年6月21日高刑集24巻2号418頁）、廃棄する意思で支払督促正本をだまし取った事案（最決平成16年11月30日刑集58巻8号1005頁）等において領得意思の欠如を理由に、窃盗罪や詐欺罪の成立を否定している。

本問の場合も、利用処分意思必要説によれば、破壊するだけで、ほかに何らかの用途に利用処分する意思がなかったことから、窃盗罪は成立しない（なお、本問において奪われたバイクが逃走に利用されたことをもって利用処分意思を肯定する見方もないわけではないが、無断使用後の乗り捨て事例とは異なり、バイクに乗車したのもバイクを毀棄するための移動〔占有移転〕手段であったことに鑑みると、利用処分意思は否定的に解されるであろう)。

以上から、判例・通説である利用処分意思必要説に立てば、本問の場合は「盗んだバイクで走り出す～」とはいえないことになり、窃盗罪は成立しない。バイクを焼損した段階で、後述のように器物損壊罪か建造物等以外放火罪の成立を認めることになる。これに対して、不要説によれば、財物奪取の認識を有して財物を持ち去れば窃盗罪となり、その後に(3)の事情が続くことから強盗致傷罪まで認めることが可能になる。

なお、乙はA所有のバイクと誤認してC所有のバイクを奪っているが、この点に関する乙の錯誤は客体の錯誤として、錯誤論においてどの見解に立っても、成立する犯罪の故意は否定されない。

(3) Aに対する暴行・傷害結果の評価

利用処分意思必要説によると、破壊目的で行うバイクの奪取は窃盗罪を構成しないため、乙のAに対する暴行は（事後）強盗致傷罪を構成せず、端的に傷害罪と評価される。

これに対して、不要説に立ち、乙がAのバイクを発進させた時点で窃盗罪の成立を認める場合は、問題文❹の事実から窃盗の機会継続中のAに対する暴行が（事後）強盗罪を構成し、その結果Aを負傷させていることから、乙には強盗致傷罪が成立することになる。

(4) 110条1項の「公共の危険」の意義

乙がAから奪ったバイクを焼損した行為について、110条1項の建造物等以外放火罪が成立するかが問題になる。本問では、近くに他人所有の自家用車2台が駐車されていたものの、周辺には住宅等建造物はなかったことから、そのような場合に「公共の危険を生じさせた」という同条の要件を満たすか否かが問われる。

この点に関し、限定説は、「公共の危険」の内容を、108条・109条1項に規定された物件（建造物等）への延焼の危険に限定する。同説は、延焼罪（111条）の延焼対象が「108条又は109条1項に規定する物」

とされていることや建造物等への延焼の危険がない場合は燃え広がる危険性が低いことから、重い放火罪の成立を限定しようとする立場である。この説によると、建造物への延焼可能性がない本問の場合、公共危険の不発生を理由に110条1項の成立は否定され、器物損壊罪の成立が肯定されるにとどまる。

これに対して、判例・通説の非限定説（公共の危険の内容を、前記建造物等への延焼の危険に限定しないという意味で非限定説と呼ぶ）は、110条1項にいう公共の危険を、「不特定又は多数の人の生命、身体又は前記建造物等以外の財産に対する危険も含まれる」（最決平成15年4月14日刑集57巻4号445頁）という意味で理解する。同説は、公共危険の内容は延焼罪の延焼対象に限定される必然性はないと説き、限定説を採ると、たとえば、多数の乗客を乗せたバスに火を放つ場合（東京地判昭和59年4月24日判時1119号40頁）に、不特定多数人の生命に対する危険が明らかであるにもかかわらず、本罪の成立が否定されてしまい妥当でないと批判する。もっとも、非限定説によると、本問のように少数ではあっても不特定人の所有に係る自家用車2台に延焼の危険が生じていれば公共の危険の発生が肯定されうるが、少数の、しかも重要な財産とはいえない物に対して危険が及ぶだけでいたずらに重い放火罪の成立を認めるべきではないとして、延焼の危険が及ぶ物を108条、109条1項物件に限定はしないものの、延焼の危険が及ぶ対象の価値や量を考慮する見解もあり、本問のように、2台の無人の自家用車への延焼の危険にとどまる場合は、その規模からいって公共の危険と呼ぶことを疑問視する見解もある。

しかしながら、2台の自家用車だけでなく他に燃え広がる危険が現実には発生しなくても、一般人が火の勢いに危険を感じる状況が生じれば、そのような危険を生ぜしめるような行為は禁圧すべきであり、延焼の危険が必ずしもない場合であっても、一般人が危険を感じる程度に達していれば公共危険の発生を肯定すべきという考え方も可能である。そのような見解を採れば、本問においても、深夜の人通りの少ない時間とはいえ、市街地の駐車場の利用者や通行人の身体に対して危害が及ぶ抽象的危険があり一般人がバイクが炎上するのを見て危険と感じる状況であるか否かを、公共危険の発生の判断において考慮することが許されるであろう。

(5) 公共危険の認識

さらに、建造物等以外放火罪の成立要件として、行為者が公共危険を認識する必要があるのかについても議論があるが、最判昭和60年3月28日刑集39巻2号75頁は、公共の危険の認識を不要としている。不要説は、110条1項の「よって」という文言から、「公共の危険を生じさせた」ことの認識を不要とする結果的加重犯であると解している。しかし、学説上は、建造物等以外放火罪建造物の（器物損壊罪とは異なる）重い公共危険罪の性格は公共危険の発生によって基礎づけられるのだから、当然故意も及ばなければならないとする必要説が多数説である（とくに110条2項のような客体が自己所有物の場合、自己所有物の焼損行為自体は適法であり、公共危険の発生のみが処罰根拠となるのだから、公共危険の認識がなければ故意非難を基礎づけることができないと説く）。また、不要説は、公共危険の認識と108条、109条1項の故意が区別し難い点を指摘するが、必要説は、「延焼の危険を認識しつつ、容認しない心理状態」と108条、109条1項の故意とは異なるものであり、さらに、公共危険の意義につき上述の非限定説に立てば、両者の区別は可能であると反論している。

本問において、認識不要説に立てば、(4)の非限定説に立って公共危険の発生が肯定され、乙がその状況を認識している以上、乙には110条1項が成立する。これに対して、認識必要説に立てば、乙は他の車に火が燃え移ることはないだろうと思っており、容認しない心理状態にあることから、110条1項の成立は否定され、器物損壊罪が成立するにとどまる（先に窃盗罪・強盗致傷罪の成立を認める立場によれば、不可罰的事後行為となる）。

(6) 甲との共犯関係

甲との共犯関係については、後述**3**を参照されたい。

3…………甲の罪責

甲については、実行行為は分担していないが、Aのバイク破壊計画の発案者であり、乙に指示した首謀者であるため、乙の犯行との間に共謀が認められる範囲で共謀共同正犯として処罰される。しかし、甲に当該犯罪事実についての認識が認められなければ故意犯の成立は認められない。犯行現場にいなかった甲と実行犯乙との間に事実認識の面で齟齬が認められて、乙が実現した犯罪事実を甲が認識していなかった場合、甲には、甲の認識した犯罪と乙が実現した犯罪の構成要件が実質的に重なり合う限度でしか故意責任を問えず（38条2項）、この点は共同正犯の成立範囲にも関係する。

⑴ 共犯の錯誤

ところで、甲と乙は、Aのバイクを奪うことを共謀したものの、結果的に奪ったのはCのバイクであり、乙にとっては客体の錯誤であったが、共犯者甲にとっては何の錯誤にあたるのであろうか。具体的事実の錯誤において、法定的符合説によれば、方法の錯誤の場合も故意は否定されない。しかし、具体的符合説によれば、方法の錯誤の場合は故意が否定されてしまうため、問題になる。この点、具体的符合説に立っても、乙がCのバイクをAの物だと思っている以上、甲の指示したバイクを奪ったと解して、甲にとっても客体の錯誤にあたると解すれば、故意が肯定され、利用処分意思必要説の立場からは器物損壊罪が、不要説の立場からは窃盗罪が甲にも成立する。しかし、具体的符合説に立って、甲の表示意思は、A所有のバイクにしか向けられていないと解し、甲にとっては乙がCのバイクを奪った行為は方法の錯誤にあたるとする見解もありえ、そう解すると甲はCのバイクを奪う故意を欠くことになり、甲は不可罰となる。

⑵ 共同正犯の成立範囲

⑴の錯誤は甲のCのバイクを奪う認識・故意を否定しないと解し、かつ利用処分意思必要説の立場から甲の主観は器物損壊にとどまると解した場合は、結局、甲は乙にバイクの損壊を指示したのみであり、火を放つ故意を欠き、放火の共謀まで認められないことになる。すると、実

行犯乙に建造物等以外放火罪（110条1項）の成立を認めた場合（公共危険の認識不要説を採って）でも、乙が実現した建造物等以外放火罪と甲が認識した器物損壊罪の構成要件が重なり合う限度で、甲には軽い器物損壊罪が成立するにとどまる。この場合の甲乙間の共同正犯の成立範囲について、（部分的）犯罪共同説によれば、甲と乙は構成要件が重なり合う器物損壊罪の限度で共同正犯となる（乙には別途、建造物等以外放火罪が単独で成立）。これに対して、行為共同説によれば、甲は器物損壊罪の共同正犯となり、乙は建造物等以外放火罪の共同正犯となる。

他方、建造物等以外放火罪の成立に公共危険の認識が必要であるとする見解を採った場合は、そもそも乙にも器物損壊罪しか成立せず、甲と乙は器物損壊罪の共同正犯となる（なお、窃盗罪における利用処分意思不要説の立場から甲と乙に窃盗罪の共同正犯を認めた場合、その後の器物損壊行為は窃盗罪の不可罰的事後行為として評価されるため、窃盗の共同正犯が成立するにとどまることになる）。

乙のＡに対する暴行・傷害については、甲にその認識が欠ける以上共謀も認められず、帰責することはできない。

解答例

第1　乙の罪責

1　Ｂの占有する自己のバイクを借用する意図でＢに無断でバイクを持ち出した乙の行為につき、窃盗罪（235条）が成立しないか。

(1)　まず、乙は、バイクを担保に取ってこれを占有しているＢの意思に反して、その占有を自己のもとに移転させているから、バイクという「財物を窃取した」といえる。

(2)　もっとも、このバイクは乙のものであるため、「他人の財物」にあたらないとも思える。しかし、自力救済禁止原則の下では事実上の占有それ自体が保護に値し、いずれにせよ、本問では

242条の適用により窃盗罪の客観的構成要件に該当する。

(3) さらに、上記事実につき乙は認識・認容しており、窃盗の故意も認められる。

(4) もっとも、乙は、バイクを一時的に借用する意図でこれを持ち出したにすぎず、不法領得の意思が認められないとして窃盗罪の成立が否定されないか。

ア 窃盗罪の成立が認められるためには、不可罰な利益窃盗と区別すべく権利者排除意思が、その利欲犯的性格ゆえに毀棄罪より重く処罰されるものであることから利用処分意思が、それぞれ必要であると考える。

イ 乙はバイクを乗り回すためにこれを持ち出しており、移動の便というバイクから直接的に得られる効用を得る意思が認められるから、利用処分意思が認められる。一方、乙は、Bが不在にしていてバイクの使用可能性がない中で一時的に使用する目的を有していたにすぎず、Bの使用を排除するような意図は有しておらず、権利者排除意思が認められないようにも思える。しかし、Bが乙のバイクを占有する主たる目的は、その使用にあるわけではなく、あくまで貸金債権の担保の点にある。しかるに、バイクの占有が債務者である乙のもとにわたってしまっては、債権担保の意味が無に帰することになりかねないから、Bの許容しない態様による使用の意図が認められるといえ、権利者排除意思も肯定される。

したがって、不法領得の意思も認められる。

(5) よって、乙の上記行為につき窃盗罪が成立する。

2 Aの乗っていたバイクを発進させた乙の行為につき、窃盗罪が成立しないか。

(1) まず、Aはバイクをコンビニの駐車場に停めて店内に入っていったものの、場所的に駐車場と一体をなすコンビニにおいて短時間のうちに買い物を済ませて再度駐車場に戻ってくることが予定されているといえ、バイクに対するAの事実上の支配はなお及んでいるし、支配の意思も認められるところ、乙は、Aの意思に反して自己の占有下に移転しているので、「他人の財物を窃取した」といえる。

(2) また、乙の奪取したバイクは、Aのものではなく実はC所有のバイクであるものの、客体の錯誤ゆえに故意が阻却される余地はない。

(3) しかし、乙は、破壊するためにバイクを奪ったにすぎない。バイク破壊の目的からは、バイク自体から直接的に生ずる効用を享受する意思を認めることはできないことから、上述の利用処分意思が認められず、不法領得意思が認められない。

(4) よって、窃盗罪は成立しない。

3 つぎに、Aを殴打するなどした乙の暴行により、Aは転倒して負傷しているため、乙には傷害罪（204条）が成立する。

4 さらに、Cのバイクを燃やした乙の行為につき建造物等以外放火罪（110条1項）が成立しないか検討する。

(1) まず、乙は、バイクという建造物等以外の物に火を放つという「放火」行為に出ており、これによりバイクは「焼損」している。

(2) そうだとしても、乙は、周囲の建造物にまで燃え移る危険性がない場所において放火したにすぎない。かかる場合であっても「公共の危険」を生じさせたといえるか。

ア そもそも、放火罪は不特定または多数の人の生命・身体・財産を保護法益とする抽象的危険罪ゆえ、「公共の危険」とは、不特定多数人の生命・身体・財産に対する危険を生じさせたことをいうと解される。

イ 本問では、建造物に燃え移る危険性のない場所で放火しているものの、放火されたバイクの周囲4、5mには2台の無人自家用車が置かれており、当時の気象状況からこれら不特定人の財産に対する延焼の危険性があった。しかも、駐車場に停められている自家用車には発火性の強いガソリンが入っているのが通常であるから、これに引火すれば大炎上する危険性がある。建造物に燃え移る危険がないとはいえ、広範囲にわたり炎上することは容易に想定できる。かかる状況下においては、駐車場の利用者や通行人の身体に対して危害が及ぶ抽象的危険が生じたといえるから、「公共の危険」が生じたといえる。

(3) もっとも、乙は、自家用車や周囲の状況を認識していたとはいえ、他の車に燃え移ることはないだろうと考えて上記行為に及んでおり、延焼の危険性を認容しておらず、公共危険の認識（故意）を欠く。しかし、110条1項の「よって」という文言により、公共危険の発生は結果的加重犯の加重結果であると解されるから、公共危険の認識は不要であり、乙には建造物等以外放火罪が成立する。

5 以上より、乙は、①窃盗罪、②傷害罪、③建造物等以外放火罪の罪責を負い、後述のように、甲との間に器物損壊罪の限度で共同正犯となる。①から③は併合罪（45条前段）の関係に立つ。

第2 甲の罪責

1 乙にAのバイクを破壊するよう命じた結果、乙がCのバイクを焼損させた点について、甲にいかなる罪が成立するか検討する。

(1) まず、甲は実行行為たる放火行為を何ら行っていないため、甲および乙はいかなる共犯関係に立つかを検討する。

ア そもそも、一部実行全部責任の原則の根拠は相互利用補充関係が認められる点にあるから、かかる関係が認められる場合には「共同して犯罪を実行した」と評価できると考える。具体的には、意思連絡と重要な地位役割を担ったことにより認められる共謀と、これに基づく実行行為があった場合に、共謀共同正犯が成立すると考える。

イ 甲は乙にAのバイクの破壊を命じており、乙もこれを了承していることから、両者間に意思連絡が認められる。また、乙は、グループのリーダーという地位を利用して隊員の乙をしてバイクを破壊させようとしているのであり、首謀的地位にあったといえる。そして、対立グループのリーダーAに対する怨恨を募らせた結果、Aのバイクを破壊させようと思ったのであり、Aのバイクを破壊するにつき強い動機も有している。このような事実関係の下では、甲は重要な地位・役割にあったといえるから、共謀を形成したといえる。したがって、かかる共謀の範囲内で行われた実行行為につき、甲は共同正犯としての責任を負うこととなる。

(2) もっとも、乙は、バイクを損壊するにとどまらずこれに放火しており、上記のとおり建造物等以外放火罪に該当する行為を行っている。甲は重い建造物等以外放火罪の故意を有していないことから同罪の共同正犯の罪責を負う余地はない（38条2項）が、軽い器物損壊罪の故意に対応する客観的構成要件該当性を認めることで、器物損壊罪の限度で乙との間に共同正犯の成立を認めることができないか。

ア　構成要件は法益侵害行為の類型化であることから、保護法益および行為態様を共にする場合には、構成要件の実質的重なり合いが認められるといえ、かかる実質的重なり合いの限度で客観的構成要件の重なり合いが認められると考える。

イ　建造物等以外放火罪の保護法益には放火の対象となる他人の物の所有権も含まれることから、他人の物の所有権を保護法益とする器物損壊罪と保護法益を共にする。また、器物損壊罪における実行行為は物の効用を喪失させる行為をいうと解されるところ、放火行為によっても物の効用を喪失させるのであるから、両罪は行為態様についても共にするといえる。したがって、両罪は保護法益および行為態様を共にするといえるから、軽い器物損壊罪の限度で両者の実質的重なり合いが認められる。

　そうすると、器物損壊罪の限度で共謀の範囲内の行為がなされたといえる。

(3)　そうだとしても、甲はＡのバイクの破壊を命じたにもかかわらず、乙はＣのバイクを焼損している。そこで、器物損壊の構成要件的故意が認められないのではないかが問題となるが、故意は阻却されないと考える。なぜなら、客観的構成要件該当事実の認識・認容をいう故意は、認識事実と実現事実とが構成要件的評価として一致するならば認められると解されるところ、ＡのバイクもＣのバイクもともに「他人の物」である点で構成要件的評価として一致するからである。

(4)　以上より、甲は、器物損壊罪の共同正犯の罪責を負う。

2　他方、他の乙の行為については共謀の射程外の行為ゆえ、それらにつき甲が共同正犯としての責任を負うことはない。　(S. M.)

（北川佳世子）

11．僕は「ボク」で、「オレ」は僕でなく

設問　以下の事例に基づき、A、B、C の罪責について、具体的な事実を指摘しつつ論じなさい（特別法違反の点は除く）。

❶　30 半ばを過ぎても定職に就かずぶらぶらしていた A と居酒屋で知り合った女友達の B とは、楽をして金が手に入ったら最高だなどと、酒を飲んではいつも話していたが、平成 28 年 6 月のはじめ頃、具体的に、懐があたたかそうな年寄りをだまして金を手に入れるのはどうかという話になった。A と B は、首尾よくいったらまた次もありだななどと言いつつ手頃な相手を探していたところ、手始めに、会員氏名、住所、連絡先電話番号が一覧で載っている A の父親の趣味の老人俳句会の内部用連絡名簿（外部持ち出し禁止）を利用して片っ端から電話をかけ、家人のふりをして事故があっただの小切手の入った鞄を電車に忘れただのと嘘を言って信じ込ませ、金をだまし取ることにした。そして、もう 1 人いた方が事がやりやすかろうと、数日後、A がしばしば居酒屋で奢ったりしている、B とも面識のある C に声をかけてみると、このところの不況で、日雇い仕事の口がめっきり減り、消費者金融から借金もあった C は、年上で押しの強い A の誘いであることからなんとなく断りにくくもあり、手伝うくらいならよいかと、また、分け前としてわずかでも現金が手に入るならと、仲間に入ることを承諾した。

❷　同月 16 日、A と B は、C も呼んで具体的な方法を相談し、あとあと身元が知られないようにあらたに携帯電話を用意したうえで、上記名簿に記載された会員宅に家人を装った A が緊急に金が入り用だと電話で頼み込んで銀行で振込み送金させ、金は C が ATM（現金自動預払機）で引き出すこととした。なお、C にはその報酬として 5 万円を、そして、今後同様の方法でうまくいけばその度ごとに 5 万円を渡すという約束とし、また、振込先には、丙銀行の A 名義の口座を使うことにした。A によれば、この口座は 10 年以

上前に開いたもので、その後数回引っ越しをした時も住所変更の届けも出していないので、バレることはなかろうとのことであった。また、電話器については、レンタルの携帯電話なら簡単に借りられるはずと提案したBがその手配を引き受けることになった。そして、レンタルが難しい場合には、安全な方法で携帯電話を入手するので、その方法は自分に一任してほしい、決して足のつくような携帯電話は入手しないとBが言ったので、Aはこれを了承し、聞いていたCもとくに口をはさまなかった。

❸ 翌17日、Bは、早速近くの携帯電話レンタル店に出向いて申込みをしようとしたが、予想に反して身元確認に運転免許証などの提示を求められたのでやむをえず断念し、考えた末、Bは、偽名を用いて携帯電話を購入することにした。そして、購入の手続きにはやはり本人証明の提示が必要であったところ、これを手に入れるべく、Bは、AとCにはとくに相談することなく、思い立って、その日の午後、自宅から程遠くないところにある歯科医院に足を運び、診察の予約を入れるふりをして、受付の担当者が目を離したすきに、窓口に置いてあった丁女名義の健康保険証を盗み取ってポケットに入れると、何食わぬ顔でその場をあとにした。そして、翌日、朝一番に近くの家電量販店に出向いたBは、丁の名義で携帯電話の購入の申込みを行い、その場で申込書類一式を作成・提出して手続きをするとともに、丁名義の健康保険証を店員に提示し、一連の書類と提出された健康保険証とによってBを丁と誤信した店員のもと、携帯電話1台を購入した。

❹ 首尾よく携帯電話を入手したことから、AとBは、Cに連絡をし、同月19日、A宅に集まると、同携帯電話からAが例の名簿の掲載順に1件ずつ電話をかけたが、そのいずれも、たいていは電話口で簡単にいなされて電話を切られて終わっていた。そのようななか、Aは、かけた電話の先が、偶然、ABと同じ中学校を卒業した甲の実家であることに気付いた。Aは、甲の祖母乙は資産家で、高齢ながら一人住まいをしていると人づてに聞いていたのを思い出しながら、電話に出た乙に対し、「オレだよ、オレ。出来心で痴漢のまねごとをしたら、内々に収める約束で示談金100万円を要求されたんだけど、期限を過ぎてもまだ払えてなくて、向こうが腹を立

てて出るところに出ると言っているんだ。せめて半分の50万円でもなんとか今日中に工面しないと、本当に裁判沙汰になってしまうよ」と泣きつくふりをした。すると、乙は、親に話せずに自分を頼ってきた孫の不憫さが先に立ち、電話口のAをてっきり甲だと信じ込み、とにかく急いで金の手当が必要と言われてうろたえ、電話を切ると早々に銀行のATMに向かい、キャッシュカードを用いて、電話で告げられた銀行の口座に50万円を振り込んだ。

❺　それから30分ほど後、Aは、再び乙に電話をかけて、「今さっき、お金を振り込んできたよ」との返事を確認し、早速、Cに丙銀行のキャッシュカードと暗証番号を書いた紙を渡した。Cは、一人でATMが設置されている最寄りの丙銀行の銀行支店出張所に行って50万円を引き出し、札束をポケットにねじ込んでその場を離れた。ところが、物陰で50万円をいざ眺めてみるとさほどの大金にも見えず、また、危ない役回りの割には1回5万円というのは安すぎる、使い走りにされて自分だけが損をしているかもしれない……等々が頭に浮かんできて、Cは、急に自分の役目がばからしく思えてきた。そして、思案の後、それならばいっそ全部を我が物にと腹を決めると、Cは姿をくらました。一方、AとBは、Cの帰りを今かと待っていたが、いくら待ってもCは現れず、また連絡もつかなかった。その後、Cは、借金の返済が気になりつつも、せっかくの金で一度景気よく遊んでみたいものとの誘惑に負けて入ったキャバクラ店で女の子に夢中になり、大盤振る舞いをし、気が付くと50万円はわずかとなって手もとに残るだけであった。

❻　乙が電話の指示どおり金を振り込んでから2週間後、甲から言われて、先日、甲からと思い込んでいたのは偽電話で、借金の話も全くの作り話であったことを知った乙は、警察に届けを出したところ、捜査が開始され、1か月後、振込先口座主から身元が判明してAが逮捕され、その供述によってBが、その後、居所を突き止められたCも逮捕されるに至った。こうして、結局、AとBのもとには一銭も金は入らず、また、Cの借金も返済されることはなかった。

❼　さて、事件の後、思い返して乙が言うには、「落ち着いて考えてみれば、実は、甲は、子どもの頃からの言い癖で、今でも、自分の

ことを『ボク、ボク』と言っているのに、あの時に限って電話の声は『オレ、オレ』と叫んでおり、本物の孫ではないと気付かなかった我が身が情けなく悔しいが、それにつけても、年寄りをだまし老後の蓄えを根こそぎ奪い取る、この特殊詐欺という手口のなんと卑劣なことか、これらの犯罪がなくなることを願わずにはいられない」とのことであった。

解　説

1…………概　観

(1)　設問のねらい

本問は、いわゆるオレオレ詐欺（振り込め詐欺）の事例について、共同正犯の成否、詐欺罪、横領罪などの財産犯の成否について、事実を分析、検討し、これを犯罪成立要件にあてはめ、罪責を適切に論じることができるかを問うたものである。

まず必要なのは、共謀の認定および犯罪成立要件へのあてはめである。前者についていえば、問題文中に「具体的な事実を指摘しつつ」とあるので、共謀の認定において、どの事実を取り上げ、これをどのように評価、判断したかを具体的に論述する必要がある。単に、共同正犯の成否を一般的、抽象的に論じることでは足りないというべきである。

次に、後者に関しては、論点が何かを明らかにした上で、この点については学説・判例、それに対する自己の立場を明確することが必要であろう。さらに、罪責を論じる際には、犯罪成立要件をすべて充足しているかについても具体的に検討することが求められよう。

(2)　とりあげる項目

➤詐欺罪に関する共謀の認定

➤有印私文書偽造・行使罪の成否

　・詐欺罪—相当対価の支払いと詐欺罪の成否

➤自己名義の口座からの現金の引出しと窃盗罪の成否

➤盗品等の横領

2…………各論点の解説

本問においては、(1) A、B、Cにおける共謀の成否（論点1）、(2) A、B、Cにおけるオレオレ詐欺についての詐欺罪の成否（論点2）、(3) Bが他人になりすまして携帯電話を購入した行為についての有印私文書偽造・同行使罪および詐欺罪の成否（論点3）、(4) Cが引き出した現金を持ち逃げした行為についての単純横領罪の成否（論点4）が問題になる。以下、各論点について解説してみよう。

(1) 論点1について

本問においては、A、B、Cに詐欺罪の共同正犯が成立するかが問題になるが、そのためには、まず、Aらの間にどのような共謀があり、それに基づいて、だれがどのような行為を行っているかを事実に即して認定する必要がある。

この点に関する事実は、上述事実中の❶におけるAとBの動機、謀議、Cの動機、❷におけるA、B、Cの謀議、❸におけるBの準備行為、❹における欺罔行為、❺におけるCの引出し行為である。

AとBは、オレオレ詐欺を計画した主謀者であり、しかも、Bは、携帯電話を入手し、Aは乙に電話をかけるなど、犯罪の実現について、それぞれ重要な役割を果たしている。また、十分な動機もある。

問題は、Cをどのように評価するかである。たしかに、Cは、A、Bに比べ、謀議においては従たる地位にあるようにも思われる。しかし、Cは、オレオレ詐欺の完遂にとって必要不可欠な払戻し役（「出し子」）という役割を演じているし、また、A、Bらと行動をともにし、Aが欺罔行為を行う場にも同席していた。しかも、たとえわずかであっても分け前にあずかるというのであるから、Cにも本件詐欺を行うことに関する動機も認められる。したがって、これらの点からすれば、Cについても、正犯意思を有しての詐欺罪の共謀が肯定される。

もっとも、Cは幇助であるという認定も全く不可能とまではいえない。しかし、そのためには、上記❶～❺の諸点だけでは未だ共謀は認められないことを十分に論じる必要がある。なお、Cを幇助と解したときはその後の引出し行為の罪責も変わってくることには注意を要する。

さらに、A、B、Cらの共謀の成否を論じる上で忘れてならないのは、Bによる携帯電話の入手方法に関するA、Cの誤信が共謀の成否に及ぼす影響である。もし、この誤信がA、B、Cの謀議の内容を変えるようなものであれば、共謀を認めることができなくなるからである。したがって、この点は、上述事実❷の点をどのように評価するかが問題になる。A、Cは、少なくとも携帯電話の入手方法についてはBに一任している以上は、A、Cの誤信はオレオレ詐欺の共謀の成否には影響を及ぼさないと考えるべきである。この、A、Cの誤信が共謀の成否に及ぼす影響について論じることは重要であり、このような点にまで注意を払った、緻密な認定を行うことが望ましいといえよう。

⑵ 論点2について

論点2については、電話をかけて乙をして金員を振り込ませたAの行為、そして共犯者名義の口座からのCの引出し行為にそれぞれ何罪が成立するのか（あるいは、引出し行為についてはそもそも犯罪が成立するのか）が問題となる（橋爪隆・刑ジャ38号4頁参照）。

まず、乙の孫である甲を装って金銭の振込みを要求したAの行為が欺罔行為にあたり、乙がこの旨誤信して振り込んだ行為につき錯誤に基づく処分行為が認められることに問題はない。もっとも、詐欺罪の実行行為性、すなわち、一般に、孫が窮地に陥っていれば肉親の情から祖父母が金銭を提供するということに相当性があることを示しておくべきである。問題は、1項詐欺罪（246条1項）と2項詐欺罪（同条2項）のいずれが成立するのかである。いずれが成立するかにより既遂時期が異なり、その後の引出し行為の構成が異なりうる。1項詐欺罪が既遂に至るには処分行為の後に現実に財物が移転していることが必要となるから、1項詐欺罪として構成した場合には、乙による振込みの段階ではなお未遂にとどまるとする（つまり、引出し行為があって初めて財物の移転が認められるとの考えを採用する）ことが考えられる。もっとも、Aの預金口座への振込みによって現実的な占有がすでに認められ、被害金を自由に処分できる地位を取得したとすれば（自分の庭に現金を投げ込ませる行為にたとえられ、いつでも入手することができる点を根拠とする）、乙の振込み時点に財物移転を観念し、この時点に1項詐欺罪の成立を認めることができよう。今日では、このような見解が一般的であろう。2項詐欺罪として構成する場合には、乙の振込みによってAらは預金債権を取得しているために、この時点で既遂が認められる。

騙取金の引出し行為については、本問のように銀行のATMから引き出せば窃盗罪（東京高判平成18年10月10日東時57巻1～12号53頁、東京高判平成17年12月15日東時56巻1～12号107頁）になるというのが判例である（銀行の窓口で引き出した場合には1項詐欺罪となるとされている〔東京高判平成25年9月4日判時2218号134頁〕）。もっとも、引出し行為の犯罪の成否については、振り込ませた行為の詐欺罪の既遂時期と関連する。素直に考えると、被害者による振込み段階に既遂を成立させれば、その後の引出し行為は（占有がすでに移っているので）せいぜい盗品等運搬罪や占有離脱物横領罪が成立するにすぎないが、引出し行為につき、乙に対する関係で詐欺既遂罪とする場合には、併せてATMの管理権者（銀行自体には占有の事実も意思も存しない）に対する財産犯を構成しうる。銀行を介することで、預金債権への銀行の占有が観念され、これを侵害したといえるからである。ただし、判例は、振り込め詐欺が問題となる場合に、振り込ませた行為に1項詐欺罪の既遂を認めてもなお、引出し行為にも、上述のように、別途財産犯（詐欺罪・窃盗罪）を構成している。やや技巧的ではあるが、犯罪によって獲得した預金にも口座主の占有を認めながらもその払戻し権限（引出し権限）を否定する、つまり、かりに預金債権が成立していたとしても犯罪に関与した預金の引出しは銀行の支店長の意思に反しており（普通預金規定11条参照。なお、誤振込みに関する最決平成15年3月12日刑集57巻3号322頁参照）、窃取にあたるというのが判例の考えであり、今日では、この考え方が学説上も多数説となっている（振り込ませたことで、銀行の支店長とAとの共同占有状態が生じて、これをBが単独占有としたという理由づけは、技巧的にすぎるであろう）。

ところで、自己の口座から金員を引き出すAには預金債権が成立しており、払戻し権限があるから財産罪は成立しないと考えることができるかについては、検討が必要である。民事判例である最判平成8年4月26日民集50巻5号1267頁は、誤振込みの場合でも受取人と銀行の間に振込金額相当の普通預金契約が成立し、したがって、受取人の被仕向銀行に対する預金債権は成立するとしており、これに対して、同じく民事判例である最判平成20年10月10日民集62巻9号2361頁は、「払戻しを受けることが当該振込みに係る金員を不正に取得するための行為であって、詐欺罪等の犯行の一環を成す場合であるなど、これを認めることが著しく正義に反するような特段の事情があるときは、権利の濫用に当たる」こともありうるとの判断を示している。この点、刑事判例である前掲最決平成15年3月12日は、誤った振込みであることを知った受取人が銀行の窓口でその情を秘して預金の払戻しを請求することは、詐欺罪の欺罔行為にあたるとして、預金の払戻しを受けた行為に詐欺罪の成立を認めている。すなわち、誤振込みであっても受取人と振込先の銀行との間に振込金相当額の預金契約が成立し、受取人は銀行に対し前記金額相当の普通預金債権を取得するのではあるが、こうした場合に、実務的には、振込依頼者からの依頼があれば受取人の承諾を得て組戻しをし、あるいは受取人から誤振込みがある旨の指摘があれば振込みの過誤の有無につき振込依頼人に照会するなどの社会的に有意義な措置がなされる。そして、受取人は、銀行との間で普通預金取引契約に基づき継続的な預金取引を行っている者として、自己の口座に誤った振込みがあることを知った場合には、銀行において振込依頼前の状態に組み戻すという手続をとることを可能とするため、誤った振込みがあった旨を銀行に告知すべき信義則上の義務があると解されるのであり、また、社会生活上の条理からしても、誤った振込みについては、受取人において、これを振込依頼人等に返還しなければならず、誤った振込金額相当分を最終的に自己のものとすべき実質的な権利はないのであるから、前記告知義務があることは当然というべきである。したがって、誤った振込みがあることを知った受取人が、その情を秘して預金の払戻しを請求することは、詐欺罪の欺罔行為にあたり、また、誤った振込みの有無に関する錯誤は同罪の錯誤にあたるというべきであるから、錯誤に陥った銀行窓口係員から受取人が預金の払戻しを受けた場合には、詐欺罪が成立する、としている。この判断は、前掲最判平成20年10月10日に親和的であり、今日では一般に支持されているといえよう。前掲東京高判平成25年9月4日は、本件類似の事案につき、詐欺等の犯罪行為に利用されている口座の預金債権は、(犯罪利用預金口座等に係る資金による被害回復分配金の支払等に関する法律〔いわゆる「振り込め詐欺救済法」〕により)銀行がその事実を知れば口座凍結措置により払戻しを受けることができなくなる性質のものであり、その範囲で権利の行使に制約があるとし、払戻しを受ける権利はないとしている。本問においては、「信義則上の告知義務」を理由に詐欺罪を認めることはできないから、窃盗罪の成否が問題となるが、最高裁は誤振込みの事案でも「受取人の払戻権限に『一定の制約』を付している」(山口厚・新判例から見た刑法[第3版]305頁)ところ、銀行の口座開設に際しての約款から本件のような事案において、銀行との関係において払戻権限が肯定されることはないと思われ、そうであれば、Aらに窃盗罪の成立を肯定することは可能であると思われる(もっとも、その場合、窃取額については、誤振込みと同様に、問題となりうる)。

なお、金員を振り込ませた行為と引き出した行為に成立する罪の罪数については、法益主体が異なる(本問では、前者は乙、後者は銀行)ために併合罪とするのが一般であるが、実質的な財産損害が1回しかないため包括一罪とする考えも有力である(実務では、本件のような事案では、詐欺の被害者に対する詐欺罪のみを起訴するのが一般的である。窃盗罪を問うのは、いわゆる「出し子」の罪責のみが問題となる事案である)。

(3) 論点3について

本論点は、典型的な論点であるといえよう。まず、私文書偽造罪の成否については、有印か無印かを(本問では署名しているので有印私文書偽造となる)、私文書の性質として、「権利、義務に関する文書」であるか、それとも「事実証明に関する文書」であるかを明確にした上で、私文書偽造罪の成否を論じることが必要であろう。

なお、携帯電話の購入に関する申込書類を「事実証明に関する文書」

(たとえば、郵便局に対する転居届、衆議院議員候補者の推薦状、私立大学の入学試験の答案、就職先に提出された履歴書、一般旅券発給申請書など）と解することも考えられるが、本件での申込書類の性質上、無理があると思われる。

携帯電話の不正入手行為については、相当対価の支払いがあるため、厳密な意味での財産的損害が必要と解すれば（あるいは詐欺罪を全体財産に対する罪と解すれば）詐欺罪の成立は否定されよう。もっとも判例は、相当対価があったとしても、処分行為の判断の基礎となる「重要事項」につき偽る行為が認められれば詐欺罪を構成する（最決平成26年3月28日刑集68巻3号646頁）としており、携帯電話の使用者の名義が、処分行為の判断にとって重要な事項ということができれば詐欺罪を肯定することも考えられる（**15. マル暴はマル秘事項？**の解説**2**⑴参照）。また、携帯電話不正利用防止法で第三者への譲渡等が禁止されていることから、使用名義人につき虚偽があった場合には詐欺罪が肯定されている（東京高判平成24年12月13日判タ1408号274頁）。

ところで、相当な対価を支払って財物の交付を受けた場合、「人を欺く行為がなければ相手方が財物を交付しないであろう場合には、交付そのものが財産的損害にほかならない」として判例が立つ形式的個別財産説によれば、詐欺罪の成立は容易に肯定できる。財物の喪失はその使用、収益、処分する利益の喪失、つまり損害であると解するからである。しかし、これによれば、財産的損害を不要にしているのと同じであるとして、現在では、実質的個別財産説、すなわち、個別財産説の中で、さらにその交付される財産について、経済的価値が認められるかを問題とする説が有力である。判例は、医師であると偽り、ある薬を相当対価で販売した事例（大決昭和3年12月21日刑集7巻772頁）では、詐欺罪の成立を否定し、高価なものと偽り市価2100円の電気アンマ器を2200円で売却した事例（最決昭和34年9月28日刑集13巻11号2993頁）では、詐欺罪の成立を肯定している。前者は実質的個別財産説に親和的であるが、後者については、いずれの説からも説明しうるとされている（実質的個別財産説からは、被害者は得ようとした価値・効用を得ることができなかったといえるとされている)。また、最判平成13年7月19日刑集55巻5号371頁は、請負人が受領する権利を有する請負代金を欺罔手段を用いて不当に早く受領したという事例において、本来受領する権利を有する請負代金全額について1項詐欺罪が成立するには、欺罔手段を用いなかった場合に得られたであろう請負代金の支払というためには「社会通念上別個の支払に当たるといいうる程度の期間支払時期を早めたものであることを要する」としているが、これも実質的個別財産説に近い理解といえよう(なお、最決平成16年7月7日刑集58巻5号309頁参照)。

なお、近時、最高裁は暴力団員が身分を秘匿して口座開設した事案で詐欺罪の成立を肯定しているが(最決平成26年4月7日刑集68巻4号715頁)、同様に、身分を秘匿してゴルフ場を利用した事案では、一方では詐欺罪の成立を否定し(最判平成26年3月28日刑集68巻3号582頁)、他方では肯定している(前掲最決平成26年3月28日)。一連の最高裁判断からは、いわゆる挙動による欺罔が問題となる場合には、「偽る行為」の存在と「重要事項性」が認められなければならないことが明らかとされている。前者においては、申込みの行為それ自体に申込者が暴力団員でないことの意味内容が含まれているといえるかが重要となり、後者は、処分判断の基礎となる重要な事実に虚偽があったか否かによって判断されている。詐欺罪の成立が否定された最高裁判例では、ゴルフ場による暴力団排除措置(具体的には、利用者が暴力団員であるか否かの確認措置)が十分ではなかったために、前者の点が否定されたと思われる(冨川雅満・法学新報123巻1=2号207頁)。

本問を例にすれば、携帯電話の購入申込みに、保険証の名義人と実際の申込者が同一人物であるとの意味が含まれていると評価され、かつ、この同一人物性が携帯電話の交付の判断の基礎となる重要な事項といえることが要求される。

さらに、このBの行為については、A、Cの共謀が認められるかも問題になる。A、Cが携帯電話の入手方法をBに一任したことをとらえて、あるいは、盗んだ携帯電話の使用の可能性も話し合ったことなどから、事実の錯誤として共謀や罪責を肯定しようとすることも、事実関係によれば、考えられないことはない。

しかし、共謀共同正犯の成立に求められる共謀とは、その実行の具体的内容について、微細な点にいたるまで明確に特定されている必要はないとしても、特定の犯罪を志向するものでなければならない。たとえば、Aらはこれまでも B らと何回もオレオレ詐欺を行っており、本問のような方法で携帯電話を入手することもあったといった特殊な事情がないかぎり、各自の意思が特定の犯罪を行うことに一体化しておらず、共謀の内容は特定されているとはいえない。健康保険証の窃取および携帯電話の詐取の点については、A と C には共謀共同正犯は成立しないというべきである。

(4) 論点４について

C の持ち逃げ行為について、横領罪が成立するかは、横領罪の構成要件に従って判断されなければならない。いうまでもなく、横領罪は、委託を受けて他人の物を占有する者が、その委託物を不法に領得することにより成立する。したがって、本問で、C に横領罪が成立するかを論じるには、まず、C の占有する現金はだれの所有に属する物であるのか、すなわち、乙あるいは銀行の所有物であるのか、A の所有物であるかを明らかにする必要がある。それが、A の所有物である場合にはじめて、C は A から委託を受け、占有していることになり、C の行為については横領罪が成立することになる。これに対して、乙あるいは銀行の所有する物であるならば、C に横領罪が成立するためには、多数説によれば、乙あるいは銀行と C との間に委託信任関係を必要とする。

この点は、ある意味、論点２と関連する。論点２において、A に預金債権を肯定した上で、２項詐欺説をとれば、A が所有権を有しているということにもなりうるであろうから、C の行為について横領罪の成立を認めることもできよう。しかし、この構成にも疑問がある。同じ前提の下で、A の所有権を否定することも可能であるからである。他方、１項詐欺説あるいは A に預金債権が存することを否定する２項詐欺罪説によれば、乙あるいは銀行と C との間に委託信任関係がない本問では、C には横領罪は成立しない。もっとも、所有者との委託信任関係を不要とする有力説に立てば、横領罪の成立も肯定しうることになる。

このように、横領罪の成否を検討する上で、所有者はだれであるのか、だれとの委託信任関係が必要かということはきわめて基本的な要件であるから、この点を論じることが必要となる。なお、横領罪を肯定する説の根拠としては、「被告人が自己以外の者のためにこれを占有して居るのであるから、その占有中これを着服した以上、横領罪の罪責を免れ得ない」とした、最判昭和36年10月10日刑集15巻9号1580頁がある。

なお、実務的には、本問のような行為についてCの刑事責任を追及することは、そもそも犯罪行為により得た現金に対して法的にはおよそ認められない所有権を肯定することになるのみならず、分け前をめぐって生じた共犯者間のもつれに刑事司法が介入することになってしまうから、このような行為が立件される事例はまれであるといえよう。

(5) その他

Bの歯科医院への侵入窃盗やCが違法な現金の引出しのためにATMの設置されている建物に立ち入ったことについて、さらには、他人になりすまして携帯電話を購入するために家電量販店に立ち入ったことの評価（住居侵入罪および建造物侵入罪）も必要となろう。前者に関して、最決平成19年7月2日刑集61巻5号379頁は、ATMが設置されている銀行支店出張所にカードの暗証番号等の盗撮目的で、外観上平穏に立ち入った事案に建造物侵入罪の成立を肯定した。すなわち、「被告人らは、現金自動預払機利用客のカードの暗証番号等を盗撮する目的で、現金自動預払機が設置された銀行支店出張所に営業中に立ち入ったものであり、そのような立入りが同所の管理権者である銀行支店長の意思に反するものであることは明らかであるから、その立入りの外観が一般の現金自動預払機利用客のそれと特に異なるものでなくても、建造物侵入罪が成立するものというべきである」との判断を示したのである。人が事実上管理・支配するが、一般に開放され、だれでも自由に出入りすることが予想される建造物への立入りの事例について、多数説に反して、建造物侵入罪を肯定した意義は少なくない（只木誠「建造物侵入罪における『侵入』概念について」井田良ほか編・川端博先生古稀記念論文集〔下巻〕77頁）。

なお、本問において、主たる問題となるのは、A、B、Cにおけるオレオレ詐欺に関する共同正犯の成否である。Bの私文書偽造・同行使および詐欺行為、あるいはCの持ち逃げ行為はその過程で派生したものにすぎない。とすれば、論述の構成については、少なくともA、B、Cの共同正犯の成否については、まとめてその罪責を論ずるのが自然であろう。共謀の認定、正犯性、そして共謀に基づく共同実行の事実の認定という構成が通例であろう。

解答例

第1　共謀共同正犯の成否について

1　ABC間の共謀の内容

(1)　共謀の意義

共同正犯（刑法〔以下省略する〕60条）は、自己および共犯者の行為を介して構成要件的結果を共同惹起したことから一部実行全部責任が認められるところ、共謀共同正犯においては、強い心理的因果性が存在することにより、構成要件的結果を共同惹起したと評価することができる。そこで、共謀共同正犯の成立のためには、犯罪の共同遂行の合意としての①共謀と、②共謀に基づく一部の者の実行が必要であり、①共謀の内容は意思連絡と正犯意思に分けられる。正犯意思とは、他人の行為を自己の手段として犯罪を行う意思であり、その果たした役割の重要性や犯罪遂行についての利害関係の程度などから推認される。

(2)　意思連絡

本件では、ABCの間で、盗んだ携帯電話などを用いて、Aの父親が入っている老人俳句会の名簿に掲載されている人物にその家人を装い電話をかけ、緊急に金で困っている旨述べて銀行振込みで送金させ、振り込まれた現金を引き出し、それを3人で分けることを内容とする謀議がなされ、いわゆるオレオレ詐欺をすることについての意思連絡が存在する。

もっとも、本件では犯行に使用する携帯電話の入手方法について、当初のＡらの間での謀議では、盗んだ携帯電話やレンタル電話を用いることが念頭に置かれていたところ、実際にはＢが詐欺により携帯電話を入手している。かかる点についてのＡとＣの誤信が共謀の成否に影響を及ぼすか問題となるが、ＡとＣは、最終的な携帯電話の入手方法についてはＢに一任することで同意していたのであり、具体的な入手方法が想定と異なるものであっても、携帯電話を使用して現金を振り込ませるという本件の詐欺（以下「本件詐欺」という）についての合意があったと評価できるから、この点についての誤信は共謀の成立に影響を及ぼすものではない。

(3) 正犯意思

ア　Ａは、本件詐欺を計画した首謀者である。また、Ａは実際に乙に対して孫の甲を装い電話をかけ、金で困っている様子について詳細に述べるなどして乙を誤信させ、50万円を送金させており、本件詐欺の実現に重要な役割を果たしており、正犯意思が認められる。

イ　ＢもＡと同様、本件詐欺を計画した首謀者である。本件詐欺は、携帯電話を用いて家人を装い金を振り込ませるという態様であり、その実現のためには足のつかない携帯電話の入手が不可欠であったところ、かかる携帯電話の入手を行ったＢも重要な役割を果たしたといえ、正犯意思が認められる。

ウ　Ｃについて正犯意思が認められるか。Ｃは本件詐欺の首謀者ではなく、Ａからの誘いを受け、断りにくいこともあり本件詐欺行為に加担したという経緯であるから、自己の犯罪として行う意思を有していたといえるか慎重な判断が必要である。たしかに加担の経緯は上記の通りであるが、Ｃが果たした役割は、乙から振り込まれた現金をATMから引き出すというものであり、これは金銭をだまし取るという本件詐欺の目的を達成するために必要不可欠な重要なものである。そして、Ｃは当時仕事が減少し、借金を抱えて金に窮する状況にあったところ、本件詐欺によりわずかであっても分け前を得ることになっていたのであるから、犯罪遂行について大きな利害関係を有していたといえる。これらの点からすると、Ｃは本件犯行を自己の犯罪として行っていたと評価でき、正犯意思を有していたということができる。

2　共謀に基づく一部の者の実行

(1)　乙に対し電話をかけ甲である旨誤信させ50万円を送金させた行為について

本件詐欺に1項詐欺と2項詐欺のいずれが成立するか問題となるところ、本件のように金銭が預金口座に振り込まれている場合、その時点で口座名義人であるAが振替等によりその金銭を自由に処分できることから、振込み時の1項詐欺罪の成否が問題となる。

詐欺罪（246条1項）の成立要件は、ⓐ欺罔行為によりⓑ錯誤に陥った相手方が、その瑕疵ある意思に基づくⓒ交付行為により、財物を移転させたことである。また詐欺罪は財産犯であることからⓓ財産的損害も必要である。

ⓐ欺罔行為とは、交付者の交付の判断の基礎となる重要な事実を偽る行為をいうところ、本件で乙は、電話の相手が自身の孫である甲だと信じたからこそ、50万円という高額の現金を送付することに応じたのであり、甲を装ったAの行為は乙の交付の判断の基礎となる重要な事項を偽ったものとしてⓐの欺罔行為にあたる。そして、錯誤に陥った乙により50万円が振り込まれてその交付による損害も生じており（ⓑ〜ⓓ)、Aらには不法領得の意思も認められることから、Aの行為には1項詐欺罪が成立する。

(2)　ATMからの50万円の払戻し行為について

Cが乙から送金された50万円の払戻しをするためにATMが設置されている建物に管理者の意思に反して立ち入った行為について、建造物侵入罪（130条前段）が成立する。

CがATMから50万円の払い戻しを受けた行為には、何罪が成立するか。本件詐欺のような犯罪行為により成立した預金について、銀行は、いわゆる振り込め詐欺救済法により、支払いを拒み詐欺の被害者を保護すべき義務を負うから、銀行の当該預金債権に対する占有は保護されるのが相当である。そのため、犯罪行為により成立した預金債権についての払戻し行為は銀行の支店長の意思に反するもので、窃取にあたり、Cの本件払戻しは丙銀行支店長に対する窃盗罪を構成する。

もっとも、Aとの関係では、自己名義の口座からの払戻しであり、窃取にはあたらないとも考えられる。しかし、振り込め詐欺のような犯罪行為に該当する場合には名義人であっても払戻権限が制約を受けるから、口座の名義人であっても、同様に払戻しは銀行の支店長に対する窃盗罪を構成する。

3　結論

以上より、ABC の行為には、①乙に対する詐欺罪、②建造物侵入罪、③丙銀行支店長に対する 50 万円の窃盗罪の共謀共同正犯が成立し、②③は目的と手段の関係にあることから牽連犯（54 条 1 項後段）となり、これと①が併合罪（45 条前段）となり、ABC はその罪責を負う。

第2　B の罪責について

1　B が丁名義の健康保険証を入手した行為について

(1)　B が身分証明書を盗む目的で歯科医院に立ち入った行為について、建造物侵入罪が成立する。

(2)　B が丁名義の健康保険証を持ち去った行為は、丁の健康保険証という「他人の財物」を、その意思に反して自己の占有に移すものであるから、丁に対する窃盗罪が成立する。

2　B が丁名義の携帯電話契約申込書類一式を作成し、提出した行為について

B は携帯電話の購入の申し込みのために使用する目的で（「行使の目的」）、丁の署名をし（「他人の署名を使用」）、携帯電話購入の申込書類という「権利義務に関する文書」について、作成者と名義人の人格的同一性を偽り「偽造」していることから、B のかかる行為について有印私文書偽造罪（159 条 1 項）が成立する。

B はさらに、偽造した上記書類一式を家電量販店の店員に提出して携帯電話購入の手続をしていることから、同行使罪（161 条 1 項）が成立する。

3　B が携帯電話を入手した行為について

(1)　B が丁になりすまして携帯電話を購入する目的で家電量販店に立ち入った行為について、建造物侵入罪が成立する。

(2)　B が家電量販店において、丁名義の申込書類一式と健康保険証を提示して、店員をして B を丁と誤信させて携帯電話を購入した行為について、詐欺罪が成立するか。

たしかに、本件のように、相当対価の支払がある場合には、被欺罔者の財産交付の目的が達成されているとも考えられることから、詐欺罪の成立範囲の制約の観点から、上記ⓐ欺罔行為

性は存しない、すなわち交付の判断の基礎となる重要な事項を偽ったとはいえないようにも思われる。しかしながら、携帯電話の購入に際して厳格な本人確認がなされていることからは、本件家電量販店にとっては、申込者と身分証明書の名義人が同一であるか否かは、携帯電話の交付の判断の基礎となる重要な事項であるといえる。そのため、かかる点を偽ったBの行為はⓐの欺罔行為にあたり、Bのことを保険証の名義人丁と同一人物であると誤信した店員をして携帯電話1台を交付させ（ⓑ～ⓓ）、Bには不法領得の意思も認められるから、Bの行為には詐欺罪が成立する。

4　ACとの間の共謀の成否

携帯電話入手のために行われたBの一連の行為について、ACとの間の共謀が認められ、ACも共同正犯として罪責を負うかが問題となる。

共謀共同正犯は、実行行為を分担しない共犯者について、強い心理的因果性が認められることを理由として構成要件的結果の共同惹起と評価できるのであるから、心理的因果性を基礎づける共謀の内容は、共同惹起と評価できる程度に具体的である必要がある。

本件でBは事前にACに対して、犯行に使用する携帯電話は盗むかレンタル携帯電話を入手することにより手配する旨説明したが、詳細については自らに一任してほしいと述べていたのみであり、本件のような一連の方法での入手についての説明は一切なされていなかったし、ACが認識していたという事情もない。

そうすると、本件ではBの一連の行為について、ACとの間で共謀があったとはいえないから、共同正犯は成立しない。

5　罪数

以上より、Bの行為に①歯科医院に対する建造物侵入罪と②丁に対する窃盗罪、③有印私文書偽造罪と④同行使罪、⑤家電量販店への建造物侵入罪と⑥詐欺罪が成立し、①②、③④、④⑥、⑤⑥はそれぞれ目的と手段の関係にあるから牽連犯となり、かすがい作用によって③④⑥が、さらにこれに⑤が加わって、全体として科刑上一罪となり、そのうち最も重い罪と①②のいずれかの重い罪とは併合罪の関係に立ち、Bはその罪責を負う。

第3　Cの罪責について

Cが払い戻した50万円を持ち逃げした行為について、横領罪が成立するか。

横領罪は、委託の任務に基づき占有する他人の物を横領することにより、所有者の権利を侵害する犯罪であるから、横領罪が成立するためには、所有者との委託信任関係が必要である。

本件でCが占有している現金50万円の所有者がAであるといえれば、CはAとの委託信任関係に基づき50万円を占有している以上、持ちだし行為が横領にあたると考えられるが、Aは50万円の払い戻し権限を有しておらず、Aは所有者であるといえない。そのため、Cの持ち逃げ行為には横領罪は成立しないと解する。(N. M.)

(只木　誠)

12. パチンコは適度に楽しむ遊びです

設問　以下の事例に基づき、各設問に答えなさい。

【事例Ⅰ】

❶　甲（男性：32歳）は、パチンコにはまり、軍資金がなくなると知人から金を借りることがしばしばあった。令和3年2月1日、甲は、いつものように行きつけのパチンコ店で遊んでいたが、全く当たらず、すぐに所持金は底をついてしまった。甲は、1回も当たらないことに頭にきて、意地でも当たるまでやってやると思ったが、お金がなかったので、とりあえず、以前借金をしたことのある知人A（男性：38歳）のもとを訪ねることにした。

甲は、自分の車でA宅マンションに向かい、同マンション3階にあるA宅に赴きお金を貸してくれるよう頼んだが、Aにはすげなく断られてしまった。

❷　甲は、途方に暮れながら同マンションの玄関口を出て、路上に駐車していた車の方に向かおうとしたところ、同マンションの住人と思われるB（女性：65歳）が自転車にまたがって同マンション玄関口前の道路上で信号待ちをしているのが目に入った。甲は、Bの自転車の前籠に手提げバッグが入っているのを見て、当該バッグをひったくることを思いつき、Bに近づいて当該バッグを右手で掴み上げ、逃走しようとした。

ところが、当該バッグを握って前籠から持ち上げたところで、それに気付いたBが、「何をするの」と叫びながら甲の右手を掴んだ。甲は、ここで捕まったら大変だと思い、とっさに自分の右手を掴んでいるBの手を振りほどこうとして自分の右手を強く引いたところ、自転車にまたがっていたBは安定を失いその場に転倒した。

❸　その隙に、甲は、10ｍほど離れたところにある自分の車に向かい運転席に乗り込み、車を発進させようとしたが、鍵を探すのに手間取っているうちに、起き上がったBが、甲の車の前に立ちふさ

がった。「この泥棒。バッグを返しなさい」と叫ぶBを見て、甲は、このまま発進したらBは怪我をするかもしれないと思いつつ、ここで捕まったら元も子もないと考え、車を発進させた。Bは、走り出した車の前方から助手席側の方に回り、なおもドアミラーを掴みフロントガラスを叩きながら、「待ちなさい。返しなさい」と叫んでいた。甲が、そのようなBの状態を知りながら速度を上げたところ、Bは危険を感じて車から離れようとしたが、バランスを崩して転倒した。甲は、Bが転倒したのを知りながらそのまま逃走した。

❹　その結果、Bは、加療約3週間を要する外傷性頸部症候群等の傷害を負ったが、この傷害が、甲が自分の右手を掴んでいるBの手を振りほどこうとして自分の右手を強く引いたことにより自転車にまたがっていたBを転倒させた行為によって生じたのか、その後に、甲が車に乗って逃走するのを阻止しようとするBを振り払って車を発進させ、Bを転倒させた行為によって生じたものかは明らかではない。

❺　奪った手提げバッグには、現金5万円入りの財布や携帯電話などが入っていたが、甲は、現金だけを抜き取り、それ以外のものは逃走の途中で川に捨てた。甲は、そのお金を使ってパチンコに興じた。

設問1：教授が学生XおよびYに対して「【事例Ⅰ】における甲の罪責はどうなるか」と問うたところ、Xは「甲には強盗致傷罪（240条前段）が成立します」と答えたのに対し、Yは「事後強盗罪（238条）と傷害罪（204条）が成立します」と答えた。この2つの見解に留意しつつ、【事例Ⅰ】における甲の罪責について論じなさい（特別法違反の点を除く）。なお、XおよびYとは異なる結論に至ってもよい。

【事例Ⅱ】（【事例Ⅰ】の事実に続けて、以下の事実があったものとする）

❻　その後も、甲はお金に困り、同年2月20日、知人のC（男性：35歳）の家を訪ね、Cに対し、実際には返済できる当ては全くなかったのにもかかわらず、「彼女を妊娠させてしまった。中絶の費用が15万円かかるのだが貸してもらえないだろうか。今日中に用

意できないとやばいんだ。後で必ず返すから」と嘘をついた。すると、Cは、「それは大変だな。返してくれるなら貸してもいいが、これから会社のリモート会議があり自分が主催者なのでここを離れることができないんだ。俺の銀行のキャッシュカードを預けるから、その辺の現金自動預払機（ATM）で引き出してきなよ。15万円だけだぞ。ちゃんとジャーナルレシートも持ってこいよ。しばらく会議なので、終わったらキャッシュカードとジャーナルレシートを封筒にでも入れて玄関口のポストに入れておいてくれ」と言ってキャッシュカードを渡し、暗証番号を教えた。そこで、甲は、「ありがとう」と言うと、すぐさま銀行に赴き、店内に設置されているATMでCのキャッシュカードを使用して現金15万円を引き出して自分の財布に入れ、直ちにC宅に戻って、言われたとおりキャッシュカードとジャーナルレシートを封筒に入れてC宅玄関口のポストに入れた。その後、甲は、「ありがとうございました。今ポストに入れました。助かりました」とCにメールを送った。入手した15万円は、パチンコその他の遊興費に費消した。

設問2：【事例Ⅱ】における甲の罪責について論じなさい（特別法違反の点を除く）。

【事例Ⅲ】（【事例Ⅱ】の事実に続けて、以下の事実があったものとする）

❼　相変わらずパチンコにはまっていた甲は、いよいよ金策に窮し、かくなる上は「オレオレ詐欺」でもやるほかないと考えるようになり、以前からその類のことをやっていると噂のあった知人の乙（男性：36歳）を訪ねてみたところ、乙から「ちょうど相棒を探していたところだ。分け前は俺が6割、お前が4割ということでよければ一緒にやってもいいぜ」と言われた。ほかに金策の当てがなかった甲は、これを受け入れた。

❽　2人の立てた計画は、つぎのようなものである。まず、乙が、被害者に対し、電話で、警察官を名乗り、金融機関の口座から現金が不正に引き出されているので被害者方を訪れる金融庁職員の指示に従ってキャッシュカードを封筒に入れるなどの手続きをする必要があるなどと嘘を言う。その後に、甲が、金融庁職員を装い被害者方

を訪れ、玄関内で、用意した封筒を被害者に渡してその中に被害者のキャッシュカードを入れさせて糊で封をする。そこで、被害者に印鑑を持ってくるように要求して、その間に、キャッシュカードが入った封筒を、あらかじめ用意したポイントカード2枚入りのダミー封筒とすり替える。戻ってきた被害者にダミー封筒に封緘させ、大事に保管するようになどと指示して、キャッシュカード入りの封筒を所持して被害者方から立ち去る。取得したキャッシュカードを用いてATMで現金を引き出す。

❾ 同年3月1日、この計画に基づいて、乙がD（女性：65歳）に電話をかけ、「Dさんですか。警視庁のVと言います。Dさんの口座から現金が不正に引き出されていることがわかりました。これから金融庁の職員がそちらに向かいます。キャッシュカードの保管方法などについて話しますので、その指示に従ってください」と話した。その数分後に金融庁職員になりすました甲が、D方に赴き、玄関先のインターホンを押して、「こんにちは。金融庁の職員のWと申します」と言ったところ、中から「お待ちください」と返事があったので、甲はその場で待っていた。しかし、乙からの電話を不審に思ったDが警察に連絡したことから、Dの協力の下、いわゆる「だまされた振り作戦」が行われており、D宅付近にはすでに私服の警察官が張り込んでいた。そこで程なく、私服の警察官Eが甲に近づいてきて「警察の者ですが、少しお尋ねしたいことがあるのですが」と言ったため、甲は「まずい。捕まったら大変だ」と思い、とっさに護身用に携帯していた切り出しナイフを取り出して右手に持ち、Eの身体に向けてブンブン振り回した。そのため、Eは、左頬、左前腕部、右手甲などに加療3週間を要する切創の傷害を負ったが、結局、甲は制圧され、その場で現行犯逮捕された。

設問3：【事例Ⅲ】における甲および乙の罪責について、「甲は強盗致傷罪（240条前段）の罪責を負い、乙は窃盗未遂罪（235条、243条）の罪責を負う。両者は窃盗未遂罪の限度で共同正犯（60条）となる」という結論を導きたい。その結論を導くためには、どのような説明が考えられるか。論点ごとに論拠を示しつつ説明すること。

解　説

1…………概　観

(1)　設問のねらい

設問１は、強盗罪の諸類型とその成立要件に関する基本的な理解を問うものである。特に、強盗罪における暴行の認定次第で立論の仕方が変わってくる点や、同一の事実について複数の法律構成が考えられるといった点に留意して検討することが必要である（設問において２つの見解を例示したのは、こういった点を意識してほしいからである）。

設問２は、キャッシュカードの不正取得と不正利用に関する罪責を問うものである。一見単純そうな事案であるが、基本事項の理解が正確でないと雑な論述になってしまうおそれがあろう。

設問３は、窃盗罪と詐欺罪の区別、実行の着手時期、共同正犯の成立範囲などを問うものである。結論を指定することにより、与えられた条件の下で適切な論理を展開することができるかという点も問われている。

(2)　とりあげる項目

➤強盗罪の成立要件

➤強盗致傷罪の成否

➤キャッシュカードの不正取得と不正利用

➤窃盗罪と詐欺罪の区別

➤実行の着手

➤異なる犯罪間の共犯の成否

2…………設問１について

(1)　甲がＢのバッグを奪った行為の評価

ここで問題となる甲の行為は、Ｂのバッグを奪った行為とＢを車で振り払った行為とに大別することができる。

まず、甲がＢのバッグを奪った行為についてであるが、これは俗にいう「ひったくり」にあたるであろう。ひったくり行為は、一般に窃盗罪に該当するものと理解されている。ひったくりの場合も有形力が行使されているが、それは相手方の反抗を抑圧するための手段ではないからである。ただ、自動車で追い抜きざまにひったくろうとしたところ、被害者がひったくられまいとして財物を掴んで離さないため自動車で引きずったなどという場合には、その時点から反抗を抑圧するに足りる程度の暴行を認めることができるので、１項強盗罪の成立を肯定することができる。

本問の場合には、甲がＢの自転車の前籠からバッグを持ち上げた時点までに、相手方の反抗を抑圧するに足りる程度の暴行は認められない。この段階での甲の行為は、窃盗罪の実行行為である「窃取」にあたるものと解される。

問題は、その後、Ｂから右手を掴まれたのに対し、Ｂの手を振りほどこうとして自分の右手を強く引いた行為である。窃盗罪の既遂時期に関するいわゆる「取得説」を前提にすると、この時点で、バッグの占有が甲に移転していたとみるのは困難であろうから、この段階では窃盗は未遂にとどまっていると解されよう。そうすると、ここでの有形力の行使が相手方の反抗を抑圧するに足りるものであるならば、そのような暴行を用いてバッグの占有を取得したとして１項強盗罪（いわゆる「居直り強盗」）の成立を認めることが可能となるであろう（**4. 迷える羊の帰還**の解説 **3**(1)参照）。なお、甲には逮捕を免れる目的があるので、事後強盗罪の成立可能性もあるが、同時にバッグを奪取する目的もあったとみられ、このように双方の目的が併存する場合には、端的に１項強盗罪の成否を検討すれば足りるであろう（事後強盗罪の成否を論じても間違いではないが、その場合には既遂か未遂か、それと関連してバッグの占有が移転している点をどのように評価するか、といった点で、やや問題が複雑になるであろう）。

そこで、甲がＢの手を振りほどこうとして自分の右手を強く引いた行為が、相手方の反抗を抑圧するに足りる程度のものかどうかを検討しなければならない。本問の場合には、甲は自分の手でＢを掴んで引き倒したのではなく、Ｂに掴まれていたのを振りほどこうとするどちらかといえば受動的な態様のものであること、Ｂが転倒したのはＢが手を離さず、また、自転車にまたがっていたため安定を失ったという事情が影響していること、甲はことさらにBを転倒させようとしたのではなくとっさに手を引いたものであって半ば反射的な行動であると思われることなどを総合的に判断するならば、被害者Bが高齢であることなどを考慮しても、甲の暴行は未だ反抗を抑圧するに足りる程度のものとはいえないとみるのが穏当ではないかと思われる（なお、名古屋高金沢支判平成3年7月18日判時1403号125頁は、類似の事案に関し、「被告人が窃取行為直後にPから左手を掴まれた際、これを振りほどこうとして自分の手を強く引っ張って同人を自転車もろとも路上に転倒させたという第一の暴行については、被告人の方で同人の手や体を掴んでことさらに引き倒したといったものではなく、被告人が掴まれた自分の手をとっさに強く引いたため、自転車に跨がって不安定な姿勢のまま被告人の手首を掴んで離さなかったPが思わず引っ張られる形になりバランスを失って転倒したという態様のものであって、そこでの被告人の暴行というのは、Pを自転車ごと転倒させるという結果を予測する間もない、反射的かつ瞬間的な行為にとどまり、その加害意思は極めて薄弱であると見られる以上、この段階でのこの程度の第一の暴行が、事後強盗罪が予定している相手の反抗を抑圧するに足るものに該当しないとした原判決の評価は正当であ［る］」としている）。このように考えるならば、この時点での甲の行為は、窃盗罪にあたるということになろう（暴行・傷害の点については後述する）。

⑵　甲が車でBを振り払い、Bを転倒させて逃走した行為の評価

次いで、甲が車に戻った後、車にしがみつくBを車から振り払い、Bを路上に転倒させて逃走した行為についてであるが、こちらの暴行は、自動車の走行という生命・身体に対する危険性の高い手段を用い、Bを振り払うことを明確に意識しながら行っている点で、相手方の反抗を抑圧するに足りる程度の暴行にあたることは明らかであるといえよう。ここで甲は窃盗犯人であり（バッグの占有を取得しているとみられるから窃盗は既遂となろう）、逮捕を免れる目的で当該暴行を行ったことになるから、事後強盗罪が成立することになる（先行する窃盗罪は事後強盗罪に吸収され別罪を構成しない）。

なお、この点に関しては、①バッグの返還を免れるという財産上不法の利益を得たとして2項強盗罪の成立を認めたり（最決昭和61年11月18日刑集40巻7号523頁）、②奪取したバッグの占有を確保したとして1項強盗罪の成立を認めたり（最判昭和24年2月15日刑集3巻2号164頁）する構成も考えられなくはない。ただ、これらの構成によるとバッグを取り返された場合には未遂にとどまる（事後強盗であればバッグを取り返されても既遂となる）ことや、②のような構成は暴行・脅迫が財物奪取の手段となっていなければならないということの意義を曖昧なものにするおそれがあることなどから、あまり勧めることはできない。通常であればこのようなケースは事後強盗罪に問擬されており、それで特段の問題はない。

(3) 傷害についての帰責

ところで、これら一連の暴行によってBは傷害を負っているが、その傷害が最初の暴行によって生じたのか、後の事後強盗における暴行によって生じたのかは、明らかではない。この場合、最初の暴行は事後強盗が成立する前の暴行であるから、「強盗の機会」の暴行とはいえない。したがって、いわゆる機会説（最判昭和24年5月28日刑集3巻6号873頁）に立ったとしても、強盗致傷罪は成立しない。

他方で、甲の一連の暴行から傷害結果が発生していることは明らかである以上、甲は傷害罪の罪責を免れないというべきであろう（このような認定については前掲名古屋高金沢支判平成3年7月18日参照）。このように考えた場合、傷害罪と事後強盗罪の罪数関係をどのように処理するかが問題となる。この点につき、前掲名古屋高金沢支判平成3年7月18日は、傷害罪と事後強盗罪の包括一罪とし、重い事後強盗罪の刑で処断すべきだとしている。しかし、両罪は保護法益を異にしていることに加え、事後強盗罪のみで処断するということになると傷害結果が発生していることが適切に評価されない憾（うら）みがある。このような点を重視するならば、併合罪とすることになろう（前田雅英＝星周一郎・最新重要判例250刑法［第12版］177頁）。

(4) 他の法律構成

なお、仮に最初のひったくり行為について（事後）強盗罪の成立を認めた場合には、その後にBを車から振り払う行為も含め、全体について強盗致傷罪（240条前段）の成否を検討することになろう。

まず、最初のひったくり行為について強盗罪の成立を認めた場合、ひったくりの際の暴行は強盗の手段としての暴行であり、その後に車から振り払う際の暴行は強盗の機会に行われた暴行であるから、致死傷の原因行為に関するいわゆる機会説によれば、そのいずれかから傷害結果が発生している以上、強盗致傷罪が成立するということになろう（他方、手段説に立った場合は、車から振り払う際の暴行を強盗の手段としての暴行とみうるか疑問が生じうるが、事後強盗罪における暴行も強盗の手段たる暴行にあたるとすることとの均衡上、強盗犯人が同様の目的で行う暴行・脅迫〔事後強盗類似の状況における暴行・脅迫〕から致死傷結果が発生した場合にも強盗致死傷罪は成立すると解する見解〔西田・各論200頁、山口・各論236頁〕によれば、同じく強盗致傷罪の成立が肯定されるであろう。なお、事後強盗罪における「窃盗」には強盗犯人も含まれるという見解〔山口・各論227頁など〕を採用した場合にも同様の結論を導くことができよう）。

これに対し、（あまり適切とは思われないが）最初のひったくりの段階で事後強盗罪の成立を認める場合には、その後の一連の暴行が全て事後強盗における暴行にあたることになろうから、致死傷の原因行為についていかなる立場に立とうとも強盗致傷罪の成立を肯定することができるであろう。

(5) その他

理論的には、手提げバッグなどを川に捨てた行為は器物損壊罪、現金を費消した行為は占有離脱物横領罪にあたりうるが、先行する（事後）強盗罪の共罰的事後行為となる（答案ではここまで言及する必要はないであろう）。

3…………設問 2 について

⑴　甲は、返済の当てが全くないのに（これは結局、返済の意思も能力もないことを意味するであろう）、C に対して虚偽の事実を申し向け 15 万円の借金を申し込んでいる。もし、C がこれに応じて 15 万円を交付していたならば、詐欺罪（246 条 1 項）が成立するとみることに異論はなかろう。しかし、C は、直接現金を渡すのではなく、キャッシュカードを渡し、これを用いて甲は ATM から 15 万円を引き出している。このような事実関係に留意しながら、何を客体とするいかなる犯罪が成立するのかを検討しなければならない。

⑵　まず、キャッシュカードを客体とする 1 項詐欺罪の成否が問題となろう。

返済の意思も能力もないのに、これがあるように装い、中絶費用が必要だと嘘を言って、借金を申し込む行為は、現金に限らず B に財物を交付させるために行われたものだとみれば、これを欺罔行為だと考えることもできそうである。これに対して、この行為はあくまで現金の交付に向けられたものであってキャッシュカードの交付に向けられたものではないという点を重視するならば、「甲は直ちに現金が必要な状態である」と錯誤に陥っている B に対して真実を告知しないという不作為による欺罔だと解することもできよう（この場合には、先行行為を告知義務の発生根拠とすることになろう）。

キャッシュカードそれ自体は単なるプラスチック片であるから刑法上保護に値するような財産的価値を有していないのではないかという疑問が生ずるかもしれないが、キャッシュカードは、それを用いて ATM で預金を引き出すことなどができるものであるから、そのような機能を踏まえるならば十分に財産的価値を有するものであり、財物にあたるといえる。

甲は、C からキャッシュカードを預かり、ATM で現金を引き出した後、キャッシュカードを C に返却しているので、権利者を排除する意思という意味での不法領得の意思を肯定することができるかが問題となりうる。この点に関しては、いわゆる使用窃盗の問題とパラレルに考えることができよう。一時使用については、たとえ返還意思があり、また、短時間の使用にとどまるものであっても、客体が経済的価値の高いものである場合や財産的価値が大きく減損する場合には、不法領得の意思を肯定するのが判例・通説である（**10. 盗んだバイクで走り出す〜**の解説**2**⑴参照）。キャッシュカードの場合には、返還意思の有無や時間の長短にかかわらず、使用することそれ自体によって大きな価値減損の危険を生ずるものと解するべきであるから、不法領得の意思は肯定されるべきである。

以上より、キャッシュカードを取得した点については1項詐欺罪が成立するであろう。

⑶ キャッシュカードについて詐欺罪が成立するとして、ATMで15万円を引き出した行為の評価はどうなるであろうか。窃取したキャッシュカードを用いてATMで預金を引き出した場合には、ATMの管理者の意思に反して現金の占有を移転させたとして、キャッシュカードについての窃盗罪のほかに、現金についての窃盗罪も成立するとされていることからすれば、キャッシュカードを詐取した場合も同様であると解するのが自然な理解であるように思われる。ただ注意を要するのは、本問の場合、瑕疵ある意思表示ではあるものの、Cがキャッシュカードでの現金引出しを承認しているため、甲は払戻権限を有することになるのではないか、という点である。もし、このように解するならば、ATMの管理者に対する関係で窃盗罪は成立しないことになる。しかし、単なる使者として一定の金額の払戻しを依頼されてキャッシュカードを預かったにすぎない者は、当該預金を自由に処分できる立場にないから、当該預金の占有者とはいえない（払戻権限はない）と解する見解が有力である（なお、クレジットカードとは異なり、キャッシュカードについては、名義人本人の使用に限るという厳格な運用はなされていないので、他人名義のキャッシュカードを使用したことで直ちに払戻権限が否定されるわけではない）。また、仮にCがだまされたことを銀行側が知ればキャッシュカードでの取引を停止する措置を講ずると考えられるところ、その点に鑑みれば、甲がATMで現金の払戻しをした行為は銀行側（ATMの管理

者）の意思に反してATM内の現金の占有を移転させたものと解することができるであろう。したがって、窃盗罪が成立するものと解される。

Cが甲にキャッシュカードを交付したことをもって、預金を引き出して受領する権限をも与えるという処分行為をしたと解し、2項詐欺が成立するという理解も考えられるが、このような理解は、1項詐欺と2項詐欺の区別を曖昧にするところがあるし、現金を取得した点が結局評価されないことになり妥当ではないだろう（東京高判平成10年12月10日東時49巻1～12号87頁参照）。また、15万円について1項詐欺罪の成立を認める（東京地判昭和59年10月15日判例集未登載）ことについては、ATM内の現金に関する占有は金融機関側にあると考えざるをえないから、Cに交付行為を認めることは困難であるという批判が向けられることになるであろう。Cを被欺罔者、銀行を被害者とする構成（いわゆる三角詐欺）も考えられなくはないが、預金者に銀行の財産を処分しうる地位・権限を認めることができるかに疑問があるし、銀行を被害者とするのであれば端的に窃盗罪の成立を認める方が素直であろう。

なお、キャッシュカードについての詐欺罪と現金についての窃盗罪は併合罪となろう（前掲東京高判平成10年12月10日）。

4…………設問3について

⑴ まず、甲が強盗致傷罪の罪責を負うとするためには、前提として甲は「強盗」（240条）でなければならない。事実関係からみて、甲が強盗になりうるとすれば、それは事後強盗であろうという推測は容易につくはずである（財物奪取に向けられた暴行・脅迫はないので1項強盗にはならないし、財物を取得していないので財物の返還を免れることを財産上の利益とする2項強盗にもならない）。そして、事後強盗罪の主体は「窃盗」（238条）であり、これには窃盗未遂犯人も含まれる（判例・通説）から、甲が窃盗未遂犯人といえるかを検討しなければならない。

⑵ この点に関しては、まず、仮に犯行計画どおりに事態が推移していたならば、窃盗罪が成立するケースなのかどうかが問題となる。なぜならば、甲らは、キャッシュカードを取得するための手段としていろい

ろな嘘をついているので、詐欺罪（246条1項）にあたるようにもみえるからである。

窃盗罪と詐欺罪は、交付行為の有無によって区別される。交付行為は、財物の占有移転が被害者の意思に基づくものか否かを判別するための要件であるから、交付行為を認めるためには被害者に当の行為によって占有が移転するとの認識がなければならない。これに対し、被害者の占有状態を不安定なものにする処分は、占有を移転させるのではなく占有を弛緩させるにとどまるものであり、そのような処分をする認識しかない場合には、占有が移転することについての認識が欠けるから交付行為は否定される。

本問の場合、被害者が玄関に封筒を置いて離れる段階で甲の側に占有が移転するといえるのであれば交付行為を認める余地もあろうが（なお、最判昭和26年12月14日刑集5巻13号2518頁参照）、被害者宅内で犯人が客体を手に取るといったこともなされていない段階で占有が移転するとみるのは早すぎるように思われる。むしろ、甲が封筒をすり替える段階で財物の占有が移転するとみるのが実態に即した見方であろう。そのように考えるならば、被害者はそのような占有移転に至る状況を認識してはいないことになるので交付行為を認めることはできない。したがって、甲らの計画した犯行は窃盗罪にあたると解することができる（京都地判令和元年5月7日LEX/DB25563868など参照）。

(3)　これを踏まえて、つぎに、甲は窃盗未遂犯人といえるか、就中、窃盗の実行の着手を肯定することができるかが問題となるが、これについては、最決令和4年2月14日裁判所ウェブサイトが参考になる。事案は、つぎのようなものである。氏名不詳者らは、警察官を装う者が、被害者に電話をかけ、被害者のキャッシュカードを封筒に入れて保管することが必要であり、これから訪れる金融庁職員がこれに関する作業を行う旨信じさせるうそを言う一方、金融庁職員を装う被告人が、すり替えに用いるポイントカードを入れた封筒（偽封筒）を用意して被害者宅を訪れ、被害者に用意させたキャッシュカードを空の封筒に入れて封をした上、割り印をするための印鑑が必要である旨言って被害者にそれを取りに行かせ、被害者が離れた隙にキャッシュカード入りの封筒と偽封筒とをすり替え、キャッシュカード入りの封筒を持ち去って窃取することを計画していた。この犯行計画に基づいて、警察官になりすました氏名不詳者が、被害者宅に電話をかけ、被害者に対し、「詐欺の被害に遭っている可能性があります。」「被害額を返します。」「それにはキャッシュカードが必要です。」「金融庁の職員があなたの家に向かっています。」「これ以上の被害が出ないように、口座を凍結します。」「金融庁の職員が封筒を準備していますので、その封筒の中にキャッシュカードを入れてください。」「金融庁の職員が、その場でキャッシュカードを確認します。」「その場で確認したら、すぐにキャッシュカードはお返ししますので、3日間は自宅で保管してください。」「封筒に入れたキャッシュカードは、3日間は使わないでください。」「3日間は口座からのお金の引き出しはできません。」などとうそ（本件うそ）を言い、さらに、金融庁職員になりすました被告人が、同計画に基づいて被害者宅の方に向かったが、被害者宅まで約140 mの路上まで赴いた時点で、警察官が後をつけていることに気付き、犯行を断念した。

このような事案に関し、最高裁は、「本件犯行計画上、キャッシュカード入りの封筒と偽封筒とをすり替えてキャッシュカードを窃取するには、被害者が、金融庁職員を装って来訪した被告人の虚偽の説明や指示を信じてこれに従い、封筒にキャッシュカードを入れたまま、割り印をするための印鑑を取りに行くことによって、すり替えの隙を生じさせることが必要であり、本件うそはその前提となるものである。そして、本件うそには、金融庁職員のキャッシュカードに関する説明や指示に従う必要性に関係するうそや、間もなくその金融庁職員が被害者宅を訪問することを予告するうそなど、被告人が被害者宅を訪問し、虚偽の説明や指示を行うことに直接つながるとともに、被害者に被告人の説明や指示に疑問を抱かせることなく、すり替えの隙を生じさせる状況を作り出すようなうそが含まれている。このような本件うそが述べられ、金融庁職員を装いすり替えによってキャッシュカードを窃取する予定の被告人が被害者宅付近路上まで赴いた時点では、被害者が間もなく被害者宅を訪問しようとしていた被告人の説明や指示に従うなどしてキャッシュカード入りの封筒から注意をそらし、その隙に被告人がキャッシュカード入りの封筒と偽封筒とをすり替えてキャッシュカードの占有を侵害するに至る危険性が明らかに認められる」から、「被告人が被害者に対して印鑑を取りに行かせるなどしてキャッシュカード入りの封筒から注意をそらすための行為をしていないとしても、本件うそが述べられ、被告人が被害者宅付近路上まで赴いた時点では、窃盗罪の実行の着手が既にあったと認められる」と判示した。

最判平成30年3月22日刑集72巻1号82頁では、複数の「嘘を一連のものとして被害者に対して述べた段階」で詐欺罪の実行の着手が肯定されていたのに対し、本決定は、「被害者宅付近路上まで赴いた時点では」としている点で、詐欺の場合よりもやや実行の着手時期が遅くなっているようにもみえるが、被害者領域への接近を常に必要とする趣旨かは必ずしも定かではない（なお、杉本一敏・法教494号139頁参照）。いずれにせよ、本決定が、現場で被害者に具体的に働きかける前に、窃盗罪の実行の着手を肯定したことの意義は小さくない。このような判断によれば、本問においても実行の着手は肯定されることになるであろう。

なお、乙がD方付近に赴いた時点で実行の着手が認められるとした場合、その時点ではすでに「だまされた振り作戦」が行われているが、これは一般人の認識しうるものではなく、乙らも認識してはいないから、危険性を判断する基礎とはならないので、具体的危険説によれば不能犯にはならない（福岡高判平成29年5月31日判タ1442号65頁）。

⑷　以上のような検討を経て、甲は窃盗未遂犯人であるということになれば、甲のEに対する暴行が、窃盗の機会に逮捕を免れるためになされたものであり、相手方の反抗を抑圧するに足りる程度のものであるということは比較的容易に認められるであろうから、甲の行為は事後強盗にあたることになる。そうすると、240条の「強盗」には事後強盗犯人も含まれるので、甲には強盗致傷罪が成立することになる。なお、窃盗が未遂であれば事後強盗も未遂にとどまるが、240条の「強盗」は未遂・既遂を問わず、また、強盗が未遂であっても死傷の結果が生ずれば、

同条の罪は既遂となるとするのが判例・通説であるという点も押さえておくべきであろう。

なお、Eに対する関係では公務執行妨害罪も成立しうると思われるが、設問では問われていないので、この点に言及する必要はない。

(5) 乙については、まず窃盗未遂について共同正犯が成立することに異論はないであろう（実行行為を分担してはいないが、正犯意思は優に肯定できるであろう）。他方で、事後強盗未遂（さらには強盗致傷）の点については共同正犯は成立しないとするのが大方の見方であろうが（完全犯罪共同説に立てば、事後強盗未遂の共同正犯が成立し、38条2項により刑のみ窃盗未遂の限度にとどまるという処理がなされる可能性があるが、この立場は一般に支持されていない）、問題はその理由づけである。

1つの見方として、当初の共謀の射程は甲の暴行には及ばない、とするものが考えられる。犯行が発覚しそうになった場合には逃走のために暴行を加えることも辞さないというようなことが共謀の内容となっていないことはもとより、現場で甲がEに暴行を加えたのは、当初の共謀とは無関係に甲が自らの意思で決定したことだとみるならば、この点に関する甲の意思決定に当初の共謀の心理的因果性は及んでおらず、したがって共謀の射程外であるから、その点に関して乙に共同正犯は成立しないということになるであろう。

これに対して、現場での甲の暴行に対して当初の共謀の心理的因果性は及んでいる（したがって共謀の射程内である）とみることも不可能ではないと思われる（共謀に係る犯行が露見しそうになった場合、それを回避する行動をとろうとする意思決定が当初の共謀の影響を全く受けずになされるとみることには、やや違和感をもつ向きもあるだろう）。仮に共謀の射程が及ぶと考えた場合には、共犯の錯誤の問題となるが、乙は事後強盗にあたる事実の認識を欠いているので、いずれにせよ乙に事後強盗の罪責を認めることはできない。ただ、故意の点だけを問題とするのであれば、甲の強盗致傷罪と乙の窃盗未遂罪とが共同正犯となるというように、異なる犯罪間の共同正犯を認める構成も考えられる（行為共同説）。しかし、設問では「窃盗未遂罪の限度で共同正犯となる」と指定されているから、この点に忠実であるならば、窃盗未遂罪と事後強盗未遂（による強盗致傷罪）の構成要件が実質的に重なり合う窃盗未遂罪の限度で共同正犯が成立するという部分的犯罪共同説の考え方を明示しておくべきであろう。

もっとも、事後強盗を結合犯だと解するのであれば両罪は窃盗（未遂）の限度で重なり合うといえるであろうが、身分犯だと解した場合には両罪は重なり合わないのではないかと思われる。仮にこのような理解が正しいとすれば、身分犯説に立った場合にはそもそも構成要件の重なり合いが認められないので共同正犯は成立しない、ということになるであろう。結論として乙は窃盗未遂罪の共同正犯にとどまる、という点に違いはないが、説明の仕方が異なることになる。

解答例

第1　設問1

1　【事例Ⅰ】における甲の一連の行為について、強盗致傷罪（刑法（以下法令名省略）240条前段）が成立しないか。

2　甲は、「強盗」に当たるか。

(1)　まず、1項強盗（236条1項）に当たらないかが問題となる。

ア　「暴行」とは、財物奪取に向けられた相手方の反抗を抑圧するに足りる不法な有形力の行使をいう。

イ　本件では、甲は、Bから自身の右手を掴まれた状態で同手を強く引いた行為（以下「第1行為」という。）と、Bを車で振り払った行為（以下「第2行為」という。）の2つの行為が認められるため、それぞれについて検討する。

(ア)　第1行為について

相手方の反抗を抑圧するに足りる程度の有形力の行使といえるかは、社会通念上一般的に被害者の反抗を抑圧するに足る程度のものであるか否かという客観的基準によって判断する。

本件では、確かに甲は、第1行為によって、Bをその場に転倒させるに至っている。しかし、これは、Bが甲の右手を離さず、また、自転車にまたがっているという不安定な姿勢であったことが影響しており、第1行為自体の暴行の強度を基礎付けるとまではいえない。また、この際、甲は、とっさに手を振りほどこうとしたにすぎないのであり、転倒させようとしたものではなく、受動的反射的な行為にすぎない。

これらを総合的に考慮すれば、被害者が当時65歳と高齢の女性であったことを加味してもなお、相手方の反抗を抑圧するに足る程度のものであったとは評価できない。

したがって、第1行為は、1項強盗における「暴行」に当たらない。

(イ) 第2行為について

第2行為がなされた時点では、甲は、Bが転倒した地点から10mほど離れたところに駐車していた車に、本件バッグを持ったまま乗り込んでおり、甲は、本件バッグの占有は取得している。そうだとすれば、第2行為は、財物奪取に向けられたものとはいえず、1項強盗における「暴行」に当たらない。

(2) では、事後強盗(238条)に当たらないか。

ア 甲は、「窃盗」に当たる。

甲は、「他人の財物」たるBが所有する本件バッグを、占有者であるBの意思に反して、自己の占有に移しているからである。

イ 甲は、「逮捕を免れ」ることを目的として、第2行為を行っている。では、第2暴行は、事後強盗における「暴行」に当たるか。

「暴行」とは、相手方の反抗を抑圧するに足る程度の不法な有形力の行使をいう。その判断は、(1)イ(ア)と同様に客観的基準により判断する。

本件では、車の前に立ち塞がる被害者に対し、車を発進させるとともに、車の助手席側のドアミラーを掴んでいる被害者を、認識しながら、速度をあげている。かかる行為は、車と接触したり、タイヤに巻き込んだりする等により、人の生命・身体に重大な損害を与えうる行為であり、被害者が高齢者であることも加味すると、第2行為は、相手方の反抗を抑圧するに足る程度の不法な有形力の行使であるといえる。

よって、第2行為は、「暴行」に当たる。

ウ　そして、事後強盗においては、書かれざる構成要件要素として、「暴行」が窃盗の機会になされたことが要求される。

本件において、第2行為がなされたのは、Bから本件バッグを窃取して間がなく、また約10mとわずかな距離しか離れていなかったこと、Bが、「この泥棒。バッグを返しなさい」「待ちなさい。返しなさい」と追及を続けていることから、窃盗の機会性も認められる。

エ　故意も問題なく認められる。

オ　以上より、甲は、事後強盗として、「強盗」に当たる。

3　そして、甲による一連の行為により、Bは、加療約3週間を要する外傷性頸部症候群等の傷害を負わせたという結果が生じている。

4　もっとも、強盗致傷罪が、強盗の機会に死傷結果という残虐な結果が生じることが刑事学上、顕著であることから、生命・身体という法益をも考慮した強盗罪の加重類型であることに鑑み、同罪の成立のためには、少なくとも、傷害結果の原因行為が、強盗の機会になされていることが必要である。

しかし、本件において、Bの上記のような傷害結果は、第1行為又は第2行為のどちらから生じたのか明らかでない。そして、上記のように、第2行為によって事後強盗が成立することに鑑みれば、第2行為よりも前になされた第1行為は、強盗の機会になされたとはいえない。ここで、疑わしきは被告人の利益にの観点から、Bの上記のような傷害結果は、第1行為により、生じたと考えるべきである。

したがって、傷害結果の原因行為は、強盗の機会になされたとはいえないから、強盗致傷罪は成立しない。

5　一方で、上記のように、甲による一連の行為は、不法な有形力の行使に当たるところ、これにより、Bは上記のような傷害を負ったのであるから、別途、傷害罪（204条）が成立する。

6　以上から、甲には、事後強盗罪及び傷害罪が成立し、両者は、保護法益を異にすることから、併合罪（45条）として処断すべきである。

第2　設問2

1　甲が、Cに対し、虚偽の事実を申し向け、15万円の借金を申し込み、Cから同人名義のキャッシュカードの交付を受けた行為について、詐欺罪（246条1項）が成立しないか。

(1)「人を欺いて財物を交付させた」といえるためには、欺罔行為、錯誤、処分行為、財物の移転の各事由に因果関係が認められることが必要である。

(2) まず、欺罔行為は、財産の処分行為の判断の基礎となる重要な事項を偽ることをいう。

本件では、甲は、実際には、返済できる当ては全くなかったのにもかかわらず、Cに対し、「彼女を妊娠させてしまった。中絶の費用が15万円かかるのだが貸してもらえないだろうか。今日中に用意できないとやばいんだ。後で必ず返すから」と虚偽の事実を申し向けている。かかる虚偽の事実は甲による返済可能性及び甲の貸与金の使用目的を偽るものであるから、Cが、甲に対し、15万円の金員を貸与するという処分行為の判断の基礎となる重要な事項となるので、上記行為は、欺罔行為に当たる。なお、甲は、貸してもらう15万円を、現金と限定していないことから、かかる欺罔行為は、15万円分の現金その他の財物又は財産上の利益の交付に向けられたものであると考える。

(3) そして、かかる欺罔行為により、Cは、甲が15万円の返還意思を有しており、中絶費用として同額の金員を必要としていると錯誤に陥り、キャッシュカードを交付するという処分行為を行い、これが甲に移転したと認められる。

(4) 故意も問題なく認められる。

(5) もっとも、甲は、Cからキャッシュカードの交付を受けた後、同キャッシュカードをCの指示に従い、C宅玄関口のポストに返却していることから、不法領得の意思が認められないのではないか。

ア　詐欺罪も領得罪である以上、不法領得の意思が要求される。そして不法領得の意思は、①権利者を排除して、他人の物を自己の所有物として（権利者排除意思）、②その経済的用法に従い、これを利用処分する意思（経済的利用処分意思）をその内容とする。

イ　本件では、甲は、キャッシュカードを用いて、ATM にて、現金 15 万円を引き出しているから、②は認められる。では、①権利者排除意思は認められるか。

確かに、甲は、C からキャッシュカードの交付を受け、すぐに ATM で同カードを用いて現金 15 万円を引き出した後、C に返却しているから、同カードの利用は短時間かつ一時的なものにとどまり、甲は、同カードの交付を受けたときから返還意思があったといえる。しかし、キャッシュカードの場合は、返還意思の有無や時間の長短にかかわらず、使用することそれ自体によって大きな価値減損の危険を生ずるものである。そして、甲は、同カードの交付を受けたときから、同カードを用いて現金 15 万円を引き出すつもりであった。

したがって、①権利者排除意思も認められ、不法領得の意思が認められる。

(6)　よって、詐欺罪が成立する。

2　次に、甲が、ATM にて現金 15 万円を引き出した行為について、窃盗罪（235 条）が成立しないか。

(1)「窃取」とは、占有者の意思に反して、他人の占有する財物を自己又は第三者の占有に移すことをいう。

(2)　ATM の管理者が管理・占有する現金 15 万円を引き出した行為は、他人の占有する財物を自己の占有に移す行為である。もっとも、甲は、C からキャッシュカードを借り受け、キャッシュカードでの現金引き出しを承認していることから、甲に払戻権限が認められ、現金 15 万円の占有者たる ATM 管理者の意思に反しないのではないか。

(3)　C が、甲に対し、キャッシュカードでの現金 15 万円の引き出しを承認したのは、上記のように、甲の欺罔行為により錯誤に陥ったためである。したがって、C による甲への上記承認は、瑕疵ある意思表示にすぎず、甲に正当な払戻権限は認められない。

(4)　そうだとすれば、正当な払戻権限なき甲による現金の引き出しは、ATM 管理者の意思に反する。

よって、上記行為は、「窃取」に当たる。

(5)　甲は、金策に困り、上記行為に臨んでいるのであるから、故意及び不法領得の意思は問題なく認められる。

(6) よって、窃盗罪が成立する。

3 以上から、甲には、詐欺罪及び窃盗罪が成立し、両者は、併合罪（45条）として処断すべきである。

第3 設問3

1 甲の罪責

(1) 甲の一連の行為について強盗致傷罪（240条前段）が成立しないか。

(2) まず、甲は、「強盗」に当たるか。

本件において、甲は、Dのキャッシュカードの占有を取得しようとしていた折、話しかけてきた警察官Eに対し、逮捕を免れようとナイフを振り回しているから、事後強盗（238条）として「強盗」に当たりうる。そこで、甲が事後強盗に当たるかを検討する。

ア まず、甲が「窃盗」に当たる必要があるところ、逮捕を免れる目的で暴行を行う場合、「窃盗」は、窃盗未遂犯も含むと解される。そこで、甲が、窃盗未遂犯に当たらないか。すなわち、窃盗罪の実行の着手の有無が問題となる。

イ 第1に、本件において、甲は、被害者に、キャッシュカードを封筒に入れさせ、ダミー封筒とすり替えた後、キャッシュカード入りの封筒を所持して、被害者方から立ち去るという計画の下、一連の行為に及んでいる。この場合、窃盗罪（235条）と詐欺罪（246条1項）のどちらを問責すべきかが問題となる。

(ア) 窃盗罪と詐欺罪の違いは、被害者による交付行為の有無に求められる。そして、交付行為は、財物の占有移転が被害者の意思に基づくものか否かを判別するための要件であるから、交付行為を認めるためには、被害者がその行為によって、財物の占有が移転することの認識がなければならない。

(イ) これを本件についてみるに、被害者が封筒を置いて離れた段階では未だ封筒の占有は甲の側に移転しておらず、甲が封筒をすり替えた時点で占有が移転すると考えるべきである。そうすると、被害者はそのような占有移転に至る状況を認識していないから交付行為を認めることはできない。

したがって、詐欺罪ではなく、窃盗罪を問責すべきである。

ウ　第２に、甲は、未だＥ方のインターホンを押し、金融庁の職員である旨を告げたにすぎないところ、窃盗罪の実行の着手が認められないのではないか。

(ア)　実行の着手の肯否は、構成要件的結果が発生する現実的危険が生じたかどうかによって判断されるべきである。

そして、①先行行為が、その後の特定の構成要件的結果惹起に至るまでの一連の行為を確実かつ容易に行うために必要不可欠なものであって、②先行行為が成功した場合、それ以降の計画を完遂する上で大きな障害はなく、計画の重要部分を終えたとみることができ、③先行行為とその後の特定の構成要件的結果惹起に至るまでの一連の行為とが、時間的場所的に近接しており、実際に、計画通りに実行しうる状況にあった場合には、先行行為は、その後の財物奪取行為と密接な行為であるといえ、先行行為の時点で、財物奪取行為が行われる客観的危険性が飛躍的に高まったといえ、その時点で、実行の着手を認めることができると解する。

(イ)　本件では、電話にて欺罔し、Ｅ方のインターホンにて、金融庁の職員であると告げる先行行為が認められる。①上記のような計画の下、キャッシュカードを封筒に入れさせてＥの同カードに対する占有を弛緩させ、ダミー封筒とすり替えるのを確実かつ容易に行うためには、Ｅに同人名義のキャッシュカードを封緘する必要性があると誤信させること、及び、甲が金融庁職員であるとして信頼させることが必要である。そうだとすれば、先行行為は、これらを実現するに資する行為であるから、その後の財物奪取に至るまでの一連の行為を確実かつ容易に行うために必要不可欠なものであるといえる。

そして、②先行行為により、Ｅに上記のような錯誤を生じさせた場合、その後の計画を完遂する上で大きな障害はなく、計画の重要部分を終えたとみることができ、③計画上、その後の財物奪取行為に至る前の一連の行為は、先行行為から連続してなされる予定であり、実際に、甲は、先行行為をＥ方玄関先で行っている以上、その後の計画も実行できる状況にあった。

そうだとすれば、先行行為は、その後の財物奪取行為と密接な行為であるといえ、その時点ですり替え行為が行われる客観的な危険性が飛躍的に高まったといえるから、実行の着手が認められる。

(ウ) よって、窃盗罪の実行の着手は認められ、甲は、「窃盗」に当たる。

エ そして、甲は、「逮捕を免れ」る目的をもって、護身用に保持していた切り出しナイフを振り回している。

切り出しナイフを人の身体に目掛けて振り回す行為は、人の生命・身体に対し、重大な損害を及ぼしうる極めて危険な行為であり、相手方の反抗を抑圧するに足る不法な有形力の行使に当たるといえ、甲が切り出しナイフを振り回した行為は、「暴行」に当たる。

かかる「暴行」は、上記のような窃盗計画の遂行途中に私服警察官から声をかけられてなしたものであるから、窃盗の機会になされたといえる。

オ 以上から、甲は事後強盗として、「強盗」に当たる。

(3) そして、甲は、上記「暴行」によって、Eに対し、左頬、左前腕部、右手甲などに加療3週間を要する切創の傷害を負わせたのであるから、「人を負傷させた」といえる。

(4) よって、甲の一連の行為について強盗致傷罪が成立し、後述のように、窃盗未遂罪の範囲内で、乙と共同正犯(60条)となる。

2 乙の罪責

(1) 乙は、実行行為を行っていないが、甲との強盗致傷罪の共同正犯が成立しないか。

(2)ア 共同正犯として一部実行全部責任(60条参照)を問うことができる根拠は、相互利用補充関係の下、構成要件的結果発生に向かう物理的心理的因果を形成した点に求められる。そして、実行行為を担当した者ではなくとも相互利用補充関係の下、結果発生に向けた因果を形成できる以上、共同正犯として処罰しうる。

具体的には、①正犯性、②意思連絡、③②に基づく実行行為が認められれば、共同正犯として一部実行全部責任を問うことができる。

イ ①乙は、本件における犯行計画の立案者であり、甲との分け前も乙：甲が6：4と過半数の分け前を得る計画であったこと等に照らせば、正犯意思は認められ、加えて、実行行為そのものは分担していないが、その前段階で、Eに電話を掛ける等の行為を担当していることや上記のような計画立案者たる立ち位置に鑑みれば、乙なしに甲が犯行を遂行することは困難であったともいえ、重要な因果的寄与も認められ、正犯性が認められ、また、②甲乙は、上記のような窃盗の計画を立て、共有しているため、両者の間の意思連絡も認められる。

(ア) では、③当初の窃盗の計画を超えて、甲が、Eに対して加えた「暴行」についてまで、共謀に「基づく実行行為」であるといえるか。すなわち共謀の射程が及ぶかが問題となる。

(イ) 本件において、共謀の内容である乙が立案した犯行計画において、犯行が発覚した際の行動については、その計画に含まれておらず、犯行が発覚した場合に、逮捕を免れるために暴行を行ったのは、甲の独自の判断によるものであったといえる。

そうだとすれば、共謀の射程は、甲による「暴行」行為には及ばず、あくまで窃盗未遂の範囲においてのみ、共同正犯となるものと解すべきである。

(3) よって、乙には、窃盗未遂罪の共同正犯が成立する。

3 罪数

甲には、強盗致傷罪が成立し、乙には、窃盗未遂罪が成立する。そして、両者は、窃盗未遂罪の範囲で共同正犯となる。 (N. R.)

（髙橋直哉）

13. 妻の嘘と夫の嘘

設問　以下の事例に基づき、甲、乙および丙の罪責について、具体的事実を示して論じなさい（特別法違反の点は除く）。

❶　甲（男性）は、平成28年2月に爆発物取締罰則違反等の容疑で指名手配を受けて逃亡し、その後、各地を転々としながら、工事現場で働いたり居酒屋でアルバイトしたりしながら生活していたが、平成30年11月頃から、アルバイトをしていた居酒屋に客として来ていた乙（女性）と親しくなり、令和2年1月からはＫ市Ｎ区のアパートにおいて乙と一緒に暮らし、内縁関係となった。乙は、甲から、事情があって逃亡生活を送っていると聞かされていたが、あまり詮索しなかったので、具体的に甲にどのような事情があるのかは知らなかった。

❷　甲は、かねてより麻雀等の遊興費の出費が多く、令和3年1月頃から、生活費に窮するようになり、消費者金融から融資を受けるなどして金を調達したいと思っていた。しかし、甲は、自己の国民健康保険被保険者証（以下、「国民健康保険証」という）などの身分証明書を使用して融資を受ければ、警察に自己の所在が発覚するおそれがあるため、消費者金融からの融資を受けることができずにいた。そこで、甲は、他人名義の国民健康保険証を取得したいと考え、たまたま自分の麻雀仲間の中に、Ｋ市Ｎ区役所の保険年金課に勤めている丙（男性）がいたことから、他人名義の国民健康保険証を取得する方法を丙に尋ねることにした。

丙は、平成20年4月に、一般事務を担当する地方公務員としてＫ市に採用され、Ｆ区役所の区民部市民窓口課や総務課の事務職などを経て、平成29年4月から、Ｎ区役所の福祉部保険年金課において国民年金の事務を担当していた。なお、Ｋ市区役所事務分掌規則により、保険年金課は、国民健康保険被保険者の資格、国民健康保険の保険給付、国民健康保険料にかかる徴収金の賦課、減免、調定および徴収、国民年金、後期高齢者医療にかかる申請および届出の受付その他の手続、後期高齢者医療保険料にかかる徴収金の調定および徴収等に関する事務を所管することとされていた。また、N市では、3年から5年に1回の頻度でK市区役所の組織の部局内または部局間において人事異動が行われるのが、通例であった。

❸ 甲は、令和3年2月5日、丙に会い、自分が指名手配を受けて逃走中であることや、消費者金融から融資を受けるために他人名義の国民健康保険証が欲しいと思っていることを丙に告げ、協力を求めた。丙は、「保険年金課というのは、国民健康保険とか国民年金のことを扱っている部署なんだけど、俺は、年金を担当しているから、国民健康保険の方は全然かかわっていないんだ。だけど、俺とお前の仲だから、協力するよ」と言って、国民健康保険の加入手続においては加入の理由に応じて転出証明書や退職証明書等が必要となるので、他人になりすまして国民健康保険に加入するためには、その名義人に関する書類を用意する必要があることを説明した上で、国民健康保険の申請にあたって不正が発覚しないための注意点を甲に伝えた。

❹ 名義人に関する書類などを用意するためには、協力者を見つける必要があったが、甲自身には心当たりがなかったため、令和3年2月12日、甲は、乙に計画を打ち明け、誰か協力してくれる人を探してほしいと依頼した。なお、甲は、丙に迷惑がかかることを危惧し、丙が協力してくれたことは乙には告げなかった。

乙は、国民健康保険証があれば医療機関における診療費等について給付が受けられるため、2人の生活が経済的に楽になると考え、甲の計画に賛成し、甲に対し、「私の兄のBがちょうど会社を退職したばかりだから、あなたがBになりすまして、『前の職場の保険をやめて国民健康保険に加入する』と言って、国民健康保険の申請をすることにしましょうよ。兄に協力してくれるよう頼んでみるわ。私が頼めば、きっと兄は、言うことを聞いてくれるわ」と提案した。甲は、乙の提案に同意した。

❺ 翌13日、乙は、B宅に赴き、Bに自分たちの計画を話し、Bの名前で国民健康保険証の発行を申請することを承諾してほしいと頼むとともに、Bの勤めていたC社の退職証明書を渡してくれるよ

う依頼した。しかし、Bは、「そんなこと、できるわけないだろ。犯罪の片棒を担ぐようなことをするのは嫌だ。お前も、ばかなことをするのはやめろ」と言って断った。Bには協力する様子が全くなかったことから、乙は、Bに協力を求めるのをあきらめ、「わかった」と答えて、B宅を出た。

しかし、乙は、Bの退職証明書を利用するという計画を自分が言い出した手前、Bに断られたと甲に伝えることができなかった。そこで、乙は、BやC社には無断で、C社名義のBの退職証明書を作成し、甲に対しては、Bから承諾をもらったと言って、ごまかすことにした。同月20日、乙は、甲から「あの話はどうなった？」と聞かれたので、甲に対し、「兄は、『自分の名前で国民健康保険の申請をしてもいいし、自由に名前を使ってくれ』と言ってくれたわ。これを使って申請して」と言って、自ら作成したBの退職証明書を渡した。甲が「保険証の申請書にBの生年月日とか住所とかを書かないといけないから、教えてくれよ」と言うので、乙は、Bの生年月日、住所等を書いたメモを甲に渡した。甲は、「ありがとう。うまくいったら、Bにお礼をしないといけないな」などと言いながら、メモを受け取った。

❻ 翌21日、甲は、丙に会い、乙から渡されたBの退職証明書を見せ、「これを使って、申請しようと思っている。どうだろう」などと丙に尋ねた。丙は、「大丈夫だろう。この前、説明したように申請すれば、ばれないさ」などと答えた。

そこで、同日、甲は、K市N区役所の保険年金課に赴いて、保険年金課の係員に国民健康保険証の申請手続について尋ねた後、同所に備えつけの国民健康保険被保険者資格異動届（以下、「異動届」という）の用紙を持ち帰った。甲は、丙から、国民健康保険証の申請交付には退職証明書の写しの提出で足りると聞いていたので、帰宅途中、コンビニエンスストアーでBの退職証明書のコピーをとり、さらに、文房具店で「B」と刻印された印鑑を購入した。その夜、甲は、自宅において、持ち帰った異動届用紙の現住所欄にBの住所である「K市N区M町1-1」、世帯主欄に「B」、届出氏名欄に「B」などと必要事項を記入するとともに、先ほど購入した「B」の印鑑を異動届の所定欄に押捺した。

❼ 甲が異動届を作成する様子を見ていた乙は、自分の作成したBの退職証明書が偽物であることを区役所の職員に見破られる可能性があるので、このまま区役所に健康保険証の交付を申請したら不正が発覚するのではないかと急に不安になり、また、Bにも迷惑がかかるかもしれないと思い、甲に対し、「やっぱりこんなことやめましょうよ。捕まるかもしれないわよ」と言った。甲は、「大丈夫さ」と答えたが、さらに、乙は、「きっと、ばれるわよ。あなたに渡した退職証明書も返してちょうだい」などと何度も中止を迫った。

甲は、内心では当初の計画を中止するつもりはなかったが、乙があまりにしつこく言うので、乙に対しては、計画を断念したふりをしてこの場を収め、後日、1人で区役所に退職証明書の写しを提出して国民健康保険証の交付を受けようと考え、乙に対し、「わかった。やらないよ」と言って、前日に乙から渡された退職証明書を乙に返した。乙は、甲がすでにBの退職証明書の写しをとっていることを知らなかったので、「これで甲が国民健康保険の申請を行うことはない」と思って安心し、退職証明書を受け取った。

❽ 翌日、甲は、乙に内緒でN区役所に赴き、Bの退職証明書の写しおよび前日に作成した異動届を保険年金課係員のDに提出し、国民健康保険証の発行交付を申し入れた。Dは、Bによる真正な申込みであると思い、B名義の国民健康保険証を作成し、窓口において甲に交付した。甲は、この国民健康保険証を受け取り、帰宅した。

❾ 令和3年4月に、丙は、K市役所人事部厚生課に異動となった。K市事務分掌規則によると、厚生課は、職員の福利厚生に関する調査、計画および広報、職員共済組合等に関する事務を所管することとされていた。

同月15日、甲は、丙と会い、「お前のおかげで、保険証が手に入ったよ。あのときは、目立つといけないと思って、何もしなかったけど、お前、異動になったから、もう大丈夫だろう。お礼をさせてくれよ」と言った。丙は、「いいよ。お礼なんて」と言ったが、甲は、「それじゃあ、俺の気が済まない。礼をさせてくれ」と言って、20万円を手渡した。丙は、「そうか。わかった」と言って、これを受け取った。

解　説

1…………概　観

(1)　設問のねらい

本問は、国民健康保険証の不正取得に関する事案であり、私文書偽造罪や詐欺罪の成否の検討が求められる。私文書偽造罪に関しては、名義人の承諾がある場合にも偽造が認められるかが特に問題となり、詐欺罪に関しては、国や地方公共団体から財物を騙取した場合に詐欺罪が成立しうるか、文書の不正取得は詐欺罪を構成するかといった点について論じる必要がある。

また、これらの罪の実行行為を直接担当したのは甲であるが、乙や丙の共犯関係も問題となる。その際には、共同正犯の成否や共犯関係の解消などの検討を通じて、乙や丙の罪責を明らかにする必要がある。

さらに、丙については収賄罪の成否も問題となる。一般的職務権限や職務密接関連行為とは何か、転職前の職務も「職務」に含まれるかが主な論点である。

(2)　とりあげる項目

➤名義人の承諾と文書偽造罪

➤国や地方公共団体に対する詐欺罪

➤文書の不正取得と詐欺罪

➤共犯関係の解消

➤賄賂罪における一般的職務権限、職務密接関連行為

➤転職前の職務と賄賂罪

2…………甲の罪責

(1)　共同正犯

共同正犯（60条）の成立には、共謀の事実と、それに基づく実行行為が必要である（裁判所職員総合研修所監修・刑法総論講義案［四訂版］352頁以下）。共謀とは、犯罪の共同遂行に関する合意をいう。共謀が認められるためには、意思の連絡疎通および共同犯行の意識が必要である。

本問では、甲と乙の会話から、以下で検討する有印私文書偽造、同行使、詐欺の各犯行の実行について甲と乙の間に意思の疎通が存在したことは、明らかである。また、甲と乙は内縁関係にあること、甲は、金融機関からの借り入れという自らの経済的利益のために各犯行を計画するとともに、自ら実行行為を担当する意思であったこと、乙は、自らの経済的利益のためにBの名義の使用を発案し、Bの情報を甲に提供し、Bの退職証明書を偽造するなど重要な寄与をしていることなどから、共同犯行の意識が認められ、上記の意味での謀議がなされたといえる。

また、後述の甲による有印私文書偽造、同行使、詐欺の各行為は、この共謀に基づいてなされたものといってよい。

(2) 有印私文書偽造罪の共同正犯

甲が国民健康保険異動届を作成した行為については、有印私文書偽造罪（159条1項）が問題となる。

(a) 159条1項にいう「偽造」（有形偽造）とは、作成名義人以外の者が権限なしにその名義を用いて文書を作成すること、あるいは、文書の名義人と作成者との間の人格の同一性を偽ることをいう。後述するように、名義人の承諾があった場合に偽造といえるか否かをめぐっては見解の対立があるが、本問では、甲は現実にBの承諾なしにB名義の文書を作成しているのであるから、いずれの見解においても、甲の異動届の作成は客観的に偽造にあたる。

(b) 問題は、故意が認められるかである。甲は名義人であるBの承諾があると誤信していることから、甲の認識の内容は偽造にあたらないのではないかとの疑問が生じるからである。この点を明らかにするためには、名義人の承諾があっても偽造といえる場合はあるのか、あるとすればどのような場合かを検討する必要がある（**16. 替え玉受験の顛末**の解説**2**(1)参照）。

一般に、名義人が名義の使用を承諾している場合には名義人の意思・観念が文書に表示されているといえるから、偽造にはあたらないとされる。この原則を文書の性質・機能を問わず徹底するのが、事実的意思説（林・各論356頁）である。事実的意思説に立てば、甲は名義人の承諾があったと考えていた以上、甲の認識していた事実は偽造にあたらず、故意は認められないことになろう。

これに対し、判例・通説は、規範的意思説に立つとされる。規範的意思説は、名義人の承諾があっても、文書の性質・機能に照らして、当該文書が名義人以外の者が作成することが許されない場合には偽造にあたると説く（最決昭和56年4月8日刑集35巻3号57頁）。ただ、その内部において、ⓐ違法な目的での承諾は無効であるから、承諾による作成権限は認められないとする見解（福田平・全訂刑法各論［第3版増補］97頁）、ⓑ自署性を必要とする文書の場合には、名義人の承諾があっても偽造となるとする見解（大谷・各論483頁）、ⓒ表示内容についての名義人への責任転嫁がありえない文書であることを重視する見解（中森・各論217頁）、ⓓ一定の場所的状況において作成されることが予定されている文書の場合には、そのような属性を備えた者が名義人となるから、作成者との人格の同一性に偽りがあるとする見解（西田・各論398頁）などがある。

国民健康保険異動届は、その名義人が国民健康保険証の交付を受ける者であることを示す文書であるから、国民健康保険証の交付を受ける名義人以外の者が作成することが許されない文書である。したがって、規範的意思説からすると、名義人以外の者が国民健康保険異動届を作成すれば、たとえ名義人の承諾があったとしても偽造にあたる。甲は名義人の承諾があると誤信していたとしても国民健康保険異動届の性質・機能を認識している以上、偽造の故意に欠けるところはないことになる。甲と乙は共同正犯となる。

⑶　偽造有印私文書行使罪の共同正犯

国民健康保険異動届を係員に提出した行為は、偽造有印私文書行使罪（161条1項）を構成する。共同正犯の成否については、後述する。

⑷　詐欺罪の共同正犯

甲が国民健康保険証の交付を受けた行為については、詐欺罪（246条1項）の成否を検討する必要がある。

(a)　まず、問題になるのが、国家的法益に向けられた詐欺的行為は詐欺罪を構成するかである。これについては、詐欺罪の定型性を欠くとして詐欺罪の成立を否定する見解も存在する。この見解に立てば、甲による国民健康保険証の不正取得についても詐欺罪の成立は否定されることになろう。しかし、判例（最決昭和51年4月1日刑集30巻3号425頁）・通説は、国や地方公共団体も財産権の主体となりうる以上、その財物や財産的利益の詐取について詐欺罪の成立を否定する理由はないと解している。

(b) ただ、国や地方公共団体から証明書を詐取した場合においては、詐欺罪の成立が否定されるものもある。たとえば、旅券（最判昭和27年12月25日刑集6巻12号1387頁）、運転免許証（高松地丸亀支判昭和38年9月16日下刑集5巻9＝10号867頁）、印鑑証明書（大判大正12年7月14日刑集2巻650頁）の詐取がその例である。その根拠については、ⓐ財物性ないし財物の要保護性を欠くとする見解（大谷・各論268頁、山中敬一・刑法各論［第3版］344頁）、ⓑ免状不実記載罪（157条2項）として軽い刑で処罰される以上、詐欺罪では処罰されないとする見解（西田・各論222頁）、ⓒそれらの証明書は一定の資格の証明にすぎず、財産的利益の侵害にあたらないとする見解（松宮孝明・刑法各論講義［第5版］252頁）などが主張されている。

他方、簡易生命保険証書（最決平成12年3月27日刑集54巻3号402頁）の詐取については、詐欺罪の成立が肯定されている。同文書は、社会生活上重要な経済的価値を有しており、その詐取は、財産上の損害にあたるというのが、その理由である。

(c) 国民健康保険証も、その提示によって被保険者として医療費の負担が軽減されるなど社会生活上重要な財産的価値を有する財物であることを理由に、その詐取については詐欺罪の成立を認める見解が多数である。この点については、従来、下級審の裁判例においては結論が分かれていたが、最決平成18年8月21日判タ1227号184頁は、国民健康保険証の詐取について詐欺罪の成立を肯定した。

こうした見解に立てば、甲がN区役所保険課の係員Dから国民健康保険証を取得した行為については詐欺罪が成立することになる。共同正犯の成否については、後述する。

⑸ 虚偽有印公文書作成罪の共同正犯

甲がDに国民健康保険証を作成させた行為は、事情を知らないDをして、内容虚偽の国民健康保険証という公文書を作成させていることから、虚偽有印公文書作成罪（156条）の間接正犯にならないかが問題となる。

虚偽公文書作成罪の間接正犯の成否については、ⓐ作成権限を有する公務員を道具のように利用している以上、間接正犯は成立するとする肯定説（川端博・刑法各論講義［第2版］553頁）、ⓑ157条の存在を理由に間接正犯の成立を否定する否定説（前田・各論402頁）、ⓒ文書の作成に関与する公務員の場合に間接正犯の成立を認める、あるいは私人による虚偽の申立て以外の形態の場合に間接正犯の成立を認める一部肯定説（大谷・各論471頁、西田・各論388頁。最判昭和32年10月4日刑集11巻10号2464頁参照）が対立している。共同正犯の成否については、後述する。

⑹ 贈賄罪

甲が国民健康保険の不正取得に協力してもらった対価として丙に現金20万円を渡した行為は、加重収賄罪または事後収賄罪の賄賂を供与するものであり、贈賄罪（198条）が成立する。

⑺ 罪　数

有印私文書偽造罪と偽造私文書行使罪は牽連犯（54条1項後段）、偽造私文書行使罪と詐欺罪は牽連犯または観念的競合（54条1項前段）となる。詐欺罪と虚偽公文書作成罪は観念的競合か。これらと贈賄罪は、併合罪（45条前段）である。

3…………乙の罪責

⑴ 有印私文書偽造罪

乙が無断でBの退職証明書を作成した行為は、有印私文書偽造罪となる。

⑵ 有印私文書偽造罪の共同正犯

甲が国民健康保険異動届を作成した点については、甲と乙は共同正犯となる。

⑶ 偽造有印私文書行使罪の共同正犯

甲が国民健康保険異動届を係員に提出した点について、甲と乙に偽造有印私文書行使罪の共同正犯は成立するのか。

(a) 乙は、異動届の作成後、その提出をやめるよう甲を説得し、甲に渡した退職証明書を取り返していることから、共犯関係の解消が認められないかが問題となる。

判例・通説は、共犯の処罰根拠を間接的な法益侵害・危険の惹起に求める因果的共犯論を前提として、離脱行為によって従前の行為と結果との間の物理的・心理的因果性が遮断されたときに共犯関係の解消を認める（最決平成21年6月30日刑集63巻5号475頁。**16. 替え玉受験の顛末**の解説**4**⑴参照）。

(b) 本件において、①結果発生の危険がそれほど高まっていない着手前に離脱行為がなされていること、②乙は、犯行を中止するよう甲を何度も説得し、表面上は翻意させていること、③自らが渡したＢの退職証明書を取り返していることなどからすると、乙は可能な限りの結果防止措置を行っており、こうした事情を重視すれば、解消は肯定されよう。しかし、①現実には甲は乙から渡された退職証明書のコピーをとっており、これとともに異動届を提出していること、②甲は乙の説得にもかかわらず犯行を断念せず、当初の謀議の内容通りの犯行を実現していること、③特に乙はＢの名義の使用を発案し、甲にＢの生年月日等の情報を提供するなどの寄与をしており、それが結果発生に結びついていることなどからすると、因果関係は切断されていないとして、共犯関係の解消を否定する見解もありうる。

⑷ 詐欺罪の共同正犯

甲が被国民健康保険証の交付を受けた点について、乙に詐欺罪の共同正犯が成立するかどうかも、上述の解消の議論が妥当する。

⑸ 虚偽有印公文書作成罪の共同正犯

甲がＣに国民健康保険証を作成させた点について、乙に虚偽有印公文書作成罪の共同正犯が成立するかどうかも、上述の解消の議論が妥当する。

⑹ 罪 数

甲に関する記述を参照。

4…………丙の罪責

⑴ 加重収賄罪、事後収賄罪

公務員である丙が甲の国民健康保険証の不正取得に協力した対価として現金20万円を受け取った行為については、加重収賄罪（197条の3第2項）または事後収賄罪（197条の3第3項）の成否が問題となる。

⒜ 加重収賄罪および事後収賄罪が成立するためには、「職務上不正な行為をした」ことが必要である。丙が甲の国民健康保険証の不正取得に協力したことが「不正な行為」であることは疑いがない。ただ、本問において、丙は国民健康保険の事務を直接担当していなかったことから、それが「職務上」行われたといえるか、すなわち、職務関連性が認められるかが問題となる。

職務は、一般的職務権限に属するものであれば足り、現に具体的に担当している事務である必要はないとされる。一般的職務権限に属するかどうかは、①法令、内規、規則、②所属する組織、部署の職務の内容などから判断される（最決平成17年3月11日刑集59巻2号1頁参照）が、学説の中には、③当該職務行為に対する事実上の影響力の程度や、④当該職務に担当が変更される可能性も考慮すべきであるとする見解（大谷・各論648頁）も存在する。

本問で、丙は、国民健康保険の事務を直接担当していなかったが、K市区役所事務分掌規則によると、丙が所属していた年金保険課は、国民年金のほか国年健康保険に関する事務を所管していたことから、国民健康保険証に関する事務は丙の一般的職務権限に属するといえよう。

⒝ 丙が甲から受領した20万円は、K市N区役所年金保険課の職務に関して行われた不正な行為の対価であるが、丙がこれを受領したのは、K市役所人事部厚生課に異動となった後であることから、「職務に関し」賄賂を収受したといえるかについて検討する必要がある。

ここで問題となるのは、転職前の職務について賄賂を約束した場合の取扱いである。この点については、まず、①転職前後において一般的職務権限に変更がない場合に通常の収賄罪（ここでは加重収賄罪）が成立することに争いはないから、転職前後の職務が同一かどうかを検討することになる。仮にこの点を消極に解すれば、つぎに、②一般的職務権限を異にする転職前の職務につき職務関連性が認められるかが問題となる。

それでは、本問ではどうか。①まず、K市区役所事務分掌規則によれば、人事部厚生課の職務は、職員の福利厚生や職員共済組合等に関する事務を所管するから、転職前後の職務は一般的職務権限を異にするというべきであろう。そこで、②一般的職務権限を異にする転職前の職務も「職務」に含まれるかが問題となる。学説は、ⓐ肯定説（山口・各論619頁）とⓑ否定説（大谷・各論650頁）に分かれるが、判例は、公務員である以上、一般的職務権限を異にする職務に転じた後に転職前の職務に関して賄賂を収受等した場合にも、「職務に関し」にあたるとし、肯定説に立っている（最決昭和58年3月25日刑集37巻2号170頁）。これによると、本問では、加重収賄罪の成立が認められる。これに対し、否定説を徹底すれば、丙には事後収賄罪が成立するにすぎない。もっとも、否定説においても、加重収賄罪の場合は条文上当然に過去の職務についても職務関連性が認められるとして、加重収賄罪の成立を肯定する見解もありうる。

⑵ 有印私文書偽造罪の幇助犯

甲が国民健康保険異動届を作成するにあたって丙は甲に助言しているが、丙に有印私文書偽造罪の共同正犯は成立するであろうか。丙の助言は、甲が犯行を行う上で有益なものであったとはいえるが、丙は具体的な犯行の方法を提案したわけではないこと、報酬を得ることを動機としていたわけではないことなどからすると、共謀ないし共同実行の意思は認められず、有印私文書偽造罪の幇助犯が成立するにすぎないであろう。

⑶ 偽造有印私文書行使罪の幇助犯

さらに甲は偽造有印私文書行使罪を行っており、丙には偽造有印私文書行使罪の幇助犯が成立する。

(4) 詐欺罪の幇助犯

丙の助言の結果、甲は国民健康保険証の交付を受けており、丙には詐欺罪の幇助犯が成立する。

(5) 虚偽有印公文書作成罪の幇助犯

また、丙は、助言を通じて甲の虚偽有印公文書作成罪の実行も容易にしたといえ、虚偽有印公文書作成罪の幇助犯が成立する。

(6) 罪　数

有印私文書偽造罪、同行使罪、詐欺罪、虚偽有印公文書作成罪の各幇助犯は観念的競合、これと加重収賄罪または事後収賄罪とは併合罪となる。

解答例

第1　甲の罪責

1　有印私文書偽造罪の共同正犯の成否（刑法〔以下省略〕60条、159条1項）

(1) 本件で、甲は乙の協力を得て、「他人の印章」たる「B」と刻印された印鑑を「使用」して、「事実証明に関する文書」たる国民健康保険異動届を作成している（159条1項）。そこで、乙との間で有印私文書偽造罪の共同正犯が成立するか、問題となる。

(2) まず、甲の上記行為が「偽造」（159条1項）にあたるかにつき、「偽造」とは文書内容から理解される意思表示主体たる名義人と文書を作成した者または作成させた者たる作成者との人格の同一性を偽ることをいう。そして、本件では異動届の内容から意思表示主体すなわち名義人はBと理解でき、一方、甲は客観的にはBの承諾なしに異動届を作成している以上、作成者は甲であるから、上記甲の行為は「偽造」にあたる。

(3) つぎに、甲に故意が認められるかにつき、甲はBの承諾の下に異動届を作成しているものと誤信していることから、本罪の故意が認められないのではないかが問題となる。

ア　159条1項の保護法益は文書に対する公共の信用にある。

そのため、文書の性質上、名義人自身の自署でなければ公共の信用の対象たりえない文書については、たとえ名義人の承諾があったとしても、本罪は成立すると考える。

したがって、文書の性質上名義人自身の自署が必要な文書については、名義人の承諾があると誤信していても故意は認められると考える。

イ　本件では、異動届は国民健康保険という公的な保険を受けるために必要な文書であって、文書の性質上、対象となる特定人により提出されることが想定されているといえる。そのため、名義人たるＢ自身の押印が必要な文書といえ、Ｂの承諾があると誤信していたとしても、甲に本罪の故意が認められる。

(4)　さらに、甲は本件異動届を融資を受けるため、すなわち「行使の目的」（159条1項）で作成しているといえる。

(5)　よって、甲には異動届につき本罪が成立し、後述の通り乙との間で共同正犯となる。

2　偽造有印私文書行使罪の共同正犯の成否（60条、161条1項）

(1)　本件で甲は、159条1項の「文書」（161条1項）たる上記異動届をＮ区役所に提出することで真正な文書として人にその文書の内容を認識させており、「行使」（161条1項）したといえる（事実❽）。

そして、甲に本罪の故意が認められる。

(2)　したがって、甲に本罪が成立する。なお、後述の通り乙には共犯関係からの離脱が認められ、本罪は甲の単独犯となる。

3　詐欺罪の成否（246条1項）

(1)　本件で、甲はＮ区役所においてＢの退職証明書および偽造私文書たる本件異動届を提出することで、「財物」（246条1項）である国民健康保険証を取得している（事実❽）。この行為は、Ｎ区役所職員が本当のことを知っていれば当該保険証を交付することがなかったであろう重要な事実を偽るものといえ、欺罔行為にあたる。そして、これによりＤが錯誤に陥り、これに基づき健康保険証が交付され、甲に保険証が移転している。加えて、甲に本罪の故意および不法領得の意思が認められる。

したがって、甲に本罪が成立する。

(2)　なお、国家に対して個人法益に対する罪である詐欺罪が成立しうるか問題となるも、肯定すべきと考える。なぜなら、国家といえど欺罔行為により財産的損害を被ることがありうる上、国民健康保険証はその性質上、病院での支払いの一部を免れることができる点で社会生活上、財産的価値が認められるからである。

4 虚偽有印公文書作成罪の間接正犯の成否（156条）

(1) 本件で、甲は「公務員」（156条）Dに偽造有印私文書たる本件異動届を提出することで、内容「虚偽の文書」（156条）である本件健康保険証を「作成」させている。そこで、甲に本罪の間接正犯が成立するか問題となるも、これについては否定すべきと考える。その理由は以下の通りである。

(2) すなわち、私人による本罪の間接正犯は公正証書原本不実記載罪（157条1項および2項）により処罰対象となっており、当該条文が客体を限定しこれを軽く処罰している。そうすると、157条1項および2項の場合以外は、本罪の間接正犯は処罰しないのが157条の趣旨と考えられる。

5 贈賄罪の成否（198条）

(1) 本件で、甲が丙に対して謝礼の趣旨で20万円を渡した行為につき（事実❾）、丙には加重収賄罪が成立するため（197条の3第2項）（後述）、甲の当該行為は「賄賂を供与」するものといえる。そして、甲に本罪の故意が認められる。

(2) したがって、甲の上記行為につき本罪が成立する。

6 罪数

有印私文書偽造罪の共同正犯、同行使罪および詐欺罪は、手段と目的の関係にあることから牽連犯となり（54条1項後段）、これらと贈賄罪とは、保護法益および行為態様を異にすることから、併合罪となる（45条前段）。

第2 乙の罪責

1 Bの退職証明書につき有印私文書偽造罪の成否（159条1項）

(1) 本件で、乙は「事実証明に関する文書」であるBの退職証明書をBおよびC社に無断で作成しており、名義人C社と作成者乙との人格の同一性を偽っており、「偽造」しているといえる。また、乙に本罪の故意が認められ、これを行使する目的も認められる。

(2) したがって、乙に本罪が成立する。

2　国民健康保険異動届につき有印私文書偽造罪の共同正犯の成否（60条、159条1項）

(1)　本件で、乙は甲が健康保険証を不正取得することに協力しており、甲が本件異動届を作成するのを制止することなく見ていた（事実❻、❼）。そこで、乙に本件異動届につき有印私文書偽造罪の共謀共同正犯が成立するかが問題となる。

(2)　共謀共同正犯の成立には①共謀に基づく共同実行の意思の形成、②重要な役割を果たしたこと、③一部の者の実行行為が必要と解する。なぜなら、このような場合にはじめて共同正犯の処罰根拠たる相互利用補充関係に基づく法益侵害の共同惹起が認められるからである。

(3)　本件では、①につき、乙は甲が国民健康保険証の不正取得に協力してくれる人を探してほしいと頼んだ際に、甲の計画に賛成している（事実❹）。そして、国民健康保険証を不正取得するためには、本件異動届の作成およびBの退職証明書の取得が必要不可欠なプロセスであることから、乙は本件異動届の作成について同意していたものといえ、共謀に基づく共同実行の意思を有していたといえる（①充足）。

また、②につき、乙は甲に対して、乙の兄であるBの退職証明書を利用して保険証を不正取得する旨を積極的に提案しており、これを受けて甲はB名義の保険証を不正取得することを具体的に決意するに至っている（事実❹）。そうすると、乙は甲が本件保険証の不正取得を決意するにつき重要な役割を果たしたといえ、本件異動届の作成についても重要な役割を果たしたといえる（②充足）。

加えて、前述の通り、甲は本件異動届の作成を実行している（③充足）。

(4)　したがって、乙に本罪の共同正犯が成立する。

3　国民健康保険異動届につき偽造有印私文書行使罪の共同正犯の成否（60条、161条1項）

(1)　本件で、甲がDに対し偽造私文書たる本件異動届を行使した点につき、この行為は甲および乙が合意した健康保険証の不正取得のためのプロセスであり、乙に本罪の共同正犯が成立するとも思える。

しかし、乙は甲に対し、B名義の保険証の不正取得をやめるよう説得している（事実❼）。そこで、乙に共犯関係からの離脱が認められるか、問題となる。

(2) 前述の通り、共同正犯の処罰根拠は相互利用補充関係に基づいて法益侵害を共同惹起する点にある。そして、事後的な働きかけにより、共犯の物理的・心理的因果性が遮断されたといえる場合には、相互利用補充関係が解消されたと評価できる。

したがって、共犯の物理的・心理的因果性が遮断されたといえる場合は、共犯関係からの離脱が認められると考える。具体的には、①計画の着手後であるか否か、②離脱の了承を得ているかどうか、③積極的に因果性を遮断する行為をしているかどうかを考慮して判断すべきである。

(3) 本件では、確かに、乙が離脱の意思を表明したのは甲が異動届を作成した後であり（事実❼）、一連の計画の着手後であることから、離脱は認められないとも思える（①）。

しかし、乙は甲から健康保険証の不正取得を中止する同意を得ており、離脱の了承を得ているといえる（②）。加えて、乙は、乙による説得後も「大丈夫さ」等と述べて犯罪を実行する意思を示していた甲を、さらにしつこく説得するという積極的な行為に出ており、甲に１人で犯罪を実行する旨を決意させている。そうすると、乙は心理的因果性を遮断する積極的な行為をしているといえる（③）。さらに、乙は甲に渡していたＢの退職証明書を返してもらっており（事実❼）、当該証明書は保険証の不正取得に不可欠なものであるから、物理的因果性を遮断する積極的な行為に出ているといえる（③）。

したがって、本件では共犯乙の物理的・心理的因果性が遮断されたといえ、乙は共犯関係から離脱したといえる。

よって、乙に本罪の共同正犯は成立しない。

4 罪数

退職証明書の有印私文書偽造罪と異動届の有印私文書偽造罪とは客体および行為態様を異にすることから、併合罪（45条前段）となる。

第３ 丙の罪責

1 加重収賄罪の成否（197条の３第２項）

(1) 本件で、丙は甲の健康保険証の不正取得のために必要なアドバイスを与えるという「不正な行為」（197条の３第２項）をし、その対価として20万円という「賄賂を収受」(同項）している(事実❾)。

もっとも、丙はN区役所において国民年金を担当していたことから（事実❷)、「その職務上」(197条の3第2項）不正な行為を行ったものといえるかが問題となる。

ア 「その職務上」不正な行為を行ったといえるためには、法令や内規等に照らして、当該公務員の一般的職務権限に属する行為であれば足りると解する。なぜなら、一般的職務権限に属する行為に関し不正な行為を行えば、収賄罪の保護法益である職務の公正に対する国民の信頼は害されるからである。

イ 本件では、確かに丙自身は国民健康保険を担当はしていないものの、K市区役所の内規によると、丙が所属する保険年金課は国民健康保険に関する事務を行うものとされており(事実❷)、当該事務は丙の一般的職務権限に属するものといえる。

したがって、丙は「その職務上」不正な行為を行ったものといえる。

ウ また、丙が「賄賂」(197条の3第2項）である20万円を受け取ったのは一般的職務権限を異にする人事部厚生課に異動になった後であるものの、異動前の職務に関して賄賂を受け取っても職務の公正に対する国民の信頼は害されうる。そうすると、異動後であっても丙は「その職務上」不正な行為を行ったことに関して賄賂を受け取ったものといえる。

(2) さらに、丙に本罪の故意が認められる。

(3) したがって、丙に本罪が成立する。

2 国民健康保険異動届につき有印私文書偽造罪の幇助犯の成否(62条1項、159条1項)

(1) 本件で、丙は甲に対し健康保険証の不正取得のために必要なアドバイスを与えており（事実❸)、これは甲の保険証の不正取得を容易にする行為として「幇助」(62条1項）行為にあたる。そして、健康保険に関する部署にいる丙のアドバイスは甲の行為を容易にするものといえ、促進的因果関係も認められ、丙に本罪の故意も認められる。

(2) したがって、丙に本罪が成立する。

3 国民健康保険異動届につき偽造私文書行使罪の幇助犯の成否

（62条1項、161条1項）

(1) 本件で、丙は甲に対して、上記アドバイスに加えて大丈夫だろう等とさらなるアドバイスを与えており（事実❻)、幇助行為を行ったといえ、促進的因果関係も認められる。そして、丙に本罪の故意が認められる。

(2) したがって、丙に本罪が成立する。

4 詐欺罪の幇助犯の成否（62条1項、246条1項）

(1) 丙の上記アドバイスは、甲の保険証の不正取得を容易にするものとして幇助行為にあたり、促進的因果関係も認められ、さらに故意も認められる。

(2) したがって、丙に本罪が成立する。

5 罪数

各幇助犯については、同一の行為により行われていることから観念的競合となり（54条1項前段)、これらと加重収賄罪とは保護法益および行為態様を異にすることから併合罪となる（45条前段)。 (W. U.)

（十河太朗）

14. 華麗ならざる犯行

設問　以下の事例に基づき、甲、乙およびCの罪責について、具体的な事実を指摘しつつ論じなさい（特別法違反の点は除く）。

❶　甲女（58歳）は、昨年定年退職し一日中家でごろごろしている夫の乙（61歳）と過ごす日々に鬱々としていたが、某年9月1日の夕食後、乙が昔観たという映画「オーシャンズ8」の、乙が絶賛する、稀代の美しい女詐欺師がやってのける一連の華麗な犯行のシーンにいたく興味をそそられた。そのシーンとは、「豪華なドレスに身を包んだある女詐欺師が、デパートで、陳列してある高級化粧品をいくつか手にしてレジに向かうと、すでに購入済みであるかのように装って店員にその商品の返品を申し出るが、『レシートがないと』と言われて断られる。しかし、こうした対応は織り込み済みのことであって、その後、女詐欺師は返品をあきらめたふりをして、その商品を手にしたまま、なおかつ、『できたら、やはりお店の紙袋、いただけるかしら』と手提げ袋までもらい受けたうえで、デパートの売り場を颯爽とあとにし、当初の計画どおり、華麗に目的の品々を手に入れる」というものであった。登場人物のやり取りや詐欺の手口について、「自分なら……」と珍しく甲が饒舌に語るのを見て、乙が、「俺たちもやってみたら、案外うまくいったりしてな」と何気なく言うと、それを聞いた甲は、同じような手口でちょっと高価な化粧品を手に入れることができたら、スリル満点でスカッとするであろうと夢想すると、矢も楯もたまらず試してみたくなり、早速、実行の段取りを練ることにした。毎日暇を持て余していた乙も、事がうまく運べば非日常的な刺激を得ることができ、そのスリルを味わうのはまんざらでもないと考えた。

❷　2日後、甲は、小雨の降る中、裕福な家の奥様風に着飾って乙とともに繁華街に出かけると、とあるブランド洋品店に入り、化粧品売り場（以下、「店舗」という）で代金を支払わずに高級化粧品を

入手すべく計画を実行しようとしたところ、ここに至って、実際に犯行を行うことに怖じ気づいた乙は意を翻し、「やはり、マズイからやめとけ。俺はおりる。外で待ってる」と、甲にも翻意を促すような口ぶりで、その場を離れた。しかし、甲は、せっかくここまで来たのだからと、引き返す乙を意に介することなく、適当と思われる商品を物色していたが、そうするうちに、たまたま、レジ近くの商品陳列棚に、客の誰かがしまい忘れたと思われる口紅（赤色）購入時のレシートが置かれているのを発見した。甲はこれを手にして、よりスムーズに化粧品を手に入れるなら交換という方法が確実だと思いつくと、首尾良く商品を取得した後は直ちにそのレシートを捨てる意思で、これをポケットにしまった。

❸　その後、レシートに記載されたものと同一の口紅を陳列棚から見つけ出した甲は、店員の目を盗んでその口紅を手に取り、これを手に握ったままレジに進むと、カウンター内の店員Ｘに対しレシートと一緒に提示して、「さっき頂いた品だけれど、考えたら、やはりピンク色のほうがいいから、換えてくださらないかしら」などと申し向け、購入した商品の交換であると誤信したＸをしてピンク色の口紅を交付させ、それを受け取るや、足早に洋品店の出口ドアに向かった。途中、レシートは、エレベーター脇のゴミ箱に丸めて捨てた。なお、乙は、その間、洋品店の出入口付近で甲が戻るのを待っていた。

❹　他方、店舗内では、たまたま甲とＸとのやり取りを目にした同店舗主任のＹ（女性：60歳）が、Ｘに事の詳細を問うたところ、店舗のシフトを交代したばかりであったＸは、甲の口紅購入の事実についてはあずかり知らなかったものの、甲の口ぶり等から申し出を信じ、そのまま商品の交換に応じたとのことであった。これを聞いたＹは、口紅は包装も施していない裸のままであったことを不審に思い、すぐさま甲を追いかけ、洋品店の出口ドアを出たところで追いついて声をかけた。しかし、甲は立ち止まる様子もなく制止を無視して駆け出して行こうとしたため、Ｙが甲の腕を掴んだところ、甲と揉み合いになった。甲は、Ｙの追及から逃れたい一心でＹの胸や肩、顔面を殴るなど力の限りの抵抗を続けていたが、

人だかりの向こうに乙の姿を認めるや、大声で乙に助けを求めた。その声に、甲が計画どおり犯行を行い外に出てきたものの、店員に見破られて追いかけられているのだと見て取った乙は、すぐさま、甲を助けるべく、揉み合っている2人の間に割って入るように、横からYに体当たりした。すると、そのはずみで体勢を崩したYは、雨で濡れていたタイル貼りの歩道で滑って大きく転倒し、道路際の花卉植栽用のコンクリート製プランターに顔面をしたたかぶつけ、そのまま倒れ込んでしまった。乙と甲は、その隙に逃走した。

❺ 上記の転倒により、Yは、鼻骨骨折を伴う眉間部打撲傷の傷害を負って意識不明の状態に陥り、119番通報によって駆けつけた救急隊隊長A、救急隊員BおよびCにより、直ちに直近の救急病院に搬送された。しかし、同病院救急搬入口付近において、救急車後部からYを搬出するにあたり、本来、Yに対してなされるべき転落防止ベルトで固定する措置が講ぜられず、また、隊員複数名でメインストレッチャーの左右を支えるべきであるのにもかかわらず、Cが単独でメインストレッチャーの搬出を行い、AとBは漫然とこれを傍観していたため、メインストレッチャーが左に傾き、Yは地上に投げ出されて、その頭部をコンクリートの地面に強打した。9月5日午後6時、Yは死亡するに至ったが、鑑定の結果、死因は、乙から体当たりを受けた際の転倒によるびまん性脳損傷による脳死を経た心臓死であったものの、上記の転落事故がYの脳損傷を拡大させ、いくぶんか死期を早めることに影響を与えるものであったことが判明した。

なお、死亡に至る経緯としては、脳損傷により脳死状態に陥ったYに対して、9月4日午後6時半頃に脳死判定が行われ脳死が確定したのを受けて、Yの家族の承諾に基づき医師によって人工呼吸器が取り外され、翌5日午後6時に心臓停止が確認されたものである。

解　説

1…………概　観

(1) 設問のねらい

本問の主要な論点は、窃盗罪および詐欺罪の成否、窃盗または詐欺によって得た財物の返還を暴行を用いて免れる行為の刑法的評価、因果関係、共犯関係の解消、共犯の錯誤、業務上過失致死罪の成否、そして人の終期といったものである。問題文の中から、的確に論点を抽出し、具体的な事実との関係を示しつつ論じることが求められる。

共犯が絡む問題においては、正犯行為から検討する場合もあろうが、時系列に従って、実行行為を行った者の罪責を順に論じていくことにする。

(2) とりあげる項目

➤窃盗罪

・窃盗罪の客体と財産的価値の要否

➤窃盗罪

・窃盗罪の既遂時期

・返却意思と不法領得の意思

➤暴行・脅迫によって、詐欺によって得た財物の返還請求を免れる行為の擬律

➤共謀および共謀の射程と共犯の錯誤

➤共犯関係からの離脱

➤人の終期

➤第三者の過失行為が介入する場合の因果関係

➤因果関係と二重評価

2…………甲の罪責

(1) レシートを手に取った行為について

甲は、化粧品を手に入れる手段として利用するために、他人のレシートを手に取っている。ここでは、窃盗罪の成否が問題となるであろう。

まず、本件レシートが財物といえるかが問題となる。財物といえるためには刑法的保護に値する財産的価値を有しなければならないが、客観的な交換価値（経済的価値）だけでなく、たとえば、若い頃のラブレターのように主観的・感情的な価値があるもの、また、日本銀行が焼却するために回収した破損日銀券のように、所有者にとっては積極的な価値はなくとも他人の手に渡って悪用されるおそれがあるものは、消極的な価値があるとされることから財物にあたるとされている。判例では、使用後の列車の乗車券（大阪高判昭和 29 年 6 月 24 日判特 28 号 148 頁）、デパートが発行する買上券（領収書）（東京高判昭和 36 年 7 月 4 日高刑集 14 巻 4 号 246 頁）、失効した運転免許証（東京地判昭和 39 年 7 月 31 日下刑集 6 巻 7 = 8 号 891 頁）などについては、財物性が認められている。

しかし、客観的にも主観的にも全く価値がないとされるものは財産に対する罪の客体たりえず、刑法的保護の対象にならない。また、経済的価値がきわめて軽微で、刑法的保護に値しないものも、財物と解すべきではないとされている。たとえば、駅名が書かれたメモ用紙 1 枚、ティッシュペーパー数枚、外れ馬券などには財物性が否定され、結果発生の客観的危険性があるならば、その場合には、せいぜい窃盗未遂が成立するにすぎないとされている。

本件レシートは、それ自体は 1 枚の小さな紙片にすぎないが、当該商品を購入したという事実を示すことによって代金返還請求権があることを裏づける機能があるといえるであろうし、本件がまさにそうであるように、返品の際に利用される点で経済的価値を認めることができ、また、他人に悪用されるおそれがあるという消極的価値も否定できないであろう。したがって、レシートの財物性は否定されないと思われる。

つぎに、レシートの占有についてであるが、他の客が忘れていったものだとすれば、その客の占有は認められないことになる。問題は、店舗の管理者の占有が及んでいるか否かという点である。裁判例では、宿泊者が旅館内の便所に遺失した財布（大判大正 8 年 4 月 4 日刑録 25 巻 382 頁）や、旅館内の入浴場の脱衣場に置き忘れた時計（札幌高判昭和 28 年 5 月 7 日判特 32 巻 26 頁）について旅館の管理者の占有を認めたもの、また、ゴルフ場内のロストボールについてゴルフ場の管理者の占有を肯定したものがあり（最決昭和62年4月10日刑集41巻3号221頁）、他方で、鉄道列車内に置き忘れた毛布については鉄道係員の占有は否定されている（大判大正15年11月2日刑集5巻491頁）。後者のようなケースで占有が否定されているのは、一般客が自由に立ち入ることが可能な場所については、管理者の事実的支配が十分には及ばない、という点に理由があるとされている。

本問の場合、ブランド洋品店および当該店内の各店舗は、一般客が自由に立ち入ることができる場所であるから、その点を強調すれば、店舗の管理者の事実的支配は十分には及ばないとして当該レシートの占有を否定する見方もありえよう。ただ、店舗の、しかも店員が比較的頻繁に利用するレジの近くの商品陳列棚の上に置かれているという状況に鑑みると、店員が容易に発見できる場所であり、かつ、発見すれば当然に回収することが予想されるものであるから、当該レシートには店舗の管理者の事実的支配が及んでいると考えることも十分にできると思われる。

また、不法領得の意思についても検討を要する。甲は、商品を取得したら当該レシートは捨てるつもりであった。もっぱら毀棄目的である場合には不法領得の意思は認められないとするのが判例・通説であるが（受領後直ちに廃棄する意図で欺罔により支払督促正本を受領した事案について不法領得の意思を否定した、最決平成16年11月30日刑集58巻8号1005頁参照）、本問の場合、甲は、商品の交換を装って商品を取得するために当該レシートを取得しており、交換のためにはレシートの提示が不可欠なのであるから、レシートの効用を享受する意思、すなわち利用処分意思は十分に肯定できるであろう（**10. 盗んだバイクで走り出す〜**の解説**2**⑵参照）。判例は、商品の返品を装って代金相当額の交付を受けようとしてスーパーマーケットから商品を持ち出す場合において、権利者排除意思を肯定している（大阪地判昭和63年12月22日判タ707号267頁）。以上のことから、甲がレシートを自己の占有に移転した行為については、窃盗罪が成立すると解される（退店時にレシートを捨てた行為は、器物損壊罪に該当するが、窃盗罪の共罰的事後行為と解されよう）。

⑵ 赤色の口紅を陳列棚から取った行為について

甲は、商品の交換を装うため、レシートに記載されている赤色の口紅を陳列棚から手に取っている。ここではまず、口紅の占有が甲に移転したといえるかが問題となるが、本件口紅のように目的物が小さく身に付けられる大きさの物については、一般に、ポケットや鞄の中に入れれば店内にとどまっていても占有は移転すると考えられている。本問では、ポケットなどに入れてはいないものの、自分の掌中に収めたとみられるので、占有移転を肯定することは可能だと思われる。なお、たしかに、ここでは購入していないにもかかわらず購入しているように装うため、その限りで相手を錯誤に陥れているようにも思われるが、欺く行為があっても、その錯誤に基づいて相手方が財物を交付させたといえない限りは詐欺罪ではなく、窃盗罪が成立しうるにすぎない。宿泊客が、旅館から提供された丹前・帯・下駄等を着用しながら、手紙を出してくると偽って旅館を立ち去った行為に、（旅館の丹前等は旅館の館主に属するとしつつ）窃盗罪の成立を認めている（最決昭和 31 年 1 月 19 日刑集 10 巻 1 号 67 頁）。

また、商品交換を装うために取ったということは、店側に返すつもりなのであるから、不法領得の意思が否定されるのではないかという点も問題となる。なかなか気付きにくい論点であるが、この点に関しては、なるほど店側に返すつもりではあるとしても、正当な購入者（所有者）であるように振る舞うために行っている点で、交換されるまでは正当な権利者を排除していると考えることができるし、商品交換のために不可欠なものとして本件口紅の効用を享受する意思も肯定することができるであろう（前掲大阪地判昭和 63 年 12 月 22 日）。

⑶ 商品交換を装ってピンク色の口紅の交付を受けた行為について

この行為について詐欺罪が成立するという点に関しては、おそらく異論はなかろう。理論的に検討を要するのは、欺罔行為をどのように理解するかという点である。この点については、あたかも正当な購入者であるかのように装って商品の交換を申し出るという作為による欺罔と解するのが妥当であろう（なお、ここでは、行為者の態度自体が虚偽の事実を含んでいる、いわゆる挙動による欺罔とはみなされない。本問の場合、積極的に購入者であることを告知していることから、単に黙示的な欺罔行為というのではなく、積極的かつ明示的に欺いているといえる。和田俊憲「詐欺罪における人を欺く行為」法教453号27頁参照)。正当な購入者による商品交換の申し出であるかどうかは、店員にとって商品交換に応ずるかどうか、すなわち商品を交付するかどうかを判断する上で決定的といってもよいほど重要なことであるから、判例が強調する「交付の判断の基礎となる重要な事項」(最決平成22年7月29日刑集64巻5号829頁など)を偽ったという点も問題なく認められるであろう。なお、本問では、口紅という客体の小ささに照らして、遅くとも店舗を出たところで占有は移転していると考えるべきである。

⑷ Yから逃れ、化粧品の返還を免れようとして暴行を加えた行為について

この行為については、まず、2項強盗罪の成立可能性を検討する必要がある。というのも、最決昭和61年11月18日刑集40巻7号523頁によれば、窃盗または詐欺によって得た財物の返還を免れるために暴行を加える場合には2項強盗罪が成立するとされているからである(同判例においては、2項強盗による強盗殺人未遂罪が肯定された)。窃盗罪または詐欺罪成立の後に暴行・脅迫によってその財物の返還請求を免れた場合には、財物を適法に借りていた場合ですら2項強盗罪が成立するのであるから、本件においては問題なく2項強盗罪の成立を肯定すべきであろう。先行する窃盗罪または詐欺罪とは、混合的包括一罪となると解されている。単に傷害(致死)罪が成立するとして、あるいは事後強盗罪の成立を認めようとして先行する行為につき窃盗(未遂)が成立するなど と、考えるべきではない。

なお、財物取得後の強盗罪の成否に関しては、占有を確保するという観点からの1項強盗罪、財物の返還や代金の支払いを免れるといった観点からの2項強盗罪、および事後強盗罪の成立範囲が交錯しているので、整理が必要である(**4. 迷える羊の帰還**の解説**3**参照)。

詐欺によって得た財物の返還を免れることが財産上の利益にあたると

して、2項強盗罪の成否について考えるならば、まず、甲の暴行が、強盗罪における暴行にあたるかどうかが問題となろう。強盗罪における暴行は相手方の反抗を抑圧するに足りる程度のものでなければならず、その判断は、判例によれば、「その暴行……が、社会通念上一般に被害者の反抗を抑圧するに足る程度のものであるかどうかと云う客観的基準によつて決せられる」ものとされている（最判昭和24年2月8日刑集3巻2号75頁)。もっとも、上記判例の基準によるとしても、具体的な事情を捨象して判断するのではなく、行為者と被害者の年齢・性別・体格といった事情を考慮して判断されることになる。本問の場合、甲・Yともに同年代の女性であるところ、甲の暴行の態様が「Yの胸や肩、顔面を殴るなど力の限りで抵抗」するものであったといった点を取り上げて、相手方の反抗を抑圧するに足りる程度のものかどうかを判断しなければならない。結論的には、肯定しうると考えられようが、どちらにしても上記のような事情を指摘して法的評価を加えていくことが求められよう。なお、この部分の罪責は、最終的には乙との共犯関係を踏まえた上で、結論を示すことになろう。

3…………乙の罪責

(1) 共謀の内容

乙の罪責を考えるにあたっては、まず、共謀の内容を整理しておくことが有益である。甲・乙間で合意が形成されている犯行内容は、「ある着飾った女詐欺師がデパートで陳列してある化粧品をいくつか手にしてレジに向かい、すでに購入済みであるかのように装って店員にその商品の返品を申し出たところ、レシートがないことから返品を断られたので、当初の想定どおり、返品をあきらめたふりをしてその商品を自己の物のごとく手にして店を出る」という映画のストーリーに基づいている。この点については、これは「詐欺」にあたる事実を内容とするものだと考えるべきではない。化粧品を手にしてレジに向かった時点ですでに口紅の占有が行為者に移転していると考えた場合には、この時点で窃盗は既遂になっており、その後の偽装工作はその場をより確実に立ち去るために行われるものにすぎないと考えられるため、別途詐欺罪を論じる意味はないからである（なお、交付意思の要件を大幅に緩和すれば、2 項詐欺罪の成立を肯定することができないわけではない）。他方で、客観的にはまだ当該商品の占有が店舗側に残っていると考えたとしても、このストーリーにおいて、店員は、返品の申し出があった商品はすでに売却済みのものだと思っているから、返品を断ることによって当該商品の占有が相手方に移転することの認識を欠いているとみるべきであろう。そうだとすれば、店員には交付意思（占有移転意思）が認められないから交付行為がないことになるが、店員に交付行為が認められないとすれば、そもそも、このケースでは交付の判断の基礎となる重要な事項を偽っていることにはならず、欺罔行為自体が否定されることになろう。いずれにせよ、詐欺罪は成立せず、窃盗罪にしかならないことになる。したがって、当初の甲・乙間における共謀は、窃盗にあたる事実を内容とするものであったとみるべきである。

なお、乙は、甲にきっかけを与えるとともに、刺激を得てスリルを味わいたいという動機を有していたのであるから、十分に正犯意思を肯定することができるであろう。

⑵ 共謀の射程

まず、本問において、実際の犯行内容は、甲が現場において自己の判断により変更したものであることから、当初の共謀がこの実際の犯行に及んでいるのかが問題となる。共同正犯の要件に照らして考えるならば、当初の共謀に基づいて甲が実行したといえるのか、という形で論ずることになろう。近時は、これを「共謀の射程」という言葉で表現することが一般である（十河太朗「共犯関係の解消と共謀の射程」刑法 60 巻 1 = 3 号 39 頁参照）。

この問題も、基本的には因果的共犯論を基礎として検討することになる。そのような立場に従って考える場合には、当初の共謀と結果惹起との間の因果性が認められるかがその判断基準となり、とくに、実行担当者が当初の共謀の内容とは異なる行為を行う際に、その実行担当者の意思決定に当初の共謀が影響を及ぼしているのかどうかが重要な考慮事項となるであろう。本問の場合、甲は自分の判断で犯行手順などを変更しているが、それは当初の共謀で予定されていた犯行をより安全・確実に実現するために変更したものにすぎず、また、当初の共謀が犯行方法を厳格に制限する趣旨のものであったと解すべき特段の理由は見あたらない。したがって、共謀の射程は及ぶものと解される。

(3) 共犯関係からの離脱・解消

上記のような共謀が成立したことを前提として、実際に犯行に至ることに怖じ気づいた乙が、「やはり、マズイからやめとけ。俺はおりる。外で待ってる」と言って、できれば甲にも犯行を思いとどまらせたいような素振りを見せつつその場を立ち去った、ということから共謀関係からの離脱・解消が認められるかが問題となる（なお、「離脱」という文言は、共犯としての罪責が否定されるという規範的意味で用いられる場合と、単に「抜けた」「立ち去った」というような事実的な行為を指すものとして用いられる場合がある。最決平成21年6月30日刑集63巻5号475頁でも、現場から立ち去った行為を「離脱」と表現し、共犯としての罪責に関わる部分を「共謀関係」の「解消」と表現している。任介辰哉・平成21年度最判解172頁以下、**16. 替え玉受験の顛末**の解説**4**(1)参照）。

これに関連する判例として、Yと共同してAをY方に連行しこれに長時間暴行を加えていた被告人Xが、「おれ帰る」と言っただけでY方を立ち去ったという事案に、Yにおいてなお制裁を加えるおそれが消滅しておらず、Xにおいて格別これを防止する措置を講ずることはなかったことから、Yとの間の当初の共犯関係が解消したということはできないとして、Xにも傷害致死罪の共同正犯の成立を認めた事例（最決平成元年6月26日刑集43巻6号567頁）、自らも関与したものの、自身も主犯のYに殴られて気を失って放置された状態にあった被告人Xについて、Yらがその後さらに被害者Xに加えた第2暴行に関しては、当初の共犯関係がY自身の行動によって一方的に解消され、第2暴行はXの意思・関与を排除してYらのみによってなされたと解されるから、共同正犯としてのXの刑事責任は否定されるとした事例（名古屋高判平成14年8月29日判時1831号158頁。なお、207条の適用が認められている)、被告人Xは、他の共犯者らと住居侵入強盗の共謀をなしたが、共犯者Yらが住居に侵入した後強盗に着手する前に住宅の周囲に人が集まってきたので、見張り役ZがYらに電話で「犯行をやめた方がよい、先に帰る」などと一方的に伝えてきたことから、「Xにおいて格別それ以後の犯行を防止する措置を講ずることがなく、待機していた現場から見張り役らと共に離脱した」などの本件事実関係の下では、Xの離脱が強盗行為に着手する前であり、離脱をYらが認識していたとしても、「当初の共謀関係が解消したということはでき[ない]」とした事例(前掲最決平成21年6月30日)がある。共犯関係からの離脱・解消の肯否については、因果的共犯論を基礎にし、因果性を遮断する形で離脱したといえるかどうかを基準にして判断するというのが判例・通説である。これまでの判例によれば、着手前の離脱、すなわち共謀関係の解消については、首謀者として主導的役割を果たしつつ共謀形成に関与したという場合などを除き、比較的緩やかに心理的因果性が否定されて解消が認められるのに対して、着手後の離脱、すなわち共犯関係の解消については、相互利用・補充関係が一方的に断絶される場合などを除き、心理的因果性は否定されないことになる。もっとも、前掲最決平成21年6月30日のように、着手前であっても共謀関係の解消が否定されることはある。同決定では、着手前か着手後かは規範的に判断され、強盗についても、実質的には強盗の着手後であると判断されたものといえよう。

そのような観点から本問をみると、乙は、ただ自分は犯意を放棄したことを述べただけで、明確に甲に犯行を断念させるように促すようなことはしておらず、いかに実行の着手前とはいえ、これでは、どのような立場を前提としても因果性の遮断を肯定することはできないであろう。本問では、共謀関係からの離脱・解消を肯定することはできないことは明白である。

⑷ 共犯の錯誤

上述のように、本問において甲と乙の当初の共謀の射程が甲の犯罪行為に及び、また、乙において共謀関係からの離脱・解消を否定したとしても、甲が実際に行った犯行内容は、事前の甲・乙間の共謀内容と異なっていることから、このことが乙の罪責にどのように影響するのかを検討する必要がある。すなわち、本問において、当初の共謀の射程が甲の行為に及んでいたことを前提として、しかしながら共謀内容と実際の犯行内容がずれていることから、共犯と錯誤の問題が出てくることになる。

当初の共謀内容が窃盗の事実に関するものであったということを前提にすると、窃盗と詐欺との間で錯誤が生じていることになる。このような抽象的事実の錯誤について、通説である法定的符合説によれば、構成要件の実質的な重なり合いが認められる限度で故意犯の成立が肯定されることになる（**4. 迷える羊の帰還**の解説**4**参照）。その実質的な重なり合いを判断する際には、保護法益の共通性と行為態様の共通性が重要な考慮要因であるとされる。保護法益の点で、詐欺罪の場合には財産処分の自由も保護法益とされることを強調したり、行為態様の点で、奪取罪と交付罪との違いを強調したりするのであれば、両罪の重なり合いを否定する結論にも至りうるであろうが、どちらも、所有権および占有を保護法益とする点で共通性があり、占有移転を伴う領得罪であるという点で行為態様の共通性も肯定しうるというような考え方をして構成要件の実質的な重なり合いを肯定するのが、結論的には妥当であろう（名古屋地判平成20年12月18日研修761号83頁）は、窃盗の故意で実際は詐欺を行っていたという事案に、窃盗罪の限度で重なり合いを認めている。窃盗罪には罰金刑が選択刑として規定されていることから、軽い罪にあたると解するのが多数説である。安田拓人「刑法総論の基礎にあるもの　故意と錯誤(1)」法教488号112頁参照）。

また、甲がYと揉み合っているのを見て甲の求めに応じ加勢した際の乙の行為についてみると、乙は甲が窃盗を行ったと考えているから、乙は、窃盗の共同正犯の認識で暴行を加えていることになる。これは、事後強盗にあたる事実を認識していることになろう（Yに体当たりをするという行為も、反抗を抑圧するに足りる程度の暴行といいえよう）。これに対し、実際には、甲は詐欺罪を行っているのであるから、客観的には2項強盗罪にあたる事実を実現していることになる（なお、窃盗によって得た財物の取返しを暴行によって防いだ場合に2項強盗罪が成立しうるのであれば〔前掲最決昭和61年11月18日参照〕、乙には2項強盗罪の認識もあったという構成も可能であろう)。ここでも抽象的事実の錯誤が生じていることになるが、前述した基準によって判断するならば、両罪の構成要件には実質的な重なり合いを肯定することができるであろう。その場合、両罪の法定刑は同一であるから、客観的に実現された2項強盗罪の成立が認められることになるであろう。錯誤論は発生した結果について責任を問いうるかを問題とするため、法定刑が同じ場合には、発生した結果が成立すると解すべきであるからである。

(5) 人の終期

救急病院に運ばれたYは最終的に死亡しているが、その間にCの過失行為が介在していることから、乙らの暴行とYの死という結果との間の因果関係が問題となるが、それを論じる前提として、Yの死期はどの段階か、人の個体死をどの時期に認めるかも重要な問題である。これに関して、脳死説に立つ見解は、脳こそ生命現象をつかさどる最も中枢的な器官であること、現在の医学上は脳全体の機能が失われた状態をもって人の死とする同説が広く受け入れられていることなどを理由とし、他方、総合判断説に立つ見解は、心臓・肺・脳の機能のいずれも不可逆的に停止した時点で人の個体死とする同説がわが国で伝統的に採用されてきた基準であり、依然として社会的コンセンサスを得ていることなどを理由としている。

人の終期の確定を判じた最高裁判例は未だ示されていないが、裁判例として、大阪地判平成5年7月9日判時1473号156頁は、設例類似の事案につき、「心臓死が確実に切迫してこれを回避することが全く不可能な状態に立ち至っているのであるから、人工呼吸器の取り外し措置によって被害者の心臓死の時期が多少なりとも早められたとしても、Aの眉間部打撲と被害者の心臓死との間の因果関係を肯定することができる」と判示した。この事案で、裁判所は、眉間部打撲と心臓死との間の因果関係を問題とした上で、行為者の行為と被害者の心臓死との間の因果関係を認め傷害致死罪の成立を肯定していることから、人の終期につき総合判断説を採用しているといえる。というのも、仮に本件において脳死説に立てば、眉間部打撲と脳死との間の因果関係は明白であることから、脳死が確定した時点で傷害致死罪の成立が肯定されるからである。裁判所は、総合判断説に立った上で、第三者である医師の行為が介入していても、Aの暴行によって心臓死が確実に切迫している点を捉え、因果関係の存否に関する危険の現実化説（後述(6)）の立場から、行為の危険性が結果に現実化しているので因果関係は認められると判断したのである（また、医師の行為については、家族による患者の推定的意思の確認を通した違法性阻却が問題となる）。この裁判例における判断は、2010年の改正臓器移植法施行後もなお維持しうるとされている。

(6) 因果関係

救急病院に運ばれたYは最終的に死亡しているが、その間にCの過失行為が介在していることから、乙らの暴行とYの死の結果との間の因果関係については、その間に介在しているCの過失を考慮しつつ、どのように評価すべきであろうか。因果関係の存否については、実行行為の危険性が結果に現実化したといえるか、という観点から説明する見解が有力となっており、そのような規範・定式を明示的に用いる判例も出てきている（最決平成22年10月26日刑集64巻7号1019頁〔ニアミス事件〕、最決平成24年2月8日刑集66巻4号200頁）。これによれば、本問のようなケースについては、つぎのように説明することができるであろう。すなわち、本問は、実行行為と結果発生との間に、（かなり重大だと思われる）第三者の過失行為が介在しているケースであるが、その介在事情が結果に及ぼした影響はいくぶんか死期を早める程度のものであり、死因となったびまん性脳損傷は当初の乙の暴行によって生じたものである。このように、死亡結果発生の直接的な原因が行為者の実行行為によって形成された場合には、介在事情が異常であっても、それが結果発生に及ぼした影響力が微弱なものである限り、当初の実行行為の危険性が直接的に結果に現実化したということができるのである（最決平成2年11月20日刑集44巻8号837頁）。したがって、本問では、結論的には強盗致死罪が成立するものと解される。

4…………Cの罪責

⑴ 業務上過失の認定

Cは、救急隊員として緊急を要する傷病者に適切な処置をすべき立場にある者であるが、このようなCの仕事が、「本来人が社会生活上の地位に基づき反復継続して行う仕事であって、かつ、人の生命身体危害を加えるおそれがあるもの」に該当することは明らかである。

その上で、このような業務に従事していたCは、重傷を負って意識不明の状態で病院に搬送されたYを救急車後部から搬出する際、Yがメインストレッチャーから転落するおそれは多分にあったのであるから、これを予見し、転落防止ベルトを固定する措置を講じ、また、Aらとともにメインストレッチャーの左右を支えて搬出すべき業務上の注意義務があったといえる。それにもかかわらず、これを怠り、単独でメインストレッチャーの搬出を行った過失により、メインストレッチャーが左に傾き、Yは地上に投げ出されて、その頭部をコンクリートの地面に強打させたものであるから、Cについては業務上過失を肯定することができる。

⑵ 因果関係

さらに、前述のように業務上過失が肯定されるとして、Cに死の結果についてまで帰責しうるかが問題となる。なぜならば、死因は乙の暴行によって形成されているからである。しかし、因果関係判断の対象となる結果は、具体的に発生した結果であり、人の生命はその一コマ一コマが保護されていると考えるならば、いくぶんか早められたYの死という具体的な結果については、Cの過失行為も因果関係を有するといわざるをえないであろう。早められた死については、Cの行為の危険性が現実化していると解してよいのである。

なお、Cについて因果関係を否定し、業務上過失致傷罪にとどめることも理論上は可能である。もっとも、その理由が、1つの結果には常に1つの原因しかないとの考えによるのであれば、正しくはない。1つの死の結果が複数の行為者に帰属することは、過失犯や結果的加重犯においては、よくみられることである。本問は、二重評価の事例、たとえば、財物強取の故意で人を殺害した場合に行為者に240条後段の強盗殺人罪と199条の殺人罪の成立を肯定し、その限りで死を二重に評価する事例と区別されなければならない（なお、判例は、強制性交等の犯人が死の結果について故意をもって行為した場合については、刑の権衡等を理由に、強制性交等致死罪と殺人罪との観念的競合となると解している〔最判昭和31年10月25日刑集10巻10号1455頁〕。このように、判例は、二重評価を一定の範囲で肯定している点に注意を要する）。

5…………その他の論点

(1) 建造物侵入罪の成否

130条の罪の保護法益について、新住居権説に立つならば、甲らの洋品店への立入りは、その管理権者の意思に反するものとして建造物侵入罪があたりうることとなろう。違法目的を秘した、外観上異常を伴わない、一般に開放されている場所への立入りについて「侵入」を肯定するかについては、かねてより議論のあるところである。学説ではこれを否定する見解が多数説であるが、最決平成19年7月2日刑集61巻5号379頁は、銀行顧客のキャッシュカードの暗証番号等の情報を盗撮する目的で銀行員の駐在しないATMが設置された銀行支店出張所に立ち入る行為について建造物侵入罪の成立を認めている。

(2) レシートに関する甲の窃盗罪につき、乙は共謀共同正犯としての責任を負うか

甲の赤色の口紅の窃盗罪についての共謀共同正犯の成立のほか、レシートの窃盗罪についても、乙は共謀共同正犯としての責任を負うかが問題となる。というのも、レシートについては当初の共謀の内容に含まれていないからである。これもまた共謀の射程の問題といえよう。この点、当初の共謀と無関係に結果が発生した、すなわち、共謀と結果惹起との間の因果関係が欠ける場合や、因果性が肯定されても、相互利用・補充関係が欠ける場合には、当該行為は共謀の射程外ということになる。本問では、客観的には、被害者が同一であって、レシートの窃取は直後の奪取行為の詐取の手段であること、場所的・時間的近接性があること、

主観的には、代金を支払わずに化粧品を手に入れるという単一の動機に支配された行為であることからすると、レシートの窃取行為についても共謀の射程内の行為であるとして、乙に共謀共同正犯の成立を肯定することができるであろう。もっとも、レシートの窃取は、甲がその場でとっさに思いついたものであること、それは化粧品の奪取行為のあくまで手段にすぎず、化粧品の奪取とレシートの窃取とは行為態様を異にすること、客観的に主観的にもレシートの奪取は当初の共謀の内容に含まれていないことを根拠として、共謀内容との間に同一性・連続性が欠けるとして、甲のレシートの窃取行為は、当初の共謀の射程外であると解することも十分可能であろう。

⑶ 罪数など

甲については、①建造物侵入罪、②レシートについての窃盗罪、③赤色の口紅についての窃盗罪、④ピンク色の口紅についての詐欺罪、⑤強盗致死罪が成立する。④⑤は包括一罪となり、これと②③は本来併合罪となるはずであるが、それぞれの罪と①は牽連犯となるから、最終的に全体が科刑上一罪となる（かすがい現象）。

乙については、⑥建造物侵入罪、⑦ピンク色の口紅について窃盗罪、⑧強盗致死罪が成立し、⑦⑧は包括一罪となり、これと⑥は牽連犯となる。甲と乙は、建造物侵入罪および強盗致死罪の共同正犯となる。

Cについては、業務上過失致死罪が成立する。

解答例

第1　甲の罪責

1　洋品店への立ち入り行為

甲の当該行為は、「建造物」たる洋品店に、窃盗目的という、当該洋品店の管理権者である店長の推定的意思に反する態様での立ち入り行為であり、「侵入」にあたる。また、故意（38条1項本文）に欠けるところもない。

よって、当該行為に、建造物侵入罪（刑法（以下法令名省略）130条前段）が成立する。なお、後述の通り、乙と共同正犯（60条）となる。

2　レシートを取った行為

(1)　当該行為に窃盗罪（235条）が成立しないか

ア 「財物」性の有無の判断は、経済的価値・主観的価値の有無で判断する。

本件レシートは、商品購入事実を示すことによって、代金返還請求権が存在することを基礎づける機能を有しており、経済的価値が認められる。よって、本件レシートは、「財物」にあたる。

また、当レシートは、これを受領した者の所有物であり「他人」の財物であるといえる。

イ 「窃取」とは、他人の占有する財物を、占有者の意思に反し、自己又は第三者の占有下へ移転する行為をいう。当該レシートは商品購入者の占有を離れているため、本件洋品店の管理者の占有が及んでいるといえるか問題となる。

この点、占有とは財物に対する事実的支配をいい、占有の有無は、主として客観的支配の有無を、補充的に占有意思を考慮して判断する。

確かに、本件洋品店は一般客が自由に立ち入ることができる場所であり、管理権者が直ちにかつ容易に財物に対する占有を回復することは困難であるとも思える。

しかし、当該レシートは、売り場の、しかも店員が比較的頻繁に利用するレジの近くの商品陳列棚の上に置かれていることに鑑みれば、一般客の出入りが激しいという店舗の状況を考慮してもなお、即時の占有の回復は容易であると評価できる。よって、本件洋品店の管理者の本件レシートに対する客観的支配は強いものといえ、本件レシートに対する占有は肯定される。

そして、甲は、本件レシートをポケットにしまうことで、占有者たる本件洋品店管理者の意思に反して、自己の占有下に移転していると評価できる。よって、甲の本件行為は「窃取」にあたる。

ウ　甲は、上記行為を認識認容しているため、故意が認められる。

エ　使用窃盗・毀棄隠匿罪との区別から、窃盗罪の成立には権利者排除意思及び利用処分意思から成る不法領得の意思が要求されるところ、本問において甲は商品取得後に本件レシートを捨てるつもりであったことから、利用処分意思が認められるか問題となる。

　この点、甲が本件レシートを奪取した目的は、これを提示することで商品の交換を装って別の商品を取得する点にあるところ、商品の交換のためにはレシートの提示が不可欠なのであるから、甲には本件レシートの提示による商品交換の権限の取得という本件レシート自体から生ずる効用を享受する意思が認められる。

　よって、甲に利用処分意思が認められ、不法領得の意思を肯定できる。

(2)　以上より、本件行為に窃盗罪が成立する。なお、後述の通り、乙と共同正犯となる。

3　赤い口紅を陳列棚から取った行為

(1)　当該行為に窃盗罪が成立しないか

ア　当該行為の対象物たる赤い口紅は、洋品店の所有する物であり、「他人の財物」にあたる。

イ　また、甲の当該口紅を陳列棚から取る行為は、洋品店管理者が占有する当該口紅をその者の意思に反して奪取する行為である。そして、当該口紅は小さく、占有確保が容易であることから、これを手に握った時点で自己の占有下へ移転させたと評価できる。よって、本件行為は「窃取」にあたる。

ウ　甲は上記行為を認識認容しているため故意が認められる。

エ　確かに、甲は商品交換を装うために一時的に当該口紅を窃取したのであり、店側に返還する意思があったのであるから、権利者排除意思が欠けるとして、不法領得の意思が否定されるとも思える。しかし、甲は自身が正当な購入者であるかのように振る舞うためにこれを窃取したのであり、本来予定されていない用途で商品を利用されることにより、管理者の本件口紅に対する所有権行使が妨害されているといえる。すなわち、甲には、商品が交換されるまで正当な権利者である管理者を排除する意思があるといえ、権利者排除意思が認められる。

よって、不法領得の意思が認められる。

(2) 以上より、本件行為に窃盗罪が成立する。なお、後述の通り、乙との共同正犯となる。

4 商品交換を装ってピンク色の口紅の交付を受けた行為

(1) 甲の当該行為に詐欺罪（246条1項）が成立しないか

ア 「欺い」たとは、交付判断の基礎となる重要な事項について偽ったことをいう。

甲は、店員Xに対し、自己が赤い口紅の正当な購入者であるという虚偽の事実を明示的に申し向けており、この点を偽っているといえる。そして、店員にとって、正当な購入者による商品交換の申し出であるかどうかは、商品交換に応ずるか否かを決する上で決定的な事項であるため、仮にXが、甲が正当な購入者でないことを知っていれば、本件ピンク色の口紅を交付することはなかったといえる。したがって、当該事項は、交付判断の基礎となる重要な事項であるといえる。よって、甲は「欺い」たといえる。

イ これにより、Xは錯誤に陥り、当該錯誤に基づいて本件ピンク色の口紅を甲に「交付」している。そして、甲が店舗を出た時点で、当該口紅の占有が甲に移転していると評価できる。

ウ また、故意及び不法領得の意思も認められる。

(2) 以上より、本件行為に詐欺罪が成立する。なお、後述の通り、乙との間で、窃盗罪の限度で共同正犯となる。

5 Yから逃れ、化粧品の返還を免れようとして暴行を加え、その結果死亡させた行為

(1) 甲の当該行為に強盗致死罪（240条後段）が成立しないか

ア 前提として、甲が「強盗」にあたるかについて、強盗罪（236条2項）の成否を検討する。

(ア) 「暴行」とは、相手方の反抗を抑圧する程度の不法な有形力の行使をいい、反抗抑圧の有無は、社会通念に従って判断する。

甲は、Yの胸や肩、顔面を殴っており、Yの身体に対する不法な有形力と評価できる暴行を力の限り、しかも複

数回加えている。さらには、甲とYはそれぞれ58歳、60歳と年齢の近い女性であり、筋量・体格でYが大きく上回る等の事情がないことに加え、相手はY1人なのに対し、甲側には、後述の共犯者乙も加勢して、もみ合い中のYに対し横から体当たりしている。このような事情に鑑みれば、当該行為は、社会通念上Yの反抗を抑圧する程度のものと評価できる。よって、当該行為は「暴行」にあたる。

(イ) そして、これにより、甲は、事実上店側から口紅の返還を追求されることがなくなったのであり、本件口紅についての洋品店に対する返還義務の回避という「財産上不法な利益」を具体的確実に移転したことで、当該利益を「得」たといえる。

(ウ) また故意及び不法領得の意思も認められる。

以上より、本件行為に強盗罪が成立するため、甲は「強盗」にあたる（後述の強盗致死罪に吸収される）。

イ 9月5日午後6時頃、Yの心臓機能が不可逆的に停止しており、Yはこの時点で「死亡」したといえる。

ウ Yの死亡は、乙の体当たりを受けた際の転倒によるびまん性脳損傷による脳死に起因するものであったことから、上記死亡結果と甲の行為に因果関係が欠け、甲に死亡結果を帰責できないかが問題になるものの、後述の通り、本件行為につき乙との共同正犯関係が認められ、乙の行為とYの死亡結果との因果関係が肯定されるため、甲はYの死亡結果について乙と共同して責任を負うことになる。

(2) 以上より、本件行為につき強盗致死罪が成立し、乙との共同正犯となる。

第2 乙の罪責

1 第1の1の行為

乙は、甲と化粧品を窃盗するために店舗に侵入する共謀をし、実際に故意をもってかかる計画を実行している。よって、乙には、甲との共同実行の意思及び共同実行の事実が認められるため、上記行為につき、建造物侵入罪の実行共同正犯として罪責を負う。

2 第1の2～4の行為

(1) 乙は、甲の上記第1の2、3、4の行為につき、それぞれ、窃盗罪、窃盗罪、詐欺罪の共謀共同正犯として責任を負うか。

ア　共犯の処罰根拠は、自己又は他人の行為を介して因果を作出し、特定の構成要件的結果の危険性を共同惹起した点にあるところ、これは、一部の者が実行行為に加担していない場合にも妥当し得る。したがって、①共謀、②正犯意思、③①に基づく実行行為の要件を満たせば、共同正犯の客観的構成要件を充足するものと考える。

(ア)　第1の2の行為

甲と乙は、陳列棚に置かれた化粧品を窃盗する旨の共謀をしている（①)。また、乙が本件犯行を甲に持ち掛けていること、本件犯行を通して非日常感に浸ることでスリルを味わいたいという動機を有していることからすれば、乙は甲の犯罪としてではなく、自己の犯罪として実現する意思を有していることが推認される。したがって正犯意思が認められる（②)。もっとも、甲は、当初の共謀とは異なり、レシートを窃取しているところ、この実行行為は共謀に基づくものといえるか。

a　この点の判断は、共謀と実際に行われた実行行為との因果関係の有無で行い、実行行為者の動機の同一性・連続性の有無等の事情を考慮する。

甲は、自己の判断で犯行手口を変更して、レシートを窃取するに至っているが、これは、化粧品を奪取するという乙と共謀した犯行目的を安全かつ確実に実現することを理由とするものであり、甲の犯行動機の同一性・連続性が認められる。

b　したがって、本件共謀と甲のレシートの窃盗行為との間に因果関係が認められ、共謀に基づく実行行為と評価できる（③)。

(イ)　第1の3の行為

上述の通り、甲と乙との間において、窃盗罪の共謀が成立している（①)。また、上記の通り、②も満たす。そして、上記共謀に基づき、陳列棚に置かれた口紅を取っており、窃盗罪を実行している（③)。

(ウ)　第1の4の行為

上述の通り、甲と乙との間において、窃盗罪の共謀が成立している（①）。また、上記の通り、②も満たす。もっとも、上述の通り、現実には、詐欺罪が実現されているため、詐欺罪にあたる行為が共謀に基づいて行われたといえるか問題となる。

a　当該詐欺行為は、上述した化粧品を奪取するという目的を安全かつ確実に実現することを目的とした新たな犯行方法の準備行為として行われたものであり、甲の犯行動機の同一性・連続性が認められる。

b　したがって、本件共謀と甲の詐欺行為との間に因果関係が認められ、共謀に基づく実行行為と評価できる（③）。

イ　もっとも、乙は店舗に着くなり、甲に対して翻意を促す口ぶりで犯行計画からおりる旨を伝え、その場を立ち去っている。すなわち、これによって、共犯関係が解消されたといえないか。

(ア)　共犯関係の解消の有無は、上記共犯の処罰根拠に鑑み、自己のそれまでの行為によって生じた結果に対する因果性の遮断の有無で判断する。

確かに、乙の離脱時点では未だ窃盗行為には着手しておらず、占有侵害の危険性は発生していないとも思える。しかし、甲乙間の本件犯行計画は、化粧品店に侵入した上で化粧品を窃盗するというものであったところ、この計画の一部である化粧品店への建造物侵入は既に実行しているため、窃盗罪の既遂結果発生への因果経過は一定程度進行しており、実行行為着手後に準じた犯行継続の危険性が認められる。また、乙は上記の通り、本件犯行を提案した者であり、甲に与えた心理的影響は大きいものといえる。したがって、乙は、因果の遮断行為として離脱の旨を伝えるだけでは不十分であり、これに加えて結果発生の積極的防止措置を採ることも必要と考える。

この点、乙は、甲に対して、口頭で翻意を促し、自身の離脱の意思を伝えただけであり、その他甲の犯行継続を阻止する積極的措置を何ら講じていない。

(イ)　以上より、乙について、共犯関係の解消は認められない。

ウ　第1の2、3の行為につき、乙の窃盗罪の故意が認められることに問題はない。もっとも、第1の4の行為について、乙は窃盗罪の故意しか有しておらず、詐欺罪の故意を有していなかったのであるから、抽象的事実の錯誤として故意が阻却されないか。

行為者が認識した事実と実際に発生した事実が異なる場合、原則として故意は阻却される。もっとも、両者に構成要件の実質的重なり合いが認められる場合には、この限度で故意が認められると考えられる。実質的重なり合いの有無は、保護法益の共通性、行為態様の類似性の有無で判断する。

窃盗罪と詐欺罪は、所有権を究極的な保護法益とする点で共通し、いずれも占有移転を伴う領得罪であるという点で行為態様の類似性が認められる。したがって、構成要件の実質的重なり合いが認められ、軽い罪にあたる窃盗罪の限度で故意が認められる。

よって、故意は阻却されない。

(2) 以上より、乙は、上記第1の3、4の各行為について、それぞれ、窃盗罪、詐欺罪の共同正犯としての罪責を負う。

3 乙がYに対して体当たりし、結果同人を死亡させた行為

(1) 乙の当該行為について、甲との間において、強盗致死罪の共同正犯が成立しないか。

ア 乙は、Yと抗争する甲の助けの求めに応じるべく本件行為に及んだのであり、その時点において、甲との間で、Yに対して暴行を加える現場共謀がなされたとも思える。もっとも、乙は、この時点において、甲が上記事前の犯行計画通り窃盗を行ったと認識しているため、乙は、前述の通り客観的には2項強盗罪にあたる行為を、事後強盗（238条）の故意をもって行っていることになる。つまり、甲と乙の間で実現しようとする犯罪が異なるが、この場合に共謀が認められるか。

(ア) この点、共謀とは、犯罪の処罰拡張限定の観点から、特定の犯罪の共同遂行合意をいうため、共犯者間の主観において成立する犯罪が異なる場合には、原則として共謀が認められない。もっとも、構成要件の実質的重なり合いが認められる場合には、軽い罪についての、法定刑に差異がない場合には客観的に成立する犯罪についての共同遂行意思

合意があったと考える。

(イ) 2項強盗罪と事後強盗罪は共に、第一次的に財物に対する所有権を保護法益とする点で共通し、暴行又は脅迫を用いて財物を領得する行為として行為態様も共通しているため、両罪の実質的重なり合いが認められる。そして、両罪の法定刑は同一であるため、甲と乙の間において、客観的に成立する2項強盗罪についての共謀が認められる。

イ そして、乙は、かかる共謀に基づいてYに対して体当たりをしている。

Yが立つタイルが雨に濡れて滑りやすい状態で、近くにコンクリート製プランターが設置されていたという客観的状況を踏まえると、本件行為は、Yが足を滑らせて当該プランターに頭を打つ等の高度の危険性を有する行為といえ、社会通念上Yの反抗を抑圧する程度の不法な有形力と評価できる。よって、本件行為は、「暴行」(236条2項) にあたるといえる。また、これによって「財産上不法な利益」を「得た」といえることは前述の通りである。

故意及び不法領得の意思に欠けるところはない。

ウ 結果的加重犯の基本犯は重い結果を発生させる高度の危険性を内包しているため、基本犯について共同正犯が成立する場合には、基本犯の実行行為と重い結果の間に因果関係が存する限り、結果的加重犯の共同正犯が成立すると考える。また、加重結果につき過失は不要である。

(ア) では、本件行為とYの死亡結果との間に因果関係が認められるか。本件行為からYの死亡結果発生までの過程において、丙の過失行為が介在しているため、因果関係が否定されないかが問題となる。

(イ) 因果関係の存否は、実行行為のもつ危険性が結果へと現実化したか否かで判断する。

確かに、丙は後述の通り過失行為を行っており、これによって幾分かYの死期は早まる結果となっている。しかし、Yの死因は、上述の通り乙から体当たりを受けたことに起因するものであり、この行為がY死亡の直接の原因となっている。したがって、丙の過失行為の結果への寄与度は微々たるものといえ、乙の行為に内在する人を死亡させる危険性が直接結果へと現実化したと評価できる。

また、確かに、医師による人工呼吸器の取り外し行為も介在するものの、当時、Yの脳死により心臓死が確実に切迫していたのであるから、多少Yの死亡結果が早まったとしてもなお、この行為の結果への寄与度は微々たるものであり、上記と同様に本件因果関係を否定する事情とはならない。したがって、乙の本件行為とYの死亡結果との因果関係は認められる。

(2) 以上より、本件行為につき、甲との間において、強盗致死罪の共同正犯が成立する。

第3　Cの罪責

1　Cの、転落防止ベルトを固定する措置を講じず、また、メインストレッチャーを単独で搬出し、その結果Yの死亡結果を早めた行為について、業務上過失致死罪（211条）が成立しないか。

2(1) 「業務」とは、社会生活上の地位に基づいて反復継続して行う仕事であり、人の生命身体に対する危険を伴うものをいう。

Cの仕事は、救急隊員として、反復継続的に、緊急を要する傷病者に適切な処置を施すことを内容とするものであり、「業務」にあたる。

(2) また、Cは、重傷を負って意識不明の状態で病院に搬送されたYを救急車後部から搬出する際、Yがメインストレッチャーから転落して死傷することについて予見可能性があった。そのため、これを防止するために、転落防止ベルトを固定し、Aらと共にメインストレッチャーの左右を支えて搬出すべき業務上の注意義務があったといえる。それにもかかわらず、これを怠ったのであるから、Cに過失が認められ、「業務上必要な注意を怠」ったといえる。

(3) また、上記過失行為によりYの死亡結果発生時期を幾分か早めたのであるから、当該過失行為に内在する、既に脳損傷を受けているYを死亡させる危険性が、早められた死亡結果に現実化しているといえる。よって、「よって人を死」亡させたといえる。

3　以上より、本件行為に業務上過失致死罪が成立し、Cはかかる罪責を負う。

第4　罪数

甲の本件行為について、①建造物侵入罪、②レシートについての窃盗罪、③赤色の口紅についての窃盗罪、④詐欺罪、⑤ピンク色の口紅についての窃盗罪の共同正犯、⑥強盗致死罪が成立し、包括一罪として⑤は④に、④は⑥に吸収され、また、②③⑥は、それぞれ①と牽連犯（54条1項後段）となるため、全体として①をかすがいとした科刑上一罪になる。

乙の行為については、⑦建造物侵入罪、⑧レシートについての窃盗罪、⑨赤色の口紅についての窃盗罪、⑩ピンク色の口紅についての窃盗罪、⑪強盗致死罪が成立し、⑩は包括一罪として⑪に吸収され、⑧⑨⑪がそれぞれ⑦と牽連犯となり、全体として科刑上一罪となる。このうち、①（⑦）、②（⑧）、③（⑨）、⑥（⑪）については、甲と乙が、各人間の共同正犯として、その罪責を負う。(D. K.)

（只木　誠）

15. マル暴はマル秘事項？

設問　以下の事実関係に基づき、甲および乙の罪責を、具体的な事実を摘示しつつ論じなさい（住居等侵入罪および特別法違反の点を除く）。

❶　甲は、実兄Aの認知症が進行したために、1年ほど前からAと同居して、昼間は勤務先に通い、夜はAの介護を行っていた。また、甲は、家庭裁判所にAの後見開始の審判の申立てを行って、半年前に家庭裁判所からAの成年後見人に選任され、Aの不動産や家財、預貯金などの財産を管理する立場にもあった。

❷　甲は、仕事やAの介護の合間に、近所にあるB倶楽部b店内のジムで汗を流して気晴らしをしていた。B倶楽部は、有名ホテルを親会社とする会員制の高級スポーツクラブで、b店のほかにも複数店舗を運営しており、諸施設の利用者を会員とその同伴者に限定していた。b店の正面玄関には、「暴力団お断り」と書かれた張り紙が掲示されており、B倶楽部の利用規約には、暴力団に所属する者は、同倶楽部の会員資格を取得できず、また、会員の同伴者としても同倶楽部が運営する諸施設の利用を禁ずる旨の規定が設けられていて、甲も、同倶楽部入会時に、自身が暴力団員ではないこと、また、暴力団員を同伴しない旨の誓約書を同倶楽部に提出していた。

❸　某日、甲は、b店内のジムでトレーニング中に、隣のトレーニングマシンを使用していた乙から話しかけられた。その日をきっかけに、2人は会えば挨拶や会話を交わす仲になった。

2人が出会った日から約1ヶ月後、甲は、b店前の路上で乙を見かけ、声をかけた。すると、乙が困った顔をして、「これまでは知り合いの同伴者としてB倶楽部の施設を利用していたのですが、その知り合いが急に引っ越すことになったのです」と甲に告げた。乙が、「私は、ここのジムが気に入っているので今日も利用したいと思って来たのですが、受付で会員か会員の同伴者でないとジムを利用できないと断られ、困っていました。よろしければ、あなたの同伴者にしてくれませんか」と甲に頼んだ。甲は、「いいですよ」と気前よく承諾し、2人は一緒にb店に入った。甲が、その受付カウンターで自分の会員証を受付係に提示しながら、同係に同伴者がいる旨を伝えると、同係が同伴者利用名簿への記入を求めたので、甲は、その名簿の会員氏名欄に自分の氏名を、同伴者氏名欄に乙の氏名を記入して、同係に提出した。すると、同係が同伴者の利用料金として2000円を請求したので、乙が現金で支払って、利用手続きを済ませた。なお、この利用手続きの際に、甲と乙が受付係から暴力団員ではない旨を確認されることはなかった。

それから、2人はジムの更衣室で着替えをしたが、乙がシャツを脱ぐときに一瞬下着がまくれて、甲に、乙の背中の大きな入れ墨が見えてしまった。これにより、甲は、乙が暴力団員なのではないかとはじめて疑ったが、そのときは黙っていた。

❹　2人は、ジムで汗を流した後、近くの喫茶店に入った。乙は、今後も甲の同伴者としてジムを利用したいと甲に願い出た。これに対して、甲が渋る様子を見せたので、乙は更衣室で甲に自分の背中の入れ墨を見られて、自分が暴力団員であることがバレたことを察した。そこで、乙は、甲に自分が暴力団員であることを明かした上で、「最近は、暴力団員であることがわかると不便なことが多くて困る。これまでもB倶楽部を利用するときは暴力団であることを上手く隠してきたし、これからもバレないように気を付けるから頼むよ」と甲に申し向けた。甲は、B倶楽部への入会時に暴力団員を同伴しない旨を誓約した手前、マズいのではないかと思ったものの、暴力団員である乙の申し出を断ると怖い目に遭うかもしれないという不安もあった。甲が考えあぐねている様子を見て、乙が、「同伴者にしてくれたら、その礼もするからいいだろ」と付け加えたところ、甲は、謝礼が欲しくなり、乙が言うように黙って利用すれば問題はないだろうと考えて、結局、乙の申し出を承諾することにした。

その翌日、甲は、乙を同伴してb店に入り、受付カウンターで前日と同様の利用手続きを済ませた後、一緒にジムを利用した。

❺　乙は、謝礼として、甲を知人の高級バーに連れて行って酒をおごった。甲は、そのバーをとても気に入り、1人のときも頻繁に利用するようになった。しばらくするうちに、甲は自分の有り金を使い

果たしてしまったが、乙が自分は金融業者だから金を融通してやると言ったので、甲はいい気になって豪遊するのをやめずにいたところ、乙への借金が100万円に膨らんでしまった。

❻ 甲が借金返済の目処が立たずに困り果てていると、乙は、甲が兄Aの財産を管理していると以前に話していたのを思い出し、A名義の預金を引き出して借金の返済に充てろと言い出した。これに対して、甲が、「その預金は、兄さんが生きていくのに必要な金だから引き出せない」と渋っていると、乙は、「さっさと金を返さなければ痛い目に遭わせるぞ。俺が何様かわかっているだろう」と、それまでの態度を豹変させて甲にすごんだ。

❼ 乙の態度に畏怖した甲は、仕方なく、D銀行d支店のA名義の口座から100万円を引き出して、乙に渡そうと思い、同支店に出向き、同店舗内に設置されたATMに持参したキャッシュカードを挿入した上で暗証番号を入力し、現金100万円を引き出した。

その後、甲は、乙と会い、Aの預金から引き出した100万円を乙に手渡した。

解　説

1…………概　観

(1) 設問のねらい

本問は、会員制の高級スポーツクラブのジムを利用するにあたって施設利用代金は支払ったものの、B倶楽部では暴力団員の利用を会員規約等により拒絶していたのに暴力団員であることを秘して利用した場合に2項詐欺罪（246条2項）が成立するかを問う問題をはじめとして、実兄（A）の成年後見人（甲）が、同居する実兄の財産を横領した場合の255条による親族相盗例（244条1項）の準用の肯否や権利行使と恐喝罪といった各論の財産犯の重要論点を中心に扱うものであるが、甲と乙の共謀関係や、Aの預金に対する横領については、共犯者乙は非身分者であるので、65条による身分犯の共犯の処理といった総論の論点についても、検討する必要がある。

(2) とりあげる項目と検討課題

➤2項詐欺罪の成否

・暴力団員であることを秘した施設利用と詐欺罪の成否

➤恐喝罪の成否

・権利行使と恐喝罪

➤業務上横領罪の成否

・同居の親族であるが、成年後見人に選任されている場合の親族相盗例の準用の肯否

・身分者（業務上の占有者）に非身分者が加担した場合の65条の適用問題

2…………甲の罪責

(1) 相当対価の給付と詐欺罪

本問において、甲は、当初は乙が暴力団員であることを知らなかったが、❹の時点からは、その事実を認識したにもかかわらず、自分が会員であるB倶楽部b店のジムに乙を同伴して、同人がジムを利用できるよう申込みを行っている。この行為によって、乙がb店からジムを利用するという有償サービスの提供を受けたことから、甲および乙に2項詐欺罪の共同正犯の成立が認められるかが問題となる。

本問では、同伴者の施設利用料金2000円が支払われているので、B倶楽部には財産上の損害がなく、詐欺罪が成立しないのではないか、また、b店の受付係は甲と乙に暴力団員か否かを直接確認しておらず、甲らは、「自分たちは暴力団員ではない」と積極的に嘘をついて申込みをしていないので、どのような状況があれば暴力団員でないことが詐欺罪における欺罔行為の重要事項の偽りといえるのかについて、事案に即して検討する必要がある。

詐欺罪が成立するためには、「欺罔行為→相手方の錯誤に基づく財産の移転（交付）」が必要であるところ、個別財産の移転（喪失）と同時に、被害者に財産上の損害が発生するのであれば詐欺罪の成立を認めるのに特段の問題は生じない。しかし、財産の移転に伴い、行為者が相手方に

相当対価を給付するときは、被害者に財産上の損害が発生したといえないのではないかが問題となる。たとえば、未成年者に成人向け雑誌を販売する意思のない書店から、未成年者が成人であるふりをして成人雑誌を定価で購入した場合、書店は、形式的には雑誌という個別財産を喪失してはいるが、その代金は取得しているので、実質的にみると財産上の損害は生じておらず、このような場合まで財産罪である詐欺罪の成立を認めるのは行き過ぎのようにも思える。そこで、学説上、財産上の損害が生じる場合に限って詐欺罪の成立を肯定する見解が登場した。しかし、詐欺罪は、全体財産に対する罪である背任罪とは異なり、個別財産の喪失自体を財産的損害とする罪なので、別途、「財産上の損害」によって詐欺罪の成立を限定するのは解釈上無理がある。そのため、現在の学説では、財産上の損害を詐欺罪の要件とすることによって詐欺罪の成立を画するのではなく、詐欺罪の欺罔行為（交付の判断の基礎となる重要な事項の偽り）にいう重要事項性を財産的事項に限定することによって、詐欺罪の財産犯的性格を担保しようとする見解（法益関係的錯誤説）が有力である。この見解は、商品の品質や効能・価値などに関する偽りは財産的事項の偽りであるから詐欺罪の成立を肯定するが（たとえば、最決昭和 34 年 9 月 28 日刑集 13 巻 11 号 2993 頁の事例）、前記の未成年者雑誌購入事例における年齢の偽りは財産的事項に関する偽りではないので詐欺の欺罔行為にはあたらないと説明するのである。

判例は、相手方の「経営上重要性」を有する事項の偽りがあれば欺罔行為にあたるとしている（最決平成 22 年 7 月 29 日刑集 64 巻 5 号 829 頁）。判例は、欺罔行為により直ちに財産的侵害を被る場合に限らず、将来の信用低下や経済的不利益をきたす事情にまで拡大して重要事項の偽りを肯定しているが、相手方の経済的不利益と関連づけて重要事項性を説明しうる事例である限り、現在の有力説に近い考え方といえよう。本問類似の事案である暴力団関係者がゴルフ場施設を利用した事例においても、最決平成 26 年 3 月 28 日刑集 68 巻 3 号 646 頁が、「ゴルフ場が暴力団関係者の施設利用を拒絶するのは、利用客の中に暴力団関係者が混在することにより、一般利用客が畏怖するなどして安全、快適なプレー環境が確保できなくなり、利用客の減少につながることや、ゴルフ倶楽部としての信用、格付け等が損なわれることを未然に防止する意図によるものであって、ゴルフ倶楽部の経営上の観点からとられている措置である」と述べている。暴力団関係者の施設利用が当該ゴルフ倶楽部側の経済的不利益に係る財産的事項であるならば、詐欺罪にいう「交付の判断の基礎となる重要事項」といえるであろう。

とはいえ、すべてのゴルフ場において暴力団関係者の施設利用が直ちに経営上重要であるとまではいえないだろう。前掲最決平成26年3月28日の事案では、当該ゴルフ場の利用は会員とその同伴者に限られており、その利用規約において、暴力団に所属する者はその会員資格を取得できず、また同伴者としても諸施設の利用を拒絶する旨が明記され、甲は入会時に自身が暴力団員ではないことと暴力団員を同伴しない旨の誓約書を提出していた。これに対して、同種事例であるのに詐欺罪の成立を否定した最判平成26年3月28日刑集68巻3号582頁では、当該ゴルフ場には「暴力団関係者の立入りプレーはお断りします。」と記した張り紙がしてあったものの、そのゴルフ場はビジター利用もでき、ビジター利用の申込み時に暴力団員ではない旨の確認もしていなかった。非会員にも広く利用を認めており、その利用時に暴力団員でないことの確認も行われなかった後者の事例では、上記の張り紙をもって、ゴルフ場側が申込者に利用を許諾する際の重要な事項であると断定することはできず、このような場合には、暴力団員であることを告げずに施設利用を申し込む行為が、社会通念によっても、暴力団員でないかのごとく装った行為であるとはいえないとされたのである。本問は、ゴルフ場ではなくスポーツジムであった点以外は、詐欺を肯定した前掲最決平成26年3月28日と類似の事実関係である。したがって、限定した会員とその同伴者にしか利用を認めていないジム側にとって、利用者が暴力団員か否かは経営上の重要事項にあたる。そして、会員である甲が暴力団員を同伴しない旨の誓約書をジムに提出しているため、同伴者乙の利用を申し込む際は、暴力団員でない者の利用が申込みの前提となることから、申込みの際に重ねて店側からの確認がなくても、暴力団員でないふりをして（暴力団員であることを秘して）施設利用を申し込んだという挙動による欺罔が肯定でき、利用規約と誓約書に沿った利用であると誤信した受付係が錯誤に陥って施設利用に応じてしまったといえるので、2項詐欺が成立すると説明することができる（これに対して、前述の詐欺罪の成立に財産的損害の発生を必要とする見解によれば、本問の場合にこれを認めることは困難であるから、詐欺罪は不成立となろう）。

なお、甲の関与形態について、甲は、乙に頼まれて、乙を同伴者として施設利用を申し込む行為に加担している。甲が、乙が怖くてその申し出を仕方なく受けたのであれば、甲は乙と共謀したとはいえず、詐欺の幇助にすぎないという見方もありうる（実行行為を伴う従犯について、福岡地判昭和59年8月30日判時1152号182頁参照）。しかし、本問では、甲は謝礼も欲しくて乙の申し出を受諾しており、B倶楽部の会員である甲の紹介・同伴がなければ、乙はジムを利用できなかったのである。欺罔行為にあたる利用申込みをしたのも甲であるので、乙との間に共同正犯を認めるのが適当である。

⑵ 業務上横領罪――親族相盗例の準用の可否

乙から借金の返済を迫られた甲は、その返済に充てるため、❼において実兄Aの預金100万円を引き出している。Aの財産は、家庭裁判所からAの成年後見人に選任された甲の管理下にあり、A名義の銀行預金も、甲が法律上の権限をもって管理していたものであるので、D銀行d支店に預けられたA名義の預金の占有は甲にあるといえる（預金による金銭の占有）。したがって、甲が、自己費消（借金返済）の目的で、Aの預金を引き出した行為は、銀行に対する窃盗ではなく、Aに対する業務上横領（成年後見人としてAのために預金の形で管理するAの100万円を自己の物とする領得行為）にあたるといえる。

問題は、甲が、Aと同居する親族にあたるため、255条により、244条1項の親族相盗例が準用され、刑が免除されるのかという点である。

最決平成20年2月18日刑集62巻2号37頁は、家庭裁判所から孫の未成年後見人に選任された被告人が、孫の預貯金を払い出して着服した事案に関して、「刑法255条が準用する同法244条1項は、親族間の一定の財産犯罪については、国家が刑罰権の行使を差し控え、親族間の自立にゆだねる方が望ましいという政策的な考慮に基づき、その犯人の処罰につき特例を設けたにすぎず、その犯罪の成立を否定したものではない」とし、民法によると、未成年後見人は、未成年被後見人と親族関係にあるか否かの区別なく、等しく未成年被後見人のためにその財産を誠実に管理すべき法律上の義務を負っており、「未成年後見人の後見の事務は公的性格を有するもの」であるから、上記のような趣旨で定められた244条1項を準用して刑法上の処罰を免れるものと解する余地はなく、業務上横領罪が成立すると説示しており、最決平成24年10月9日刑集66巻10号981頁は、成年後見人についても同旨の判断を示している。

親族相盗例の性格を、前掲平成20年判例のように、「犯人の処罰につき特例を設けたものにすぎない」政策的な処罰阻却事由であると解するのであれば、同居の親族が後見人をつとめる場合に親族相盗例を準用しなくても、罪刑法定主義違反という反対説の批判はあたらない。判例の示すように、民法の後見人制度の下では、家庭裁判所から選任された法定後見人は、親族関係の有無にかかわらず、等しく被後見人の財産を誠実に管理すべき法律上の義務を負うため、その事務の「公的性格」ゆえに、「法は家庭に入らず」という政策的な考慮はもはや働かないからである。平成20年判例の第1審は、家庭裁判所により後見人が選任された事実から、被害者の財産に対する行為者の処分・管理権限は家庭裁判所との信任関係に基づくものであるとみて、横領罪の場合に親族相盗例を準用するには、行為者は、所有者の間だけでなく、委託者の間にも親族関係が必要であるという見地から、その準用を否定していた。しかし、家庭裁判所は財産上の被害者にはあたらず、その委託信任関係を保護するという立論には難があった。したがって、本問の甲についても、最高裁のように、親族相盗例の法的性格という見地から、Aに対する業務上横領罪の成立を認め、親族相盗例の準用を否定するのが適当である。なお、100万円の横領は、甲が乙に脅されて行ったものであり、甲に対する恐喝罪が乙に成立する場合であっても、甲の行為が乙の完全な支配下に置かれた行為とまではいえないこと、また、Aの預金の管理者である甲の実行なくしては、同口座から現金を引き出しえなかったことに鑑みれば、甲になお業務上横領罪の成立（後述のように、乙との共同正犯）を認めることができよう。

3…………乙の罪責

(1) 2項詐欺罪

甲に対する2項詐欺罪の成否の箇所で述べたように、判例によれば、本問の乙には2項詐欺罪の成立が認められ、❹におけるジム利用については甲との間に共同正犯が成立する。さらに、❸におけるジム利用については、情を知らない甲を利用した2項詐欺罪の間接正犯（単独犯）となる。乙は、たとえ甲が誓約書を提出していた事実を知らなくても、暴力団であることがバレればB倶楽部のジム利用ができなくなることを認識していた以上、詐欺罪の故意が認められ、また、領得意思も肯定できる。そして、乙が犯した2回の2項詐欺罪は、その被害者は同一であるが、別の機会になされており、共犯者の有無や犯行形態も異なるため、併合罪として処理されよう。

(2) 権利行使と恐喝罪

❻において、甲に100万円を貸した乙は、甲がその借金を返済しないため、同人を脅して返済するように迫っている。この点につき、奪取罪の保護法益における本権説的な思考によれば、債権者である乙が甲に借金の返済を求めるためにした行為は権利行使として恐喝にあたらず、脅迫罪にとどまるとの理解もありうる。しかし、判例（最判昭和30年10月14日刑集9巻11号2173頁）をはじめ、自力救済を原則的に禁止する占有説や、本権説であっても、債務の弁済の場合は、251条による自己の財物の場合とは異なり、債権者には債務者の所持金自体に対する権利はないことから、恐喝罪の構成要件に該当すると考える立場によると、本問の乙の行為は甲に対する恐喝罪の構成要件に該当し、さらに、甲に対してAの財産を着服までして借金を返済するよう迫る行為は、正当な権利行使として社会通念上許容されるものでもないので、違法性も阻却されず、乙が甲から100万円を受け取った❼の時点で恐喝既遂に至る

と解される。

(3) (業務上)横領罪の共犯――身分犯の共犯

❼の甲がAの預金を引き出した横領行為は乙の指図に基づくものであるので(業務上)横領罪の共犯が問題となりうるが、乙のような被身分者が業務上の占有者の横領に関与した場合については、65条1項と同条2項をどのように適用するかについて見解が分かれている。

判例(最判昭和32年11月19日刑集11巻12号3073頁)によると、業務上横領のような二重の身分の場合には、65条1項が適用されて身分者と非身分者の両者に業務上横領罪の共犯が成立するが、非身分者については、さらに同条2項が適用されて単純横領罪の刑にとどまるとされる。しかし、学説は罪名と科刑の分離を認めず、65条1項は真正身分、2項は不真正身分の規定と解する通説は、65条1項により非身分者は単純横領罪の共犯となり、身分者は2項により業務上横領罪が成立すると説明する(65条1項を違法身分、2項を責任身分と解する立場も同様)。

そうすると、甲が自己の借金の返済に充てるためにAの預金口座から現金を引き出して領得した行為について業務上横領罪が成立することを前提に、甲に指図してAの預金口座から引き出させた乙については、判例によれば、65条1項により業務上横領罪の共犯が成立するが、科刑は同条2項が適用されて単純横領罪の限度で処断されるのに対し、上記学説上の通説によれば、乙は65条1項により単純横領罪の共犯となる(なお、65条1項の共犯には共同正犯も含まれる)。

ところで、乙に成立する前述(2)の甲に対する恐喝罪と、乙が甲に指示して同人が管理するAの口座から100万円を引き出させた(業務上)横領罪は、Aの100万円を領得したという点で重なり合うといえることから、両罪の成立をともに認めるのは妥当でないという見方もありうるだろう。しかし、乙は、甲から100万円を喝取するため、現金を用意できない甲に対してAの預金を甲が領得した上で、乙に引き渡すよう求めているので、Aの預金を引き出し甲が領得した行為と甲に100万円を交付させた行為という被害者と行為を別にする2つの行為を捉えて、両罪の成立を認めることができよう。もっとも、両罪の罪数関係については、併合罪のほか、包括一罪とする見解も成り立ちうるであろう。

解答例

第1　甲の罪責

1　B倶楽部に対する罪責

(1)　事実❹において、甲は、乙が暴力団員であることを認識しつつ、それを秘してB倶楽部b店のジムに乙を同伴して、乙が利用できるように申込みを行っている。この行為によって、乙はジムを利用するという利益を得たものであるから、これに2項詐欺罪（246条2項）が成立するかを検討する。

(2)　ア　まず、甲の行為が「人を欺い」（246条1項）たものと言えるか、すなわち欺罔行為が認められるかを検討する。

前提として、いかなる場合に欺罔行為と言えるかが問題となるところ、この点、財産上の利益を提供するか否かの判断の基礎となる重要な事項について欺いた場合に欺罔行為と認められると解する。

イ　本件では、B倶楽部は、有名ホテルを親会社とする会員制の高級スポーツクラブであり、諸施設の利用者を会員とその同伴者に限定していた。そして、B倶楽部の規定上、暴力団に所属する者は、会員資格を取得できず、また、同伴者としても諸施設の利用を禁じられており、その旨明記されていた。その上で、受付での利用手続きの際に、甲と乙が受付係から暴力団員ではない旨を確認されることはなかったものの、そもそも甲自身は、入会時に、自身が暴力団員ではないこと、また、暴力団員を同伴しない旨の誓約書をB倶楽部に提出していた。さらに、b店の正面玄関には、「暴力団お断り」と書かれた張り紙が掲示されていた。

以上の事実関係のもとでは、乙が暴力団員であるか否かは、利用資格を限定する経営方針をとっているB倶楽部がジムの利用を許諾する際の重要な関心事であり、B倶楽部側が真実を知れば乙の利用を拒絶したと言える。そして、甲が事前に上記誓約書を提出していたにもかかわらず同伴者乙のジム利用を申し込むという行為は、挙動によって乙が暴力団員でないかのように装った行為であると評価できる。よって、甲は、財産上の利益を提供するか否かの判断の基礎となる重要な事項について欺罔を行ったものである。

したがって、甲の行為は「人を欺い」たと言える。

(3) 上記の甲の行為に基づいて、b店の従業員は錯誤に陥り、乙によりジムが利用されたから、「財産上不法の利益を得」たものと認められる。

以上より、甲には、2項詐欺罪（246条2項）が成立する。

(4) なお、甲は、謝礼が欲しくなり乙に協力したものであるし、甲の行為がなければ乙はジムを利用できなかったという意味において、甲が果たした役割は重要であり、利用名簿への記名もしている。したがって、甲には乙との共同正犯（60条）としての罪責を認められる。

2 甲がAの預金100万円を引き出した点について

(1) 甲が、乙からの借金の返済資金に充てるため、A名義の口座から100万円を引き出した行為についての罪責を検討する。

甲は、Aの成年後見人としてA名義の銀行預金を管理する法律上の権限を有していたため、D銀行d支店に預けられたA名義の預金を占有していたものと言える。よって、この行為は「業務上自己の占有する他人の物」を「横領」したものとして、業務上横領罪（253条）の構成要件に該当する。

(2) ア それでは、Aと「同居の親族」に当たる甲には、255条が準用する244条1項の親族相盗例が適用され、刑が免除されないか。

イ そもそも、244条1項は、親族間の一定の財産犯罪については、親族間の自律による解決に委ねることが望ましいという政策的な考慮に基づき、処罰阻却事由を定めたものである。そして、成年後見人は、成年被後見人と親族関係にあるか否かを問わず、善良な管理者の注意をもって財産を管理すべき義務を負うという公的性格を有する立場にあり、ここでは、親族間の自律に委ねるという親族相盗例の趣旨が及ばない。

ウ したがって、Aの成年後見人である甲について、親族相盗例の適用は否定されるべきである。

(3) 以上より、甲には、業務上横領罪（253条）が成立する。

(4) なお、この横領行為は、甲が乙に脅された結果として行ったものであり、甲の正犯性が否定されるようにも思われる。しかし、この行為は甲が乙の完全な支配下に置かれて行った行為ではなく、また、甲はA名義の口座の預金を引き出すことができる唯一の者であった。このことを踏まえると、乙との共同正犯を肯定すべきである。

3 罪数

以上より、甲には①B倶楽部に対する2項詐欺罪（246条2項）、②Aの預金についての業務上横領罪（253条）が成立し、①は乙との共同正犯（60条）、②は後述の通り、横領罪の限度で乙との間で共同正犯が成立し、①と②は併合罪（45条前段）となる。

第2 乙の罪責

1 B倶楽部に対する罪責

(1) 前述の通り、甲は、事実❹においてB倶楽部の受付で同伴者乙の利用を申し込み乙がジムを利用した行為について2項詐欺罪の罪責を負う。そして、甲は、乙が暴力団員であることを知った後に乙から頼まれて同人を同伴しジムを利用させたものであるから、乙が甲の犯罪に重要な役割を果たしていたと言えるため、乙に共同正犯（60条）が成立する。

(2) さらに、乙は、事実❸の時点においても、情を知らない甲を利用して2項詐欺を実現したものであるから、単独で2項詐欺罪の成立が認められる。

2 甲に対する罪責

(1) 乙が、甲に対して「さっさと金を返さなければ痛い目に遭わせるぞ。俺が何様かわかっているだろう」とすごんで、甲から100万円を受領した点について、恐喝罪（249条1項）の成否を検討する。

(2) まず、暴力団員である乙が、上記のようにすごんだ行為は、債権者たる乙が借金の返済を求めるために行ったものであるから、「恐喝」とは言えないのではないかが問題となるところ、権利関係が複雑化した現代では、事実としての財産の占有それ自体を保護すべき必要性が高い。そこで、恐喝罪の保護法益は占有それ自体であると考えるべきである。

そうすると、乙の行為は、甲の財物の占有を侵害する手段と言えるから、「恐喝」したものと認められる。また、甲に対して、Aの預金を引き出して返済資金を用意するよう迫る行為は正当な権利行使として社会通念上許容されるものではないから、違法性阻却も認められない。

(3) 以上より、乙には恐喝罪（249条1項）が成立する。

3 甲がA名義の口座から100万円を引き出した点についての共犯関係

(1) 甲がA名義の口座から100万円を引き出したことにより成立した業務上横領罪は、乙が「A名義の預貯金を引き出して返済に充てろと言い出した」ことによって行われたものである。したがって、乙は甲の業務上横領についてきわめて重要な役割を果たしたものであり、正犯意思が認められる。そこで、乙にも共同正犯の成立を認めるべきとも思われる。

しかし、横領罪は「他人の物」を占有する者に成立が認められる真正身分犯であり（252条1項）、しかも、その加重類型である業務上横領罪は、「業務上」の占有者に成立が認められる不真正身分犯でもあるため（253条）、これをいかに処理すべきか、検討を要する。すなわち、身分犯の共犯について規定する65条1項及び同条2項との関係が問題となる。

(2) まず、65条1項が「身分によって構成すべき犯罪行為」について規定し、同条2項が「身分によって特に刑の軽重があるとき」について規定しているという文言を踏まえ、1項は真正身分犯の成立と科刑について、2項は不真正身分犯の成立と科刑について、それぞれ定めた規定であると解するべきである。そして、非身分者も身分者の行為を利用することで真正身分犯の保護法益を侵害することが可能であるから、65条1項の「共犯」には狭義の共犯のみならず共同正犯も含まれると言える。

(3) したがって、まず、乙には不真正身分犯である業務上横領罪は成立せず、その刑を科することもできないが（65条2項）、真正身分犯である横領罪の限度で、甲との共同正犯の成立が認められる（65条1項）。

4 罪数

以上より、乙には①事実❸についての、B倶楽部に対する2項詐欺罪（246条2項）、②事実❹についての、B倶楽部に対する2

項詐欺罪（246条2項）、③甲に対する恐喝罪（249条1項）、④ A の預金についての横領罪（252条1項）が成立し、②④は甲との共同正犯（60条）であり、①から④の罪は併合罪となる。(T. S.)

（北川佳世子）

16. 替え玉受験の顛末

設問　以下の事例に基づき、X、YおよびZの罪責について、具体的な事実を摘示しながら論じなさい（特別法違反の点は除く）。

❶　A（男性：21歳）は、W大学を志望する受験生であるが、すでに3浪しておりこれ以上は浪人しないという両親との約束もあって、今度不合格となれば、すでに合格をしている滑り止めの大学に入学せざるをえない状況であった。AはどうしてもW大学に入学したかったが、模擬試験の結果ではW大学合格は相当に厳しいと考えられたので、予備校時代の友人で、1浪後難関のH大学に入学したX（男性：21歳）にW大学の替え玉受験をしてもらうことを思いついた。そこで、Aは、替え玉受験をしてもらったら5万円、合格した場合にはさらに10万円を渡すことを約して依頼したところ、Xはこれを了承した。

❷　令和3年2月20日、Xは、Aに代わってW大学の入学試験を受けた。受験に際しては、写真照合票を提出しなければならず、Aが作成した写真照合票にはA自身の写真が貼ってあったが、XとAは顔立ちが似ており、また、AがXのメガネをかけて写真照合票の写真を撮影したことから、写真照合によって替え玉受験が露見することはなかった。

❸　Xは、Aになりすまして答案を作成し、提出したが、解答は全てマークシート式で、解答欄の「1、2、3……」あるいは「a、b、c……」などと印字されている枠のいずれかを鉛筆で塗りつぶすものであった。また、W大学では、入学者選抜の手続において、審査の公正を期するため、入学願書受付から合格発表までの一連の手続において、受験番号が氏名に代わる受験生識別の手段として用いられていた。そのため、Xが答案を作成した際にも、答案にAの氏名を記載する必要はなく、ただAの受験番号である「WA3309」を記載しただけであった。

❹ X が試験を終えて試験会場である W 大学の校舎正門を出ると、「X 君」と声をかけられた。声をかけられた方を向くと、そこには H 大学の同級生で同じサークルに属している B（女性：21 歳）が立っていた。B は、妹が W 大学を受験したので、その迎えに来ていたものであるが、校舎内から X らしき人物が出てきたので変だなと思い、本人かどうか確かめようとして声をかけたのであった。B は、「やっぱり X 君か。でも、どうして試験場の中から出てきたの。もしかして、替え玉受験？」と半ば冗談で尋ねたところ、X は、こんなところで知り合いに会うとは思っていなかったので狼狽し「いや、その、あの……」と要領を得ない返事しかできなかった。X の動揺した姿を見て、B は自分が冗談半分に言ったことが当たっていたことを悟り、X に対して「本当に替え玉やったの。それって見つかったら大変なことになるんじゃないの」と言った。これに対し、X は、「絶対、誰にも言わないでくれよ」とお願いしたが、B は X に対していぶかしげな視線を向けたまま無言でいた。そのうち、B の妹が現れたので、B はその場を立ち去った。

❺ その後、X は、替え玉受験の事実を B に知られたことが気がかりで、何としても口止めしなければならないと思った。そこで、X は、B を裸にしてその姿態を写真に撮影することによって、口止めを図ろうと企てた。

❻ 同年 2 月 23 日、X は、「この間のことで話したいことがある。あれから色々と考えてみたのだけれども、やっぱりとんでもないことをしてしまったと思う。とても後悔している。でも、今は、どうしていいかわからないんだ。他の人には話せないから、どうか相談に乗ってくれないかな」と、反省し、また、相談できる相手が B しかいないかのように装って B を信用させて、B に X の自宅アパートに来てもらった。同日午後 5 時頃、B が X のアパート室内に入るや否や、X は B を壁に押し付け、用意していたハンティングナイフを B の顔に当てて威嚇し、「おとなしく裸になりな」と申し向けた。B は、強い恐怖心を覚え、言われるままに全裸になると、X は、B の両手首を後ろ手に縛り上げた。そして、X は、B に淫らなポーズをとらせ、その姿態をカメラで撮影した。

❼ そのとき、B の携帯電話に着信があり、着信音が鳴った。X は、

着信音が鳴ったBのポシェットを開けてみると、中には、現金2万3000円が入った財布と携帯電話が入っていた。そこで、Xは、この際金もいただいておくかと思い財布の中から現金2万円を抜き取るとともに、今撮った写真を知り合いにメールで送信するなどと申し向ければ口止め効果が増すと思い、後で解放するときの口止めに用いる意思で、該携帯電話を自分のズボンのポケットに入れた（この時、Xは、実際に写真をメールで送信するつもりはなく、ただ自分が該携帯電話を持っていれば、Bはこのことを他言しないであろうと考えていたものである）。その際、Xは、Bに対して何ら暴力を振るったり、脅迫的言辞を弄したりすることはなく、終始、無言であった。他方、Bは、前記のように後ろ手に縛られたままで身動きが困難な状態であったため、Xが自分の携帯電話をポケットに入れるのをただ見ているだけだった。

❽　その後、Xは、何枚か写真を撮影したところでもう十分だと考え、また、Bに対して特段の性的関心も抱いていなかったので、「替え玉受験のことは、他人に言うなよ。それから、今、写真を撮ったこともだ。もし言ったら、この写真をばら撒くからな。知り合いのメールアドレスだってわかるんだから」と、先ほどポケットに入れたBの携帯電話を手にとって示しながら口止めして、同日午後5時30分頃、Bを解放した。なお、Bを解放した後すぐに、Xは、将来、万が一Bの携帯電話を所持していることが発覚するようなことがあれば、自分の犯行を示す決定的な証拠となってしまい危険だから処分した方がよいのではないかと思い始めた。そこで、登録されているメールアドレスを数件メモした後、該携帯電話を近所の川に投げ捨てた。

❾　同年3月1日、Bは、前記のごとくXに裸の写真を撮られたことを、交際していたY（男性：22歳）に打ち明けた。すると、Yは激怒し、Xに制裁を加えなければならないと考えた。そこで、Yは、友人のZ（男性：23歳）に、「俺の彼女がひどい目に遭わされた。仕返しするから協力してくれ」と申し出たところ、Zはこれを承諾した。

❿　YおよびZは、Xに暴行を加えることを決意し、機会を窺っていたが、同年3月4日午後8時10分頃、いよいよ今日こそは実行

に移そうと考え、X宅の最寄り駅である地下鉄N駅で張り込んでいたところ改札から出てきたXを発見した。そこで、Yらは Xを追尾し、人気のない公園脇の通りに差し掛かったところで、YがXを呼び止め、「Bのことで話がある」と言って、Xを公園内に誘ったところ、Xはこれに応じた。

⓫ Yが、Xに対して、「Bは、俺の彼女だ。あんなことをしておいて、ただで済むとは思ってないよな」と申し向けると、Xは、「何の話だ。何のことか俺にはわからないが」としらをきった。これに対し、Yが、「とぼけるな。Bから話はちゃんと聞いているんだ」と語気強く迫ると、Xは、「あまり手荒なことをすると、かえってBにとっては困ったことになるかもしれないよ」などと、自分に危害を加えれば例の写真をばら撒くつもりであるかのような発言をした。これを聞いたYは激怒し、「ふざけるな」と叫んで、Xの腹部を手拳で殴打した。Xが腹部を押さえてうずくまると、今度は、同行していたZが、Xの腰部を足蹴にし、以降、倒れたXに対し、YおよびZがこもごもXの頭部、腹部、背部などを、数回、足蹴にした。

⓬ これによってXは、反抗を抑圧され、抵抗できない状態となり、「悪かった。謝るから、助けてくれ」と言い始めた。これを聞いたZは、もうこの辺で仕返しはいいだろうと思ったが、Yは、興奮して、このXの発言を聞いてもなお暴行を継続する気勢を示していた。そこで、Zは、Yをなだめようとして、「もうこの辺でいいじゃないか。勘弁してやれよ」と諭したが、Yは「うるせえ」と言うなど言うことを聞かないので、Zは、「いい加減にしろよ。これ以上はやりすぎだ」と言って、Yを制止しようとしてYの左腕を強く握った。これに対し、Yは、仲間であるはずのZが裏切ったと感じ、「ふざけるな。お前なんか黙ってろ」と言うとともに、やにわにZの顔面を右手拳で殴打したところ、Zは転倒し、失神、気絶した。このYの殴打行為によって、Zは約2週間の加療を要する顔面挫傷の傷害を負った。

⓭ その後、Yは、なおもXに対して暴行を継続した。そのうち、Xがぐったりしたところで、Yも気が済み、暴行を止めて帰ろうとしたが、その際、倒れているXの上着内ポケットから財布が飛

び出しているのを見つけた。Yは、該財布を黙って拾い上げ、中を見ると5万円が入っていたので、それを抜き取り自分のズボンのポケットに入れて、その場を立ち去った。Xは、Yが自分の財布から現金を奪っていくことに気付いていたが、それまで受けた暴行のため全く抵抗することができなかった。なお、この間、Zはずっと気絶したままであった。

⓮ Xは、これらの暴行によって、約1か月の通院加療を要する、顔面挫傷、左頭頂部切傷、右大腿部挫傷、左大腿部挫傷の傷害を負った。Zが気絶する以前にYおよびZが加えた暴行も、Zが気絶した後にYが加えた暴行も、これらの傷害を生じさせる危険性を有するものであったが、いずれの暴行によって生じたものかは最終的に判明しなかった。

解　説

1…………概　観

⑴　設問のねらい

本問は、Xの罪責に関しては、文書偽造罪の成否、強制わいせつ罪の成否、暴行・脅迫後の財物取得を不法領得の意思の問題を含めていかに擬律するか、Yに関しては暴行後の領得行為の擬律、Zに関しては、共犯関係の解消、同時傷害の特例適用の可否といった点を主として検討させようとするものである。いずれも基本的な問題ではあるが、具体的な事実との対応関係を意識して基本事項を応用する力が問われている。

⑵　とりあげる項目

- ►文書偽造罪の成否
- ►強制わいせつ罪の成否
- ►不法領得の意思
- ►暴行・脅迫後の領得行為
- ►共犯関係の解消
- ►同時傷害の特例適用の可否

2…………Xの罪責

⑴ 文書偽造罪の成否

⒜ 本問では、いわゆる替え玉受験において、替え玉となった者が答案を作成し、これを大学側に提出する行為が、私文書偽造・同行使罪に該当するかが問題となる。ここでは、①入試答案は私文書偽造罪にいう「事実証明に関する文書」にあたるか、②名義人の承諾があっても私文書偽造罪は成立するか、という点が主たる検討課題となる（**13. 妻の嘘と夫の嘘**の解説**2**⑵参照）。

⒝ 文書とは、文字その他の可視的・可読的符号を用いて、一定期間永続する状態で、物体の上に記載された意思または観念の表示であると定義するのが、判例（大判明治43年9月30日刑録16輯1572頁）・通説である。この点で、本問の入試答案は、その表示部分だけをとってみれば、単に「1」などの枠を塗りつぶしているだけであり、それ自体から一定の意思または観念を看取することは困難である。しかし、それが解答用紙の外観を有する紙面上の所定の箇所に表示されたものであることに鑑みれば、入試答案は、出題された問題に対して受験者が正解だと考えたもの（これが問題に対する正解だと判断したという意思）を表示した物体だとみることができよう。

また、文書偽造罪の客体となる文書であるためには、名義人を特定できるものでなければならない。本問の入試答案には受験番号しか記載されていないが、これを入試関連のその他のデータ（たとえば、願書受付簿など）と照合すれば、誰がその意思の表示主体かは容易に特定される（もしこれが特定できないのであれば、そもそも選抜試験の機能を果たさない）のであるから、名義人を特定することはできると解される（なお、大判昭和7年5月23日刑集11巻665頁）。

以上のことが肯定されたとして、さらに、本問では、入試答案が「事実証明に関する文書」にあたるかが問題になる。判例は、「社会生活に交渉を有する事項」を証明するに足る文書であれば、「事実証明に関する文書」にあたるとしており（最決昭和33年9月16日刑集12巻13号3031頁）、これによれば、入試答案も十分「事実証明に関する文書」にあたると解されることになる。すなわち、最決平成6年11月29日刑集48巻7号453頁は、「入学選抜試験の答案は、試験問題に対し、志願者が正解と判断した内容を所定の用紙の解答欄に記載する文書であり、それ自体で志願者の学力が明らかになるものではないが、それが採点されて、その結果が志願者の学力を示す資料となり、これを基に合否の判定が行われ、合格の判定を受けた志願者が入学を許可されるのであるから、志願者の学力の証明に関するものであって『社会生活に交渉を有する事項』を証明する文書……に当たる」とするのである（なお、同決定に批判的なものとして、伊東研祐・平成6年度重判解148頁）。

ところで、本問の入試答案が私文書にあたるとした場合、それは有印私文書であろうか、それとも無印私文書であろうか。本問の入試答案には、氏名の記載がなく受験番号しか記載されていないことから、これが「署名」（159条1項）にあたるかが問題となる。同項の署名の意義について、判例は、作成者が誰であるかを示すに足りる記名であって、氏名の自署に限らず、その記名が、本人の氏名を表すものであると、その通称または商号を表すものであると、また、本人の自署になると、他人をして代筆させたものであると、もしくは印刷によって表出したのであるとを問わないとする（大判明治45年5月30日刑録18輯790頁）。これによれば、本問の入試答案における受験番号の記載も、作成者が誰であるかを示すに足りる（唯一の）記載であるから、これを「署名」と解することができよう（神戸地判平成3年9月19日判タ797号269頁参照）。

以上より、本問の入試答案は、有印私文書に該当するものと解される。

(c) つぎに、名義人の承諾の点を検討しなければならない。通常、名義人の承諾がある場合には、私文書偽造罪は成立しないものとされる。有形偽造の意義に関しては、Ⓐ作成権限なく他人の名義を冒用して文書を作成することとするものと、Ⓑ名義人と作成者の人格の同一性を偽ることとするものがみられるが（この2つの定義は結局は同義であると解される〔最判昭和59年2月17日刑集38巻3号336頁〕）、名義人の承諾がある場合、Ⓐによれば承諾を得た者は作成権限に基づいて文書を作成したことになるから偽造にはあたらないことになり、Ⓑによった場合でも、作成者の意義を、文書を事実として作成した者ではなく、文書作成に関する意思主体と解する通説の立場（意思説）からすれば、名義人の承諾がある場合には名義人自身が作成者となるから偽造にあたらないことになる。

しかし、判例では、他人の承諾を得てその名義で文書を作成した場合でも私文書偽造罪が成立する場合があるとされている。たとえば、最高裁は、交通反則切符中の供述書をあらかじめ承諾を得て他人名義で作成した事案に関し、「交通事件原票中の供述書は、その文書の性質上、作成名義人以外の者がこれを作成することは法令上許されないものであって、右供述書を他人の名義で作成した場合は、あらかじめその他人の承諾を得ていたとしても、私文書偽造罪が成立すると解すべきである」としている（最決昭和 56 年 4 月 8 日刑集 35 巻 3 号 57 頁）。そのほか、下級審では、運転免許証（大阪地判昭和 54 年 8 月 15 日刑月 11 巻 7＝8 号 816 頁）、一般旅券発給申請書（東京地判平成 10 年 8 月 19 日判時 1653 号 154 頁）、そして本問のような入試答案（東京高判平成 5 年 4 月 5 日高刑集 46 巻 2 号 35 頁〔ただし傍論〕）に関しても他人名義での文書の作成が名義人の承諾にもかかわらず私文書偽造罪に問擬されている。

このような判例の立場に対して、学説では、名義人の承諾がある以上文書偽造罪は成立しないとする反対説（伊東研祐・現代社会と刑法各論［第 2 版］365 頁以下など）も唱えられているが、多数は、判例の結論を支持している。もっとも、私文書偽造罪の成立を肯定する見解も、その論拠は様々であり、必ずしも定説があるわけではない（議論の概要については、山口・各論 465 頁以下参照）。

判例の考え方は、「文書の性質」に着目し、それが作成名義人以外の者の作成が法的に許容されない文書である場合には、名義人の承諾があっても作成権限は発生せず、作成権限なくして他人名義の文書を作成したことになるため、有形偽造になるとするものであろう（井田良・百選Ⅱ［第 6 版］204 頁）。このような見方に立つならば、本問のような入試答案においては、名義人として表示された者が実際にその文書を作成したという前提が確保されなければ、受験者の学力を判定する資料としての機能を果たしえないと考えられる（なお、前掲東京高判平成5年4月5日参照）。このような入試答案という文書の性質からすると、これはそもそも他人名義で作成することが法的に許容されている文書だとは考えられないので、名義人の承諾があっても作成権限に基づくものとはいえず、文書偽造罪が成立すると解されることになろう。

もっとも、このような理解は、本問の場合でいえば、名義人をAとし、作成者をXとすることになろうが、これが作成者の意義に関する意思説の立場と平仄が合うかは議論のあるところであり、むしろ意思説の立場から作成者はAであるとしつつ、名義人は単なるAではなく「実際に受験したA」（虚無人）であるとして、名義人と作成者の人格の同一性を偽っているから有形偽造になるとする理解も示されている（西田・各論398頁）。いずれの見方に立つ場合でも、前提となる有形偽造の理解と具体的な事案へのあてはめの関係が論理的に整合する形で論ずることが肝要である（ちなみに、Xに有印私文書偽造罪の成立を認める場合、Aは同罪の共犯となろう〔前掲東京地判平成10年8月19日〕）。

なお、有印私文書偽造罪（159条1項）の成立を肯定するならば、これを大学側に提出する行為は偽造有印私文書行使罪（161条1項）を構成することとなり、両罪は牽連犯となる。

⑵ 強制わいせつ罪の成否

Xは、Bの裸を写真撮影する際、自己の性欲を満足させるというような性的意図を有していたものではなく、口止め目的で行っている。このような場合にも、強制わいせつ罪が成立するかが問題となる。

かつて判例は、強制わいせつ罪の成立に関し、「その行為が犯人の性欲を刺戟興奮させまたは満足させるという性的意図のもとに行なわれること」（最判昭和45年1月29日刑集24巻1号1頁）を要するとしていたが、最大判平成29年11月29日刑集71巻9号467頁は、「故意以外の行為者の性的意図を一律に強制わいせつ罪の成立要件とすることは相当でなく、昭和45年判例の解釈は変更されるべきである」とした。これは、性的意図は強制わいせつ罪の必須の成立要件ではないとするものであり、同罪の成否を検討する際に性的意図を考慮してはならないとするものではなく、行為そのものが持つ性的性質が不明確で、行為が行われた際の具体的状況などを考慮に入れなければ性的な意味があるかどうか評価し難いような場合には、性的意図が考慮される場合はありうるとの考え方に立つものである。もっとも、そのようにして性的意図が考慮される場合は例外的なものであり、本問のように脅迫して全裸にさせ、淫らなポーズをとらせ、その姿態を写真撮影するというような行為は性的意味のあることを相当程度推認させるものであり、性的意図がないことによってそれが覆るようなものとはいえないであろう。また、このような行為がＹに性的羞恥心を生じさせると考えるからこそ口止めに役立つのだから、口止め目的という主観的事情はこの行為の性的意味を強めることになるであろう。

以上のことより、Ｂの性的自由が害されている以上、Ｘに性的意図があるか否かにかかわらず、強制わいせつ罪が成立するとされよう。

(3) ＸがＢの現金・携帯電話を奪った行為の評価

(a) Ｘは、Ｂの裸を写真撮影する目的で暴行・脅迫を加え、Ｂが反抗を抑圧された段階で、現金および携帯電話を奪っている。このＸの行為を評価するにあたっては、①不法領得の意思が認められるか、②暴行・脅迫後に領得意思が生じた場合をいかに擬律するかが問題となる。

(b) 窃盗罪などの犯罪が成立するために不法領得の意思が必要か、という問題に関しては、その内容を権利者排除意思と利用・処分意思に分け、それぞれについてその要否を検討するというのが、一般的な分析手法である。これを前提とした場合、本問で問題となるのは、利用・処分意思の要否、および、必要とした場合におけるその肯否である。

この利用・処分意思は、毀棄・隠匿罪との区別において問題となるものであり、必要説と不要説が対立しているが、判例は必要説に立っており（大判大正4年5月21日刑録21輯663頁、最判昭和26年7月13日刑集5巻8号1437頁、最決平成16年11月30日刑集58巻8号1005頁など）、学説の多数もこれを支持している（必要説の論拠については、斎藤信治「不法領得の意思の必要性」八木國之先生古稀祝賀論文・刑事法学の現代的展開〔上巻〕380頁以下参照）。

もっとも、判例は、当初、利用・処分意思を「経済的用法に従って利用、処分する意思」と定義していた（前掲大判大正4年5月21日、前掲最判昭和26年7月13日など）が、「経済的用法に従って」という点は、その後希薄化しているものとみられ、たとえば「その物の本来の用途にかなった方法に従い、あるいはなんらかの形において経済的に利用もしくは処分する意思」（仙台高判昭和46年6月21日高刑集24巻2号418頁）でもよく、さらには、「財物から生ずる何らかの効用を享受する意思」（東京地判昭和62年10月6日判時1259号137頁）でも足りるという形でその内容が漸次拡張してきている。それにもかかわらず、毀棄・隠匿との区別の局面において不法領得の意思に独自の意義を認めるために、「その物自体を利用する意思」（山口厚・新判例から見た刑法［第3版］196頁以下）とか「その物の利用処分から直接利得を得る目的」（佐伯仁志「不法領得の意思」法教366号81頁）といったものを要求する見解が有力に主張されている。

本問の場合、Xに、携帯電話を通話・メールのために利用する意思はない。したがって、携帯電話の本来の用途を重視するのであれば、不法領得の意思は認め難い。他方で、「財物から生ずる何らかの効用を享受する意思」で足りるとするのであれば、口止めのために利用する目的に着目して、不法領得の意思を肯定することも可能となろう。「その物自体を利用する意思」や「その物の利用処分から直接利得を得る目的」を要求する見解に立った場合には、微妙であるが、Xの期待する口止め効果は、携帯電話が自己の支配下にあることによってBに生ずるであろう心理的な威嚇効果に主として依存するものであるとすれば、それは携帯電話それ自体から生ずる効用というよりは、むしろ、携帯電話が自己の支配下にあることによって生ずる反射的効果を利用するものとみるべきではないかと思われる。そうだとすれば、Xが意図している効用の獲得は間接的なものであり、不法領得の意思は認められないと解されることになるのではないかと思われる（なお、犯行隠蔽目的に関して、佐伯・前掲82頁参照）。

不法領得の意思を否定した場合、携帯電話については器物損壊罪の成否を検討することになろうが、物の効用を害する行為は損壊にあたるとしても、物質的な毀損と同程度の効用の喪失が必要であろうから、本問では川に投棄した時点で器物損壊罪の成立を認めるべきであろう（大阪高判平成13年3月14日高刑集54巻1号1頁）。なお、不法領得の意思を肯定した場合には、窃盗罪（あるいは強盗罪）が成立し、器物損壊の点は共罰的事後行為となる。

(c) つぎに、少なくとも現金に関しては不法領得の意思が肯定されるので、Xは、当初から財物を奪う目的で暴行・脅迫を加えたわけではなく、暴行・脅迫を加え、Bが反抗を抑圧された後で（Bについては反抗を抑圧された状態だと解することができよう）領得意思を生じた点を、どのように評価すべきなのかが問題となる。具体的には、新たな暴行・脅迫が加えられなくとも強盗罪が成立するのか、それとも、そのような暴行・脅迫がなされない限りは窃盗罪が成立するにとどまるのか、を検討しなければならない。

学説では、「余勢をかって財物を奪ったものと認められるかぎり」新たな暴行・脅迫がなくとも強盗を認めるべきであるとする見解もある（藤木・各論294頁）が、通説は財物の奪取に向けられた新たな暴行・脅迫が必要だとする（議論の概要については、島岡まな「暴行・脅迫後の領得意思」争点174頁参照）。ただ、必要説に立った場合でも、すでに被害者は反抗を抑圧されているのであるから、その状態を継続させるのに足りる程度の暴行・脅迫で十分だと解されるところ、たとえば、加害者が被害者のいる現場に滞留し続ける態度をもって脅迫と解しうるとすれば、実際上、不要説との差はそれほど大きくないということになろう（なお、橋爪隆「強盗罪の構造について」法教430号69頁以下参照）。

他方、判例の立場は微妙であり、不要説に立つとみられるもの（東京高判昭和37年8月30日高刑集15巻6号488頁、大阪高判昭和61年10月7日判時1217号143頁など）もあるが、新たな暴行・脅迫が必要だとする立場が一応主流であるように思われる（東京高判昭和48年3月26日高刑集26巻1号85頁、大阪高判平成元年3月3日判タ712号248頁、札幌高判平成7年6月29日判時1551号142頁など。なお、殺害後の奪取について、最判昭和41年4月8日刑集20巻4号207頁)。この点で、東京高判平成20年3月19日判タ1274号342頁が、本問類似の事案に関し、必要説に立ちながら、「本件のように被害者が緊縛された状態にあり、実質的には暴行・脅迫が継続していると認められる場合には、新たな暴行・脅迫がなくとも、これに乗じて財物を取得すれば、強盗罪が成立すると解すべきである」との判断を示しているのが注目される。もっとも、そこでは、「緊縛状態の継続は、それ自体は、厳密には暴行・脅迫には当たらない」ともされており、必要説との理論的整合性にはなお検討の余地があろう(井田良ほか編著・事例研究刑事法Ⅰ刑法〔第2版〕242頁以下〔島戸純〕参照)。

本問は、被害者が女性でしかも全裸で緊縛されており、心理的にも物理的にも抵抗することが極めて困難な状況に置かれていることからすると強盗罪の成立を肯定する見方もありうると思われるが、その場合、必要説に立つのであれば何をもって新たな暴行・脅迫と評価することができるのかを明確に示す必要があろう。

⑷ **その他**

(a) 替え玉受験に関連して偽計業務妨害罪の成否を論ずる余地もあるが、仮に同罪を危険犯であると解したとしても、入試業務その他に現実的な混乱が生じていない段階では実際上問題とする意義に乏しく、触れるとしても簡単に言及する程度にとどめるのが適当であろう(なお、業務の外形的妨害を必要とするという見地から替え玉受験について同罪の成立を否定する見解として、西田・各論142頁、高橋・各論204頁など)。

(b) Xについては、逮捕・監禁罪も成立すると考えられる。強制わいせつ罪、強盗罪とは併合罪となろう。なお、口止めした点について強要(未遂)罪ないしは脅迫罪の成否も理論的には問題となりうるが、事案全体からみると重要度は低く、いたずらに細部にこだわるのはバランスを失するであろう。

3…………Yの罪責

YがXおよびZに対する傷害罪の罪責を負うことに特段の問題はな

い。暴行後に現金を領得した行為については、Xについて前述したところと同様の問題が生ずる。ここでは、両者の扱いに理論的な矛盾が生じないように注意することは当然であるが、さらに、必要説に立った場合、両者を同じように扱うべきなのか、それとも、異なった処理をすべきなのかについて、具体的な事実関係の異同に留意しながら慎重に判断する必要があるであろう。たとえば、Xの場合には、被害者が女性である上、全裸で後ろ手に縛られているという物理的に反抗を困難にする状態が継続しているのに対し、Yの場合には、被害者は男性であり、先行する暴行によって反抗を抑圧されているとはいえ、緊縛状態にあたるような事情は見当たらない、といった点など、具体的な事実を示しながら論じていく姿勢が肝要かと思われる。

なお、強盗を認めた場合でも傷害の結果は強盗の着手前に生じているから強盗傷害罪は成立しない（藤木英雄・新版刑法講座405頁参照）。

4…………Zの罪責

(1) 共犯関係の解消

本問におけるZは、途中でYによる暴行の継続を制止しようとしたが、逆にYに殴打され失神、気絶してしまい、結局、Yの犯行の継続を阻止できなかった。このような場合でも、Zに共犯関係の解消を肯定することができるかが問題となる（**13. 妻の嘘と夫の嘘**の解説**3**(3)参照）。

解消の要件に関して、従来、判例は、離脱の時期が実行の着手前か着手後かで区別することが多かった。すなわち、着手前の離脱であれば、①離脱者の離脱意思の表明と②他の共犯者によるその了承があれば、基本的に解消を肯定することができるが（東京高判昭和25年9月14日高刑集3巻3号407頁など）、着手後の離脱の場合には、それだけでは足らず、さらに③他の共犯者によって犯行が継続される危険性を消滅させる措置を講じなければならない（最決平成元年6月26日刑集43巻6号567頁）、とするのがそれである。

もっとも、共犯関係の解消が肯定された場合に、その後に他の共犯者によって行われた行為について罪責を問われない根拠が、自己の及ぼした因果的影響力の除去・切断に求められるのだとすれば、そのような因果性の遮断に成功したといえるかどうかが判断基準とされるべきであり、実行の着手の前後で解消の要件を形式的に分けることは（一応の指針としては有用かもしれないが）必ずしも正確とはいい難いところがあろう。

現に、実行の着手前の離脱であっても、首謀者的立場にある者について、「離脱者において共謀関係がなかった状態に復元させなければ、共謀関係の解消がなされたとはいえない」としたもの（松江地判昭和51年11月2日刑月8巻11＝12号495頁）もあり、さらに、最決平成21年6月30日刑集63巻5号475頁は、実行役と見張り役に分かれて住居侵入強盗を企てた事案に関し、「被告人は、共犯者数名と住居に侵入して強盗に及ぶことを共謀したところ、共犯者の一部が家人の在宅する住居に侵入した後、見張り役の共犯者が既に住居内に侵入していた共犯者に電話で『犯行をやめた方がよい、先に帰る』などと一方的に伝えただけで、被告人において格別それ以後の犯行を防止する措置を講ずることなく待機していた場所から見張り役らと共に離脱したにすぎず、残された共犯者らがそのまま強盗に及んだものと認められる。そうすると、被告人が離脱したのは強盗行為に着手する前であり、たとえ被告人も見張り役の上記電話内容を認識した上で離脱し、残された共犯者らが被告人の離脱をその後知るに至ったという事情があったとしても、当初の共謀関係が解消したということはできず、その後の共犯者らの強盗も当初の共謀に基づいて行われたものと認めるのが相当である」とし、実行の着手前ではあるが共犯者の以後の犯行を防止する措置を講じなかったことにも言及しつつ解消を否定している。したがって、解消の肯否を判断する最終的な基準は実行の着手前後いずれの場合も因果性を遮断したかどうかであり、その具体的な判断においては、離脱者が及ぼした因果的影響力の内容・大小や犯行の進展状況などに鑑み、離脱意思の表明、共犯者による了承、供与した武器・道具等の回収、共犯者による犯行の継続を阻止する措置を講じたかどうかといった要因を考慮して解消の可否を判断することになろう。

さて、本問のＺに解消が認められるかであるが、まず、離脱意思の表明に関しては、「勘弁してやれよ」「これ以上はやりすぎだ」といった発言などから、これを肯定することは可能であろう。Yがこれを了承したといえるかは問題であるが、YがZを殴打した行為は、Zの協力をもはや必要としない（それどころかむしろ邪魔だと思っている）という意思表示ともみうるから、価値的にみてZの離脱意思を了承したのと同視することも不可能ではないと思われる。

最も問題なのは、Yによる犯行の継続を阻止できていない点である。Zは、それまでにYと共同してXに暴行を加え、Xが反抗できない状態を共に現出しており、Zが気絶した後のYの暴行はその状態が継続している状況下で行われているものである以上、Zの行為が及ぼした因果的影響力は完全には解消されていないといわざるをえないであろう。この点を重視するのであれば、共犯関係の解消を認めることはできないと思われる（なお、山口・総論380頁以下は、共犯関係の解消は認められないとしても、幇助の責任が問われるにすぎない、とする）。

他方で、ZがYに及ぼした心理的因果性はほぼ消滅したといえそうである。また、ZがYによる犯行の継続を阻止できなかった理由は、Yから殴打され気絶してしまったことによるのであり、いわば、Yによって共犯関係を解消する機会を一方的に奪われたという面があることを勘案すると（ZはYを制止しようとし、一応、そのための行動にも出ている）、これをZの不利益に考慮することは多少酷なところがあるようにも思われる。因果的影響力の除去・切断といっても、完全な除去・切断が常に必要とされるわけではなく、共犯としての罪責を問うに値するだけの関係が残存しているかどうかという観点から規範的に判断されるものだと解するのであれば（なお、前田・総論367頁）、本問の場合でも、共犯関係の解消を認める余地はあろう。この点で、名古屋高判平成14年8月29日判時1831号158頁が、他の共犯者（A）から殴打され失神してしまった被告人に関し、「Aを中心とし被告人を含めて形成された共犯関係は、被告人に対する暴行とその結果失神した被告人の放置というA自身の行動によって一方的に解消され」たとしているのが参考になると思われる。

⑵ 同時傷害の特例（207条）適用の可否

なお、Zに共犯関係の解消を認めた場合には、さらに同時傷害の特例（207条）が適用されるのか、ということも問題となる。この点、前掲名古屋高判平成14年8月29日は、同時傷害の特例を適用している。さらに、最決令和2年9月30日刑集74巻6号669頁は、暴行の途中から後行者が共謀加担したケースについて同時傷害の適用を肯定していることも参考になる。適用を肯定する場合には、共犯関係が全く認められない場合との不均衡などを理由として挙げることになるであろう（これに対して、否定説としては高橋・各論61頁など参照〔後掲解答例は否定説に立っている〕）（**7. 女心は春の空、男心は秋の空**の解説**3**⑴参照）。

⑶ Yが現金を奪った点について、Zは何ら共犯としての罪責を負わない。この点については、解消の肯否にかかわらず、そもそも共謀が認められない。

解答例

第1 Xの罪責

1 替え玉受験に関する有印私文書偽造罪の成否

⑴ 入試答案が「事実証明に関する文書」にあたるか

ア 「文書」は、物体の上に記載された意思の表示である必要があるところ、マークシート式の答案用紙は、単なる塗りつぶした跡がある紙ではなく、受験生が正答と考える解答欄の記号を塗りつぶしたものであり、受験生の意思を表示したものであるから、この要件に該当する。

イ 同罪は、名義人がした意思の表示である文書に対する信用を保護するから、文書上名義人が特定できる必要があるが、その文書だけでなく付属物等も含めて特定が可能であればよい。

本件の答案用紙には受験生識別手段としての受験番号WA3309が記載されており、W大学の入試関連情報と照合すれば、名義人がAであると特定できる。

ウ 「事実証明に関する文書」とは、社会生活に交渉を有する事項を証明するに足りる文書を意味する。入試答案は、設問に対して受験生が正答と判断した内容を記載し採点をすることで受験生の学力を明らかにするための文書であるから、この要件にも該当する。

(2) 受験番号の記載が「署名」といえるか

Xは、答案用紙に氏名は書いていない。しかし、署名とは、作成者が誰であるかを特定するに足りる表示である。受験番号WA3309は、同大学内の入試資料と照合すればその答案作成者を特定できるから、「署名」である。

(3) Aから承諾を得ても「偽造」にあたるか

ア 偽造とは、作成権限なく他人の名義を冒用して文書を作成することであるから、名義人から承諾があれば通常は「偽造」にならない。それでは、本件答案の名義人はAであり、XはそのAに依頼されて本件答案を作成しているから、「偽造」にあたらないのか。

イ この点、偽造を処罰するのは、偽造がその文書に表示された意思の主体を不明確にし文書に対する信用を害するからである。したがって、文書の性質が名義人本人による作成を要求する場合には名義人が承諾を与えても作成者は作成権限を取得できず、偽造になるというべきである。

これについて本件をみるに、入試答案は、入学希望者の学力を判定するために作成する文書であるから、性質上入学希望者自身が作成することを要する文書である。したがって、名義人Aが承諾を与えても他人にその作成権限を与えることはできない。

Xによる本件答案作成は、作成権限なくA名義を冒用して文書を作成したものとして「偽造」にあたる。

(4) XはW大学に入試答案として提出する目的で作成したから行使の目的も認められ有印私文書偽造罪（刑法〔以下省略〕159条1項）が成立し、これをXはW大学に提出したから、同行使罪（161条1項）も成立し、牽連犯（54条1項後段）となる。

2 強制わいせつ罪の成否

(1) Xは替え玉受験の口止め目的で、Bを全裸にさせ写真撮影した。性的意図をもたない場合にも強制わいせつ罪（176条）が成立するか。

(2) この点、行為者に性的意図があることを要求する見解がある。しかし、本罪の保護法益である被害者の性的自由の侵害と行為者の意図とは無関係であるから、本罪の成立を認めるために性的意図が必須の要件となるわけではない。

(3) 本件では、口止め目的であっても、2人きりの室内でハンティングナイフを顔に押し当てて威嚇し「おとなしく裸になりな」と申し向けて、全裸のBの両手首を縛り上げているから、反抗を著しく困難にする暴行および脅迫をして、全裸のBの写真を撮影するわいせつな行為をしており、性的意味のある行為であることが十分に看取されるから、本罪が成立する。

3 現金2万円についての強盗罪の成否

(1) Xは、全裸で緊縛され身動きできないBから現金2万円を奪ったが、これが強盗罪（236条1項）にあたるか。Xは口止め目的でBの反抗を抑圧した後に財物奪取の意思をもったため、「暴行又は脅迫を用いて」強取したといえるか。

(2) この点、暴行脅迫は財物奪取に向けられたものであることを要するが、反抗を抑圧するのに必要な暴行脅迫の程度は、相手方の状況によって異なるから、すでに反抗抑圧状態にある被害者に対しては、その状態を継続する程度のもので足りる。

(3) 本件では、Bは女性であり、密室の中でXからナイフを突きつけられ全裸にされ写真撮影までされて著しい恐怖心と緊縛によって反抗を抑圧された状態であった。したがって、XがBのそばに立っていること自体が脅迫にあたり、「脅迫を用いて」強取したといえる。

(4) よって、2万円について強盗罪が成立する。

4 携帯電話についての器物損壊罪の成否

(1) XはBの携帯電話をその本来の用途に使用する意図なく、口止め効果を増加させるために持ち去っている。そこで、Xに不法領得の意思があるかが問題になる。

(2) 領得罪と毀棄罪との区別のために不法領得の意思が必要であるが、その内容は財物から何らかの効用を享受する意思で足りる。

(3) 口止め効果は携帯電話がもつ効用ではなく、持ち去るところをBに見せたことで生じる間接的な効果であるから、財物から生じる効用を享受する意思にはあたらない。したがって、不法領得の意思はなく、XにはBの携帯電話の器物損壊罪（261条）が成立する。その既遂時期は、物質的な毀棄と同程度に効用が喪失した、川への投棄時というべきである。

5　罪数

Xには、有印私文書偽造罪（159条1項）、同行使罪（161条1項）の牽連犯（54条1項後段）、強盗罪（236条1項）、器物損壊罪（261条）が成立し、それぞれ併合罪となる（45条）。

第2　Yの罪責

1　Xに対する傷害罪

殴打、足蹴り等によってXに加療1か月の傷害を負わせたから、傷害罪（204条）が成立する。なお、暴行罪の限度でZとの間で共同正犯となる（60条、208条）。

2　現金5万円についての強盗罪の成否

抵抗できない状態のXから5万円を持ち去った行為は、暴行後の領得行為であるから、強盗罪の成立には、前述（第1の3）の通り、反抗抑圧状態を継続させる新たな暴行・脅迫が必要である。

本件では、Xは男性であり、緊縛されているというような事情もないから、Yがその場にいたこと自体を新たな暴行・脅迫と評価することはできない。

したがって、強盗罪ではなく窃盗罪（235条）が成立する。

3　Zに対する傷害罪

Zの顔面を殴打し傷害を負わせているから、傷害罪が成立する。

4　罪数

Yには、XおよびZに対する傷害罪（204条）、Xの5万円に対する窃盗罪（235条）が成立し、併合罪（45条）となる。

第3　Zの罪責

1　問題の所在

ZはYとの間で、Xに対する暴行・傷害について共謀し、これに基づいて、Xに対してともに暴行を加えているから少なくとも暴行罪の共同正犯が成立するが（60条、208条）、途中でYによる暴行の継続を制止しようとするも、Yから殴打され気絶している。そこで、①気絶後のYによる暴行と傷害についても

Ｚは責任を負うか。また、②共犯関係の解消が認められたとしても、207条の適用によって傷害結果について責任を負うか。

なお、5万円の窃盗罪についてはそもそも共謀は及んでいないから、Ｚに責任はない。

2 共犯関係の解消の成否

(1) 共犯が発生した結果全体について責任を負うのは、他人の行為を介して心理的・物理的に結果に対する因果性が肯定されることにあるから、この因果性を遮断すれば、以後発生した結果に対しては責任を負わないというべきである。

(2) Ｚは、Ｙを諭し、制止するためその左腕を強く握るなどしているが、その後のＹによる暴行を阻止するに至らなかったため、因果性を完全に遮断したとはいい難い。

しかし、Ｚは、裏切り者としてＹから殴られ失神、気絶し、以後ＹはＺから心理的にも物理的にも何らの影響を受けることなく、単独で暴行を継続したのであるから、Ｚが気絶して以降はもはや共犯としての処罰に値するだけの因果性はなくなったと評価することができ、いわばＹによって一方的に共犯関係が解消されたというべきである。

3 207条の適用の肯否

(1) 共犯関係が解消したとしても、Ｘの傷害が、Ｙ・Ｚによる暴行によるものか、Ｙ単独による暴行によるものかも不明である点で、共犯であるＹ・Ｚと、Ｙとを「共同して実行した者でなくても」、共同正犯として扱い、Ｘに生じた傷害についてＺも責任を負うか。

(2) 同条は、共犯関係にない場合に傷害結果の責任を負う者が誰もいないという不当な結果に対処するための例外規定であるが、本件においてはＹに傷害罪が成立することから、同条を適用しないと著しく不当な結論になるとはいえない。したがって、同条を適用すべきでない。

4 罪数

Ｚには、Ｘに対する暴行罪の共同正犯（60条、208条）が成立する。

(K. K.)

（髙橋直哉）

17. 組長のためなら

設問 以下の事例に基づき、甲、乙および丙の罪責を論じなさい（特別法違反の点は除く）。

❶ 暴力団X組の組員が暴力団Y組の組員に傷害を負わされる事件が起き、両組の間の抗争に発展する危険があったことから、X組の組長甲は、Y組の組長Aと会って解決を図るため、令和4年1月8日深夜、若頭の乙らとともに、馴染みのクラブ「花子」に赴いた。甲は、テーブルを挟んでAと対面して座り、両名のほかX組側から乙ほか1名、Y組側から若頭Bら2人が甲とAを取り囲む形で立ったり座ったりしていた。甲とAは、話し合いをしているうちに口論となり、甲は、殺意を抱き、突然、Aに向けて拳銃を発射し、弾はAの腹部に命中し、貫通した。Aは、すぐに病院に運ばれて治療を受け、約6か月の加療を要する傷害と診断された。甲、乙らは、発砲の直後、現場から逃走し、X組事務所に戻った。

❷ 乙は、X組事務所において、甲に対し、「組長が逮捕されるようなことがあったら、うちの組はやっていけません。もし組長が逮捕されたら、私が身代わりになって警察に出頭しようと思います。いいですか」と尋ねた。甲は、しばらく考え、「わかった。そのときは頼む」と言って、Aへの発砲に使用した拳銃と実包2発を乙に渡した。

❸ 同月9日より、警察は、同席していた組員、クラブ「花子」のホステスや従業員、客ら参考人に対する事情聴取を行い、「甲の座っていた方向から発射音がした」「甲は普段から拳銃を持ち歩いており、事件当日も、Aとの話し合いの際、拳銃をちらつかせていた」などの供述を得た。こうした参考人の供述や発砲事件に至る経緯などから、警察は、同月12日、甲を殺人未遂の被疑者として逮捕勾留し、取調べを開始した。甲は、「その日時現場にいたことは事実ですが、私は拳銃を所持していた事実もなく発砲した事実もありま

せん」などと述べ、犯行を否認した。

❹ 一方、乙は、12日、甲が逮捕勾留されたことを知り、同月14日午後0時20分頃、警察に出頭して前記拳銃および実包2発を提出するとともに、「クラブ『花子』でAを撃ったのは私です」と述べた。

警察は、すぐに乙を銃砲刀剣類所持等取締法違反および火薬類取締法違反で現行犯逮捕するとともに、自己がAに対する殺人未遂事件の犯人である旨の乙の供述内容を録取して供述調書を作成し、乙に署名・捺印を求めたところ、乙は、これに応じた。また、クラブのホステスや従業員、客らを再び参考人として取り調べるなど、乙の申立ての真偽について裏付け捜査を行った。

❺ 甲は、同日に弁護人と接見して、乙が警察に出頭してきたことを聞き、警察官の取り調べに対し、「乙が拳銃を持って、自分が撃ったと言ってきたらしいですね。本物の拳銃を持って乙が出てきているんだから、俺は無実だ」などと述べ、否認の態度を示した。しかし、犯行に使用された拳銃が甲の拳銃であると判明したこと、参考人が上記のような供述をしていることなどから、警察は、甲が前記殺人未遂事件の真犯人であって、乙は甲の身代わり犯人として自首してきたものであるとの確信をもち、乙を追及したところ、同月17日、乙は、甲のための身代わり自首であることを認めた。同月19日、甲も、乙が身代わりであることを認めたと捜査官から聞かされ、「乙は、本当のことを話したらしいですね。それじゃ仕方ありません。Aを殺害するつもりで私が発砲しました」などと述べ、前記殺人未遂事件の犯人であることを自供した。

❻ その後、甲は、刑を少しでも軽くするため、証人として喚問されているクラブ「花子」の従業員の丙に、甲にとって有利な証言をしてもらおうと考えた。そこで、甲は、実際は先に攻撃をしかけたのは甲であり、しかも丙がその様子を見ていたことを知っていたにもかかわらず、Aの方が先に攻撃をしかけた旨を丙に証言させようと思い、令和4年2月10日、接見した弁護士Cに対し、「もしかしたら、丙には、俺が先に攻撃したように見えたかもしれませんが、本当はAが先に殴りかかってきたんです。だから仕方なく拳銃を撃ったんです。仮に記憶とは違ったとしても、Aが先に攻撃した

と証言してくれるよう丙に頼んでもらえませんか」と真剣な様子で述べた。

甲の言葉を信じたCは、丙に会い、「甲とAのどっちが先に手を出したか、見てましたか」と丙に尋ねた。丙は、自分の記憶通りに、「甲さんがいきなりけん銃を発砲したように見えました」と答えた。Cは、丙に対し、「甲は、Aが先に殴りかかってきたから仕方なく拳銃を撃ったと言っています。甲は、本当のことを言っていると思いますよ。あなたの記憶とは違うかもしれませんが、Aが先に攻撃したと証言してくれませんか」と述べた。丙は、現場を目撃したときには、甲がAに対して先に攻撃をしかけたと思っていたが、Cの言葉を聞き、甲の言っていることが客観的には真実なのだろうと思い直し、それならば甲の言う通りに証言しようと考え、公判廷において宣誓した上、「Aが先に甲を攻撃した」と証言した。

解　説

1…………概　観

(1)　設問のねらい

本問は、逮捕勾留中の犯人の身代わりと犯人隠避罪の成否、偽証罪における虚偽の陳述の意義、犯人による犯人隠避および偽証の教唆など、刑事司法作用に対する罪に関する論点を複数含む問題である。この機会に、刑事司法作用に対する罪に対する理解を深めてほしい。

(2)　とりあげる項目

➤逮捕勾留中の犯人の身代わり自首

➤抽象的危険の意義

➤教唆の意義

➤虚偽の供述、内容虚偽の供述調書の作成と証拠偽造罪

➤偽証罪における虚偽の陳述の意義

➤犯人による犯人隠避、証拠偽造、偽証の教唆

2…………乙の罪責

⑴ 犯人隠避罪

(a) 逮捕勾留中の犯人の身代わり

甲がAに対する殺人未遂の犯人として逮捕勾留された後、乙は、甲の身代わりとして警察に出頭した。この行為は、犯人隠避罪（103条）を構成するだろうか。

103条にいう「隠避」とは、蔵匿以外の方法により犯人の発見逮捕を免れさせるべき一切の行為をいうとされている（大判昭和5年9月18日刑集9巻668頁）ところ、まだ身柄を拘束されていない犯人の身代わりとして出頭する行為が犯人隠避罪となることについては、ほぼ争いがない（最決昭和35年7月18日刑集14巻9号1189頁）。そのような行為は、まさに「犯人の発見逮捕を免れさせる行為」であるといえるからである。しかし、本問のように、すでに逮捕勾留されている犯人の身代わり自首も隠避にあたるかについては、見解が対立している。この点が争われた裁判例として、最決平成元年5月1日刑集43巻5号405頁がある。

第1に問題となるのは、逮捕勾留中の犯人も犯人隠避罪の客体に含まれるかである。この点については、肯定説（尾崎道明・ひろば42巻9号56頁以下）と否定説（井田良・平成元年度重判解163頁）の対立がある。前掲最決平成元年5月1日の第1審である福岡地小倉支判昭和61年8月5日判時1253号143頁は、103条の立法趣旨が身柄の確保に向けられた刑事司法作用の保護にあることを理由に、否定説に立った。犯人隠避罪の保護法益を刑事司法作用全般と広く捉えるのではなく、その中でも犯人の身柄の確保に限定すると、すでに犯人が逮捕勾留されている以上、もはや身柄の確保という法益を侵害することはできないから、逮捕勾留中の犯人は犯人隠避罪の客体から除かれるとするのである。これに対し、その控訴審である福岡高判昭和63年1月28日判時1264号139頁は、103条の目的は犯人の特定作用など広く司法に関する国権の作用を妨害する行為を処罰するところにあるとの前提から、肯定説を支持した。すでに逮捕勾留されている者の身代わりとして出頭した場合も、真犯人は誰かを特定する捜査を妨害することになるというのであろう。

このようにみると、肯定説と否定説のいずれの見解に立つかは、犯人隠避罪の保護法益をどう理解するかによって決まるようにも思える。しかし、逮捕勾留中の犯人の身代わりとして出頭した結果、犯人が釈放されれば、身柄の確保という法益は侵害されるのであるから、仮に犯人隠避罪の保護法益を身柄の確保に限定したとしても、逮捕勾留中の犯人を同罪の客体に含めることは可能であろう（馬場義宣・警論41巻8号175頁）。そうだとすると、逮捕勾留中の犯人の身代わり自首をする行為における犯人隠避罪の成否を判断するにあたって、犯人隠避罪の保護法益を身柄の確保に限定するかどうかは、必ずしも決定的な問題ではないということになる。

むしろ、問題の核心は、第2の点にある。それは、すでに逮捕勾留されている犯人を「隠避させた」というためには、身代わり自首によって犯人が釈放される必要があるのかという問題である。この問題は、犯人隠避罪を危険犯と捉えるか侵害犯とするかという点と関連している。仮に犯人隠避罪が侵害犯であるとすると、身代わり自首により犯人の身柄の拘束が解かれる必要があるということになる（井田・前掲163頁）。前掲福岡地小倉支判昭和61年8月5日は、「隠避させた」というためには逮捕勾留中の犯人を実際に釈放させる必要があるとする。このような見解に立つと、本問では、乙の身代わり自首によって甲が釈放されることはなかったのであるから、犯人隠避罪の成立は否定される。

しかし、一般に、犯人隠避罪は抽象的危険犯であると解されている。これを前提とすると、犯人の特定作用または身柄の確保が侵害される抽象的危険が発生すれば足り、必ずしも逮捕勾留されていた犯人が釈放される必要はないということになる（西田・各論484頁）。前掲福岡高判昭和63年1月28日も、「隠避させた」というために犯人を実際に釈放させる必要はないとの見解に立っている。

前掲最決平成元年5月1日は、「犯人として逮捕勾留されている者……をして現になされている身柄の拘束を免れさせるような性質の行為も……『隠避』に当たる」と判示している。これは、仮に犯人隠避罪の保護法益を身柄の確保に限定したとしても、逮捕勾留中の犯人の身代わりとして出頭すれば、身柄の確保という法益が侵害される抽象的危険は発生したといえるから、犯人隠避罪の成立を認めてよいという趣旨であろう（原田國男・平成元年度最判解134頁以下）。

(b) 抽象的危険の意義

犯人隠避罪が抽象的危険犯であるとしても、さらに、本問において保護法益の抽象的危険の発生が認められるかを検討してみる必要がある。前掲最決平成元年5月1日の原審の認定によれば、身代わり自首によって犯人が釈放されることはなかったものの、真犯人が誰かについて証拠を調べ直すなど捜査がかなり混乱したとされており、抽象的危険の発生が容易に認められる事案であった。これに対し、本問では、乙の申立てが虚偽であることが明白であり、捜査が混乱することはほとんどなかった。仮に犯人隠避罪が抽象的危険犯であるとして、本問のような場合にも抽象的危険が発生したといえるのであろうか。

従来、抽象的危険犯においては危険の発生が擬制され、当該構成要件的行為が行われれば常に犯罪の成立が認められるとの理解（擬制説）が一般的であった。こうした理解からは、乙が身代わり自首をしたことをもって直ちに犯人隠避罪の成立が認められるであろう。

しかし、最近では、抽象的危険犯においても、現実に危険が発生したかどうかを当該事案の具体的事情をもとに実質的に判断すべきであるとする見解（実質説）が有力となっている（塩見淳「危険の概念」争点25頁参照）。これによると、当該事案の具体的事情から判断して、法益侵害の可能性が皆無に近いような場合には実行行為性が否定されることになる。

最決平成29年3月27日刑集71巻3号183頁は、道路交通法違反の罪等の被疑者として逮捕された知人のために、参考人が警察官に対し、知人は犯人でない旨の虚偽の供述をした事案について犯人隠避罪の成立を認めたが、その際に、参考人と知人との間で事前に口裏合わせをしていた事実を重視している。これは、参考人の供述が刑事司法作用を侵害する一定の危険性を有していたことに着目したものといえる。

本問においては、捜査に大きな混乱は生じなかったものの、乙の身代わり自首により犯人の特定作用または身柄の確保という法益の侵害の可能性が全くなかったとまではいえないから、犯人隠避罪の成立は肯定されるであろう。

(2) 証拠偽造罪

乙が警察に対し、自己がAに対する殺人未遂事件の犯人である旨の虚偽の供述をした行為、さらに、その供述内容を録取させて内容虚偽の供述調書を作成させた行為は、証拠偽造罪（104条）にあたらないであろうか。供述と供述調書は、いずれも刑事訴訟法上は証拠である。また、104条にいう「偽造」とは、存在しない証拠を新たに作成することをいうところ、虚偽の供述をする行為や内容虚偽の供述調書を作成させる行為は、ナイフに他人の指紋を付着させる行為などと同じく、存在しない証拠を新たに作成する行為であるともいえる。そうだとすれば、これらの行為は証拠偽造罪の成立要件を満たしているとも考えられる。

ただ、虚偽の供述については、証拠偽造罪の成立を否定する見解が一般的である（大判昭和9年8月4日刑集13巻1059頁、最決昭和28年10月19日刑集7巻10号1945頁。大谷・各論618頁）。その根拠は、①一般に証拠には、取調べの対象となる物理的な存在である「証拠方法」と、証拠方法から認識された無形の内容である「証拠資料」があるが、単なる証拠資料は保護に値しないから、104条の「証拠」は証拠方法に限られること、②169条は宣誓した証人による虚偽の陳述を処罰の対象としているが、それは、それ以外の虚偽の供述を不問に付す趣旨であると考えられることなどである。

一方、内容虚偽の供述調書を作成させた行為については、見解が対立している。千葉地判平成7年6月2日判時1535号144頁は、参考人が捜査機関に対し内容虚偽の供述調書を作成させた行為について証拠偽造罪の成立を否定しており、最決平成28年3月31日刑集70巻3号406頁も同様の理解に立っていると考えられる。学説上、これを支持する見解（松原芳博・刑法各論［第2版］588-589頁）も多い。実際上、参考人が虚偽の供述をすれば供述調書が作成されるのが通常であるから、もし内容虚偽の供述調書を作成させた行為について証拠偽造罪の成立を認めると、虚偽の供述そのものを処罰の対象とすることとほとんど変わらなくなってしまうからである。

これに対し、内容虚偽の供述調書を作成させた行為について証拠偽造罪の成立を肯定する見解（大谷・各論618頁）も有力である。①供述調書は、物理的な存在である証拠方法であるから、104条の「証拠」に含まれること、②供述の内容を書面化した供述調書は、供述そのものより信用性が高いことなどが、その理由である。

(3) 罪　数

犯人隠避罪と証拠偽造罪の成立を認めた場合に両罪の罪数関係をどのように解するかは、1つの問題である。①犯人隠避罪と証拠偽造罪は刑事司法に関する罪の一般法と特別法の関係にあるとして、両罪は法条競合の関係にあるとする見解、②犯人隠避罪の保護法益は身柄の確保、証拠偽造罪の保護法益は証拠の適正というように、両罪は罪質を異にするから、両罪とも成立し、観念的競合（54条1項前段）となるとする見解などが考えられる（安田拓人「司法に対する罪」法教305号73頁参照）。

3…………丙の罪責

偽証罪

公判廷において宣誓の上、記憶と異なる証言をした丙に偽証罪は成立するであろうか。丙は、記憶に反する証言をし、また、その証言の内容は客観的真実に反するものであったことから、偽証罪における虚偽の陳述の意義が問題となる。

この点については、自己の記憶に反することをいうとする主観説（大谷・各論627頁）と、客観的真実に反することをいうとする客観説（山口・各論596頁）の対立がある。判例がいずれの見解に立っているかは明確でないとの評価もあるが、判例は主観説に依拠していると解してよいであろう（大判大正3年4月29日刑録20輯654頁、前掲最決昭和28年10月19日）。

丙は、「甲が先に攻撃した」と記憶していたにもかかわらず「Aが先に攻撃した」と証言しており、自己の記憶に反する証言をしていることから、主観説によると、これは虚偽の陳述にあたる。また、自己の証言が記憶に反することも認識しているから、故意も認められ、偽証罪が成立することになる。

一方、客観説からは、「Aが先に攻撃した」と証言したのに客観的真実としては「甲が先に攻撃した」のであるから、これも虚偽の陳述であり、偽証罪の客観的構成要件は充足する。ただし、丙は、「Aが先に攻撃したことが客観的真実である」と思っていたため、故意が欠け、偽証罪は成立しない。客観説においては、自己の証言が客観的真実に反していることの認識をもって故意とされるからである。

4…………甲の罪責

⑴ 殺人未遂罪

甲が殺意をもってAに発砲し、傷害を負わせた行為について殺人未遂罪（203条、43条）が成立することは、明らかである。

⑵ 犯人隠避罪の教唆犯

⒜ 犯人による犯人隠避の教唆

仮に乙の行為が犯人隠避罪にあたるとすると、それを指示した甲に犯人隠避教唆罪は成立するだろうか。犯人自身は犯人隠避罪の主体から除外されているため、犯人が第三者に自己の隠避を教唆した場合も教唆犯（61条1項）の成立が否定されるのかが問題となる。

犯人が第三者に自己を隠避するよう教唆した場合に犯人隠避罪の教唆犯が成立するかについては、肯定説（団藤重光・刑法綱要各論［第3版］90頁）と否定説（大谷・各論615頁、西田・各論485頁）が対立している。肯定説は、①他人に自己の隠避を依頼するのは防衛権の濫用である、②犯人自身が官憲からの発見逮捕を免れる行為は期待可能性がないとしても、他人に罪を行わせることによって発見逮捕を免れる場合にまで期待可能性がないとはいえない、③他人を利用する場合は、犯人が単独で行う場合に比べて法益侵害の危険性が高まる、と主張する。判例も、肯定説を採用している（前掲最決昭和35年7月18日）。これに対し、否定説は、①犯人自身が犯人隠避罪の主体から除外されているのは期待可能性がないからであり、他人を利用する場合も期待可能性が認められないことに変わりがない、②犯人が正犯として行為する場合に不可罰なのであれば、より軽い関与形式である教唆を行った場合は、なおさら不可罰である、という。

(b) 教唆の意義

否定説に立てば、本問の甲に犯人隠避教唆罪は成立しないことになる。他方、肯定説に立った場合は、さらに、教唆犯の意義について検討する必要がある。

教唆とは、他人に特定の犯罪を実行する決意（＝故意）を生じさせることをいう。そして、教唆と精神的幇助の区別については、まだ犯罪の遂行を決意してない者に決意させるのが教唆であり、すでに犯罪遂行を決意している者に心理的な働きかけを行うのが精神的幇助であるとされる。このような理解を前提とすると、本問において甲が乙に対して自己の隠避を依頼した行為は教唆ではなく精神的幇助なのではないかという疑問が生じる。もともと乙が身代わり自首を発案し、これを甲に提案しているため、甲が乙に身代わり自首を依頼した時点で乙はすでに犯人隠避を決意していたとも考えられるからである。

ここで問題となるのが、条件付故意である。条件付故意とは、結果の実現を一定の事態の発生にかからせている場合をいい、判例は、結果の発生を一定の条件にかからせていても、犯罪を遂行する意思が確定的である場合には故意を認めてよいとしている（最決昭和56年12月21日刑集35巻9号911頁、最判昭和59年3月6日刑集38巻5号1961頁）。このような理解を前提とすると、本問の乙は、甲に身代わり自首を提案した際、甲の承諾という条件さえ満たせば、組の存続のために必ずや身代わり自首を遂行しようと考えていたのであるから、甲が乙に身代わり自首を依頼した時点で乙は犯人隠避を遂行する意思が確定的であり、条件付故意を有していたようにも思える。仮にそうだとすると、甲は、まだ犯罪の遂行を決意していない者に新たに決意させたのではなく、すでに犯罪の遂行を決意している乙に心理的な働きかけをしたことになるから、教唆犯は成立せず、幇助犯が成立するにすぎないということになる。

問題は、「犯罪を遂行する意思が確定的である」とはどのような場合をいうのかである。この点に関して参考になるのが、最決平成18年11月21日刑集60巻9号770頁である。脱税をしていた被告人が逮捕や処罰を免れる方策をXに相談したところ、Xが架空経費を作出するため虚偽の契約書を作る方法を被告人に提案し、強く勧めたため、被告人は、Xの提案を受け入れ、Xにその実行を依頼し、虚偽の契約書を作成させたという事案について、同決定は、被告人の依頼の以前にはXの犯罪遂行意思は確定しておらず、被告人の依頼によってはじめて犯罪遂行意思が確定的になったとして、教唆犯の成立を認めた。おそらく本決定は、被告人の承諾および依頼という条件が満たされた後にXによる犯罪の遂行がなされる点に着目したのであろう。つまり、被告人の脱税に関する証拠を偽造してもXの利益になるわけではなく、Xとしては被告人の承諾があってはじめて証拠偽造を遂行できるのであり、また、被告人の承諾および提案があった後にXは証拠偽造を実行に移すかどうかの決断をする必要があることから、同決定は、被告人の依頼の以前にXは確定的には犯罪遂行の意思を有していなかったとしたものと思われる。

本問においても、若頭である乙は、組長である甲の承諾なしに身代わり自首をすることはなかったと考えられ、乙としては甲が乙の提案を承諾してはじめて身代わり自首の遂行が可能となるのであり、また、乙は、甲から指示された後に、身代わり自首を遂行するかどうかを決断する必要がある。そうだとすれば、乙は、甲から身代わり自首を依頼された時点ではまだ犯人隠避の遂行を確定的には決意しておらず、甲の依頼によって新たに決意したのであるから、甲には、犯人隠避罪の教唆犯が成立することになる。

(c) 犯人の証拠隠滅への加功と共同正犯の成否

ところで、犯人が他人に自己の蔵匿や証拠隠滅を依頼した場合については、通常、犯人蔵匿罪や証拠隠滅罪の教唆犯が成立するかという形で議論される。実務上も、こうした事例は伝統的に教唆犯として処理されてきた。しかし、本問において、甲は、自己の犯罪を実現する意思を有し、重要な役割を果たしているといえる。そこで、甲には教唆犯ではなく共同正犯が成立するのではないかという疑問も生じる。答案上この点にまで言及する必要はないであろうが、近時、議論になりつつあるので、触れておく。

裁判例の中には、犯人が他人に自己の蔵匿や証拠隠滅を依頼した場合には共同正犯の成立する余地はないとするもの（東京高判昭和52年12月22日刑月9巻11＝12号857頁、京都家決平成6年2月8日家月46巻12号82頁、大阪高判平成7年5月18日高検速報平成7号129頁）も存在する。犯人は犯人蔵匿罪や証拠隠滅罪の主体から除外されており、両罪は自手犯であるため共同正犯にはなりえないというのであろう。学説上、これを支持する見解（関根徹・速報判例解説Vol. 1 188頁）も多い。

他方、犯人に共同正犯の成立する余地を認める見解（安田・前掲80頁）も有力である。犯人自身についても共同正犯の要件を満たす以上は共同正犯の成立を認めるべきであるし、犯人がそれらの罪の主体から除かれているとしても、65条1項により犯人を共同正犯とすることは可能であるというのである。これによると、本問においても、甲と乙を犯人隠避罪の共同正犯とすることは可能であろう。

⑶　証拠偽造罪の教唆犯

乙が虚偽の供述をした行為および内容虚偽の供述調書を作成させた行為について証拠偽造罪の成立を認めたとすると、甲にその教唆犯が成立しないかが問題となる。この点に関しては、犯人隠避罪の教唆犯について上述したのと同じことがあてはまる。

⑷　偽証罪の教唆犯

仮に丙について偽証罪が成立するとの見解に立てば、それを指示した甲には偽証教唆罪が成立するのであろうか。犯人自身は偽証罪の主体となりえないことから、犯人が自己の刑事被告事件につき他人に偽証するよう教唆した場合も教唆犯の成立が否定されるのかが問題となる。

この点については、肯定説と否定説が対立している。犯人による犯人隠避・証拠隠滅の教唆につき教唆犯の成立を肯定する見解は、犯人による偽証の教唆に関しても肯定説をとる（団藤重光・刑法綱要各論［第3版］104頁）。これによると、甲には偽証教唆罪が成立することになる。

判例も、肯定説に立っている（前掲最決昭和28年10月19日）。

これに対し、犯人による犯人隠避・証拠隠滅の教唆につき教唆犯の成立を否定する見解は、犯人による偽証の教唆に関しても否定説に立つ（大谷・各論630頁、西田・各論499頁）のが、一般的である。これによると、甲につき偽証教唆罪の成立は否定される。

もっとも、犯人による犯人隠避・証拠隠滅の教唆については教唆犯の成立を否定しながら、犯人による偽証の教唆に関しては肯定説を支持する見解（平野龍一・刑法概説286頁、287頁、290頁）も存在する。その根拠は、①犯人隠避罪や証拠隠滅罪において犯人が主体から除かれているのは期待可能性がないためであるが、これに対し、犯人が偽証罪の主体とならないのは、被告人が自己の刑事事件の証人となることが制度上ないからにすぎず、犯人について期待可能性を否定する理由は存在しない、あるいは、②審理が分離されている共犯者の被告事件において宣誓の上証言する場合のように、犯人も偽証罪の主体となりうる以上、自己の犯罪事実についての偽証については、犯人隠避や証拠隠滅の場合と異なり期待可能性がないとはいえないという点にある。

(5) 罪　数

犯人隠避罪の教唆犯と証拠偽造罪の教唆犯とは観念的競合であり、それ以外は併合罪となる。

解答例

第1　乙の罪責

1　犯人隠避罪の成否（刑法〔以下省略〕103条）

(1)　本件で乙は、殺人未遂罪という「罰金以上の刑に当たる罪」（103条）の被疑者である甲の身代わり犯人として出頭している。そこで、乙に本罪が成立するか。乙が出頭した時点で甲はすでに逮捕勾留されていたことから（事実❸）、「隠避」（同上）したといえるかが問題となる。

ア 「隠避」とは、場所を提供し匿う以外の方法で官憲の発見・身柄拘束を免れさせる一切の行為をいい、発見・身柄拘束を困難にするおそれがあれば認められると考えられる。なぜなら、本罪の保護法益は国家の刑事司法作用であるところ、発見・身柄拘束を困難にするおそれが存在すれば、国家の刑事司法作用は害されうるからである（抽象的危険犯）。

イ 本件では、確かに乙が身代わりで出頭したとしても、すでに被疑者甲が逮捕勾留されていることから、官憲の発見・身柄拘束を免れさせるとはいえないとも思える。

しかし、乙が身代わりで出頭することで捜査が混乱し、甲が釈放され、結果として国家の刑事司法作用が害されうる抽象的危険が存在する。そうすると、実際に甲が釈放されていないとしても、官憲の発見・身柄拘束を困難にするおそれは認められる。

したがって、乙の行為は官憲の発見・身柄拘束を免れさせる行為として「隠避」にあたる。

⑵ 加えて、乙は甲をかばうために身代わり犯人として出頭していることから、本罪の故意が認められる。

⑶ よって、乙に本罪が成立する。

2 証拠偽造罪の成否（104条）

⑴ 本件で、乙が自己が犯人である旨の虚偽の供述をしたことにつき（事実❹）、証拠偽造罪の成立が問題となるも、否定すべきと考える。なぜなら、169条の趣旨は法律上の宣誓をした者が虚偽の供述をした場合のみを処罰する趣旨であると考えられるからである。

⑵ それでは、乙が内容虚偽の供述録取書を作成させた行為につき、甲の殺人未遂被疑事件という「他人の刑事事件」に関する「証拠を」「偽造」したものとして、本罪が成立するか（104条）。

この点、確かに供述録取書は物理的な証拠であって本罪の客体となりうるものの、上記行為についても本罪は成立しないと考える。なぜなら、内容虚偽の供述録取書を作成させた行為にまで本罪の成立を認めると、虚偽の供述を処罰することとほとんど変わらなくなり、宣誓した証人による虚偽供述のみを処罰するという169条の趣旨に反するからである。

(3) したがって、乙に本罪は成立しない。

3 罪数

乙には犯人隠避罪一罪が成立する。

第2 丙の罪責

1 偽証罪の成否（169条）

(1) 本件で「法律により宣誓した証人」である丙が自己の記憶に反してAが先に攻撃をしかけたと証言した行為につき、偽証罪が成立するか（事実❻）。「虚偽の陳述」（169条）の意義が問題となる。

ア この点、確かに客観的真実に反する陳述を虚偽の陳述と解する見解がある。

しかし、宣誓をした証人が自己の記憶に合致する証言をしてこそ本罪の保護法益たる国の刑事司法作用が適切に機能するのであって、証人の役割は自己の記憶に合致する証言をする点にあると考えられる。

したがって、「虚偽の陳述」とは、自己の記憶に反する証言を指すと解される。

イ 本件で丙は、自己の記憶では甲が先に攻撃をしかけたと思っているのにもかかわらず、Cの発言を受けてこれに反する証言をしている（事実❻）。

したがって、丙は自己の記憶に反する証言をしたといえ、「虚偽の陳述」をしたといえる。

(2) そして、丙は宣誓をした上で自己の記憶に反する証言をすることにつき認識および認容があるから、本罪の故意が認められる。

(3) よって、丙に本罪が成立する。

2 罪数

丙には偽証罪一罪が成立する。

第3 甲の罪責

1 殺人未遂罪の成否（199条、203条）

甲は殺意すなわち殺人罪（199条）の故意をもってAに向けて拳銃を発射しているものの、Aは死亡するに至っていないから（事実❶）、甲に殺人未遂罪が成立する。

2 犯人隠避罪の教唆犯の成否（61条1項、103条）

(1) まず、本件で甲は自己の刑事事件につき犯人隠避を承諾していることから、本罪は成立しえないのではないかが問題となるも、構成要件を満たす限り甲に本罪は成立すると考える。なぜなら、処罰を免れるため自己の刑事事件につき犯人隠避を承諾する行為は、103条が許容する範囲を超え、防御権の濫用にあたるからである。

(2) つぎに、甲が乙に犯人隠避を承諾した行為につき（103条）、甲が承諾した時点では乙はすでに犯人隠避罪を犯す決意をしていたといえ、甲の行為は教唆行為にあたらないのではないかが問題となるも、甲の行為は教唆行為にあたると考える。その理由は以下の通りである。

すなわち、教唆行為とは他人に特定の犯罪行為を実行させる決意を生じさせる行為をいう。そして、乙は組長という上の立場にある甲のために身代わりとなることを決意しているのであり、甲の承諾がなければ犯人隠避罪を犯すことを決意することはなかったといえる。そうすると、甲の承諾は乙に犯人隠避罪という特定の犯罪行為を実行させる決意を生じさせる行為といえる。

加えて、甲の行為により乙は犯人隠避罪の実行を決意しており、かつ甲に本罪の故意が認められる。

(3) したがって、甲に本罪が成立する。

3 偽証罪の教唆犯の成否（61条1項、169条）

(1) 本罪との関係でも、自己の刑事事件につきCを介して偽証罪を犯すよう唆した甲に本罪が成立する余地はないとも考えられるものの、本罪は成立しうると考える。なぜなら、他人に偽証罪を犯すよう強いることは、169条の許容する範囲を超えて防御権の濫用にあたるからである。

(2) そして、本件で甲は、Cを介して、丙に対し、Aが甲へ先に攻撃をしかけたものと虚偽の証言を行うよう決意させている。加えて、甲の行為により丙は虚偽の陳述を行うことを決意しており、甲に本罪の故意が認められる。

(3) したがって、甲に偽証罪の教唆犯が成立する。

4 罪数

犯人隠避罪の教唆犯と偽証罪の教唆犯とは行為態様を異にすることから併合罪（45条前段）となる。 (W. U.)

（十河太朗）

18. テミス像の声

設問　以下の事例に基づき、X、Y および Z の罪責を論じなさい（特別法違反の点は除く）。

❶　某県警察本部警備部公安第1課に所属する同期の警察官である X および Y は、職務として、某政党に関する警備情報を得るため、意思を通じたうえ、同党の幹部である A 方の電話を盗聴した。具体的な方法は、A 方から直線距離にして 50 m ほど離れたマンション前の電柱に設置されている端子函内で、同マンションの居室に引き込まれている電話線を A 方の電話線に接続し、同居室内のプッシュホン式電話によって A 方の電話による通話を聴き取り、その結果を録音することができるようにするというものであった。X・Y 両名は、その行為が電気通信事業法に触れる違法なものであることなどから、電話回線への工作、盗聴場所の確保をはじめ盗聴行為全般を通じ、終始、誰に対しても警察官による行為でないことを装う行動をとっていた。

❷　A 方への電話の通話を盗聴する過程で、X と Y は、1 週間後に、純金製のテミス像（正義の女神像）が A 方に運び込まれること、そして、その翌日、A 方が短時間ながら完全に留守になることを知った。X は、Y に対して、「そういえば、借金がたまっていると言っていたよな。純金の像を換金すれば、借金なんかすぐチャラにできるんじゃないか。留守の時間までわかっているなんて、こんな都合のいい話はない。でも、自分は金に困ってないから、やるなら1人で頑張ってくれ」と言うと、Y は、「確かにそうだな。こんなチャンスは滅多にない。しかも、党の裏金で購入した像のようだから、盗まれても届け出ないに違いない」と答えた。そして Y は、X に唆されたとおり、A 方が留守になる時間帯を狙い、A 方に侵入してテミス像を盗み出し、換金することを企てると、当日、特殊工具を用いて A 方に立ち入って、計画どおりテミス像を自宅まで

持ち帰ることに成功した。

❸ しかし、Yは、テミス像を盗むことに成功したものの、それを換金する手段がわからずにいた。そこで、Xに相談すると、「知り合いに闇市場とつながっている貴金属商がいるから、任せておけ。金槌でつぶして金塊にするところまでやってくれれば、換金してきてやろう」と言われた。Yが、言われたとおりテミス像であることがわからないようにこれをつぶして金塊にしたうえでXに手渡すと、Xは、それを持って貴金属商であるZのもとを訪れた。Xが、事情を全て話して金塊をZに渡すと、Zは重さを量り、「きりのいいところで、1000万でどうだ」と言うので、Xは、「もちろん構わない」と答えて、その場で支払われた現金1000万円を持って帰った。そして、Xは、自宅にそのうち300万円を置くと、残りの現金を携えてY宅に戻り、「700万円で売れたぞ」と言って、Yに現金700万円を手渡した。Yは、その700万円から借金を返済し、Xは、Yに無断で獲得した300万円を遊興に費やした。

解　説

1…………概　観

(1) 設問のねらい

本問は、公務員職権濫用罪と盗品等関与罪という、学習が手薄になりがちでマイナーな犯罪類型について、基本的な事項を確認すべく、出題したものである。このうち、とくに公務員職権濫用罪は、学習の網から洩れると完全にお手上げになりかねないが、法科大学院のいわゆるコア・カリキュラム（共通的な到達目標モデル〔第2次案修正案〕）にも、「公務員職権濫用罪の成立要件について理解し、具体的事例に即して説明することができる」と記載されているところであるから、これを機に確認しておこう。なお、解答に際して公務員職権濫用罪を完全に落としてしまうことが十分に考えられることから、後掲の解答例においては、同罪に関する記述は「追記」の形で末尾に載せている。

⑵ とりあげる項目

➤公務員職権濫用罪

➤住居侵入窃盗と教唆の罪数

➤本犯の教唆と盗品等有償処分あっせん罪

➤盗品の売却代金の横領

2…………盗聴行為と公務員職権濫用罪

⑴ 公務員職権濫用罪と通信傍受法

警察官による違法な盗聴行為については、公務員職権濫用罪を否定した最決平成元年3月14日刑集43巻3号283頁が有名である。

なお、現在では、平成11年に立法された通信傍受法（犯罪捜査のための通信傍受に関する法律）37条1項が、つぎのような規定を置いている。

（通信の秘密を侵す行為の処罰等）

第37条　捜査又は調査の権限を有する公務員が、その捜査又は調査の職務に関し、電気通信事業法（昭和59年法律第86号）第179条第1項又は有線電気通信法（昭和28年法律第96号）第14条第1項の罪を犯したときは、3年以下の懲役又は100万円以下の罰金に処する。

すなわち、警察官による違法な盗聴は、この罰則が適用されるため、不可罰ということにはならない。もっとも、「特別法違反の点は除く」とされる本問では、上記最決平成元年3月14日の当時と同様に、公務員職権濫用罪の成否を検討する必要がある。

⑵ 権利妨害

公務員職権濫用罪（193条）は、強要罪（223条）と対比する観点が重要である。両罪とも、「人に義務のないことを行わせ、又は権利の行使を妨害した」ことが要件である。強要罪では、被害者の意思に働きかけて一定の作為・不作為を強制し、行動の自由を侵害することが必要であるが、公務員職権濫用罪も同様だと解すると、強要罪（3年以下の懲役）

よりも刑が軽い公務員職権濫用罪（２年以下の懲役または禁錮）を規定した意味がなくなる。そこで多数説は、公務員職権濫用罪における権利妨害等には、被害者の意思侵害を介せず結果として単に事実上の不利益を受忍させることも含まれると解して、同罪の範囲を広げる。判例（前掲最決平成元年３月14日）も、「行為の相手方の意思に働きかけ、これに影響を与える」ことや、「相手方において、職権の行使であることを認識できうる外観を備えたもの」であることは、不可欠でないとする。

⑶ 職 権

「職権」とは、当該公務員の一般的職務権限の全てをいうとする見解も有力であるが、判例（前掲最決平成元年３月14日）は、公務員の一般的職務権限のうち、「職権行使の相手方に対し法律上、事実上の負担ないし不利益を生ぜしめるに足りる特別の職務権限」をいうものとする。そのような「特別の職務権限」が認められない場合は、職権を濫用することで被害者に不利益を受忍させる結果を生じさせることはできないから、処罰範囲の限定が「職権」の概念に前倒ししてなされているのである。

警察官は「強制力を行使する権力的公務」を担う公務員であり、本問のＸ・Ｙには、「特別の職務権限」が優に認められる。

⑷ 濫 用

当該公務員に「特別の職務権限」が認められるとしても、個別の事案においてそれが「濫用」されたといえるかどうかは別問題である。「濫用」とは、「職権の行使に仮託して実質的、具体的に違法、不当な行為をすること」をいう（最決昭和57年１月28日刑集36巻１号１頁）。これには、①私的行為が職務遂行を仮装してなされる場合と、②要件を満たさない職務行為の場合とがあるとされる。

本問のＸ・Ｙの盗聴行為は、要件を満たさない職務行為の類型にあたるとも考えられるが、しかし、同様の事案で最高裁は職権の濫用を否定した（前掲最決平成元年３月14日）。ポイントとなるのは、適法な職務行為でも国民に不利益を生じさせうるということである。職権濫用といえるためには、不法な行為を単に職務として行うのではなく、「特別な職務権限」を利用すること、すなわち、その権限がなければできないような態様の行為を行うことが必要であると解されるのである。

この点は通信傍受法の施行後も変わらない。警察官だからこそ立ち入ることのできる通信施設で同法の要件を逸脱した違法な通信傍受を行えば、職権の濫用であるが、本問のように、私人でも同様に実行可能な態様の盗聴であれば、警察官が組織的に職務として行っても特別な職務権限の利用がないから、職権濫用にあたらない（ただし、新たに通信傍受法に盗聴罪が規定されたことは、すでに述べたとおりである）。

したがって、ＸとＹの盗聴行為には、公務員職権濫用罪は成立しない。

3…………テミス像の窃取

Ｙが、Ａ方に立ち入ってテミス像を盗み出した点には、もちろん、住居侵入罪（130条前段）と窃盗罪（235条）が成立する。

Ｘは、これについて単にＹを唆しただけであり、計画の策定に主体的に関わったり、Ｘ・Ｙ間に強い上下関係があったり、Ｘ・Ｙ間で分け前の約束をしていないから、Ｘが自己の犯罪として関与したとは評価できないであろう。そうすると、Ｘには、住居侵入罪の教唆と窃盗罪の教唆とが成立すると解するのが自然である。

なお、若干細かい話になるが、Ｙの住居侵入罪と窃盗罪とは牽連犯であるのに対して、Ｘは１個の行為でＹに住居侵入と窃盗を教唆しているから、Ｘの住居侵入罪の教唆と窃盗罪の教唆とは、観念的競合である。

4…………テミス像の処分

(1)　盗品性

テミス像は「盗品」である。これを、ＹがＺに売却しているから（売買の主体はＹとＺであり、Ｘはその仲介者である）、事情を知ったうえで買ったＺには、盗品等有償譲受け罪（256条2項）が成立する。

ただし、テミス像は、つぶされてから処分されているので、Ｚが譲り受けた金塊に対しても、当初の窃盗の被害者であるＡの追求権が及んでいることは確認する必要がある。

この点、本問で問題となりうるのは、民法における「加工」である。民法246条により加工者が所有権を取得する場合には、本犯被害者の追求権は失われるから、それ以降、盗品性が否定されることになる。判例には、窃取した貴金属を変形して金塊にした場合について、加工にはあたらないとして盗品性を肯定したものがある（大判大正4年6月2日刑録21輯721頁）。本問でも同様に解してよいであろう。

⑵ 本犯の犯人・関与者と盗品等関与罪

ＹとＺの間の売買を仲介したＸには、盗品等有償処分あっせん罪が成立する。そのようにいえる前提として、テミス像の窃盗について、Ｘには教唆が成立するにとどまっていることがある。

対比のために、Ｙに着目しよう。テミス像について窃盗罪の正犯が成立するＹは、事後的にテミス像を運搬したり保管したりしても、盗品等運搬罪や盗品等保管罪は成立しない。これは、そのような事後行為による本犯被害者の追求権に対する侵害は、本犯である窃盗罪によって包括的に評価されているからであるとされる。そのように扱われるのは、本犯の単独正犯と共同正犯である。

これに対して、本犯の教唆や幇助が成立するにすぎない者については、追求権侵害の評価が十分でないから、事後的に関与した場合には、別途、盗品等関与罪が成立する（併合罪になる）とされている（最判昭和24年7月30日刑集3巻8号1418頁〔窃盗教唆と盗品等有償処分あっせん〕）。

つまり、本問では、Ｘにつき、窃盗罪の共同正犯を否定し、窃盗罪の教唆にとどめたことに支えられて、Ｘには盗品等有償処分あっせん罪（256条2項）が成立するのである。

なお、同罪が成立するには、あっせんの対象が有償の処分（売却等）であれば足り、あっせん行為自体が有償で（手数料を取るなどして）行われる必要はない。

5…………テミス像の売却代金の扱い

物の所有者から物の売却を委託された場合、特約なき限り、物の所有権は売却まで委託者に帰属し、その売却代金も委託者に帰属する。したがって、受託者が物やその売却代金を領得する行為には、委託物横領罪(252条1項)が成立する。

これは、その物が盗品であるときも同様であるとする判例がある。すなわち、判例によれば、窃盗犯人から盗品の有償処分のあっせんを依頼されてその交付を受けた者が、当該盗品の売却代金をほしいままに着服した場合は、横領罪が成立する。最判昭和36年10月10日刑集15巻9号1580頁は、「大審院及び当裁判所の判例とする所によれば、刑法252条1項の横領罪の目的物は、単に犯人の占有する他人の物であることを以つて足るのであつて、その物の給付者において、民法上犯人に対しその返還を請求し得べきものであることを要件としない……。したがつて、所論金員は、窃盗犯人たるPにおいて、牙保者[=盗品有償処分あっせん者]たる被告人に対しその返還を請求し得ないとしても、被告人が自己以外の者のためにこれを占有して居るのであるから、その占有中これを着服した以上、横領の罪責を免れ得ない」としている。

これと同様に解すれば、本問でも、テミス像=金塊の売却代金のうち300万円を着服したXには、委託物横領罪が成立することになる。

しかし、古い判例には、そのような委託契約は公序良俗に違反して無効であるから、委託者は売却代金について所有権を取得せず、したがって、売却代金を領得しても委託物横領罪は成立しないとするものもある(大判大正8年11月19日刑録25輯1133頁)。

学説でも、盗品の処分の委託は違法であるから、その委託の利益は保護に値しないため、委託物横領罪は否定しつつ、売却代金が帰属すべき本犯の被害者に対する遺失物等横領罪を認める見解などが主張されている。その場合、侵害対象となる物の追求権と代金の所有権とは表裏の関係にあるから、遺失物等横領罪は共罰的事後行為として、盗品等有償処分あっせん罪で包括評価されると解するのが合理的であろう。

本問では、上記のいずれの立場からの論述であっても、適切に理由が書かれていれば、よいと思われる。

解答例

第1　Yの罪責

1　YのA方侵入行為には、住居侵入罪（130条前段）が成立する。

2　また、A方からのテミス像の盗み出し行為には、窃盗罪（235条）が成立する。

なお、テミス像が政党の裏金で購入されていたとしても、Aにテミス像の所有権・占有が認められることには変わりなく、全くの無権限者・第三者による窃盗からも保護されないとする理由とはならない。したがって、政党の裏金で購入されたという事情（が存在する可能性）およびYにそのような認識があったことは窃盗罪が成立することに影響しない。

3　YがXに対してZにテミス像を潰して金塊を換金するよう依頼した行為は盗品等有償処分の斡旋を依頼するものであるが、256条2項の罪は「財産に対する罪に当たる行為」の本犯者には成立しないから（同罪の主たる保護法益である追求権の侵害は本犯の成立により評価されている）、テミス像ないし金塊の窃盗犯人であるYは同罪の共同正犯ないし教唆犯とはならない。

第2　Xの罪責

1　まず、XがYに「純金の像を換金すれば、借金なんかすぐチャラにできるんじゃないか」などと言い、Yが住居侵入・窃盗を実行したことから、Xに住居侵入・窃盗の教唆犯（130条前段、235条、61条1項）が成立する。

すなわち、「人を教唆して犯罪を実行させた」（61条）とは、他人に犯罪実行の意思決定をさせ、当該他人がその意思決定に基づき犯罪を実行することをいうが、Xの発言は、純金製のテミス像がA方に運び込まれ、A方が完全に留守になるとの情報をX・Yが掴んだうえでのものであることから、純金の像はAのテミス像を指し、留守中にA方に侵入してこれを盗み出し、換金することを示唆する言葉と考えられる。これを受けてYは「盗まれても届け出ないに違いない」と回答していることから、

Xの発言によりYはA方への住居侵入およびテミス像の窃盗を実行する意思決定をしたといえる。そして、その意思決定に基づきYが前述第1の1および2の住居侵入・窃盗を実行している。

以上より、Xに住居侵入罪および窃盗罪の教唆犯が成立する。

なお、Xは「やるなら1人で頑張ってくれ」と言っており、Yと住居侵入・窃盗を共同実行する意思連絡をしていないから、共同正犯にはならない。

2　Xは、Yが盗み出したテミス像を潰して得られた金塊をZに売却することを引き受け、Yに1000万円で売却している。これが盗品等有償処分あっせん罪（256条2項）に該当しないか。

まず、テミス像を潰してできた金塊がテミス像の窃盗によって得られた「盗品」に該当するかが問題となる。

本罪は先行する財産犯の被害者の追求権を主たる保護法益としていることから、被害者の追求権が及んでいると解される限り、窃盗等の客体に一定の工作等がなされても、なお「盗品」としての同一性は肯定できるというべきである。

本件では、テミス像が金塊となったとしても、その価値は専らテミス像の素材に由来するものであるから、民法246条1項但書の適用はなく、同項本文に従って金塊の所有権はAに属する。

よって、Aは金塊に対する追求権を有すると考えられ、テミス像が金塊となったとしてもなお「盗品」に該当する。

そして、それを1000万円でZに売却していることから、盗品等有償処分あっせん罪が成立する。

3　Xは、売却代金が700万円であったと述べて300万円は自己の遊興費に充てている。これが横領罪（252条）に該当しないか。

まず、盗品の売却代金が「他人の物」に該当するかが問題となるが、売却方を依頼された者が売却代金を取得した場合、当該代金の所有権は直ちに依頼者に移転すると考えられるから、本件300万円はYの所有する「他人の物」に該当する。

取引の安全の保護の観点から民法上金銭の所有と占有は一致するとの見解があるが、横領罪の場面では取引の安全は問題とならないから、本件300万円の所有権は売却の依頼者であるYに移ると考えて差し支えない。

また、この300万円は盗品である金塊の売却代金であることから不法原因給付（民法708条）との関係で問題があるが、Xがほしいままに本件300万円を費消できるとすべき根拠はなく、またYはAに損害賠償等をすべき義務を負うと考えられるため、その義務の履行のためにも売却代金はなおYの所有に属すると解すべきである。

したがって、本件300万円はYの所有する「他人の物」というべきである。

そして、他の横領罪の要件は特に問題なく充たすから、Xには300万円に対する横領罪が成立する。

第3　Zの罪責

Zは X から事情を全て聞いたうえで1000万円で金塊を購入していることから、盗品等有償譲受罪（256条2項）が成立する。

第4　罪数

1　Yには住居侵入罪と窃盗罪が成立するが、これらは目的手段の関係に立つので牽連犯（54条1項後段）となる。

2　Xには①住居侵入罪および窃盗罪の教唆犯が成立し、これは1つの教唆行為によって実現しているから観念的競合（54条1項前段）となる。また、②盗品等有償処分あっせん罪および③横領罪が成立する。①〜③は併合罪（45条）となる。

3　Zには盗品等有償譲受罪の単純一罪が成立する。

【追記】

X・Yが職務として某政党に関する警備情報を得るために盗聴を行った行為は、警察官の職務権限を濫用したものとして公務員職権濫用罪（193条）が成立しないか。

まず、警備情報を収集する活動は警察官の職務権限に属することから、同条にいう「職権」の範囲内にあるといえる。

そして、電話の盗聴は通信傍受法に規制される通信の傍受であり、傍受令状なくして行いえない行為であるから、職務権限の行為に仮託した職権を「濫用し」たものといえる。

しかし、盗聴がプライバシー等の権利侵害となるとしても、盗聴によって通話ができなくなるなどといったことはないため、「権利の行使を妨害した」とまではいえない。

したがって、X・Yの行為に公務員職権濫用罪は成立しない。

(T. A.)

（和田俊憲）

19. 刑法好きの若頭と強盗犯の同士討ち

設問 以下の事例（甲、乙の供述や医師の鑑定は、いずれも信用できるものとする）における甲、乙の罪責について論じなさい（特別法違反の点は除く）。

❶ 暴力団「神無組」の若頭甲（38歳。配下の組員からは「頭（かしら）」と呼ばれている）は、若い頃、恐喝罪や傷害罪で何度か実刑に処せられ、服役中に、刑法に興味をもつようになり、刑法の教科書を生かじりしていた。ところで、警察の暴力団取締りの強化の影響からか、神無組では、近年、組や組員の稼ぎが少なくなり、他の組から「金無組」などと揶揄されてもいたところ、縄張り内では、「みかじめ料」（暴力団が飲食店などから、他の暴力団や問題客から保護することの対価という名目で取る金銭）を値切るか、打ち切ろうとする飲食店が続出していた。

❷ 中でも、ナイトクラブ「夢心」（雑居ビルの6階に所在。以下、単に「クラブ」という）は経営が順調で、従前は多額のみかじめ料を払い続けており、甲が配下の組員を連れて客として訪れると、料金は半額にしていた。ところが、クラブの店長がA（男性：44歳）に替わると、みかじめ料は打ち切られた上、甲らが客として訪れても、料金は通常通り請求されるようになり、そのうちに、客としての来訪も遠慮してほしいなどと言われるに至った。

❸ 甲としては、自分や組の面子を潰された上、組の財政も逼迫していたことから、クラブの店長らを襲って店内にある金員を奪い取ろうと思い立った。そこで、甲は、配下の組員から、クラブに行ったことがなく、堅気風に見える者として、乙（28歳）および丙（26歳）を選び出し、平成28年2月15日、組事務所において、乙と丙に対し、クラブとの上記のような経緯を説明した上、「クラブは午前2時頃閉店するが、その頃には、男は店長1人だけで、ホステスが4、5人いるだけだから、お前たちは、17日午前1時過ぎ頃、堅

気に見えるような服装をし、客として店内に入り、口実を設けて、ホステスの接待を受けないようにし、顔を覚えられないように気をつけて、他の客が帰ってしまうのを見届けてから、店長らを脅迫するなどして、店内にある現金を根こそぎ奪ってこい。念のため、何か道具（凶器等）を準備しておいた方がよいだろうし、事に及ぶときには覆面をした方がよいと思うが、そんな細かいことはお前たちの才覚に任せる。奪った現金の半分は、組に入れてもらうことにするが、残りはお前たちで山分けにしてよい。どうだ２人ともやってくれるか」と持ちかけた。乙と丙は「がってんです」と言って、これを引き受けた。

❹ そこで、甲は、乙と丙に対し、さらに「大事なことを伝えておく。１つは、現金以外のものは奪わないでくれ。キャッシュカード等は足がつきやすいからだ。もう１つは、店長らに手荒なことをするとしても、畏怖させるにとどめ、決して反抗を抑圧してはならないぞ。わかったか」と言い聞かせた。乙と丙は「わかりました」と即答して、さっそく犯行の準備にとりかかることにした。

〔このやり取りに関しては、甲と乙は逮捕された後、次のような供述をしている。

甲は「自分には強盗の犯意まではないことを乙と丙に伝え、両名ともわかったと言ったので、万一自分も捕まることになったとしても、強盗などの重い罪には問われなくなると思って、ほっとした。現金以外の物に手を出すなと言ったのは、カード等から足がついて捕まった事例をたくさん知っているから、本心である」と供述し、乙は「頭は、確かに『イフ』とか『ハンコ』とか『ヨクアル』などと言っていたようですが、全く意味がわかりませんでした。一緒に聞いた丙も同じだと思います。頭は、日頃からよく法律論らしい話をするのが癖で、我々がわからないと言うと、『○○ホーエキ』とか『××ムカチ』などわけのわからない言葉を連発して長広舌を振るうので、我々は辟易したり、むかついたりしていました。そこで、頭が法律論らしきことを言ったならば、とにかく『わかった、わかった』と言って取り合わないことにしていたのです。また、頭は現金だけを奪えと言っていたのですが、自分も丙も、頭の本心とは思っておらず、多く稼げば稼ぐほど、

頭は喜んでくれると思っていました」と供述している。〕

❺ 乙と丙は、翌16日のうちに、サバイバルナイフ2丁（いずれも刃体約15 cm。以下「ナイフ」という）、布製ガムテープ、目出し帽、タオル数本、クロロホルム入りの瓶、サングラス、つばの広い帽子等を取り揃え、サラリーマン風の背広・コートを着用し、ナイフ等を入れたカバンを持参して、17日午前1時15分頃、クラブに客として入店した。当時、クラブには、店長Aとホステス4名（B：28歳、C：31歳、D：33歳、E：35歳）のほか、客が数人いた。乙と丙は、Aに閉店時間を確認した上、「じゃあ、閉店まで少し飲みながら時間を潰したい。ホステスさんたちも帰り支度があるでしょうから、構ってくれなくて結構です」と言って、出入口近くの片隅の席に腰を下ろして、ビールや水割りを注文し、2人だけで飲み始めた。

❻ 午前1時50分頃、他の客は全ていなくなり、ホステスらは化粧室に入ったりして帰り支度をしており、Aは、乙と丙に飲食代金（サービス料込み）8000円を請求する伝票を作成した上、売上金等の確認作業を始めていた。乙と丙は、こっそりと出入口を内側から施錠し、BとCがソファーの上にハンドバッグを置いているのに気付いて、それぞれのハンドバッグから財布を抜き取り、持参したカバンの中に入れた。ホステス4人が店の奥の方のロッカーに向かったので、「よしやろう」と言い合って、2人とも、カバンの中から準備してきたナイフ等を取り出し、目出し帽をかぶり、ナイフを1丁ずつ手に持って、Aに見せつけるようにしながら、「動くな。動くと殺すぞ。金を出せ」などと脅迫した。しかし、Aは、少林寺拳法の心得があり、ひるむことなく抵抗する構えを示し、乙や丙のナイフを手や足で払い落とすかのような俊敏な動きを見せた。乙と丙は、Aは手強いと感じ、互いに目配せし合いながら、挟み撃ちにして突き刺すしかないとの意思を相通じ、Aの前後、左右から、2人がかりで、その胸腹部を目掛けてナイフで滅多突きにした。Aは、胸腹部に多数の刺創を負い、即死した。

❼ 乙が丙に対し、「これで、邪魔者はいなくなった。さあ仕事にかかろう」と言うと、丙は腹部を押さえて苦しそうにうずくまっており、「ナイフが深く刺さったようだ。頭に連絡して助けてくれ」な

どと言い、血を流しながら、のたうち回り始めた。乙は、自分がAを狙って突き出したナイフが誤って丙に刺さったのだとわかった。そして、ふと左上腕の痛みを感じ、見てみると、背広の袖が切れていて、左上腕に切創を負い、かなり出血していた（後に全治3週間を要するものと診断された)。丙のナイフが誤って触れたのだとわかった。

❽　乙は、すぐに救急車を呼んで治療を受けさせれば、丙は死なないで済むだろうと思ったが、そんなことをすれば、A殺害を含むこれまでの犯行が発覚し、重罰に処せられるのは必至である、丙にこのまま死んでもらえば、自分の取り分は倍になる、甲には、Aは手強いやつで丙はナイフを奪われて刺されてしまったと、嘘の報告をすればよい、と思い定め、丙を放置したまま、店の奥の方で恐怖に打ち震えているホステスらに向かって、ナイフを示しながら、「騒がなければ殺さない」などと申し向け、ガムテープで同女らの手足を緊縛し、タオルで猿ぐつわを噛ませ、店内をくまなく探し回って、Aが管理していたと思われる現金181万円余りを探し集め、先に盗み取ったBの財布には現金5万円余り、Cの財布には現金4万円余りが入っていたので、これらを抜き取り、DとEのハンドバッグも探し当て、中から財布を取り出したところ、Dの財布には4万円弱、Eの財布には6万円弱が入っていたので、これらを抜き取り、合計約200万円の現金を持参したカバンに入れた。

❾　乙は、ホステスらの財布には、それぞれ銀行のキャッシュカードが1枚ずつ入っていたので、これらを抜き取って手にしつつ、ホステスらの猿ぐつわを1人ずつ少しの間だけ外して、ナイフを頬に突きつけて、暗証番号を言わせた。BとCとEは本当の暗証番号を言い、Dは嘘の暗証番号を言った。

❿　乙は、付近のATMで現金を引き出す時間を稼ぐためと、丙が早期に救助されないようにするため、ホステスらの猿ぐつわのタオルにクロロホルムをしみこませて吸引させ、意識を失わせた。Dは太っていたので、クロロホルムを多めに吸引させたところ、肺炎から快復したばかりであったため、肺機能不全により間もなく死亡するに至った。

⓫　乙は、午前3時頃、ホステスらの財布4個（現金とキャッシュカ

ードを抜き取ったもの）は店内に残し、現金等を入れたカバンを持ってクラブを出て、付近のコンビニ数軒を回り、サングラスをかけ、つばの広い帽子をかぶって、ATM を操作し、B と C と E のキャッシュカードで、それぞれ現金30万円（合計 90 万円）を引き出したが、D のキャッシュカードでの引出しには失敗した。

⑫ 乙は、午前 4 時頃、組事務所に戻り、甲に対し、「丙は A にナイフを奪われて刺され、死んでしまいました。自分はナイフで A を刺し殺し、店内を探して現金 120 万円を奪いましたので、60 万円をお渡しします」と言って、現金 60 万円を甲に手渡した。

⑬ 甲は、丙の死亡の報告に驚愕しつつも、乙には「よくやった。ゆっくり休め」と言って、労をねぎらった。乙は、甲に対し、「このまましばらく身を隠したいのですが、自分も A に左腕を切られていますので、治療が必要です。医者に怪しまれても困りますので、頭、医者に心当たりはありませんか」と頼んだ。甲は、知人の F 医院の F 医師ならば、負傷した理由などを詮索せずに、乙の治療をしてくれるものと思って、F に電話し、乙の氏名は告げずに、知り合いの若者の治療をお願いしたいと伝え、乙に F を紹介した。

⑭ 乙は、午前 9 時頃、友人 G から借用した国民健康保険被保険者証（保険証）を持参して、F 医院を訪れ、事務員 H と F 医師に対し、「甲のお世話になっている G です」と名乗り、その保険証を提示し、F 医師から、縫合手術等の治療を受け、医療費合計 7 万円のうちの 3 割の自己負担金のみを支払った（なお、患者が被保険者資格を有しないことは、医師法19条 1 項において医師が診療を拒否できる正当な事由にはあたらないと解されている）。

⑮ 他方、クラブでは、午前 8 時頃、B が目を覚まし、ゆるんでいた猿ぐつわをほどいて大声を出して C と E を目覚めさせ、3 人で協力し合って、出入口に行き、外に向けて大声を上げるなどしたため、他のフロアの人たちが駆け付け、店内を見ると、A と丙が血の海に沈んだ状態で死亡しており、D も息をしていなかった。医師の鑑定によれば、丙の死因は、腹部刺創による失血死であり、死亡時刻は午前 6 時頃と推定され、丙は受傷後 30 分以内に救急医療を受けていれば、ほぼ確実に助かったはずである、とのことである。丙の死体からその身元が判明し、B らの供述、ATM の防犯カメラ

の映像等により、乙が割り出され、乙の自白により、甲の関与も明らかになった。

解　説

1…………概　観

(1)　設問のねらい

細かくみていけば、本設問にはかなり多くの論点が含まれているが、まず最初に、詳しい論述が期待されているのはどの論点かをしっかり見極める必要がある。本設問の文章をよく読めば、「丙の死亡に関する」乙の罪責および甲に関する「共犯の錯誤」が、難しい問題を含む最大の論点であることは明白であろう。これらの論点について優れた解答をした上で、その他の論点についても、その重要度に応じて簡潔で的確な指摘をした答案が、高い評価を受けることになる。刑法解釈論の知識とその正確な理解に基づく応用的思考力を試す、かなりの難問であり、それだけに読者の実力が解答によく反映されるように思われる。

論述の順序としては、乙が現実に実行した行為についての乙の罪責を検討し、その後に、乙に成立する各犯罪に関しての甲の罪責を検討していくのが、書きやすいと思われる。なお、⓭と⓮については、⓬までの強盗殺人関係とは分けて論じてもよい。

(2)　とりあげる項目

➤強盗罪・強盗殺人罪・強盗致死傷罪

➤殺人罪・傷害罪・傷害致死罪

➤窃盗罪・恐喝罪

➤事実の錯誤・共犯の錯誤（数故意犯説等）

➤不作為による殺人罪

➤因果関係（不作為犯・被害者の疾患等）

➤故意の捉え方（恐喝か強盗か）

➤詐欺罪（替え玉保険受診の擬律等）

➤犯人隠避罪（共犯者間における成否）

➤多岐にわたる罪数問題

2…………乙の罪責

⑴ 強盗等の目的でクラブに立ち入った点

強盗等の目的を秘し、しかもナイフを隠し持って、立ち入っているので、騙された店長Aの同意があっても、建造物侵入罪（130条）が成立すると解される（住居権説でも平穏説でも説明可能。反対説を含め、斎藤・各論63頁等参照）。

⑵ クラブ出入口の内側から施錠した点

監禁罪（220条）が成立するであろうか。乙・丙としては、外から客等が入ってくるのを防ぐ目的であり、店長Aやホステスらにとっては、その店で勤務しているのであるから、内側の施錠を開くことは容易である。施錠自体は、店長Aらが店外に出ることを「不可能又は著しく困難にする」とはいえないので、監禁罪は成立しない。

⑶ 代金支払いの意思なく飲食している点

乙・丙には、所持金はあったにせよ、注文した酒等の代金を支払う意思がなかったことは明白であるから、若干の接待サービスとともに、ビール等の提供を受けた段階で、詐欺罪（246条1項・2項の包括一罪）が成立する（実務的には単一の詐欺罪とされることが少なくないので、それでもよい）。

⑷ B・Cの財布を抜き取った点

B・Cが各自のハンドバッグにつき占有を失っていないことは極めて明白であり、乙・丙が財布を抜き取った点につき、窃盗罪（235条）が成立する。

⑸ Aに対しナイフを示してからAを死亡させるまでの行為

乙・丙は、店内にある現金等を根こそぎ奪い取る目的で、2人とも覆面をし、それぞれ刃体が約15cmもあるサバイバルナイフを手にして、Aに対し、そのナイフを示しつつ、「動くと殺すぞ。金を出せ」などと脅迫したのであり、この脅迫が「社会通念上一般に被害者の反抗を抑圧するに足りる程度」のものであることは明白であり、ここで強盗罪の実行の着手があることには、疑問を入れる余地がない。Aがたまたま剛の者であり、この脅迫では反抗を抑圧されなかったとしても、このように解する妨げにはならない（最判昭和23年6月26日刑集2巻7号748頁、最判昭和24年2月8日刑集3巻2号75頁等)。その後、乙・丙は、2人がかりでAを挟み撃ちにして、ナイフで突き刺すこととし、その胸腹部を滅多突きにして、即死させたのであるから、乙・丙には、確定的殺意が生じており（未必の殺意にはとどまらない)、強盗殺人罪が成立する（240条後段は、結果的加重犯について通常用いられている「よって」という文言が使われていないことを根拠として、殺意のある場合をも含めて規定したものとするのが、確立した判例であり、かつ通説でもある)。

⑹　丙を負傷させ死亡するに至らせた行為

(a)　240条の死傷には、共犯者に生じたものは含まれないと解すべきである（堀内捷三・刑法各論139頁、斎藤・各論132頁、佐伯仁志・刑法総論の考え方・楽しみ方269頁等参照)。

(b)　法定的符合説の数故意犯説（判例としては、最判昭和53年7月28日刑集32巻5号1068頁）によれば、乙には、Aに対する殺意すなわち「人」を殺すという故意があったから、その殺害行為により負傷した丙に対する関係でも殺人（未遂）罪（199条、203条）が成立するという結論になる。

(c)　もっとも、原則的に数故意犯説を採用するとしても、例外を認めるという解釈もありうるかもしれない。大阪高判平成14年9月4日判タ1114号293頁は「被告人にとってPは兄であり、共に相手方の襲撃から逃げようとしていた味方同士であって、暴行の故意を向けた相手方グループ員とでは構成要件的評価の観点からみて法的に人として同価値であるとはいえず、暴行の故意を向ける相手方グループ員とは正反対の、むしろ相手方グループから救助すべき『人』であるから、自分がこの場合の『人』に含まれないのと同様に、およそ故意の符合を認める根拠に欠けると解するのが相当である。……、本件の場合は、たとえHに対する暴行の故意が認められても、Pに対する故意犯の成立を認めることはできない」と判示しており、注目されている。この考え方を応用すれば、共同正犯者同士は、「共同意思の下に一体となって、互いに他人の行為を利用し合う」という関係にあり、乙にとって、丙は自己の分身ともいうべき存在であるから、Aに対する殺意が存在するからといって、当然に丙に対する殺人（未遂）罪の成立を認めるべきことにはならないといえそうである（佐伯・前掲268頁以下参照）。しかし、この判例に対しては、厳しい批判も寄せられている（斎藤信治「違法阻却事由の錯誤」争点61頁参照）。

(d) 上記(c)の解釈や具体的符合説によれば、Aに対する殺害行為の際には、乙に丙に対する殺意まであるとは認めないことになるが、それでは、この時点で乙が丙を負傷させた行為をどのように評価するのであろうか。

乙と丙は至近距離からAを滅多突きにしているし、乙自身も負傷しているくらいであるから、相互にナイフが接触したりするかもしれないことは認識・認容しており、乙に丙に対する暴行ないし傷害の未必の故意は認められるとして傷害罪（204条）とする見解と、乙も丙もAのみを標的としているのであるから、そのような認定は無理あるいは不自然であり、重過失傷害罪（211条）を認めうるにすぎないとする見解がありうる（重過失といっても、どのような注意義務違反を考えるべきなのかという問題もあり、不可罰とする見解もありうるかもしれない）。

(e) 乙は、丙に重傷を負わせたことに気付いた後に、丙に対する明確な殺意を抱くに至って、丙を放置し、自ら救護の措置を講じないばかりか、他の者による救助の可能性を皆無にするような行為に出ている。また、乙はすぐに救急医療を受けさせれば丙は死なないであろうと思っており、後日ほぼ確実に救命できたとの鑑定結果が出されている（不救護と死亡の因果関係が認められることにつき、最決平成元年12月15日刑集43巻13号879頁参照）。

前記(b)の見解によれば、乙が丙をナイフで負傷させた行為に、擬制的ではあるにせよ殺意を認めるのであるから、その後の現実的にも殺意を生じたことにともなう不救護等の点は、殺害行為から死亡の結果発生に至る経過にすぎず、（不真正）不作為犯等を論ずる必要は必ずしも存しないともいえそうである。

しかし、ナイフで負傷させた時点では、擬制的に殺人未遂罪の成立を認めるとしても、その後に現実に殺意を形成し、その殺意に導かれた行動を重ねており、その行動が死の結果に大きく寄与している以上は、さらに不作為犯等としての殺人既遂罪の成否を論ずるのが相当と思われる（**20. ヴェルディのオペラ「リゴレット」より**の解説**5**参照）。

(f) 乙には、丙に自ら重傷を負わせたという「先行行為」と、丙に対する「排他的支配」があるので、丙に対する殺人罪を認めるのに十分な作為義務があるといえよう。また、乙に期待される作為は119番通報により救急車を呼ぶことであり、それ自体は極めて容易になしうることである。もっとも、乙はすでに強盗殺人を犯しており、119番通報すれば、これが発覚して重罰（場合によっては死刑）に処せられることが必至であるから、作為は困難であるとか、作為の期待可能性が乏しいなどといえそうであるが、先に悪事を働いた者にそのような理由で不作為犯の成立を否定することが妥当とは思われない（危機に瀕しているのは、まだ生存している者の何物にも代え難い生命なのであり、これを救うことにより、罪を重ねなくて済み、先の犯罪についても酌量の余地が生じる可能性もある）。乙の不作為に作為との同価値性があるとみることにも、異論はないと思われる。

なお、不作為による殺人罪と保護責任者不保護致死罪（219条、218条）の区別を殺意の有無だけではなく、作為義務の程度にもよるとする見解をとるとしても、やはり殺人罪を認めるべきことになると思われる。

(g) ところで、乙が丙の救助可能性を消滅させることも意図しつつ、ホステスらを緊縛し、クロロホルムで失神させるなどした行為を、単に不作為とみてよいのであろうか。むしろ作為とみる方が自然のようにも思われる。他の例を挙げると、自宅で妻が持病の心臓発作を起こしたのを見た夫が、この際死んでもらった方がよいと思い、ニトログリセリン（舌下錠）や携帯電話を取り上げて隠し、電話線を外すなどして、外出し、死亡させたような場合は、不作為犯としての殺人罪とみるべきなのであろうか（作為と不作為との区別が困難な場合があることなどにつき、井田・総論150頁参照)。

丙の死亡の結果発生への寄与度は、乙が速やかに119番通報をしないという不作為の方が大きいとみるべきであろうから、乙の殺意を生じてからの行為は、基本的には不作為犯としての殺人罪であるが、作為犯的要素も相当に含まれているといってよいと思われる。

(h) 前記(b)の見解をとり、前記(e)の前者の見解によれば、殺人既遂の単純一罪ということになるが、(e)の後者の見解によれば、殺人未遂罪と(不作為犯としての)殺人既遂罪が成立することになり、これらは包括一罪と解すべきであろう。前記(d)の暴行等の故意を認める見解によると、まず傷害罪が成立し、認めない見解によると、まず重過失傷害罪が成立するが、これらと殺人罪(不作為犯)とは、やはり包括一罪と解すべきであろう。

(7) 乙自身の負傷の点

乙に自らが負った傷害についての罪責を負わせることができないのは、当然のことである。しかし、この乙の負傷の点は甲の罪責の関係では触れるべき論点になる(後記**3**(iii)参照)。

(8) ホステスらを緊縛し店内の現金等を奪うなどした点

ホステスらを脅迫して緊縛した点は、脅迫・暴行により反抗を抑圧したものであり、強盗罪とは別に逮捕罪が成立するわけではない(強盗の手段としての暴行・脅迫と認められる程度の逮捕行為等は別罪を構成しない)。なお、ホステスらは、乙・丙のAに対する脅迫や殺害状況を目撃しているか、音声・雰囲気から感じ取っていて、これにより、すでに反抗を抑圧されていたとも窺われる。そうすると、Aに対する脅迫・殺害は、同時にホステスらに対する脅迫でもあるといえる(後記**3**(vi)(c)の恐喝罪の罪数に関係する。なお、後記(15)(a)をも参照)。

店内の現金181万円余りを奪った点は、Aに対する強盗殺人の目的実現行為でもあり、ホステスらの反抗を抑圧しての強取行為でもある(とりたてて「死者の占有」を論じる必要はない)。

D・Eの財布を奪った点は、D・Eを被害者とする財布の強取であって、先に窃取しているB・Cの財布や強取にかかるD・Eの財布からの現金やキャッシュカードの抜き取りの点は、盗品の利用・処分であり、これ自体が「強取」にあたるとまではいえないであろう（ただし、異論はありうる）。

⑼ ホステスらに暗証番号を言わせた点

Aの殺害等を除外して、乙（および丙）のB・Cに対する行為のみを取り出してみると、キャッシュカード在中の財布を窃取し（窃盗罪）、反抗を抑圧してその暗証番号を言わせるという「義務のないこと」を行わせ（強要罪〔223条1項〕）、そのキャッシュカードで現金を引き出している（窃盗罪。⑿で後述）ということになり、これらの一連の行為は実質的には強盗といってもよい悪質なものであるのに、このような軽い犯罪の成立しか認められない、ということでよいのであろうか。最近、このような事案について、キャッシュカードとその暗証番号を併せ持つことは、236条2項の「財産上不法の利益」にあたるとして、2項強盗の成立を認めた東京高判平成21年11月16日判タ1337号280頁（古宮久枝・研修741号33頁、前田雅英・警論63巻10号161頁、島岡まな・刑ジャ25号50頁等参照）が登場しており、大方の支持を集めている（神戸地判平成19年8月28日研修724号111頁も、この高裁判決と同旨の判断を示していた）。この判例に従えば、乙がホステスらから暗証番号を聞き出した点は、2項強盗にあたることになり、嘘の暗証番号を言ったDの関係では、2項強盗の未遂になるであろう（なお、強要罪とするのであれば、嘘の暗証番号を言ったDについても既遂と解すべきであろう）。そして、詐欺罪と同様に（前記⑶参照）強盗罪でも、財布の関係の1項強盗とこの暗証番号の関係の2項強盗は包括して単に強盗罪と解される。

⑽ ホステスらにクロロホルムを吸引させ失神させた点

乙は、店内の現金やホステスらの現金等を強取し、ホステスらにキャッシュカードの暗証番号を言わせた（すなわち強盗の目的を遂げた）直後にその現場で、奪ったキャッシュカードで現金を引き出すための時間を稼ぐなどの目的で、ホステスらにクロロホルムを吸引させ、B・C・Eを約5時間も失神させたものである（死亡したDについては⑾で後述）。クロロホルム使用は、強盗の手段としての暴行・脅迫にはあたらないが、判例・通説のいう「強盗の機会」における暴行にあたることは、明らかであり、失神も204条の傷害にあたると解されるから（大判昭和8年9月6日刑集12巻1593頁、最決平成24年1月30日刑集66巻1号36頁等）、240条の「負傷」も204条の「傷害」と同一に解する判例・通説によれば、B・C・Eの失神は「強盗の機会に生じたもの」として、これら3名に対する強盗傷人罪（傷害の故意は認められる）が成立することになる。

もっとも、239条に昏酔強盗罪が規定されているところ、一時的な失神も240条の傷害にあたるとすれば、昏酔強盗のほとんどは強盗傷人になりそうであるが、実務では昏酔強盗罪のみで処罰されている事例が多いので（斎藤・各論125頁参照）、一時的な失神は240条の「負傷」に含まれないとする解釈も検討に値すると思われる。しかし、昏酔強盗は、財物強取の手段として相手方を昏酔させ、その反抗を抑圧する類型の犯行であるが、本設問では、クロロホルム使用は財物強取の後に行われており、約5時間もの失神（C・EはBが起こさなければもっと長時間失神していたはずである）は軽度の一時的失神の域を越えているので、やはり強盗傷人罪の成立を認めるべきものと思われる。

⑾ Dを死亡に至らせた点

⑽で述べたところからすれば、Dの死亡は「強盗の機会に生じたもの」といえるが、Dは吸引させられたクロロホルムが比較的多量であったことと、肺機能に問題を抱えていたことのために、死亡するに至っているので、乙のクロロホルム使用行為とDの死亡結果との間の因果関係を検討する必要がある。判例は、被害者に体質や疾患等の特殊事情があり、これが被告人の行為と相まって結果が発生した場合、その特殊事情が行為時に被告人に認識可能であったか否かを問わず、一貫して因果関係を肯定している（井田・総論146頁参照）。この結論は、相当因果関係説と危険現実化説のいずれによっても、十分説明できると思われる。乙にはDに対する殺意は認められないので、Dに対する強盗致死罪が成立する。

⑿ ATMでの現金引出しの点

B・C・Eのキャッシュカードでの現金引出しの点は、各銀行（ATM管理者）を被害者とする窃盗罪にあたり、Dのキャッシュカードで現金を引き出そうとして失敗した点は、同様の窃盗未遂罪にあたる（暗証番号が違っても不能犯ではない。**5. 忘れ物にはくれぐれもご注意ください**の解説**4**⑶(a)参照）。

⒀　甲に嘘をついて少ない現金を交付した点

乙は、クラブから現金約200万円を奪い取り、キャッシュカードで90万円を窃取しているのに、甲には現金120万円を奪っただけである旨の嘘をついて、100万円あるいは145万円を渡すべきところ、60万円しか渡していないが、共犯者間の信義の問題にすぎず、乙がこれらの現金を奪った段階で、これが甲の所有に帰したと解するのは、無理であろう。甲に刑法上の保護に値する法益侵害があるとはいえず、また、財産法秩序が不法手段により乱されることを予防するという観点からしても、共犯者間のこのような約束を誠実に履行させる必要性は皆無である。横領罪等の成否を論ずる必要はないと思われる。

⒁　替え玉保険受診の点

⓮のようないわゆる替え玉保険受診の事案については、結論的には2項詐欺罪が成立する。医師において、患者に被保険者資格がないとわかっていても診療拒否はできないとすると、欺罔と診療の因果関係が問題になるため、被欺罔者を事務員のみとし、医療費総額のうち、保険者負担の7割の支払いを免れた点を、財産上不法の利益とする処理事例と、医師にとっては、どういう身分・資格の誰を診療するのかは重要な意味をもつのであり、端的に医師も被欺罔者とし、医療費（全額）に相当する診療という財産上不法の利益を受けたとする処理事例がある（後者の例として福岡高判昭和61年2月13日判時1189号160頁があることを含め、詳細は、末永英夫ほか・犯罪事実記載の実務・刑法犯［6訂版］483-486頁、遠藤秀一「被保険者資格を有する他人になりすまして保健医療機関において診察を受ける場合の詐欺罪の擬律」研修682号81頁以下参照）。なお、替え玉であることが明らかになれば、病院は保険者からの支払いは受けられないことになるから、替え玉に7割分の請求をすることになる。この受診の関係では、甲の犯人隠避罪（後記**3**(v)参照）についての教唆犯の成否も論点にはなりうるが、触れる必要はないであろう。

⒂ 罪数関係

(a) 240条の罪については、財産に対する罪の要素よりも、身体・生命に対する罪の要素が重視され、その罪数も死傷した被害者の数および死傷させる行為の数が基準となるので、Aに対する強盗殺人罪、B・C・Eに対する各強盗傷人罪、Dに対する強盗致死罪の5罪が成立し、これらは併合罪となる。B・Cに対する窃盗罪（財布の点）は、それぞれの強盗傷人罪と包括一罪となり、飲食関係の詐欺罪は、強盗殺人罪等と併合罪になる（なお、被害者が複数の強盗罪・強盗致死傷罪の罪数については、種々の問題があるが、条解刑法［第4版］761頁、772頁、福崎伸一郎「強盗致傷罪の罪数について」小林充・佐藤文哉先生古稀祝賀刑事裁判論集〔上巻〕428頁が参考になる）。

(b) 問題は、丙に対する殺人罪（丙死亡に関する罪の罪数関係は前記⑹(h)参照）とAに対する強盗殺人罪の関係であるが、数故意犯説により、ナイフによる滅多突きのみを丙に対する殺人の実行行為とみる見解（前記⑹(e)の前者参照）によれば、観念的競合になり、丙に対する不作為犯としての殺人罪を認める見解（前記⑹(f)参照）によれば、併合罪になり、丙に対して殺人未遂罪（作為犯）と殺人既遂罪（不作為犯）の包括一罪と解する見解（前記⑹(e)の後者参照）によれば、観念的競合説と併合罪説の両論がありえよう。

(c) 以上のクラブ内における各罪と最初の建造物侵入罪は牽連犯になるので、以上の各罪は、結局最も重い（犯情も含めて比較）Aに対する強盗殺人罪の刑で処断される科刑上一罪となる（いわゆる「かすがい現象」）。

(d) ⑿の窃盗罪および窃盗未遂罪は、1回ずつのキャッシュカードの使用であれば、4罪の併合罪となり（各カードを複数店舗で複数回使用していれば、もっと罪数が増えるが、説明は省略）、⒁の詐欺罪とともに、前記(c)の科刑上一罪の罪とは、併合罪になる。

3…………甲の罪責

※ 前記**2**の記述の引用には、単に⑴～⒂の番号等を用いる。

(i) 正犯性および故意について

(a) 以上に検討してきた乙（および丙）の犯罪（ただし、⒁の詐欺罪を除く）は、神無組の若頭である甲が、その概要を計画・立案して、配下の組員である乙と丙に持ちかけたために、実行されたものであり、甲は奪った現金の半分を神無組に入れさせる予定であったのであるから、まさしく犯行の首謀者であり、共謀共同正犯の罪責を負うことは明白である。

(b) 甲の犯意は、刑法を生かじりしている甲が思い込んでいるように、本当に恐喝罪（249条1項）の限度にとどまるのであろうか。甲はクラブ内の現金を根こそぎ奪うよう命じており、凶器や覆面の準備も勧めているし、手荒なことをすることも十分想定しているのである。また、恐喝止まりで、現金を根こそぎ交付させるなどということは不可能に近いであろう。これらによると、甲が乙らに持ちかけたのは、まさしく強盗の犯行計画であって、本当に恐喝までの犯意しかなく、乙らの犯行を恐喝止まりにしようと決意しているのであれば、たとえば「凶器等は決して持参してはならない。店長らを少し脅したり、小突くくらいはいいが、それ以上の乱暴はやめてくれ。それで店長らが抵抗するのであれば、現金はあきらめるしかない」などと指示すべきことになる。凶器や覆面を用いるような犯行を指示しておきながら、法律用語で「反抗を抑圧してはならない」などと告げたからといって、恐喝の犯意にとどまるなどと認めるわけにはいかないのである。なお、甲の供述も信用できるものとして、甲の罪責を論じるとしても、甲が本当に虫のいい罪責軽減を目論んでいるというにすぎないのである。

(c) 甲が乙らに奪うのは現金だけにするように指示している点は、どのように評価すべきであろうか。これはわかりやすい指示内容で、乙らも理解しているし、甲の本心でもあったわけであるが、乙らは必ずしも甲の本心とは思わなかったというのである。しかし、故意の内容としては、現金とかカードに限定することなく、「財物」（金品）というように一般化・抽象化するのが、法定的符合説の考え方であり、実務もそのように運用されているものと思われる。たとえば、XとYが事前の謀議の際は現金だけを窃取する計画であったが、侵入した家屋内を2人で手分けをして物色したのに、現金は発見できず、Xはある部屋で宝石や指輪を見つけたのでこれを窃取し、Yは別の部屋で腕時計やDVDを見つけたのでこれを窃取したという事案で、XとYは住居侵入だけが共同正犯で、窃盗については、それぞれが窃取した物についてだけその罪責を負うなどという処理は決してなされないであろう。

なお、甲に強盗までの故意はなく、恐喝の故意しかないと解する考え方（これは誤りであるが、以下、便宜上「恐喝故意説」と呼ぶ）をとるとしても、同様のことがいえる。

(d) それでは、乙がホステスらからキャッシュカードの暗証番号を聞き出し、「財産上不法の利益」を得た点（(9)）については、甲の罪責はどうなるのであろうか。甲は乙らに「財物」を奪うように指示したところ、乙は「財物」と「財産上不法の利益」の双方を奪ったことになるのであるが、キャッシュカードは甲が明示的に奪うなと指示していた物であり、その暗証番号である点を重視して、この「財産上不法の利益」については故意が欠けると解する見解もありうるが、1項強盗と2項強盗の間の錯誤は故意に影響しないと解する方が自然のように思われる（福岡高判昭和61年7月17日判タ618号176頁は、事案は本事例とは大きく異なるが、1項強盗と2項強盗の間に符合を認めている）。

なお、恐喝故意説をとるとしても、ほぼ同様のことがいえる（1項恐喝と2項恐喝の間に符合を認めるか否かというように、若干の修正を要するのみである）。

(e) 甲には、Aやホステスらに対する殺意までは認められないことは、いうまでもないであろうが、暴行・傷害の未必の故意は認めるべきであろう。

(ii) 乙（および丙）のA～Eに対する犯行に関する罪責

(1)の建造物侵入罪、(3)の詐欺罪、(4)の窃盗罪については、甲にも共同正犯が成立し、(5)のAに対する強盗殺人罪については、殺意のない甲には強盗致死罪の限度で共同正犯が成立し（強盗の共犯者は、他の共犯者が惹起した死傷の結果についても、結果的加重犯としての罪責を負う）、乙の⑻〜⑾の行為についても甲は共同正犯の罪責を負うので（⑼を除外する見解もありうる）、甲には、B・C・Eに対する強盗傷人罪（または強盗致傷罪）およびDに対する強盗致死罪が成立する。

なお、恐喝故意説では、甲には、A〜Eに対する各恐喝罪（249条）と、暴行・傷害の未必の故意は認められるので、A・Dに対する各傷害致死罪（205条）およびB・C・Eに対する傷害罪の限度で共同正犯が成立する。

ⅲ　丙の死亡および乙の負傷に関する罪責

⑹⒜で述べた通り、240条の死傷には、共犯者に生じたものは含まれないと解されるので、丙に対する強盗致死罪も乙に対する強盗致傷罪も成立しないことになる。

もっとも、数故意犯説によると、甲には、Aらに対する暴行・傷害の故意が認められるので、同じく「人」である乙・丙に生じた結果についても、傷害致死罪（乙との共同正犯）や傷害罪（丙との共同正犯）の罪責を負うと解すべきことになる。

この点は、恐喝故意説でも同様になるであろう。

ⅳ　乙のATMでの現金引出しに関する罪責

⑿の乙の窃盗（未遂）罪は、甲が全く予期していない、クラブとは別の場所での犯行であるから、共謀の射程外であり、甲は罪責を負わないと解するのが自然であろう。もっとも、積極に解するという異論もありうるかもしれない。

ⅴ　医師の世話についての罪責

甲が乙に医師を世話した点については、犯人隠避罪（103条）の成否が問題となる。クラブ内での犯行の上位の共犯者である甲が、下位の共犯者である乙を隠避させたことになるが、このような共犯者による犯人蔵匿・隠避の可罰性については見解が分かれている（斎藤・各論318頁参照。裁判例としては、積極に解した旭川地判昭和57年9月29日判時1070号157頁がある）。

ⅵ　罪数

⒜　上記のクラブ内での犯行については、おおむね乙に準じて考察す

れば足りる。なお、丙に対する傷害致死罪および乙に対する傷害罪は、Aに対する強盗致死罪と観念的競合の関係にあると解される。結局、最も重い（犯情も含めて比較）Aに対する強盗致死罪の刑で処断する科刑上一罪となる。

(b) なお、甲を教唆犯とするのであれば（実務的には不正解）、教唆行為は1個とみて、(1)の建造物侵入罪とクラブ内での他の犯行は、全て観念的競合となろう（従犯に関する最決昭和57年2月17日刑集36巻2号206頁参照。異論もあることにつき、大コンメ［第2版］第5巻514頁以下〔安廣文夫〕参照）。

(c) また、恐喝故意説によれば、(3)の詐欺罪および(4)の窃盗罪もその余の罪（(1)を除く）と併合罪になるであろう。A〜Eに対する各恐喝罪は観念的競合と解する余地もある。Aに対する恐喝罪と傷害致死罪も観念的競合になり（なお、これらの罪と、丙に対する傷害致死罪および乙に対する傷害罪も観念的競合）、B・C・Eに対する各傷害罪およびDに対する傷害致死罪は、併合罪であり、これらの罪とB〜Eに対する各恐喝罪との関係も併合罪であると解することになろう（若干、異論がありうる点も含まれている）。もっとも、(1)の建造物侵入罪が「かすがい」となり、クラブ内の各罪は結局科刑上一罪となる。

(d) 前記(v)の犯人隠避罪は、上記の科刑上一罪（多くの罪で構成されるもの。教唆犯説でも恐喝罪説でも同様）とは併合罪になる。

解答例

第1　乙の罪責について

1　クラブに入店して、酒を注文した行為

乙は金品を強取する目的で、クラブに入店しており、建造物侵入罪が成立する。

また、代金を支払う意図もなくビール等を注文していることから、詐欺罪が成立する。

2　B、Cの財布を抜き取った行為

ハンドバッグから財布を抜き取った行為は、B、Cの占有する財物を、乙の占有下に移転する行為であり、窃盗罪が成立する。

3　Aを刺殺した行為

乙、丙は互いに「よしやろう」と言い、ナイフを1丁ずつ手にとり、Aに見せつけて「動くな。殺すぞ。金を出せ」などと脅迫している。これは、Aの反抗を抑圧する行為であり、強盗の実行行為に該当する。

なお、Aは、ひるむことなく抵抗する構えを示しているが、実際に反抗を抑圧する必要はないから、乙、丙の行為は強盗の実行行為となる。

つぎに、乙、丙は互いに目配せし、Aの胸腹部を目掛けナイフで滅多突きにし、Aを即死させている。人体の枢要部である腹胸部を、殺傷能力のあるナイフで滅多突きする行為は殺人の実行行為に該当する。そして、この刺突行為は、財物奪取に向けられた行為であり、これにより現金181万円を奪取していることから、Aに対する強盗殺人罪が成立する。

4　丙に対する罪責

(1)　丙を刺した行為

乙は、丙の腹部を刺している。人体の枢要部である腹胸部を、殺傷能力のある凶器で滅多突きする行為は、生命断絶の危険のある行為であるから殺人の実行行為に該当する。

もっとも、乙は、丙を刺突する意図はなかったが、乙はAに対しおよそ人に対する殺意をもって、人の腹部をナイフで刺突しており、殺意は阻却されない。

したがって、乙には殺人未遂罪が成立する（なお、丙死亡の結果は、後記の殺意をともなう不作為に帰責すべきである）。

(2)　丙を放置した行為について

乙は、丙にはこのまま死んでもらった方が自分の取り分が倍になると思い、殺意をもって丙を放置し、丙を死亡させている。

乙は、自ら丙を刺し、重症を負わせた者である上、施錠して外部からは入れないようにして、店内にいるホステスらの反抗を抑圧し、乙以外には丙を助けることはできない状況を作出するなど、丙の生命は乙に依存していたことから、乙の不作為は、作為による殺人と同視できる。

そして、丙は受傷後30分以内に救急治療を受けていれば、ほぼ確実に助かったはずであり、合理的疑いを超えて生存可能であったといえることから、乙の不作為と丙の死亡の因果関係も認められる。

以上より、乙には丙に対する不作為の殺人罪が成立する。

5　ホステスらに対する行為

(1)　強盗罪の成否

乙は、すでに畏怖しているホステスらに対し、ナイフを示して「騒がなければ殺さない」などと申し向け、ガムテープで同女らの手足を緊縛した上、タオルで猿ぐつわを噛ませて、店内から現金181万円余りを探し集め、B、C、D、Eの財布からそれぞれ現金5万円、4万円、4万円、6万円とキャッシュカード1枚ずつを取り出している。

上記ホステスらに対する行為は、財物奪取に向けられた、同女らの反抗を抑圧する行為といえるから、強盗罪の実行行為に該当する（B、Cの財布はすでに窃取しており、強取したとはいえない）。

その上、乙は反抗を抑圧された同女らから、暗証番号を聞き出している。

暗証番号は、キャッシュカードと一体となって財産的価値が認められる利益であるから、B、C、Eに対する2項強盗罪が成立する。なおDは嘘の暗証番号を伝えており、利益の移転が認められないから2項強盗未遂罪が成立する。

(2)　強盗致死、強盗傷人罪の成否

乙は、ATMでの現金引出しの時間を稼ぎ、丙の救助を遅れさせるために、ホステスらにクロロホルムを吸引させているが、これは強盗の機会における暴行といえる。Dは肺炎から快復したばかりであったため、肺機能不全により間もなく死亡した。確かに、Dの死因は肺炎にも起因しているが、多量のクロロホルムの吸引行為自体危険な行為である上、肺炎は特異な介在事情であるとはいえないから因果関係は否定されない。したがって、Dに対する強盗致死罪が成立する。また、B、C、Eは約5時間も失神しており、昏酔強盗との関係が問題となるも、財物を強取するための手段として一時的に失神させたにすぎないとはいえないから、B、C、E に対する強盗傷人罪が成立する。

6　ATM からの現金引出し行為

乙は ATM で現金 30 万円（合計 90 万円）を引き出している。この行為は銀行の占有する金銭を乙に移転させるものであるから、窃盗罪が各引出し行為につき成立する。

なお、D は嘘の暗証番号を教えているが、カードを ATM に挿入して暗証番号を入力している時点で、占有移転の現実的危険が生じたといえるから、不能犯ではなく、窃盗未遂罪が成立する。

7　F 医院での行為

乙は、G であると虚偽を申し向けて G の保険証を提示し、7 割の治療費の支払いを免れるという財産上不法の利益を得ている。

保険証は被保険者のみが使用でき、それにより自己負担が 3 割になるものであるところ、乙の提示行為によって、F および H は、乙を被保険者である G であると誤信し、3 割しか請求しなかったのであるから、乙の上記行為は、H の財産的処分行為に向けられた偽罔行為に該当し、これにより H は誤信して 3 割のみしか請求しないという処分行為を行ったのであるから、当該乙の行為には F 医院に対する 2 項詐欺罪が成立する。

なお、F 医院は、乙が G でないと判明すれば、国から 7 割の支払いを拒否される可能性があるから、財産的損害は否定されない。

8　罪数

以上より、乙には、店内の行為として、店に対する詐欺罪、B、C に対する窃盗罪 2 罪、A に対する強盗殺人罪、D に対する強盗致死罪、B、C、E に対する強盗傷人罪 3 罪、丙に対する殺人罪がそれぞれ成立し、窃盗罪は強盗罪に吸収され、その他は併合罪となり、これらと建造物侵入罪は牽連犯となる。そして、ATM での B、C、D、E のキャッシュカードを用いた窃盗（未遂）罪 4 罪が成立し、また、F 医院に対しては詐欺罪が成立し、いずれも併合罪となる。

第2　甲の罪責について

1　共同正犯性

甲は、クラブを襲って店内にある金員を奪い取ろうと思い、堅気風に見える乙、丙を自ら選び、乙、丙に対して入店方法、道具の準備等を説明し、「店内にある現金を根こそぎ取ってこい」と犯行計画を伝え、犯行後、組の取り分として60万円を受け取るなど、首謀者として主導的役割を果たしており、共同正犯性が認められる。

2　建造物侵入等

上記甲の指示に基づき、乙、丙はクラブに入店し、酒を注文し、B、Cの財布を窃取しており、建造物侵入罪、詐欺罪、窃盗罪の共同正犯が成立する。

3　Aに対する乙の行為の帰責

甲は、「手荒にするとしても、決して反抗を抑圧してはならない」と乙、丙に伝えており、強盗の故意は有していなかったとも思える。しかし、甲は手荒なことをすることを許すなど、従業員に対する暴行脅迫を認容している上、凶器の準備をするよう指示するなど、甲は具体的に反抗抑圧行為を禁止していないのであるから、「反抗を抑圧してはならない」などと言い聞かせたとしても、強盗の共同正犯の罪責を免れない。甲には、Aに対する殺意までは認められず、強盗致死罪の範囲で共同正犯が成立する。

4　丙の死亡および乙の負傷についての帰責

甲には、Aらという「人」に対する暴行の故意があるので、法定的符合説の数故意犯説によれば、丙に対する傷害致死罪および乙に対する傷害罪（いずれも暴行の結果的加重犯。乙、丙との共同正犯）が成立する。

5　ホステスらに対する行為

Aに対するのと同様、B、C、D、Eに対する行為は、甲の共謀内容に含まれるから、B、C、Eに対する強盗致傷罪、Dに対する強盗致死罪の各共同正犯が成立する。

なお、甲は、「現金以外の物は奪わないでくれ」とキャッシュカードを奪取しないように指示しているが、およそ財物の奪取を指示している以上、甲の故意は阻却されない。また、暗証番号を聞き出すという2項強盗も、強盗の範囲で符合する以上、故意は阻却されない。

6　医師への紹介

乙は「身を隠したいが、治療が必要である」と甲に伝え、これに対して甲はF医院に電話して乙の治療を依頼している。

この行為は、蔵匿以外の方法で官憲への発覚を免れさせる行為であるから、犯人隠避罪が成立する。

7　甲の罪責

甲には、店に対する詐欺罪、B、Cに対する窃盗罪、Aに対する強盗致死罪、B、C、Eに対する強盗致傷罪、Dに対する強盗致死罪、丙に対する傷害致死罪、乙に対する傷害罪の各共同正犯のほか、犯人隠避罪が成立する。B、Cに対する窃盗罪は強盗致傷罪に吸収され、包括一罪となり、以上の店内における各罪と建造物侵入罪は、いずれも牽連犯であるので、全体として科刑上一罪となる。また、犯人隠避罪とこれらの罪は併合罪となる。

(H. U.)

（安廣文夫）

20. ヴェルディのオペラ「リゴレット」より

設問　以下の事案は、16世紀のイタリア・マントヴァにおけるものであるが、わが国の刑法が適用されるものとして、甲・乙・丙・丁の罪責を論じなさい。

❶　甲（マントヴァ公爵・領主）は、次から次へと女性を渉猟する生活を続けており、この日はA女（チェプラーノ伯爵夫人）を獲物と定め、口説き落として寝室へ連れ込むことに成功した。そこへB（モンテローネ）が現れ、実の娘であるAの貞操・名誉が侵害されたことに激しい抗議を行うが、甲やその取り巻きの廷臣の太鼓持ちである道化師の乙（リゴレット）がBを嘲笑したため、Bは乙に対し、「父親の嘆きを嘲る者よ、呪われよ」との呪詛の言葉をかけた。（以上第1幕第1場）

❷　乙には一人娘のC女（ジルダ・16歳）がいたが、娘にだけは世間の醜さを見せたくないと思っていたため、Cには、教会に行く以外は外出しないよう、また、女中のD女に対しては、自らの留守中にCが外出しないよう、また、誰かがCを訪ねてきても家の中に入れないよう、厳命していたが、この日はBの呪詛の言葉が胸に不安をかきたてていたため、改めて2人にこのことを厳命してから外出した。

❸　甲は、このところ、教会で見かける若い美しい娘（実はC）が気になっており、ミサが終わると、その後をつけ、Cの自宅を突き止めるに至った。2階の自室に上がり、換気のために窓を開けたCに対し、甲は、貧しい学生のふりをして、熱烈な愛を歌にして告白したところ、無菌状態で育ったCは、生まれてはじめての恋愛感情に陶然とした感情をもつに至り、Dに対し、「あの人を私の部屋に入れていいでしょ。お父さんには秘密にしておけばいいじゃない」と何度も懇願した。Dは、仕事を失うことを恐れ、当初これを拒絶していたが、甲から何枚かの金貨を渡されたため、甲の立

入りを認め、甲は、Cの自室内に立ち入り、しばらく歓談してから自宅に戻った。なお、甲は、Cの自室への往復に際し、家族が共同で使用する空間であるダイニングルームなどを通過している。

❹ 甲の廷臣の丙ら4名は、甲に妻を寝取られた廷臣たちを嘲笑する乙を激しく憎悪していたところ、乙が若く美しい「情婦」と暮らしているとの（事実と異なる）噂を耳にし、この「情婦」を誘拐して甲に献呈すれば、甲に対する忠誠の証になるとともに、乙に対する格好の復讐になるのではないかと考え、はしごを用意して、乙宅前に集結した。この際、丙らは、甲が関心を抱いた女性が抵抗した場合には自らの権力を背景に脅迫的言動を用いて姦淫行為に及ぶことがありうるものと認識していた。

そのとき、たまたま乙が帰ってきたが、丙らは「これからチェプラーノ伯爵夫人を誘拐するが、お前を巻き添えにするつもりはない。これを着けて、見なかったことにしておいてくれ」と言葉巧みに乙を欺いて、目隠しをし、目の前で起きている事態を認識できない状態に置き、その間に、Cの寝室の窓にはしごをかけ、寝室に侵入すると、「公爵が貴女をご所望なので、お屋敷にお連れしなければなりません。抵抗したり声を上げたりされると、手荒なことをしなければなりませんから、静かに従って下さい」と低い声で命じたところ、Cはうなずき、丙らに従って甲の邸内まで移動した。この際、丙らは、Cを縛り付けたりしてはおらず、お互い世間話をしながら一団となってCの前をだらだら歩いており、時折思い出したかのように後ろを振り返り、不審な様子があると「こらっ」と牽制するだけで、監視が甘かったため、機転をきかせて抜け道などを利用すれば逃げ出すことも不可能ではなかったが、Cは、逃げたらどのような目に遭わされるかわからないという恐怖心から、丙らの後を黙ってついていった。丙らは、Cを甲の寝室まで連れて行くと、出口に代わる代わる立って、脱出できないよう見張りを行った。（以上第1幕第2場）

❺ その直後にC宅を訪問していた甲は、Cが行方不明になったと知ってその身を案じていたが、丙から、若い娘を誘拐して寝室内で待たせている旨を聞き、喜んで寝室に行ったところ、そこにいたのがCであったため、もはや純愛ごっこはこれまでだと覚悟を決め、

領主としての自らの立場にともなう相手方に対する支配力を利用して情交を遂げるしかないと決意した。

Cは、思いを寄せていた相手が、貧しい純真な学生ではなく、好色だとの悪名高い公爵であったことに激しい衝撃を受けたため、甲が、「嫌なら領外に追放するが、言うことを聞けば今後悪いようにはしないから」と言いながら、胸や下腹部を触ってくるのを、体をよじりながら耐えていたが、甲が全裸になり、性交を試みようと襲いかかってきたため、耐えきれず足で蹴り飛ばし、寝室から飛び出したところ、Cの行方を捜していた乙に出くわした。Cから、これまでの経緯の概要を聞いた乙は、大切に育ててきた娘が、甲に姦淫までされてしまったものと考え、甲に対する復讐を誓った。(以上第2幕)

❻ 乙は、以前に連絡先を入手した殺し屋の丁(スパラフチーレ)に、甲の殺害を依頼することとした。丁の手口は、丁が経営する酒場において、妹のE女(マッダレーナ)がホステスとしてターゲットを誘惑して酒を飲ませて酩酊させたところを、丁が短剣で刺し殺すというものであり、報酬の半分は前金で、残り半分は殺害してから支払うことになっていた。なお、契約上、この前金は、依頼された殺人が成功した場合には報酬の一部として丁に帰属し、失敗した場合には依頼者に全額返金されることになっていた。

❼ 乙とCは、甲が、丁の酒場を訪れ、「女心は移ろいやすいものさ」などと歌いながらEを口説いているのを窓の隙間から目撃し、乙は改めて娘の名誉のための復讐を心に誓い、Cは自らに対するのと同じ口説き文句を甲がEに述べているのを聞いて、改めて衝撃を受けたが、甲に対する恋慕の気持ちを捨て去ることができないでいた。

❽ 乙は、Cに先に他の土地(ヴェローナ)に向けて旅立つようCに命じ、Cが立ち去るのを見届けた後、丁に、金貨10枚を前金として手渡し、甲を殺害してその死体を自らに引き渡すよう求め、丁はこれを了承した。丁が、酒場の中に戻り、Eに対して甲の殺害計画を告げたところ、甲に対して恋愛感情を抱いてしまったEは、甲の命を助けてやってくれるよう懇願したが、丁は、前金をもらいながら殺さないのでは、殺し屋のモラルに反するとして、これに反

対をした。そこで、甲を助けたくて必死のＥが、「真夜中の鐘が鳴るまでに他人がこの酒場を訪れたら、その者を身代わりに殺すことにしたらどうかしら」「死体を袋に入れて封をしてしまえばわからないし、人を１人殺したことには変わりないじゃない」との妥協案を提示したところ、丁はこれを不承不承ながら了承した。

❾　甲に対する思いを断ち切れず、乙が別の土地に向かって先に旅立つよう指示したにもかかわらず、丁の酒場に戻ってきたＣは、丁とＥの会話を聞いて、乙が甲の殺害を丁に依頼したこと、真夜中の鐘が鳴るまでに誰かが酒場を訪れなければ甲が殺害されてしまうことを認識し、激しく動揺した。

ところが、嵐が強まり、他に誰も酒場を訪ねてくる人はいなかったため、Ｃは、この際、甲の身代わりに自らが犠牲になろうと決意し、酒場の扉をノックしたところ、丁は、Ｅとの合意に基づき、扉を開けるや否や、相手が誰かを確認することなくＣに短剣を突き立てた。丁は、後ろめたさから少し躊躇ったため急所を外してしまい、Ｃに重傷を負わせ失神させたものの即死させるには至らなかったが、丁はいつも通り即死させたものと誤信したまま、これを麻袋に入れて封をした。

❿　嵐が静まってから死体を受け取りにやってきた乙に対し、丁は、殺し屋のモラルを犯した後ろめたさから、「死体」を自ら処理することを提案したが、乙は、これを拒否し、報酬の残り半分の支払いと引き換えに、死体入りの麻袋を渡すよう求めた。

そこで、丁は、「乙が袋を空けるまでにＥと一緒にこの地から逃げるしかないな」と覚悟を決め、中に入っている「死体」が依頼された者とは異なることを告げずに、無言で報酬の後払い分である金貨10枚を受け取り、「死体」入りの麻袋を引き渡した。

⓫　乙は、甲に対する復讐を遂げたことに嬉々としながら、麻袋を引きずり、大きな川のほとりまで来て、川に袋を投げ入れようとしたところで、遠くから、甲の持ち歌である「女心の歌」が聞こえてきたため、乙は「それではこの中に入っている死体は誰なのか」と激しく動揺し、夢中で袋を開けたところ、大出血している娘・Ｃの姿を認めた。

⓬　Ｃは、年齢も若く生命力が旺盛であったため、乙が袋を開いて

状況を認識した時点で即座に町医者の往診を求め、救急の止血措置を的確に講じれば、救命できた可能性がなお50％程度あった。乙は、Cがまだ助かる可能性もある程度はあるのではないかと考えたが、失恋した娘の絶望を思い、このまま自らの腕の中で死なせてあげようと思い、Cを抱きしめた。Cは、父親の言いつけに背いたことを乙に何度も詫び、また、恋心を寄せた男の身代わりとなって天に召される幸せを歌った後、息絶え、これを見た乙は、「ああ、あの呪いだ」と叫び、絶望のあまり喉をかきむしった。（以上第3幕）

解　説

1…………概　観

(1)　設問のねらい

本問は、ヴェルディのオペラ「リゴレット」のあらすじ（原作：ビクトル・ユーゴー『王は愉しむ』*Le Roi S'amuse*〔1832年〕）を設問として利用したものである。

本問には多くの問題が含まれている。住居侵入罪、略取誘拐罪、監禁罪については、その成立要件に関する基本的理解が問われているが、住居侵入罪に関しては複数の居住者間の意思の対立があった場合の侵入罪の成否をどう考えるか、略取誘拐罪に関しては、同罪の保護法益、一定の目的の存在が処罰創設的ないし加重的に作用する根拠についての一歩深い理解がないと的確な解答は困難であろう。また、本問には総論上の重要問題として、特定の者の殺害を依頼・共謀した場合に直接実行者が客体をすり替えた場合における共謀の射程、殺人の故意で殺害行為に及んだところ被殺者が殺害に内心同意していた場合の取扱い、確実な救命可能性がない場合における不作為犯の成否といった問題が、また、各論上の重要問題として、不法原因給付と詐欺・横領の取扱いが含まれており、それぞれ教科書レベルから一歩踏み込んだ確かな理解が問われている。

⑵ とりあげる項目

➤住居侵入罪
- 複数の居住者間の意思の対立と同罪の成否

➤未成年者／わいせつ目的拐取罪および監禁罪
- 未成年者拐取罪の保護法益
- わいせつ目的の意義
- 拐取罪と監禁罪の罪数関係

➤共謀の射程

➤抽象的事実の錯誤

➤横領・詐欺罪（前払金）
- 返還請求の免脱と２項詐欺罪の成否および同罪と横領罪の関係
- 返還請求された金員が不法な原因により交付されていた場合の扱い

➤詐欺罪（後払金）
- 推断的欺罔
- 不法原因給付と詐欺

➤殺人未遂／保護責任者遺棄罪
- ある程度の回避可能性しかない場合における作為義務の有無
- 不作為の殺人の故意

2…………甲の罪責

⑴ 未成年者／わいせつ目的拐取罪

甲は、次から次へと女性を渉猟する生活を続けており、その中には既婚者も含まれているが、男性としての魅力と話術を武器としているにすぎず、手段が不当でない限りは、それ自体は犯罪を構成しない。もっとも、甲は、Ｃに対しては、自らが領主たる公爵であり、臣下・領民に対する生殺与奪権をもつことを背景として「言うことを聞かなければ領外に追放する」旨の脅迫を行い、Ｃの反抗を著しく困難にさせてわいせつな行為をし、さらに姦淫に及ぼうとしているのだから、強制わいせつ罪および強制性交等未遂罪が成立しよう。

⑵ 住居侵入罪

つぎに、問題となるのは、乙が女中のDと娘のCに対し、誰も立ち入らせないよう命じていたにもかかわらず、両名の同意を得て、乙宅内に立ち入ったことが住居侵入罪を構成するかである。

まず、Dは通いの女中であるため、居住者として住居権をもつものではなく、乙の代諾者であるにすぎないから、乙の明示的意思に反したDの同意は、意味をもたない。そして、Cはすでに16歳ではあるが、実の父親である乙の監護下にあり、独立の住居権をもたないとみれば、ここで決定的なのは立入りを拒絶する乙の意思のみであり、甲には住居侵入罪が（Cの居室への立入りをも含めて）当然に成立する。

これに対し、Cはすでに16歳であり、独立の住居権があるとみる場合には、Cの居室への立入りそのものは不可罰となろうが、共同スペースへの立入りについては、複数の住居権者の意思が対立していることになるため、その限りで住居侵入罪が成立しないかが問題となる。名古屋高判昭和24年10月6日判特1号172頁は、新住居権説の立場から、住居権は夫婦共有のものだから、妻の同意だけを得た立入りは（不在だった）夫の住居権侵害となるとして、住居侵入罪の成立を認めており、これに従えば、甲についても同罪の成立が肯定されうる。もっとも、学説上は、住居権は事実上の支配・管理権であることを根拠に、現在する者の意思が基準となる（西田・各論113頁など）、現在者の意思・自由が不在者のそれに優越する（曽根・各論81頁）などとして、本問の甲のように現在者の同意を得れば、不在者の意思に反した立入りでも不可罰だとする見解が有力である。

3…………丙らの罪責

⑴ 未成年者／わいせつ目的拐取罪

① 丙らは、Cを甲に対するいわば「貢ぎ物」とするために、Cを自宅から甲の寝室まで連れ出し、寝室内から脱出できない状態に置いている。この際の乙宅への侵入につき、住居侵入罪が成立することは当然であるから、検討されるべき問題は以下の点である。

まず、Cは16歳で未成年であるから、未成年者拐取罪が成立するのは当然であるが、この行為は、甲がCに対して強制わいせつ・強制性交に及ぶ可能性を認識しながら行われているため、「わいせつ」目的拐取罪が成立しないかがさらに問題となる。ここで、「わいせつ」目的には、被拐取者を第三者によるわいせつな行為の客体とする目的でもよいとする多数の見解（大塚・各論87頁以下、曽根・各論61頁など）に従えば、わいせつ目的拐取罪の成立は問題なく肯定されよう。目的の内容である、被拐取者の自由侵害を手段とした「わいせつ」行為が違法性を高めるのだとすれば、その行為を行為者自身が行うか否かによって違法性の程度が変わるものとは考えられないから、この処理は正当なものと思われる。

② 誘拐罪と略取罪のいずれが成立するかについては、本問では被拐取者のCに対して脅迫手段が用いられているから、この限りでは略取罪の成立が肯定される。

他方、本問では監護養育者である乙の抵抗を排除する必要があったところ（未成年者本人の意思に反した行為がなされた場合に監護養育者の意思侵害をさらに考慮すべきかについてはほとんど論じられていないが）、乙に対しては欺罔手段が用いられているから、この限りでは誘拐罪の成立が肯定されよう。そして、このように両方の手段が併せ用いられた場合には、略取誘拐罪の1罪とするのが判例（大判昭和10年5月1日刑集14巻454頁）・多数説である。

③ なお、いずれの解釈をとる場合でも、乙に対する目隠し行為については、別途、暴行罪の成立の余地があろう（万が一これを逮捕罪だと考えた人はもう一度教科書を読み直して、同罪の成立には移動の自由の侵害が必要であることを確認してほしい）。被拐取者自身に略取の手段として物理力が行使された場合には、この暴行は略取罪で評価されたものといえようが、被拐取者以外の者の身体の安全の侵害は、被拐取者に対する略取罪でもってはカバーされないものと思われる。

確かに、乙は目隠しに同意はしているが、これは錯誤に基づく同意であり、当該錯誤がなければ同意を与えなかったであろう場合は同意を無効とする判例・伝統的見解によれば、暴行罪の成立は否定されない。これに対し、当該構成要件で保護されている法益に関わる錯誤だけが同意を無効にするという見解（法益関係的錯誤の理論）からは、乙は当該態様での目隠しに同意しているとされ、不可罰となろう。

(2) 監禁罪

丙らが、Cを甲の寝室から脱出できない状態に置いた行為は、もとより監禁罪を構成するが、さらに、Cの自室から甲の寝室まで同道した行為についても同罪の成立は考えられないか。監禁罪は、閉ざされた場所から脱出できなくする場合には限られず、恐怖心などにより一定の場所から離脱できなくさせる場合でも成立すること（最決昭和38年4月18日刑集17巻3号248頁）、脱出が著しく困難な状態に置けば足りること（最判昭和24年12月20日刑集3巻12号2036頁）からすれば、Cの心理においては、丙らの後をついていかなければ後でどのような目に遭わされるかわからないとの恐怖心が支配しており、それが見えざる壁となって脱出が著しく困難だったのだとみうるならば、同罪の成立の余地はあろう。

(3) 拐取罪と監禁罪の罪数関係

前述(2)で認められた監禁罪は、移動の自由を侵害するものであり、相手方を解放するまで継続する継続犯だと解されているが、拐取罪については、見解が分かれている。

拐取罪も自由に対する罪で継続犯だとする裁判例（大阪高判昭和53年7月28日高刑集31巻2号118頁〔成年者に対する事案〕。なお大決大正13年12月12日刑集3巻871頁は監護権侵害に言及しつつ継続犯だとする）に従えば、監禁罪がCの自室から成立しているのであれば、両罪の実行行為は完全に重なり合うから観念的競合とするのが一貫していよう。

また、拐取罪の保護法益につき同様の理解に立った上で、監禁罪が甲の寝室内の部分についてのみ成立するとみる場合には、被拐取者に移動の自由を観念できない場合を除けば、拐取罪によって自由侵害は評価されているから、同じく自由侵害である、より重いわいせつ目的拐取罪により包括して1罪で評価されると考えることも可能であろう。

これに対し、判例は、拐取後に監禁が行われた場合についてである（それゆえ拐取罪と監禁罪の実行行為が全く重なり合っていると構成された場合については別の判断がなされる余地が残されている）が、両罪を併合罪の関係にあるとしており（最決昭和58年9月27日刑集37巻7号1078頁）、この結論は、拐取罪が被拐取者の身体の安全等に対する罪で（も）あり状態犯であることと整合的だと解する見解が有力である。

4…………丁の罪責

(1) Cの同意の不知と抽象的事実の錯誤

まず、直接実行者である丁は、（甲でない）不特定の者（見知らぬ者1名）に対する殺意に基づいてCに対する殺害行為に及んでいるが、Cの方では甲の身代わりとして丁に殺害されることに同意をしているといいうる。この場合に関する裁判例は知られていないが、多くの見解は、抽象的事実の錯誤の1類型だと捉え、殺人罪と同意殺人罪の構成要件が重なり合うため、軽い同意殺人罪の成立が認められる、そしてさらに不能犯とならない限りは殺人未遂もまた成立し、同意殺人罪はこれによって包括評価される、と考えている。

この結論は、同意殺人罪の成立要件として行為者に同意の認識を要求しない見解、同意の認識を要求する見解のいずれからもとられている。問題はこれがどのように説明可能かであるが、前者の見解からは、「被殺者の意思に反したことの認識」を199条の殺人罪の故意の内容として加算することにより（松宮孝明・刑法総論講義［第4版］192頁以下参照）、また、後者の見解からは、同意殺人罪は単なる違法性減少事由ではなく別個の減軽構成要件であり、「同意の認識」を202条の同意殺人罪の「故意」の一部だと考えることによって、それぞれ可能となるであろう。

同意の認識を要求する見解に立つ場合、確かに、偶然防衛の場合においては防衛の意思があってはじめて不正な侵害を受けた側の行為が防衛行為としての性質を付与されるのであるのとパラレルに、ここでも行為者に同意の認識があってはじめて同意殺人罪への違法性減少が認められるのだと考えることも不可能ではなく、そう考える場合には、「同意を得たことを認識しての殺人」が生じていないとして、殺人既遂の成立を認める見解（内田文昭・刑法⑴総論［改訂補正版］165頁）に至ることになる。しかし、偶然防衛の場合と異なり、ここでは被殺者における同意の存在が被殺者の生命の要保護性を減少させ、もって客観的な違法性の減少をもたらしているのではないだろうか。そうだとすれば、この場合は重い罪にあたる事実を実現するつもりで軽い罪にあたる事実が実現したものであり、軽い罪の限度、すなわち同意殺人罪の限度で故意犯の成立が認められるべきこととなろう。

なお、Cが死亡するまでには、乙の故意行為の介在があるが、これは、後に検討するように、結果を帰属することができない行為であるし、仮に結果を帰属することができる行為であったとしても、不作為の介在によって、それ以前の行為への結果の帰属が否定されるとは一般に考えられていないから、既遂の成立が認められるべきである。

⑵ 共謀の射程（乙の丁との共同正犯の成否）

丁がCを殺害することとなったのは、乙が甲の殺害を依頼したことに端を発しているため、乙にもその責任を問えないかがさらに問題となる。まず、乙が、もとの依頼内容である甲の殺害について、（共謀）共同正犯となるか教唆犯となるかが問題となるが、多数の見解に従って「重要な役割の有無」により判断する場合には、教唆となるような寄与は原則として重要な寄与といえようから、相互の心理的結びつきが認められる本件では、共同正犯だとして考えて差し支えないだろう。

ところが、丁はEの懇願に負けて、甲ではなく嵐の夜に訪れた見知らぬ者（C）を殺害しており、これが乙との共謀に基づく行為といえるかが問題となる。こうした殺しの請負において、殺害対象が誰であるかは決定的な意味をもち、請負人たる直接実行者の判断で別の対象が選択されれば、これは当初の共謀の射程外の行為だと考えるのが自然であろう。

それゆえ、丁は甲殺害には着手していないから、乙はせいぜい甲に対する殺人予備の共同正犯の罪責を負うにすぎず、C殺害については丁（とE）のみが責任を負うことになる。判例にも、教唆者の情報提供にかかる住居への侵入窃盗を断念し、直接実行者の判断で隣の商会に侵入して強盗したという事案につき、教唆行為と住居侵入・強盗行為との因果関係を疑問視したものがある（最判昭和25年7月11日刑集4巻7号1261頁）。これは教唆犯の事案であるが、実質的には共謀の射程論と同様の判断により結果の客観的帰属が否定されたものと理解できよう。

⑶　横領・詐欺罪（前払金の返還免脱）

①　丁は、乙から甲の殺害を請け負い、当初はこれを誠実に実行するつもりで報酬の半額（金貨10枚）を受け取ったが、これを実行しないことと決意したのだから、契約に基づき前払金を返還すべきであるのに、依頼通りに実行したものとして死体入りの麻袋を引き渡し、その返還を免れており、横領罪、さらに2項詐欺罪が成立しないかが問題となる。

②　金銭については、横領罪の解釈としては、使途を定めて寄託した金員の所有権は寄託者に残ると解されており（最判昭和26年5月25日刑集5巻6号1186頁）、本問での乙と丁の契約上、丁は殺害が実行される（＝仕事が完成する）まで殺害実行後に報酬として受け取るべき金員の一部を預かっていることになるから、これと同様に解されよう。

もっとも、この金貨は、殺害の報酬となるべきものであり、不法原因給付（民法708条）として返還請求権が否定され、最高裁民事判例によれば、その反射的効果として、所有権が被給付者に帰属する（最判昭和45年10月21日民集24巻11号1560頁）ことを踏まえれば、横領罪の成立は否定されると考えるのが無理のないところであろう。

これに対し、民事と刑事は別であり、「不法な領得行為に対して保護するに値する利益」があれば横領罪の成立は肯定されるべきだと考える見解（前田・各論［第6版］266頁以下）からは、本問においても横領罪の成立が肯定されうる。また、刑法は民事の権利ないし正当な利益がなければ介入しないと考える立場からも、物の委託が給付ではなく寄託にとどまる場合には不法原因「給付」にあたらないとした上で、本問での前払金についてはなお所有権の終局的移転はなされていないとみれば、横領罪の成立が肯定されることになる。

③　他方、この行為は、同時に、事実を告げないで麻袋を引き渡し、

後払い分の報酬を要求することにより、乙を依頼内容が実現したと誤信させ、もって前払金の返還請求を免れさせるものであり、2項詐欺罪が成立しないかがさらに問題となりうる。

不法原因給付の点をいったん考慮外に置いて考えると、学説上は、ここで2項詐欺罪の成立を認めることは、横領罪の法定刑が誘惑的要素を考慮して軽く定められている趣旨に反するとして、同罪の成立を否定する見解も有力であるが、旧刑法395条はこうした場合を詐欺罪の刑で処断しており、この当罰性評価が是認されるとすれば、理論上は、詐欺罪の成立を否定すべき根拠はないとみることも可能であろう。この場合、両罪は観念的競合となり詐欺1罪で処断される（藤木・各論342頁）。

もっとも、ここで問題となる金貨10枚は不法原因給付にかかるものであるがゆえに返還請求権が否定されるのだとすれば、民法上保護に値する利益がなくても不法な手段による財産秩序の攪乱行為は是認できないから財産犯として処罰されるべきだとする、学説上強く批判されている立場（名古屋高判昭和30年12月13日裁特2巻24号1276頁、大津地判平成15年1月31日判タ1134号311頁など参照）をとらない限り、2項詐欺罪の成立は否定されるべきことになる。

なお、詐欺罪の成立を認める立場に立つ場合には、丁は、積極的に言葉で欺罔しているわけではないが、死体入りの麻袋を渡し、成功報酬の後払金を受け取る行為には、「依頼通り甲を殺した」という意思表示がともなっているから、作為（挙動）による欺罔として扱われることになる（このように一定の言動に欺罔的内容をもった別の一定の意思表示が当然含まれているものと理解される場合の欺罔は研究者の間では「推断的欺罔」と呼ばれている）。

(4) 詐欺罪（後払金の詐取）

丁は、前述(3)③でみたような欺罔により、さらに、報酬の残額として金貨10枚を交付させているため、詐欺罪の成否が問題となるが、この金貨の交付が殺害の報酬支払いであることから不法原因給付にあたるのだとすれば、このことにより詐欺罪の成立が否定されないかが問題となる。

判例は、「欺罔手段によって相手方の財物に対する支配権を侵害した以上、たとい相手方の財物交付が不法の原因に基いたものであって民法上其返還又は損害賠償を請求することができない場合であっても詐欺罪の成立をさまたげるものではない」として、詐欺罪の成立を肯定している（最判昭和 25 年 7 月 4 日刑集 4 巻 7 号 1168 頁）。これは、民事と刑事は別だとする考え方からの肯定説であるが、刑法は民事の権利ないし正当な利益がなければ介入しないと考え、不法原因給付の場合に横領罪の成立を否定する見解からも、この場合には欺罔行為により被害者の適法な財産状態が侵害されている（林・各論 153 頁以下、中森・各論 135 頁）として詐欺罪の成立が肯定されている。

5…………乙の罪責

⑴　乙は、丁から受け取った麻袋に入っていたのが娘のＣであり、刃物で刺されて瀕死の重傷を負っていることを認識し、その時点では救命可能性が 50 ％もあったのに、町の医者の往診を求めなかったことは、不作為による殺人罪ないし保護責任者遺棄致死罪を構成しないか（**19. 刑法好きの若頭と強盗犯の同士討ち**の解説 **2**⑹参照）。

まず、乙はまだ 16 歳であるＣの実父として監護・養育すべき立場にあり、実際に同居の上監護・養育を行っているから、保障人的地位・義務が否定されることはおよそありえないことを確認しておきたい。

⑵　両罪のいずれにあたるかは、①確かに危険の内容・程度によっても区別される（すなわち、生命に対する現実的・具体的な危険まであれば殺人罪となりうるのに対し、生命〔・身体〕に対する抽象的な危険はあるが生命に対する現実的・具体的危険まではなければ遺棄罪にしかなりえない）が、②本問におけるように死の危険が切迫している段階においては、殺意の有無により区別されることになる（大判大正 4 年 2 月 10 日刑録 21 輯 90 頁）。

教科書によっては、不作為の殺人罪と保護責任者遺棄致死罪とを作為義務の内容（実質的には危険の程度）によって区別するという観点を、これと独立の「見解」として掲げているものも散見されるが、これはミスリーディングであろう。この「見解」は①の場合を述べるものであるところ、殺人罪と保護責任者遺棄致死罪の区別が問題となる場合には、死亡結果が発生していることからみて当該不作為にとどまった時点において生命に対する現実的・具体的危険が認められることが前提となる（つまり①の判断において客観的な危険〔ひいては作為義務〕としては必ず殺人罪だと結論づけられる）のだから、ここでの両罪の区別は殺意の有無によって決まるのは当然のことであり、この「見解」はここでの区別基準としては全く意味をなさないのである。

本問において、乙は、もとより愛娘の死を望んではいないが、不作為にとどまったのは、自らの腕の中でこのまま死なせてやろうと考えたからであるため、結果の不阻止に関する実現意思ないし消極的認容は十分に肯定されるであろうから、殺意は認められる。

(3) もっとも、Cの状態を認識した段階で、町の医者に往診を直ちに求めても、50％の救命可能性しかなかったことから、既遂犯の成立は否定される。判例も、死亡結果との間に因果関係が認められるためには、救急医療を要請していれば被害者の救命が合理的な疑いを超える程度に確実であったことが必要だとしている（最決平成元年12月15日刑集43巻13号879頁）。

(4) なお、既遂犯として結果を帰属するための要件である結果回避可能性が認められない場合には、作為義務を課すことができないから、未遂犯の成立も否定されるとする見解も有力である（西田・総論124頁）が、少なくとも不能犯と未遂犯の区別に関する具体的危険説をとる場合には、行為の時点における一般人からみて、ある程度の救命可能性があれば、未遂犯の成立が認められよう。そして、乙には、ある程度の結果回避可能性の認識もあったものとされているから、殺人未遂罪の成立が肯定されることになる。

なお、Cは、丁に殺害されることには同意していたが、この同意は甲の身代わりになるという当該行為状況を前提とする丁による殺害行為に対するものであるから、およそ生命保護を放棄した者に結果が生じたものとして、乙の殺人罪を論じるにあたって同意殺人罪との間の錯誤を論じるのは筋違いであろう。

解答例

1　甲の罪責について

(1)　乙・Cの自宅に立ち入ったことについて

まず、甲が、Cの同意は得たものの乙に内緒で乙・Cの自宅に入り、乙家族が共同使用するダイニングルームにも侵入したことが、住居侵入罪（刑法〔以下省略〕130条前段）に該当しないか検討する。他人の住居等への住居権者の意思に反した立入りを故意にすることが住居侵入罪の構成要件該当事実であるが、本件では乙・Cの起臥寝食の場所たる他人の住居に、少なくとも住居権者の1人であるCの承諾を得て立ち入っている（すでにCは16歳であり独立の住居権を有すると考えられる）ので、構成要件に該当しないとも思われる。しかし、本件のように複数の住居権者がいる場合には、その全員の承諾が必要であり、立入りがその1人の意思に反している場合には、その者がたとえ不在であったとしても、住居権者の意思に反した立入りと解すべきである。というのも、住居権者の1人が不在であったとしてもその者の住居権は消滅せず、また、住居権者間での意思の齟齬に関しては、共同住居である以上、各住居権者の住居権は他の居住者の利益を害さない限度に制約されざるをえないからである。ゆえに、甲は、故意で（乙の代諾者たるDがいったん立入りを拒んでいることを甲は認識しているので、乙の意思に反していることを認識している)、乙・Cという他人の住居に、住居権者乙の意思に反して立ち入っているので、住居侵入罪の構成要件に該当し、同罪が成立する。

(2)　Cに対して襲いかかったことについて

つぎに、甲は、Cに対して、「性交を拒めば領主としての自らの立場を利用して領外に追放する」と、相手方の犯行を著しく困難にする程度の脅迫をしつつ、Cの胸や下腹部を触るというわいせつな行為を故意でしており、強制わいせつ罪（176条前段）の構成要件に該当し、さらに、姦淫しようと襲いかかったが失敗に終わっていることから、強姦罪の未遂（177条、179条、43条前段）の構成要件にも該当する。そして、強姦罪は強制わいせつ罪の特別類型であり、法条競合により強姦罪の未遂のみが成立する。

(3) 罪数

強姦罪の未遂と住居侵入罪とは併合罪である（45条）。

2 丙の罪責について

(1) 乙に目隠しをしたことについて

丙は、乙に目隠しをするという人の身体に対する物理力の行使を故意でしており、これは暴行罪（208条）の構成要件に該当する。もっとも、目隠しについては乙が同意をしており違法性が阻却されるとも思われる。確かに、乙は目隠しをされること自体については同意をしている。しかし、大事にしている娘Cの拐取が動機であると知ったならば乙は目隠しにつき同意を与えなかったであろうことは明らかであり、当該錯誤がなければ同意を与えなかった以上、本件同意は無効であり、違法性は阻却されず、丙には暴行罪が成立する（以下の検討で成立することになるCに対するわいせつ目的略取誘拐罪とは保護法益が異なることから別罪として成立し、観念的競合として科刑上一罪となる）。

(2) Cの寝室に侵入し、Cを甲の寝室まで連れていき、見張りをしたことについて

まず、Cの寝室への立入りは、故意に他人Cの起臥寝食の場所にCの意思に反して立ち入ったもので、住居侵入罪（130条前段）の構成要件に該当し、同罪が成立する。

また、甲にCを献呈して姦淫させる目的で、抵抗すると手荒なことをするという脅迫を手段として、Cの意思に反して、Cをそれまでの生活環境から引き離して自己の実力支配内に移しているので、わいせつ目的略取罪（225条）の構成要件に該当し、同罪が成立する。なお、本罪の基本犯である未成年者拐取罪においては被拐取者が監護下にあるときにはそこから引き離すために監護権者に対する暴行・脅迫・欺罔の行使も本罪の手段となるので、本件のように未成年者拐取罪の加重犯としてのわいせつ目的拐取罪の場合にも、監護権者から引き離すために監護権者に対してなされる暴行・脅迫・欺罔の行使も本罪の手段となる。そして、本件では監護権者乙に対しての欺罔もなされていることから、誘拐手段も使われていることになる。も

っとも、このように略取と誘拐の両方の手段が併せて用いられた場合には、略取誘拐罪の１罪が成立すると解されるので、結局、わいせつ目的略取誘拐罪が成立することになる。さらに、別の問題として、丙自身がＣに対するわいせつ行為をするつもりがないことからわいせつ目的略取罪が成立しないのではないか、とも思われるが、わいせつ目的は、被拐取者の自由侵害を手段として事後的に被拐取者の性的自由が何人かにより侵害される危険性が高まるという意味で違法性を加重するものであり、誰がその性的自由の侵害をするかは当該違法性加重とは無関係であるので、甲に献呈するつもりであって丙自らでわいせつ行為をする目的がないことは、罪責に何ら影響を与えない。

さらに、Ｃを縛りつけたりはせず、機転を利かせればＣが逃げ出すことも不可能ではなかったものの、不審な様子があると牽制されたり、最初に手荒なことをすることもあるといわれていることから、Ｃは、逃げたらどんな目に遭うかわからないという恐怖心により、丙の周辺から逃げることが著しく困難な状態になっていたといえ、これを故意に行った丙の行為は監禁罪（220条）の構成要件に該当する。Ｃを甲の寝室まで連れて行った上で、出口で見張りをしている時点でも監禁罪が継続している。

⑶　罪数

以上の罪の罪数については、まず、わいせつ目的略取誘拐罪と暴行罪とは前述のように観念的競合となり（54条１項前段）、住居侵入罪とわいせつ目的略取誘拐罪とは罪質上通例目的手段の関係にあるため牽連犯となり、以上３罪は科刑上一罪となる（54条１項後段）。他方で、わいせつ目的略取誘拐罪は実行行為たる暴行や欺罔が継続するわけではないことや事後的関与罪（227条）があることに鑑みると状態犯と解すべきであり、それゆえその後の監禁罪とは実行行為の重なり合いもないので併合罪となる（45条）。

3　丁の罪責について

⑴　Ｃを殺害したことについて

丁は、Ｃに短剣を突き立てており、人を死亡させる具体的な危険のある行為を故意で行ったといえ、結果としてＣを死亡させているが、実際にはＣが身代わりとして死ぬことに同意していた。これは、客観的には同意殺人罪（202条後段）の構成要件に該当するが、主観的には殺人罪（199条）の故意であったということである。かかる場合にいかなる犯罪が成立するかであるが、同意殺人罪は被殺者自身が生命の保護を放棄していることから当該法益の要保護性が減少することによって結果不法が減少するために殺人罪に比して違法性が減少しているのであって、同意があることを認識してその認識に基づいて殺害することによってはじめて行為不法が減少するために違法性が減少するわけではない。したがって、同意の存在を認識していなくとも違法性は減少するので、殺人罪の既遂は成立せず、重い犯罪を犯す故意で実際には軽い犯罪を犯した場合として処理すれば足りる。そして、殺人罪と同意殺人罪は、客観的に被殺者が同意をしているか否かに基づく加重減軽関係であり、両罪は形式的にも重なり合っているといえる。ゆえに、同意殺人罪の故意にも欠けることはなく、同意殺人罪が成立する。もっとも、行為時点の一般人の観点からは、被殺者が同意していないことも考えられ、同意なく人が殺された危険性が具体的にあったと評価されうるので、殺人罪の未遂も成立する（199条、203条、43条本文）。

(2) 報酬の後払金として金貨10枚を受け取ったことについて

つぎに、丁が報酬の後払金として金貨10枚を受け取ったことが1項詐欺罪（246条1項）の構成要件に該当しないか。その構成要件該当事実は、①欺罔行為に基づき、②相手方を錯誤に陥らせ、③当該錯誤に基づき財物を交付させ、④相手方に財産上の損害を与えることである。

①については、丁は、甲の殺害・死体の引渡しと交換に金貨10枚を受け取ることを乙と約していたにもかかわらず、実際に殺したのはCであって自らの任務を履行していないことをあえて告げずに、中身が甲でない「死体」入りの麻袋を乙に引き渡している。以上の行為により丁は、甲を殺害しその死体を引き渡したと黙示的に乙に伝えていると評価でき、挙動による欺罔行為が存在するといえる。また、その欺罔行為に基づき、乙は丁が任務を履行したと錯誤に陥り（②）、その錯誤に基づき金貨10枚を丁に交付している（③）。では、④乙に財産上の損害があるといえるか、乙・丁間の契約は甲を殺害するという

不法なものであり、その不法な原因に基づいて乙から丁に交付された金銭は、不法原因給付として私法上返還されえないものである（民法708条本文）から、乙には財産上の損害がないのではないかとも思われる。しかし、保護に値する被害者の適法な財産状態が欺罔により侵害されたとみることが可能であり、返還請求権がないということは詐欺罪成立後の事情にすぎない。ゆえに、乙に財産上の損害はあると解すべきであり（④)、以上を故意で行っている丁の行為は1項詐欺罪（246条1項）の構成要件に該当し、同罪が成立する。

(3) 報酬の前払金である金貨10枚を返金しなかったことについて

さらに、丁が報酬の前払金を返金しなかったことが横領罪（252条）あるいは2項詐欺罪（246条2項）に該当しないか。横領罪の構成要件該当事実は、自己の占有する他人の財物を不法領得することであるが、本件金貨10枚が他人たる乙の財物であるといえるかが問題となる。使い道を限定して委託された金銭の所有権は依然として委託者に残るとされており、本件では丁が任務に失敗した場合には全額返金することとなっている以上、任務完了までは返金の可能性に鑑みて処分することが禁止されているという意味で使い道を限定して委託された金銭といえるので、この観点からは前払金はいまだ乙の財物といえる。しかし、本件前払金は甲の殺害という不法な契約に基づいて交付されたものであり、私法上不法原因給付物の所有権は返還請求権が否定されることの反射的効果として受益者に移転するので、もはや当該金貨は丁の財物であり乙の財物ではない。ゆえに、丁の行為は横領罪の構成要件に該当しない。同様に、2項詐欺罪に関しても、丁が乙に対して負っている金貨10枚の返還債務もその発生原因が不法であることから存在しない。ゆえに、2項詐欺罪の構成要件にも該当しえない。

(4) 罪数

以上の犯罪に加えて、4で論ずるように、丁には、甲に関しての殺人罪の予備の共同正犯（201条、199条、60条）も成立する。殺人罪の未遂と同意殺人罪は被侵害法益の同一性から包括一罪となり、これと1項詐欺罪および殺人罪の予備の共同正犯は併合罪である（45条)。

4　乙の罪責について

(1)　C殺害についての共同正犯について

乙は丁に甲の殺害を依頼しているが、結果として丁はCを殺害している。これにより乙にC殺害につき、殺人罪の共同正犯が成立しないかが問題になりうる。確かに、甲の殺害に関しては、乙は十分な報酬を約束して丁に甲殺害を依頼して、それが甲殺害計画の不可欠の契機となっていることから重要な役割を果たしているといえる。また、丁は乙が甲殺害を望んでいることを認識し、乙も丁が報酬を期待して甲殺害を実行しようとしていることを認識しているので、乙、丁は相互に互いの利益ために協力することを認識しあっており、相互の意思連絡もあるといえ、甲の殺害に関しては共同正犯たりうる（そして実行犯である丁は武器を用意して甲殺害計画も立てているので乙、丁には甲殺害に関して殺人罪の予備の共同正犯〔201条、199条、60条〕は成立しよう）。しかし、その共謀は甲の殺害に関してのものであって、その他の者を狙うことに関しては、共謀の射程外である（甲以外の者を殺すことを乙は望んでおらず、そのことを丁も十分に認識しているので、殺害対象は決定的な意味を有しており、「実行者丁が甲と認識した者を殺害する」という形で共謀の射程は画されている）。ゆえに、実行者丁が殺害対象を誤ったわけではなく意図的に別の人間Cを対象とした本件行為は共謀の射程外であり、C殺害結果は乙には客観的に帰属しえず、乙にはC殺害に関して丁との殺人罪の共同正犯は成立しえない。

(2)　Cに救命措置を施さなかったことについて

では、Cの救命措置をとらなかったことに関して、乙に何らかの犯罪が成立しないか。乙は、すでに刃物を刺されたことで、死亡する現実的な危険のある重傷を負って死亡への因果の流れの途上にいるCについて、Cの死亡の現実的危険を十分認識した上でこのまま死なせてあげようと結果発生を認容しているのだから、不作為による殺人罪（199条）の構成要件に該当しないか検討する。

まず、不作為犯の作為義務を認めるためには保障人的地位にあることが前提として必要であるが、乙は16歳であるCの実父であり、かつ、実際に同居して養育している以上、その家族関係からCを監護することが社会的に期待される立場にあることは明白であり、乙が保障人的地位にあることは疑いない。

しかし、Cを認識した時点で即座に救命措置を講じていても、救命できた可能性は50％程度であり、Cの救命が合理的な疑いを超える程度に確実であったとはいえない以上、乙の不作為とCの死亡との間に因果関係を肯定することはできない。もっとも、不作為開始時点（Cを認識した時点）における一般人からみれば一定程度の救命可能性があったといえる以上、未遂犯成立の余地はあり、乙自身、Cがまだ助かる可能性がある程度あるのではないかと認識しているにもかかわらず死亡結果を認容しているのだから、故意も認められ、不作為の殺人罪の未遂が成立する（199条、203条、43条本文）。

(3) 罪数

甲に関する殺人罪の予備の共同正犯とCに関する殺人罪の未遂は併合罪である（45条）。 (Y. S.)

（安田拓人）

21. 天網恢恢疎にして漏らさず

設問 以下の事例における甲、乙、丙の罪責を論じなさい。ただし、❶〜❹の関係では、刑法130条の罪について論じる必要はなく、また、特別法違反の点は除く。

甲、乙、丙（45〜47歳の男性）は、いずれも若い頃からJR目黒駅付近に居住し、交友関係にあり、競い合うかのように悪事を働き、「目黒の腹黒3悪人」と自称していたものであるが、最近も、以下のとおり、手の込んだ悪行を重ねた上、最後にはいずれも無様な姿で逮捕されるに至ったものである。

❶　甲は、一流ホテルに無銭宿泊して豪華な食事をし、しかもなかなか捕まらないような方法がないものかと考えていたところ、平成28年7月初旬（以下、同年については年の表記を省略する）に、毎日のようにTホテル（以下、単に「ホテル」という）のロビーで時間を潰していると、会社経営者Aがしばしば取引先等の関係者を自己の費用でホテルに宿泊させる接待をしていることや、その際の予約の仕方および代金の支払方法を知ることができたので、7月10日にホテルに電話を掛け、従業員に対し、「いつも利用させてもらっているAですが、自分にとって大切な人であるB（偽名）を明日から2泊させたいので、よろしくお願いします。いつものようにチェックアウトの時に自分が迎えに行くので、代金はその時に支払います」と嘘を言って、従業員をそのように誤信させ、同月11日午後2時頃、ホテルフロントにおいて、従業員に対し、「Aさんに予約してもらっているBです」と名乗って宿泊手続をし、翌12日午前10時頃まで同ホテル客室（931号室）に宿泊滞在し、その間ホテル内のレストランでルームキーを示して代金合計1万円相当の飲食をしたが、当初からの計画どおり、一時外出を装って、フロントにルームキーを返し、そのまま姿をくらませた。ホテル側では2泊目の7月13日午前11時になっても、B（偽名）のルームキ

ーは残ったままであるし、Aの来訪もないので、Aに電話したところ、「Bなど知らないし、そんな予約を入れたこともない」との返事であったので、Bと名乗る男（実は甲）に無銭宿泊されたものと判断し、警視庁目黒警察署（以下、「目黒署」という）に、被害額は宿泊費4万円（1泊2万円で2泊分）および飲食代金1万円の合計5万円であると届け出た。

❷ 乙は、自分の知人がC寿司店（店主C）で飲食代金を付けにしてもらおうとしたら、無銭飲食として警察を呼ばれたことがあったので、C店を困らせるようなことをしたいと思い、7月15日、甲に相談したところ、甲は「Cとは顔馴染みだが、ほかならぬ乙の頼みだし、Cには嫌なことを言われたこともあるので、協力するよ。考えるから、少し待ってくれ」と言った。しばらくして、甲は、乙に対して、「C店の常連客の中にいつもゴルフの話をしているDがいる。いざとなれば、自分はその話し方や声のまねができるので、Dになりすまして電話することもできる。そこで、明日16日は土曜日だから、その夜、Dが日中のゴルフコンペに優勝して、その祝賀会を約20名の仲間がC店で行うという話を作り上げ、大量の架空注文をして、C店に大損をさせてはどうか。もっとも、無銭飲食をしたと言われるのは嫌だし、顔を覚えられるとヤバイから、俺たちは酒食が提供される部屋には顔を出さないことにするぞ」と提案したところ、乙もこれに賛同した。その計画に基づいて、翌16日午後5時前頃、乙がC店に電話を掛け、Cに対し、「自分はDさんのゴルフ仲間のE（偽名）ですが、今日、我々のゴルフコンペでDさんが優勝したので、20人くらいで祝賀会を開くことにし、Dさんに場所の希望を聞くと、そちらがいいと言ってます。本日午後7時頃から、奥の別室は使えるでしょうか」と言うと、（乙の側にいた甲がDになりすまして駄目押しの電話をするまでもなく）Cはその話を信じて、「大丈夫です。別室は空けておきますので、いらしてください」と快諾した。引き続いて、乙は、「料理の予算は1人5000円です。20人分の上寿司のほか、枝豆、冷や奴、刺身、唐揚げ等のおつまみをお願いします。寿司や料理は、大皿4つくらいに盛り合わせてください。それと、とりあえず、瓶ビール2ダース、酎ハイ10杯と日本酒の熱燗6本を注文します。酒類はさらに

追加することになると思います」と言った。Cは来客が多いときには、別室も客用に使用しているところ、しばしば土曜日に数名で訪れて別室を希望するグループ客が数組あるので、各グループ代表者の連絡先に、今晩は別室はふさがっている旨電話し、大急ぎで、店員らに命じて寿司等の準備をし、午後6時45分頃、注文されたとおりに、大皿に盛り合わせた寿司等の料理とビール等の酒類（代金合計約12万円相当）を別室に配膳した。

ところが、乙は、無類の寿司好きで、腹も空いてきていたので、甲の計画に反することは承知の上で、ゴルフ帽をかぶり、サングラスを掛けて、午後6時55分頃、C店を直接訪れ、「Dさんの祝賀会のメンバーはもう集まっていますか」と尋ねたところ、Cから「あなたが最初です。こちらにどうぞ」と言われて、別室に案内された。乙は配膳されている各大皿から、ウニ・イクラ・トロ等、高級ネタの寿司を1、2貫ずつつまみ食いし、目立たないように周辺の寿司を並べ直し、瓶ビール1本の栓を抜き、コップでビールを飲んでいた（飲食した分は代金約8000円相当）。午後7時を少し過ぎてCが別室に顔を出すと、乙は、携帯電話でゴルフ仲間と話をしているように装い、「メンバー10人くらいがすぐ近くまでに来ているそうだから、道案内してきます。ビール10本は栓を抜いておいてください」と言って、店外に出てそのまま逃走した。

その後、甲は午後8時30分頃、一般客を装ってC店を訪れ、カウンター席で寿司をつまんで様子を窺っていると、計画とは異なり乙と思われる男が酒食の配膳されている別室に顔を出し、若干の飲食をしたこと、Cが午後7時30分頃不審を抱き、Dに電話すると、「今日はゴルフをしていないし、Eなる人物は知らない」との返事であり、騙されたと気付いてしばし呆然としたこと、その後、気を取り直したCが、他の一般客に事情を話し、寿司等や酒類（栓を抜いたビール、燗を付けた日本酒等）を半額程度で提供するなどして約4万円の支払を受け、丹精込めて作った寿司等の廃棄を避けつつ、被害の軽減を図ったことを聞き知った。Cは目黒署に対し、氏名不詳者（乙）に代金合計約12万円相当の無銭飲食をされた旨の被害届を提出した。

❸　丙は、漫画本や図解本等で刑法を勉強するのが好きで、犯罪にな

らないようにしてうまく金儲けができないものかと思案していた。7月中旬、丙の姪Fが近々結婚することになり、料理等に造詣の深い親戚の女性たちが、Fのために、インターネットを駆使してテレビ番組のホームページ等から収集した情報を加工・分類・整理してまとめた『Fちゃんのための料理・家事・マナー教本』と題するA4版約100頁の小冊子に目を通すと、その題名を『貴女に贈るとっておきの秘伝集』に変えて、これを増刷・製本して販売し、一儲けするというトリッキーな商法を思い付いた。そして、甲・乙に、次のような話を持ち掛けた。

若い既婚女性を主なターゲットにして、「若い貴女にそっとお届けするとっておきの情報の数々。毎晩ご主人を大喜びさせるようなあの手この手を初級から上級まで、図解・写真付きで指南致します。江戸時代の知恵、ヨーロッパや中国に伝わる技法も紹介します。このような内容の小冊子『貴女に贈るとっておきの秘伝集』（A4版約100頁）を、平日の日中にメール便でお届けします。同封の払込取扱票用紙に貴女の氏名・住所等、所定の事項を記入して、わずか1000円を振替払込するだけで結構です（手数料は当方負担）」などと記載したパンフレットと、払込取扱票用紙（振替払込請求書兼領収書付きで、加入者名＝丙書籍代金集金口および口座記号番号等を印刷記入したもの）を封入した封筒を多数作成して、これを住宅街付近のスーパーマーケットやコンビニエンスストアで日中に買い物をしている若い女性や団地内の幼い子ども連れの女性に手渡すことにしよう。なお、封筒の表面には、「貴女に最適と思われるお知らせ」、「自宅等で開封してゆっくりご覧ください」と印刷する。そうすれば、渡された女性の中には、その小冊子にはきっと性（セックス）関係の情報が満載されているであろうと想像して払込をしてくる者が多いと思う。払込者が、ある程度の数に達したところでまとめて、宅配メール便で小冊子を送付する。原価・経費は1冊当たり平均約300円であるから、数がさばければ、かなりの儲けになる。犯罪にはならないと確信しているので、自分が自動車運転免許証等を持参して目黒郵便局で振替口座（加入者名は「丙書籍代金集金口」）を開設し、堂々と取引する。甲と乙には、封筒の配布を頼みたい。売上げから原価・経費を差し引いた利益は、発案者である自分（丙）が6割を取得し、甲と乙には各2割ずつ分配することでどうか。

甲・乙は、以上のような丙の話を聞き、詐欺だなどと訴えられる心配はあると感じたものの、丙に賛同して協力することにした。その後、丙は、計画どおりに準備を進め、小冊子を1000部、パンフレット等在中の封筒を3000通作成し、甲・乙は、8月1日から毎日目黒区・品川区・港区内の住宅街等を巡り歩いて、8月14日には封筒3000通を配り終えた。女性らからの振替入金は8月1日から始まり、日を追うごとに増えていき、同月18日には小冊子1000部を完売するに至り、入金額は100万円に達した。丙は、その間に宅配メール便送付の手続をし、同月12日と19日へ目黒郵便局へ出向いて、本人払出しの手続をして合計約90万円（手数料控除後の残額）を現金で引き出し、同月20日に、甲・乙に交通費等の経費を報告させて、利益の分配をした（甲・乙の利得は各12万円で、丙の利得は約36万円であった）。丙は、同月23日頃までに、さらに小冊子2000部、封筒5000通を作成し、甲・乙には、少し休んで同月26日から封筒配りを再開してくれるよう依頼し、封筒配りも大変なので、今後は利益を3等分すると約束した。甲・乙も喜んでこれを引き受けた。

振替払込をして小冊子を購入した女性（独身女性も多数含まれる）の約90％は、封筒を受け取りパンフレットにざっと目を通して、この小冊子には性関係の情報が満載されているものと思い込んで振替払込をしたものであり、購入女性の約80％は、実際に小冊子を開いてみると、「ハンバーグのおいしい作り方、愛情のこもった印象を与える弁当の作り方、見送りや出迎えの挨拶の工夫、江戸時代の料理や江戸しぐさの説明、フランス料理や中華料理の技法」等が満載されており、性関係の内容は皆無であることに唖然とし、騙されたと思い、パンフレットを読み返してみたものの、小冊子の内容に明らかに反するとまではいえそうにないし、1000円の被害なので、小冊子を捨て、そのまま放置していたようである。しかし、購入女性の約10％は、小冊子の上記のような内容に一旦は憤慨したが、内容をよく見てみると有益な情報ばかりであって便利であり、1000円相当の値打ちはあると感じて、これを実生活に役立てることにしていた。そして、購入女性の約10％はもともと性関係の情報にさほど重きを置いて購入したものではなかった。

❹ 甲は、かつて取調べを受けたことのある目黒署警察官Gを深く恨んでいたところ、たまたまGが8月17日頃から同月24日頃まで家族旅行に出かけ、その間、同じ規格の木造モルタル造りの1戸建て住宅が多数並んでいる建売住宅地内にあるG宅が留守（無人状態）になることを聞知した。そこで、甲は、8月22日午後1時頃、乙・丙を呼び寄せて、その所在を熟知しているG宅に放火計画を持ち掛け、両名の了解を取り付けると、かねて試作していた時限発火装置3個を取り出し、「怪しまれないように、3人で別方向からG宅に向かうこととする。自分（甲）は西側から、乙は東側から、丙は北側から、G宅に向かい、それぞれ、G宅の西側・東側・南側に、この時限発火装置をガムテープで貼り付けて設置することとする。各自、到着したら、他を待つことなく、この装置を設置し、すぐにスイッチを入れて、立ち去ってくれ。3人の到着時間が若干ずれることも計算に入れて、15分後に発火するように設定している。これならば、G宅は確実に全焼するだろう」と告げて、その装置を1個ずつ渡し、G宅へのそれぞれの道順を記した手書きの地図を渡した。甲・乙・丙は、同日午後11時前後にG宅に到着するように打ち合わせて、別々にG宅を目指した。甲は、間違いなくG宅の西側に時限発火装置を設置したが、東側からG宅に向かった乙は、G宅の東隣りのH宅（こちらも灯りがついておらず、留守であった）をG宅と誤認して、H宅の東側に時限発火装置を設置した。そして北側からG宅に向かった丙は、曲がる路地を一つ間違えたために、G宅からは約60m北側に離れた位置にあるI宅（同じような建売住宅）をG宅と誤認したが、予想に反して灯りがついていて住宅内に人が居る気配であったので、人身被害を出すような行為に直接手を染めるわけにはいかないと思い、I宅母屋から約2m離れたところにある木造スレート葺きの物置に時限発火装置を設置した。甲・乙・丙とも、その装置のスイッチを入れてから、その場を立ち去った。これらの装置はセットされた時間に猛烈な火力を発生させ、近隣の住人の通報により、まもなく消防車が駆け付けたが、G宅もH宅もほぼ半焼状態となった。また、I

宅の物置は全焼し、その火が風にあおられて母屋に燃え移り、I宅も半焼状態となった（家人は逃げ出して無事であった）。その後、甲・乙・丙は、マスコミ報道によりH宅やI宅も半焼したことを知り、驚いた。

❺ 8月25日（大安）には、甲・乙・丙は、いずれも目黒署管内で、それぞれ単独で以下のような所業に及んだ。

甲は、午後9時頃、仲が悪い隣人Jから電話で悪口を言われて激昂し、「ぶん殴ってやるから待ってろ」と言って、長さ約1.2mの木刀を持って、J方に赴き、無施錠の玄関ドアを勢いよく開けた。甲は、Jの顔が見えたので、玄関内に一歩踏み込んでから、木刀を振りかざして腕を強打するつもりであったが、踏み込もうとした際、ドア付近に散乱していた長靴等に躓いて前のめりに倒れ込み、そのはずみで右手に持っていた木刀の先端がJの左胸部に突き当たり、加療約1週間の打撲症を負わせたものの、自らは上がり口の角に顔面を激突させ、鼻骨骨折、前歯4本折損の重傷を負った。まもなく、Jの110番通報で駆け付けた警察官により、甲は傷害で現行犯逮捕されたが、「鼻や歯が痛い。早く治療してくれ」と泣き叫んでいた。

乙は、午後10時頃、かねてから目を付けていた若い女性Kを強姦（強制性交）しようと企て、そのアパート居室（2階の1室）に、脚立を使って無施錠の窓から侵入し、ネグリジェを着て夏掛け布団を掛けて就寝していたKに対し、布団の上から覆い被さったところ、驚いて目を覚ましたKから「わかったわ。抵抗しても無駄ね。汚れたままだと嫌だから、シャワーを使わせてね。しばらく待っててくださいね」と言われたので、Kの携帯電話が枕元に置いてあるのを確認して、ズボンやパンツを脱いで布団の中で待っていた。Kは浴室で、シャワーの音を大きく響かせながら、固定電話の子機から110番通報した。乙は、そろそろKが裸で戻ってくるものと思いながら、布団の中でうとうとしていると、いきなり警察官に踏み込まれて、住居侵入で現行犯逮捕された。乙は、下半身をビニールシートで包まれて目黒署に連行される途中、「早くパンツとズボンをはかせてください」と叫んでいた。

丙は、かつて2階建ての木造アパート（各階に5室あり、満室状態である。以下、単に「アパート」という）の屋根工事をした際に、屋根の東側に2階の天井裏部分に入り込める隠し穴を作っておいたところ、2階の東側から4番目の部屋に若い女性Lが住んでいること知り、Lを強姦しようと企て、午後11時頃、梯子を使ってアパートの屋根に上り、瓦を外して隠し穴から2階天井裏に侵入し、抜き足差し足で、1番目および2番目の各部屋の天井裏を這い進んで通過し、4番目のL方居室の押入部分を目指して進んでいたところ、手抜き工事のためか、3番目の部屋の天井板が薄くて折れてしまい、そのM方居室に転落してしまった。Mは柔道5段の猛者であって、まだ起きて読書をしていたところ、いきなり天井から落ちてきた丙に驚いたが、すぐに背後から羽交い締めにして取り押さえて、携帯電話で110番通報し、駆け付けた警察官に住居侵入の現行犯人として引き渡した。丙は、Mによって右肩を脱臼させせられており、目黒署に連行される途中、「右肩が外れている。早くはめてくれ」と泣き叫んでいた。

以上のようにして、甲・乙・丙は、いずれも逮捕され、上記❸の小冊子の販売継続は阻止され、その後の捜査により、上記の各所業も明らかになった。JR目黒駅周辺の善良な市民にとっては、「目黒の腹黒3悪人」が検挙された8月25日はまさに大安吉日となったのである。

解　説

1…………概　観

(1) 設問のねらい

本設問は、筆者が40年余りの裁判官時代に関与するなどした複数の事件を素材（ヒント）にして、読み物としては面白いかもしれないストーリーを創作したものであるが（素材はその一部のみを下記解説で紹介する）、長文の上、論点も多く、解答には骨が折れる難問であろう。刑法解釈論（特に錯誤論および詐欺罪）を正確に理解し、柔軟に応用することができるかどうかを試す問題である。解答の順序としては、各項ごとにほぼ独立したエピソードになっているため、項ごとに記述するのが自然である（甲、乙、丙の順序で、それぞれの罪責を論じても構わない）。

⑵　とりあげる項目

➤無銭宿泊・無銭飲食と詐欺罪・偽計業務妨害罪
➤共犯の過剰と成立罪名等
➤トリッキー商法と詐欺（未遂）罪（その成立範囲・罪数等）
➤法律の錯誤（違法性の意識）
➤放火罪（客体の建造物性・現住性、公共の危険、延焼罪）
➤事実の錯誤・共犯の錯誤（数故意犯説・罪数問題等）
➤法定的符合説（その正確な理解、誤用の回避）
➤住居侵入罪（共同住宅の共用部分、違法目的でのホテル等への立入り）
➤傷害罪・重過失傷害
➤（準）強姦罪の実行の着手

2…………事例❶について

⑴　素材事件の紹介

この項は、東京高判平成12年3月30日東時51巻36頁を素材にしたものである。この素材事件は本設問とほぼ同様の手の込んだ無銭宿泊の事案であったが、検察官が、無銭宿泊事案の定型書式により、「被告人は、宿泊当日、ホテルのフロントにおいて、ホテル従業員に対し、宿泊代金及び飲食代金等をチェックアウト時に支払う意思も能力もないのに、これあるように装って宿泊手続をし、右従業員らをしてその旨誤信させ［た］」（宿泊については2泊分を不法利益とする）という公訴事実により起訴し、第1審判決もそのとおり有罪認定しているが、高裁判決は、これを事実誤認であるとして破棄している。

⑵　欺罔行為の捉え方

甲の無銭宿泊は、通常の手口とは異なる巧妙なものであり、事前の電話および当日のフロントでの会話において、従業員に対し、甲を常連客Aのゲストである B と思い込ませ、宿泊代金等は甲（B）ではなく、Aが支払うものと誤信させるという、欺罔行為（246条の欺く行為）に及んでいるので、その旨を簡潔に記載すべきである。この欺罔行為を、通常の無銭宿泊（無銭飲食）のように「挙動による欺罔行為」とみるのは、誤りであり、典型的な言葉による欺罔行為なのである。

(3) 「財産上不法の利益」の範囲

甲が宿泊滞在の利益を得た点は、2項詐欺（246条2項）にあたるが、甲が得た「財産上不法の利益」は1泊分（代金2万円相当）にとどまると解すべきである。Tホテルは2泊分の損害を被っており、甲は2泊しようと思えばできたという利便を受けているので、「財産上不法の利益」を2泊分であると解するのは、甲ははじめから1泊しかしないつもりで逃げ出しているので無理であろう。ホテルの実損害と甲が得た不法利益は必ずしも一致しないのである（実損害の評価については後述）。

(4) レストランでの飲食

甲がホテル内のレストランで飲食した点（正確には飲食物の交付を受けた点）は、1項詐欺にあたる。宿泊手続をし、ルームキーを受け取るまでの欺罔行為がベースになっているため、レストランでは甲はルームキーを示すなどの欺罔行為を付加するだけで、レストラン従業員らに飲食代金は、チェックアウト時に宿泊代金と共に支払われるものと誤信させていることになる（レストランの代金がサービス料を含むものであるとすれば、下記のように、包括して246条の詐欺罪とするのが、正確であろう）。

このような無銭飲食を伴う無銭宿泊の事例については、包括して246条の詐欺罪（一罪）が成立するものと解されている（大コンメ第13巻39頁〔高橋省吾〕、斎藤・各論143頁等参照）。なお、レストランがホテルの1部門ではなく、別の独立した営業主体であったとしても、罪数関係は異ならないであろう。

(5) 偽計業務妨害罪について

Tホテルの2泊分の宿泊代金相当額の被害をも犯罪事実として構成するためには、偽計業務妨害罪（233条）の成立を認めるほかない（詐欺罪とは観念的競合）が（これが不可能ではないことにつき、後記**3**(4)参照）、実務的には、実際の被害額は詐欺罪の犯情として考慮することで足りるとされている（前記(1)の素材事件でも偽計業務妨害罪は立件されていない）。

⑹ その他

甲がTホテルへのチェックインの際に、当然に宿泊者名簿や宿泊申込書等に偽名のBと署名しているであろうと考えて、(有印) 私文書偽造・同行使罪の成立を論じる向きもあるかもしれない。しかし、本設問では、単に「宿泊手続をし」という簡略な記載にとどめられているので、無用の論述であろう。なお、上記素材事件では、宿泊者名簿には、ホテル従業員がメモするだけで、チェックアウト時にAが自己の名前等を記載し、領収書もA宛てのものがAに渡されることになっていた。Bになりすました甲は、単にAのゲストであることを告げただけ (あるいは、加えてB名義の名刺等を渡しただけ) ということも十分考えられるのである。

3…………事例❷について

⑴ 共謀内容は偽計業務妨害罪に該当

甲・乙による大量の虚構注文により、C店は徒労の調理等をさせられており、その飲食店営業 (業務) が妨害されていることは明らかである (ここでは、収益に結び付かないのに、食材、備品、技術、労力を使わせられたこと自体が、業務の妨害であり、別室を無駄にキープさせられたことも業務妨害である)。そして、虚構注文は「偽計」にもあたるから (大阪高判昭和39年10月5日下刑集6巻9 = 10号988頁等参照)、甲・乙の行為 (結局、乙のみが実行) は、事前の共謀どおりに乙がC店の別室に行かなければ、偽計業務妨害罪 (233条) にあたるだけであったのである。

⑵ 乙の無銭飲食と詐欺罪の成立範囲

乙は、当初は、甲と同じ犯意であったが、別室に酒食が提供された頃、その一部に手を出すこととし、先に甲と共謀して実行したCに対する偽計行為を前提にして、Cに対し、「Dさんの祝賀会のメンバーはもう集まっていますか」と言い、自己がそのメンバーの1人である旨誤信させ、酒食が配膳されている別室に案内されて、その提供を受けているのであるから、「人を欺いて財物を交付させた」ものと認められ、乙については、これらを一部でも飲食する前の時点で、交付された飲食物全体

（代金合計約12万円相当）につき、1項詐欺罪が既遂に達しているものと解される。

乙が飲食した飲食物（代金約8000円相当）についてのみ、1項詐欺罪が成立すると解するのは誤りである。無銭飲食と通称される罪は、実際は飲食しなくても成立するのである（大量の飲食物を注文して、その提供を受け、食べ残したり、飲み残したりしても、全部につき詐欺罪は成立する）。乙には、はじめから1人前程度しか飲食する意思がなかったとしても、上寿司20人前等はそのいずれを飲食してもよい状態で提供されているのであり、乙は、豪勢な気分になって、高級ネタをつまみ食いするなどしたし、はじめから、そのつもりだったと認められるのであるから（もっとも、行儀良く1人前だけ食べるつもりだったとすれば、20人前全体につき詐欺罪が設立するか、議論の余地もあるかもしれない）、残された飲食物につき、不法領得の意思がなかったなどともいえないであろう（詐欺罪につき不法領得の意思を欠くとした最決平成16年11月30日刑集58巻8号1005頁とは、事案が大いに異なる）。なお、残された飲食物はCが他の客に提供するなど自由に処分しているのであるから、これらに対する占有は乙に移転していないなどと論じるのは誤りである（これは犯罪発覚後の被害者側の被害軽減に向けた努力にすぎない）。

⑶　甲に対する偽計業務妨害罪の成立

甲には、終始、酒食（財物）の提供（交付）については、自らこれを受ける意思も、乙に受けさせる意思もなかったので、詐欺罪の故意はなく、偽計業務妨害罪（乙との共同正犯）のみしか成立しえない。乙の飲食行為についても未必的な予見はあったであろうなどとして、甲にも詐欺罪の成立を認めるのは、本設問の素直な読み方ではないと思われる。

⑷　偽計業務妨害罪と詐欺罪の関係

乙には、偽計業務妨害罪（甲との共同正犯）と1項詐欺罪（単独犯としての無銭飲食の罪）が成立しそうであり、両罪が成立するとすれば、その関係については、併合罪説と観念的競合説がありうるが、この中では後者の方が相当であろう（弁護士の業務用カバンの奪取隠匿行為につき威力業務妨害罪の成立を認めた最決昭和59年3月23日刑集38巻5号2030頁の事案を少し変えて、カバンを密かに窃取したとすれば、偽計業務妨害罪と窃盗罪が成立しそうであるが、龍岡資晃・昭和59年度最判解229頁によれば、両罪は観念的競合とも考えられそうである)。しかし、無銭飲食の場合には、ほぼ必然的に業務妨害の結果が随伴すると考えられるのに、これまで偽計業務妨害罪が併せて立件された実例はないようであるから、同罪は詐欺罪に吸収されると解されてきたのであろうし、それが妥当な解釈と思われる。ちなみに、夜間に商店の倉庫から多量の商品を窃取すれば、その商店の業務を偽計により妨害することにもなるが、そのような法益侵害は窃盗罪に随伴するものとして、同罪によって実質的に評価済みとみるべきであろう。なお、詐欺罪や窃盗罪は法定刑が重いので、このように解しうるが、器物損壊罪(261条)のように法定刑が軽い罪との関係では、業務妨害罪との観念的競合を認めるべきであろう。

(5) 甲・乙の共同正犯関係と各成立罪名

以上によれば、甲・乙は偽計業務妨害罪の限度で共同正犯関係にあり、甲には偽計業務妨害罪、乙には(1項)詐欺罪が成立するという結論になるであろう。

なお、最決昭和54年4月13日刑集33巻3号179頁における殺人罪と傷害致死罪および最決平成17年7月4日刑集59巻6号403頁の殺人罪と保護責任者遺棄致死罪では、共同正犯者が罪責を負う行為と結果は共通しているが、本設問においては、甲は乙の飲食物の提供を受けた行為については罪責を負わない点で、これらの判例の事案とは異なる。しかし、乙の甲との共同正犯関係にある偽計業務妨害罪は、より重い詐欺罪に吸収される関係にあるので、いわゆる「やわらかい部分的犯罪共同説」の考え方(学説の名称等については、藤井敏明・平成17年度最判解204頁以下参照)によれば、このように解することになろう。

もっとも、本設問においては、乙の詐欺の犯意が事後的に生じているので、この点を重視し、乙には偽計業務妨害罪(甲との共同正犯)および(1項)詐欺罪が成立し、両罪は併合罪であると解しても、誤りではないし、むしろ単純明快かもしれない。

4…………事例❸について

⑴ 素材事件の紹介

この項は、筆者が先輩裁判官から聞知した事件（単独犯）を現代風にアレンジして、やや複雑化したものである。その素材事件の犯人は、詐欺罪等の知能犯で何度も服役していた頭脳明晰な男で、「大正年間に、アインシュタインの相対性理論の翻訳書が出版されるや、その難解な内容にもかかわらず、たちまちベストセラーになったが、それは、書店等で『相対性理論』という書名を見た多くの紳士が、『相対』を『アイタイ』（男女の仲を意味し、『相対死に』は心中の意味）と読み、しかも『性』の字が付いていたため、セックス関係の書物と誤解して、恥ずかしそうに店員に渡して買い求め、夜中に家族が寝静まってから、こっそり開いて見たら、がっかりしたというようなことが、頻発したためであり、書店の中にはその事情に気付きながらも、平積みにするなどして販売を続けた店もあったが、本は開ける状態であり、客が内容を確かめることも可能であったため、詐欺罪に問われる者はなかった」ことなどを学び、これをヒントにして本設問のような小冊子販売に及んだそうであるが、強く処罰を要求してやまない被害者もいなかったため、詐欺罪としての立件は見送られたとのことである。

⑵ 詐欺罪の成否

まず、丙が考案したパンフレットの宣伝文は、実際に販売された小冊子の内容と辻褄が合うように作られているとはいえ、パンフレット等在中の封筒の表面の記載内容（「自宅等で開封するように」）と相まって、封筒を渡されてパンフレットを読んだ相手方女性に、小冊子には性（セックス）関係の情報が満載されているものと誤信させるに十分な内容であり、丙らはそのことを意図していたのであるから、このような封筒を配付したことは、詐欺罪の欺罔行為にあたると解するのが相当であろう。

これに対し、この程度の宣伝文は、詐欺罪に問うまでもない程度の駆け引きとしての誇大広告にすぎないとか、軽犯罪法1条34号や特定商取引に関する法律72条1項3号（12条の通信販売の誇大広告等禁止違反）等の軽い罰則に該当するにとどまる、とする見解も傾聴に値する（斎藤・各論137頁参照)。もっとも、購入女性の9割をも錯誤に陥らせたという事実の重みは軽視しがたいであろう。

⑶ 詐欺（未遂）罪の成立範囲

小冊子を購入した女性のうち約80%（以下、「αグループ」という）は、小冊子を見て騙されたと思い、これを捨てるなどしており、約10%（以下、「βグループ」という）は、同じく騙されたと思ったが、その内容を見て納得したものであり、残る約10%（以下、「γグループ」という）は、そもそも性関係の情報に重きを置いて購入したものではなかった。

αグループは、丙らの欺罔行為により錯誤に陥ったため、無用の小冊子を購入することとし、各1000円の振替払込をし、その結果として、丙らは各1000円の現金という財物の交付を受けた（あるいは各1000円の振替入金という財産上不法の利益を得た）ものといえるので、αグループに関しては、丙らに詐欺罪（既遂）が成立する（実務的には、現金の交付を受けたと同視できるとして、1項詐欺罪とされるが、2項詐欺罪としても誤りではない）。

βグループについても、錯誤に陥ったからこそ、想定外の内容の小冊子を購入し、各1000円の振替払込をしたと認められるので、やはり詐欺罪（既遂）が成立する。小冊子の実物を見てからの反応は、詐欺罪が既遂に達した後の事情にすぎず、丙らの罪責を左右するものではない（もっとも、財物交付の直後に、一応は取引目的が達成されたと認められれば、実質的に損害はなく、その目的達成の有無の判断にわずかな時間でも要すれば既遂だとすることには、異論の余地があるかもしれない)。詐欺罪の成立には財産上の損害が必要であるとしても、本問のような場合、現金1000円という財物を失ったこと自体が損害であり、かつ、「交付の判断の基礎となる重要な事項」が偽られているので、いわゆる実質的個別財産説（有力説）によっても、詐欺罪は成立すると解される。判例としては、「たとえ価格相当の商品を提供したとしても」詐欺罪が成立するとした最決昭和34年9月28日刑集13巻11号2993頁のほか、最決平成22年7月29日刑集64巻5号829頁等を参照されたい（この論点に関し、近年の累次の最高裁判例、および法益関係的錯誤説を含む諸学説を分析した文献として、たとえば、橋爪隆「刑法各論の悩みどころ　第7回」法教434号94頁以下参照)。したがって、いわゆる全体財産説に依拠するなどして、小冊子が価格相当であるといえることを理由に詐欺罪を不成立と解するとしても、上記の判例や有力説には言及すべきであろう。

γグループについては、上記のような重要事項に関する欺罔行為はなされたものの、錯誤に陥ってはいないので、丙らには詐欺未遂罪が成立することになろう。

ところで、封筒を受領した女性のうち約2000名（以下、「θグループ」という）は、振替払込をしていないところ、θグループの中には、封筒を開封もせずに捨てた者、開封してパンフレットを一瞥したが、関心を示さずに放置した者、パンフレットを読み、いったん購入しようと思ったが、急用に追われているうちに失念した者などがいるであろう。どのような者に関して、理論的に詐欺未遂罪が成立するのか、という興味深い論点がある。本設問では、θグループの存在は明らかであるが、これらの者が振替払込をしなかった経緯についての記載がないので、この論点に触れることが期待されているわけではないが、簡潔に論点の存在を指摘するだけで、優れた解答となろう。

(4) 共同正犯か幇助犯か

この種の詐欺罪の実行行為の範囲を厳密に確定するとすれば、見解が分かれうるかもしれないが、実質的にみて丙が小冊子の売り主であることは疑う余地がないから、丙が正犯（共同正犯）であることは明白である（贈賄罪でも贈り主が正犯であり、金品を公務員に手渡した者が正犯であるとは限らない。大コンメ第5巻［第2版］562頁〔安廣文夫〕参照)。甲・乙も、丙から犯行計画の詳細を説明されてこれに賛同し、多数の封筒の配付という骨の折れる重要な役割を分担しており（欺罔手段である封筒をその内容を承知の上で相手方を選別して手渡す行為は、欺罔行為自体の一部を構成するとみてよい)、分け前も粗利の約2割と決められていたのであり、「3悪人」と自称するように、丙と対等の関係にあり、後には粗利を3等分する約束までしているのであるから、幇助犯ではなく共同正犯と解するのが相当である。

(5) 法律の錯誤

丙は、刑法を生かじりして、小冊子販売は犯罪にならないと確信しているようであるが、もとより「法律の錯誤」にとどまり、違法性の意識を欠いていたとしても、そのことにつき「相当の理由」がないことは明白であって、故意や責任を阻却するものではない（いわゆる制限故意説・責任説）。本設問に書き込まれている事項なので、簡潔に触れるのが望ましい。

(6) 詐欺（未遂）罪の罪数

約1000名の購入女性に対する詐欺罪（うち約100名のγグループに属する女性に関しては未遂）の罪数関係は、欺罔行為も各被害者別になされており、振替払込も各被害者が個別にしているので、併合罪と解される。街頭募金詐欺について包括一罪を認めた最決平成22年3月17日刑集64巻2号111頁に倣って、包括一罪とすることも検討に値するが、本設問の場合は、振替口座や宅配メール便が用いられているので、各被害者の特定は容易であり、個別の被害者および被害金額の特定が不可能な街頭募金詐欺の事案とは異なるのである。上記判例をどこまで一般化できるかは今後の検討課題であるが、本設問を包括一罪と解することが適当かは甚だ疑問のように思われる（上記判例の射程距離等については、家令和典・平成22年度最判解40頁以下、只木誠・百選Ⅰ 204頁等参照）。

なお、本設問のようなトリッキー商法の事案については、実務的には、強い処罰感情を有し、捜査に協力的な少数の被害者についてだけ起訴され、犯行状況等を明らかにするため、全体的な販売状況の立証もなされるであろうが、判決においては、起訴外の余罪をも実質的に処罰したとの誹りを招かないよう留意する必要がある（大コンメ刑訴法第7巻［第2版］441頁以下〔安廣文夫〕参照）。

(7) その他

「甲の目黒郵便局での現金払出しに関する詐欺罪・窃盗罪の成否」については、論じることは不要である。いわゆる振込め詐欺のような事案であれば、被害金が振り込まれた口座からの犯人による払出しにつき、詐欺罪や窃盗罪の成否を論じるのは、当然のことであり、問題文でも、罪責を論じるのに必要な事実関係は示されるであろうが、本設問には、払出しが郵便局員の関与によりなされたのか、機械操作のみでなされたのかなどの記載が欠けているからである。

参考までに若干検討してみると、本設問は、詐欺罪の成否について消極説もありえなくはないような事実関係であり、βグループおよびγグループ（購入者の合計約20%）からの代金返還請求はないものと想定され、αグループでも小冊子を捨ててしまった者は、代金返還請求を断念しているものと予想してよいであろうから、目黒郵便局長（口座管理者）としては、パンフレットや小冊子の内容等を知ったとしても、全額につき払出しを拒否するのは相当でなく、少なくとも一部は本人払出しに応じるほかないとも考えられる（もっとも、被害者保護を重視し、本件商法につき詐欺罪の成立を認める以上は、口座管理者としては払出しを一切拒否すべきであるとする見解も十分ありうる）。なお、払出しにつき、詐欺罪等の成立を認めた場合には、小冊子販売に関する詐欺罪との罪数関係も問題になり、包括一罪説と併合罪説がありうるが、払出し関係の罪を不可罰的事後行為と解すべきではない。

5…………事例❹について

⑴　素材事件の紹介

この項は、昭和44年9月30日夜に過激派学生集団（赤軍派）が警視庁本富士警察署に火炎びんを投げ込んだが、その際、一部の学生は隣接する中学校を本富士署と誤認して火炎びんを投げ込み、両建物を半焼させたという事件を素材にして、若干複雑化したものである。この素材事件では、約30人が東京地裁に起訴され、多くの合議部に係属し、筆者もその一部を担当し、他の部の裁判官らとも、様々な議論をした記憶がある（判決も部ごとに異なり、いくつかのパターンに分かれた）。

⑵　各実行行為自体についての検討

まず、甲・乙・丙の各実行行為自体が何罪に該当するのかを検討してみると、以下のとおりである。

①甲……G宅に対する現住建造物放火罪（108条）

②乙……H宅に対する現住建造物放火罪（108条）

③丙……Ｉ宅物置に対する非現住建造物放火罪（109条1項）

若干補足して説明する。

G宅とH宅を非現住建造物とするのは、誤りである。非現在建造物ではあるが、現住建造物である。

Ｉ宅物置は、110条の「建造物等以外の物」ではなく（持ち運びができるような小型の物置ならばともかく、本設問には「木造スレート葺きの物置」と明記されている）、109条1項の建造物と解すべきである。

丙につき、Ｉ宅母屋に対する放火の未必的故意を認めて、現住建造物放火罪（108条）を認めるのは、本設問の文章からは無理である。

なお、Ｉ宅母屋に延焼しているが、延焼罪は成立せず（111条参照）、この延焼の点は、109条1項の罪で評価することになる（前田・各論337頁、大谷各論403頁参照）。

(3) 事実の錯誤・共犯の錯誤

甲・乙・丙には、いずれもG宅という1個の建物を焼損する故意しかないが、法定的符合説の数故意犯説（判例としては、最判昭和53年7月28日刑集32巻5号1068頁参照。有力説でもある）によれば、甲・乙・丙は、いずれも上記(2)の全結果について、故意犯としての罪責を負うことになる。

なお、Ｉ宅の関係では、実行行為者である丙に非現住建造物放火の故意しかなかったので、甲・乙についても非現住建造物放火罪の罪責を認めるにとどめるべきであろう。

(4) 数故意犯説と罪数問題

問題は、その罪数関係であるが、数故意犯説は、一故意犯説からの批判に対し、複数の故意犯を認めても、観念的競合になるから、刑が重くなることはないと主張している（論争の概要については、井田・総論194頁、斎藤・総論133頁等参照）。

G宅とH宅は隣接しており、発生した公共の危険は1個と認められるから、これらに対する現住建造物放火罪は（包括して）一罪と解することができるが（条解刑法［第4版］363頁参照）、Ｉ宅はかなり離れているので、I宅物置に対する非現住建造物放火は、上記の罪とは併合罪と解するほかないであろう。なお、共謀が1個であることを理由にして観念的競合とするのは、本設問では無理のように思われる。

1個の建造物に放火する故意しかない甲・乙・丙に対して、複数の放火罪（故意犯）の成立を認め、しかも併合罪加重までするという結論で果たしてよいのであろうか。本設問はその素材事件とともに、数故意犯説の問題点が露呈させるものといえそうである。もっとも、量刑上は、故意の個数（1個）を十分に考慮するので（東京高判平成14年12月25日判タ1168号306頁参照）、併合罪加重もやむなしと割り切ることもできるであろう。以上のような問題意識を窺わせる解答が望まれる。

なお、一故意犯説や具体的符合説ではどのように解することになるのか、検討してみるのも面白いが、解説は割愛する。

6…………事例❺について

(1) 甲の関係

甲にJ方に対する住居侵入罪（130条）が成立することは明らかである（玄関内に故意によって自己の全身を入れているので既遂）。問題は、Jに対する傷害罪を認めうるか否かであるが、甲は、木刀を振りかざしもしないうちに躓いて倒れ込んでいるので、未だ故意による暴行行為には出ていなかったのである。したがって、たまたまその意図に沿う結果が生じているとしても、せいぜい重過失傷害罪（211条）を認めうるにすぎないであろう。

住居侵入罪と（重）過失傷害罪の関係は、一般に過失犯は侵入後に通常予想される犯罪とはいえないので、牽連犯ではなく、併合罪と解されよう（住居侵入罪と失火罪を併合罪とした仙台高判昭和29年9月28日裁特1巻6号270頁参照）。

甲は、Jに対し、木刀でその腕を強打する意思で、木刀を胸部に突き当てるという結果を生じており、甲の認識した事実と現に発生した事実は、いずれも暴行（傷害）罪に該当し、法定的（構成要件的）に符合しているなどとして、このような法定的符合説もどきの論法により、傷害罪の成立を認める向きもあろうが、これは明白な誤りである。なぜならば、甲は故意に木刀を胸部に突き当てたのではないからである。

また、いわゆるクロロホルム事件（最決平成16年3月22日刑集58巻3号187頁）を参考にして、木刀を手にしてJ方に侵入すれば（第1行為）、木刀でJの腕部を強打する行為（第2行為）に至る客観的な危険性が明らかに認められるなどとして、第1行為に暴行の着手を認める向きもあろうが、人の住居に侵入してから敢行しようとして予定している犯罪に、住居侵入行為自体により着手したと認めることは、原則として困難である（窃盗罪でも物色行為が必要と解されていることを想起すべきである。土蔵や倉庫の場合は別論）。なお、甲が予定どおり玄関内に一歩踏み込んだとしても、Jがそれを見て奥の部屋に逃げたりする可能性もあり、躓くというハプニングがなければ、確実に腕部等を強打できたとはいえないように思われる。

⑵ 乙の関係

乙に、K方に対する住居侵入罪（130条）が成立することは明らかである。問題は、（準）強制性交等未遂罪も成立するか否かであり、Kが睡眠中で抗拒不能（178条2項）であるのに乗じて、姦淫に向けて通常行われるそれと密着した行為を開始したものとして、実行の着手を認めることも可能である（大阪高判昭和33年12月9日高刑集11巻10号611頁参照）。しかし、「[不意に] 布団の上から覆い被さること」も暴行にあたるので、乙の犯意はむしろ通常の強制性交等（177条）であり、その手段としての暴行を開始したものとして、実行の着手を認める方が自然であろう。住居侵入罪と（準）強制性交等未遂罪は牽連犯である。

なお、被害者Kの対応が実に巧みで、手痛い目にも遭わずに、姦淫を免れているが、乙は、Kの「わかったわ。抵抗しても無駄ね」などという言葉をそのまま受け止めて、黙って待つようなような素振りをするだけでも、その態度（被害者の行為を利用した作為）によりKを脅迫したといえそうである。そうすると、仮に、Jが不意に侵入した乙の気配だけで目覚め、乙が何もしないうちに、「わかったわ」などと言い、同様の推移をたどったとしても、強制性交等罪の実行の着手を認めうるかもしれない。

(3) 丙の関係

丙に、天井裏から転落して入ったM方居室への住居侵入罪は、成立するであろうか。ここでも、上記(1)と同様に、丙はL方居室に侵入する故意で、隣接するM方居室に侵入したのであるから、故意と結果は法定的に符合しているなどという、法定的符合説もどきの論法により、M方居室への住居侵入罪の成立を認める向きもあろうが、丙は、M方には故意に侵入したのではなく、アクシデントで落ちてしまったにすぎないから、これも明白な誤りである。丙が天井裏を進行中に、通過した部屋の数を間違えて、L方の押入に降りたつもりであったが、実はそこは一つ手前のM方の押入であったというのであれば、M方居室への住居侵入罪は成立するが、本設問はこれとは大きく異なるのである。

だからといって、丙に住居侵入罪が成立しないわけではない。アパートの2階天井裏部分は、2階の5部屋の住人全部のいわゆる共用部分（むしろ、「各部屋の一部が不可分的につながっている閉鎖空間」というべきかもしれない）であり、ここへの侵入は、これら住人全部につき、その意思に反して私生活の平穏を害するので、住居侵入罪が成立する。さらにいえば、丙がアパートの屋根に上った時点で、10部屋の住人全部の共用部分に対する住居侵入罪が成立するが、2階天井裏部分への住居侵入罪で、屋根への侵入の点も包括的に評価されることになるであろうから、解答としては、前者の住居侵入罪の成立を指摘するだけで十分であろう。

Lに対する強制性交等罪につき、実行の着手が認められないのは、当然のことであり、触れる必要はない。天井板を折った点が建造物損壊罪にあたるとするのは、明らかに大きな間違いである（故意に折ったのではない）。

7…………まとめと補説

(1) まとめ

以上の解説のように、❶〜❺の項ごとに解答したのであれば、最後に、甲、乙、丙のそれぞれについて、その成立罪名と罪数関係を記しておくことが望ましい。上記の解説（見解が分かれる点は判例・有力説）に従えば、以下のようになる。

甲には、❶の詐欺罪、❷の偽計業務妨害罪、❸の多数の詐欺（未遂）罪、❹の現住建造物放火罪および非現住建造物罪、❺の住居侵入罪および重過失傷害罪が成立し、以上は併合罪である。

乙には、❷の詐欺罪、❸および❹の甲と同じ罪、❺の住居侵入罪および強制性交等未遂罪（牽連犯）が成立し、以上は併合罪である。

丙には、❸および❹の甲と同じ罪、❺の住居侵入罪が成立し、以上は併合罪である。

⑵ 住居侵入罪（広義）に関する補説

最後に、冒頭において、「ただし、❶～❹の関係では、刑法130条の罪について論じる必要はな［い］」とした趣旨について、若干の説明をしておきたい。

❶～❹においては、ホテル等の建造物や住居（囲繞地）のへの立入りに関する具体的記述は極力省いて、住居侵入罪（広義）の成否等を論じる必要がないように配慮しているつもりであるが（❸においては、各住宅の塀や柵に関するデータを省いている）、それでも、立入りの事実は容易に推定できるので、各立入りにつき、住居侵入罪の成否等を論じる解答も予想される。そこで、論点の多い本問では、異例の注記をしたものである（このような事例問題につき、130条の罪まで論じるべきか否かは、悩ましいところであろう。問題文に立入りまで明記されているか否か、他の論点の数とそれらの難易度、130条の罪に関する重要論点の存否などを勘案して、論述の省略・簡略化等を決すべきであろう）。

以下、住居侵入罪を論じるとすれば、どのような問題があるのか、記しておく。

❶における甲のホテルおよびホテル内レストランへの立入り、ならびに❷における乙の寿司店への立入りについてみると、一般に無銭宿泊目的や無銭飲食目的でのホテル、飲食店等への立入りが、建造物侵入罪として、起訴・処罰された事例は見あたらない（最決平成19年7月2日刑

集61巻5号379頁の出現後も同様である)。住居権説を徹底すれば、このような目的でのホテル等への立入りについても、建造物侵入罪の成立を認めることが論理的には可能であろう。しかし、代金後払い方式のホテル、飲食店等にとっては、一定限度の無銭宿泊・無銭飲食の被害は営業リスクともいうべきものであって、無銭宿泊・無銭飲食のうち刑事事件化されるのはごく一部であり、刑事事件化した事案でも、被害弁償がなされることも少なくないのであるから、理論上にしても立入りにつき建造物侵入罪の成立を認めるのは行き過ぎであろう。なお、❷における甲の寿司店への様子見のための立入りについては、同罪は不成立と解すべきである。

❸における丙の郵便局への立入り(振替口座の開設時を含め3回)についても、建造物侵入罪は成立しないと解するのが相当であろう(**8. お仕事の邪魔・嫌がらせアラカルト**の解説**2**(3)参照)。

❹において甲・乙・丙が各住居の囲繞地に立ち入っているとすれば、住居侵入罪も成立するが、いずれも1個の住居に侵入する故意しかないのに、3個の住居侵入罪が成立するのかなどの錯誤および罪数に関する論点が登場する。

解答例

第1　小問❶について

1　甲がホテルの従業員に対してAに予約してもらったBであると名乗ってホテルに1泊宿泊した行為に2項詐欺罪(246条2項)が成立するか。

(1)　欺罔行為とは、人を錯誤に陥らせるような行為をいい、相手方が財産的処分行為をするための判断の基礎となるような重要な事実を偽ることをいう。

甲はAと面識がなく、AがB(甲)のために宿泊代金を支払うつもりがないにもかかわらず、前日の電話及び当日のフロントでの会話で甲を常連客Aのゲストである B と装い、従業員に甲（B）ではなくAが代金支払うと誤信させているところ、ホテルはかかる事実を知っていれば甲を宿泊させることはなかった。甲の行為は、Aによる代金の支払いの有無という重要な事項を偽ったといえ、「欺罔行為」にあたる。

(2) 甲の行為によりホテルはAから支払いを受けられるとの「錯誤」に陥り、それに基づき甲を宿泊させているから「処分行為」もあり、甲はホテルに1泊して代金2万円相当の「財産上の不法の利益」を得ている。

(3) よって、甲の上記行為に2項詐欺罪が成立する。

2 甲がレストランで1万円分の飲食をした行為について、1項詐欺罪（246条1項）が成立するか。

(1) 甲は、上記行為により宿泊代金をAが代金を支払うかのように装った上レストランでルームキーを示すなどの手続をし、レストランの料金についてもAが支払うかのように装っており、当該行為もAによる代金を支払の有無という重要な事実を偽ったものといえ、「欺罔行為」にあたる。

(2) したがって、上記1と同様に、ホテルはAから支払いを受けられるとの「錯誤」に陥り、それに基づきレストランで1万円分の飲食物が提供されているから「処分行為」及び財物の占有移転が認められる。

(3) 以上より、甲の上記行為に詐欺罪が成立する（上記2項詐欺と包括して一つの詐欺罪が成立することになる）。

第2 小問❷について

1 乙の罪責

(1) 乙が、Cに対しDのゴルフ仲間のEを装って祝賀会を開いて酒食するつもりもないのにC店の和室を確保し料理の架空注文をした行為は、祝賀会を開くつもりがないのにそう申し向けているから人を欺いたといえ「偽計」にあたり、本来であれば不要な飲食物の準備や部屋の確保させているため「業務」を「妨害」したといえ、偽計業務妨害罪（233条）が成立する。

(2) 上記(1)の行為により酒食の提供を受けた行為に、1項詐欺罪（246条1項）が成立するか。

ア 乙は、Cに対して祝賀会を開くつもりも代金を支払うつもりもないのに架空の祝賀会をでっちあげ、「Dさんの祝賀会のメンバーはもう集まっていますか」と自分が祝賀会のメンバーであると誤信させ、祝賀会が開かれ代金が支払われるかという重要な事項を偽っており、Cは乙が祝賀会のメンバーであると誤信して錯誤に陥り、これに基づいて乙は12万円分の酒食の提供を受けているから、乙は「人を欺いて財物を交付させた」、といえる。

イ　なお、乙が実際に飲食したのは8000円程度にとどまるが、乙は12万円分の飲食物について自由に飲食できる状態にあったため、12万円分の飲食物につき占有移転を受けており、また乙は12万円分の飲食物を提供させる意思はあったのであるから不法領得の意思は否定されない。

ウ　以上より、12万円分すべての飲食物について乙の行為に詐欺罪が成立する。

2　甲の罪責

乙の偽計業務妨害罪について甲に共同正犯が成立しないか。

ア　まず甲は、乙に対し、C店に架空注文して損させることを提案しているため、甲乙間で偽計業務妨害罪の意思連絡がある。甲は本件の具体的な計画を発案し、自分がDになりすますことも提案している。そのため、甲は主導的に本件犯罪を行い、自己の犯罪として本件犯罪を行う意思があったといえ、正犯意思が認められる。よって、共謀が認められる。

イ　したがって、甲について乙との偽計業務妨害罪の共同正犯が成立する。

ウ　なお、乙の詐欺罪については、甲乙間に意思連絡はないことから、甲は責任を負わず、共犯とならない。

3　以上から、甲には偽計業務妨害罪の共同正犯、乙には偽計業務妨害罪の共同正犯及び1項詐欺罪が成立する。

第3　小問❸について

1　甲乙が、丙が印刷した「貴女に贈るとっておきの秘伝集」などと書かれたパンフレットを配布して小冊子を販売した行為につき、甲乙丙に詐欺罪の共同正犯が成立するか。

2　共同実行の事実

(1)　本件パンフレットは、実際には料理等が記載された小冊子であるにもかかわらず、「貴女に最適と思われるお知らせ」など性関係の情報が満載の小冊子を販売しているように装う内容となっている。本を購入する際には内容に関心があるのが通常であるから、本の記載内容は購入にあたって重要な事項でありそれを偽ったといえ、「欺罔行為」にあたる。

(2) 小冊子を購入した女性の約 80 %は小冊子を見てだまされたと考えており、かかる欺罔行為により性関係の情報が満載されているとの「錯誤」に陥り、それに基づき丙の振替口座に 1000 円を各自支払っており、「処分行為」にあたる。

また、小冊子を購入した女性のうち約 10 %は、購入後内容と額にも満足しているが、購入時においては性関係の情報が満載されているとの「錯誤」に陥り、1000 円を支払っているから「処分行為」がある。内容と額に納得したのは既遂後であり犯罪の成否に影響しない。

その他の約 10 %の女性は、上記の通り欺罔行為を受けているが、性関係情報に重きを置いて購入したわけではないため「錯誤」に陥ったとまではいえない。

3 共同実行の意思

丙は甲乙に対して、上記小冊子を得ることを提案し、甲乙はこれに賛同しており意思連絡はある。そして、甲乙は利益が 2 割ずつ分配されることになっており、また、パンフレットを配布するという本件犯罪に必須の行為を行っており、自己の犯罪として行う意思があり正犯意思がある。したがって、共謀もある。

4 なお丙は小冊子の販売が犯罪にならないと確信しているが、丙の行為は詐欺罪の構成要件に該当するものであり、当該行為について丙の認識に欠けるところはないから、いわゆる法律の錯誤の問題である。本件では犯罪にならないと確信することについて相当な理由がないことは明らかであり、責任故意は阻却されない。

5 以上より、甲・乙・丙には約 900 人の女性に対する詐欺既遂罪の共同正犯が成立し、約 100 人については詐欺未遂罪の共同正犯が成立する。これらの罪は、各人に対してそれぞれ欺罔行為を行い、振替振込は被害者が別個に行っていることから、全て併合罪となる。

第4 小問❹について

1 共同実行の事実

(1) 甲の行為

G 宅は、当時 G は旅行に出かけていたが普段 G の家族が居住しており、人の日常生活する場として利用されていたといえ「現に人が居住する建造物」である。

甲はＧ宅の西側に時限発火装置を設置して、セットされた時間に火力を発生させており「放火」したといえ、Ｇ宅は半生状態となっているため、物が独立して燃焼するに至っており「焼損」している。また、故意も認められることから、甲の行為はＧ宅に対する現住建造物放火罪の構成要件に該当する。

⑵　乙の行為

ア　Ｈ宅は単に留守であっただけで、Ｈが生活しているものと考えられることから、人の日常生活する場として利用されていたといえ「現に人が居住する建造物」である。そして、甲の場合と同様に、乙は「放火」し、Ｈ宅は「焼損」した。

イ　もっとも、乙はＨ宅をＧ宅と間違えて時限発火装置を設置していることから、故意が認められないのではないか問題となる。

故意とは構成要件に対する認識・認容であるため、同一構成要件内の錯誤であれば、故意は認められる。Ｇ宅・Ｈ宅という違いは客体の違いにすぎず、同一構成要件に該当するのであるから、故意が認められる。

従って、乙の行為はＨ宅に対する現住建造物放火罪の構成要件に該当する。

⑶　丙の行為

Ｉ宅の木造ストレート葺きの物置は「現に人が住居に使用せず、かつ、現に人がいない建造物」である。そして、甲乙と同様に、丙は「放火」し、Ｉ宅の物置は全焼しており「焼損」した。Ｉ宅の物置に人がいないと認識・認容して放火していることから、丙の行為はＩ宅物置に対する非現住建造物放火罪（109条1項）の構成要件に該当する。

2　共同実行の意思

甲は乙・丙にＧ宅に放火することを持ちかけ、両名の了承を得た。そして時限発火装置及び地図を乙・丙に渡して、それぞれＧ宅の西側・東側・南側に時限発火装置をガムテープで貼り付けて設置して15分後に発火させＧ宅を全焼させるとの計画を立てており、甲・乙・丙間にＧ宅に放火して全焼させる内容の共謀があった。

3　共犯の錯誤（共謀に基づく実行行為）

(1)　甲・乙・丙間では当初、G宅に対する現住建造物放火罪の共謀しかないが、乙はH宅への現住建造物放火罪、丙はI宅物置に対する非現住建造物放火罪の実行行為を行っている。そのため、共謀に基づいて実行行為がされたといえるか、共犯における錯誤が問題となる。

(2)　犯罪とは構成要件の実現であり、特定の構成要件を共同して実現するのが共同正犯であって、共同正犯者間で意図した犯罪が食い違う場合には構成要件が実質的に重なり合う限度で共同正犯の成立が認められる。

まず、乙の行為については当初の共謀と同様、現住建造物放火罪が成立するものであり、意図した犯罪と構成要件は同じであることから、H宅への現住建造物放火罪の共同正犯の成立が認められる。

次に、丙は非現住建造物放火罪の実行行為を行っているが、かかる行為は当初の共謀である現住建造物放火罪と、公共の危険・安全という保護法益が共通しており、行為態様も同様のものであることから、構成要件が実質的に重なり合うため、非現住建造物放火罪の共同正犯の成立が認められる。

4　以上より、甲乙丙にはG宅とH宅に対する現住建造物放火罪の共同正犯及び、I宅物置に対する非現住建造物放火罪の共同正犯が成立する。

そして、G宅とH宅は隣接しており発生した公共の危険は1個であるから、これらに対する現住建造物放火罪は包括して一罪となる。

第5　小問❺について

1　甲の罪責

(1)　甲が、J方の無施錠の玄関ドアを開けて玄関内に入った行為に、住居侵入罪（130条前段）が成立する。

(2)　甲が木刀を手に持ったまま、J方に散乱していた長靴に躓いて倒れこみ、その弾みで木刀の先端をJの右胸部にぶつけており、その結果Jは加療1週間の打撲傷を負っているため、「重大な過失」によりJを負傷させたといえ、甲の行為には重過失致傷罪（211条後段）が成立する。

(3)　両者は罪質上類型的に目的手段の関係にあるものではないた

め、併合罪となる。

2 乙の罪責

⑴ 乙がＫ方に脚立を使って無施錠の窓から入った行為に住居侵入罪（130条前段）が成立する。

⑵ 乙はＫを強制性交等する意思の下、就寝していたＫに対して布団の上から覆いかぶさって強制性交等罪における「暴行」をしており、乙の行為には強制性交等未遂罪（179条・177条）が成立する。

⑶ 両者は罪質上類型的に目的手段の関係にあるため、牽連犯となる。

3 丙の罪責

丙が2階建ての木造アパート2階天井裏に入った行為に住居侵入罪が成立する。

第6 罪数

1 甲には、❶の詐欺罪、❷の偽計業務妨害罪の共同正犯、❸の複数の詐欺罪及び詐欺未遂罪の共同正犯、❹の非現住建造物放火及び現住建造物放火罪の共同正犯、❺住居侵入剤及び重過失傷害罪が成立し、併合罪となる。

2 乙には、❷の偽計業務妨害罪の共同正犯及び詐欺罪、❸の複数の詐欺罪及び詐欺未遂罪の共同正犯、❹の非現住建造物放火及び現住建造物放火罪の共同正犯、❺住居侵入罪及び強制性交等未遂罪（牽連犯）が成立し、これらは併合罪となる。

3 丙には、❸の複数の詐欺罪及び詐欺未遂罪の共同正犯、❹の非現住建造物放火及び現住建造物放火罪の共同正犯、❺住居侵入罪が成立し、併合罪となる。 (S. M.)

（安廣文夫）

事項索引

い

意思侵害説……53, 87
遺失物等横領罪……21, 321
委託物横領罪……321
一連の行為……145
一般的職務権限……226, 318
居直り強盗……51, 196
威力業務妨害罪……122
因果関係……35, 249, 250, 337
隠避……302

う

疑わしきは被告人の利益に……105

え

延焼の危険……163, 165

お

往来妨害罪……124
横領罪……183
　――と共犯……272

か

概括的認定……106
加工……320
過剰防衛……147
かすがい現象（作用）……54, 339, 343
間接正犯……20
　――の実行の着手……22
　虚偽公文書作成罪の――……224
間接正犯類似説……150

き

毀棄・隠匿目的……33, 162
偽計業務妨害罪……122, 126, 129, 130, 290, 381
偽証罪……113, 306
偽造……221, 305
期待可能性……113
欺罔行為……90, 267
客体の錯誤……166
キャッシュカードの不正取得と不正利用……200
恐喝罪……271, 340
凶器準備集合罪……125
教唆と精神的幇助の区別……308
強制わいせつ罪……286
共同正犯……107, 220
　――と教唆犯の区別……309, 360
　――と従犯の区別……386
　――の成立範囲……166
　――の成立要件……86
　不作為の――……109
共同占有……52
共犯
　――と（の）錯誤… 21, 152, 166, 206, 246
　――と身分……87
共犯関係からの離脱・解消……71, 225, 245, 291
共謀……105, 176, 220, 243
　――の射程……206, 244, 353, 359
共謀共同正犯……107, 166, 183, 340
業務上横領罪……269
業務上過失の認定……250
業務妨害罪……122
強要罪……317
虚偽告訴罪……125
虚偽通報……128
虚偽の供述……305
虚偽の陳述……306

く

偶然防衛……358
具体的危険説……363
具体的符合説（具体的法定符合説）……166, 333

け

形式的個別財産説……181
継続犯……357
結果回避可能性……363

結合犯（説）……………………………… 23
原因において自由な行為………………146
現住建造物……………………………… 45
現住建造物放火罪……………………… 46
建造物侵入罪…… 87, 124, 184, 251, 331, 393
――と限定積極説……………………126
建造物等以外放火罪……………………163
権利行使と恐喝……………………86, 271
権利行使と詐欺罪……………………… 85
権利者排除意思…………………………161

こ

故意の認定……………………8, 111, 340
行為共同説…………………………112, 167
公共の危険………………………………163
――の認識の要否……………………165
――の発生…………………………… 47
強盗罪の諸類型…………………………195
強盗殺人罪………………………………332
強盗致死傷罪……………………75, 199
強盗の機会………………………………336
公務員職権濫用罪………………………316
公務執行妨害罪…………………………121
公務と業務の区別………………………122
誤想過剰防衛…………………………… 18
過剰性の認識のある――……………… 19
国家的法益と詐欺………………………222
異なる関与形態間の錯誤……………… 22
個別財産の喪失…………………………267
昏酔強盗（罪）…………………………337

さ

財産上の損害（財産的損害）………85, 267
財産的価値………………………………239
財物の占有の確保……………………… 31
財物の返還を免れる行為と2項強盗罪の
成否……………………………198, 242
財物の保持に協力すべき立場………… 32
詐欺罪…………177, 266, 331, 380, 381, 384
――の既遂時期……………………86, 177
作為（挙動）による欺罔…… 182, 269, 361
錯誤
――に基づく同意……………………356
共犯と（の）――………21, 152, 166, 246
財産罪に関する異なる構成要件間の――
……………………………………… 54
法律の――……………………………387
殺人罪……………………………………332
――と保護責任者遺棄致死罪の区別
……………………………………363

し

事後強盗（罪）……………………20, 51
事後強盗（傷害）罪の共犯…………… 23
事実証明に関する文書……………180, 283
実行行為と責任能力の同時存在原則…150
実行行為途中からの責任能力低下……145
実行の着手………………………73, 203
実質的個別財産説…………………181, 385
使途を定めて寄託した金員の所有権…360
自白による裁量的減免…………………113
私文書偽造罪……………180, 221, 283
住居権……………………………………355
住居権説…………………………53, 355
住居侵入罪……………………53, 390, 392
修正積極説………………………………129
自由な意思決定の実現…………………149
重要事項性………………182, 242, 267
取得説……………………………50, 196
承継的共犯………………………………109
条件付故意………………………………308
証拠隠滅罪………………………………113
証拠偽造罪………………………………305
焼損……………………………………… 45
状態犯……………………………………358
証明書の詐取……………………………223
侵害の急迫性……………………………147
侵害の終了………………………………147
親告罪……………………………………134
真実性の誤信……………………………133
真実性の証明……………………………133
真正身分犯……………………………… 23
親族間の犯罪に関する特例（親族相盗例）
……………………………………52, 269
侵入……………………………………… 87
心理的因果性…………108, 206, 246, 293

す

推断的欺罔……361
数故意犯説……332, 342, 389

せ

制限故意説……387
制限従属性説……153
成年後見人である親族の横領……269
正犯性……108
責任減少説……49
窃盗罪と詐欺罪の区別……203
窃盗罪と占有離脱物横領罪……66
窃盗の機会の継続中……20
窃盗の既遂時期……50
占有……66
——の確保……32
占有移転意思……244

そ

相当因果関係説……37
相当対価の給付……181, 266

た

第三者の不適切な行動の介在……35
逮捕勾留されている犯人の身代わり自首……302
単独占有……52

ち

中止行為……47
中止犯……47
抽象的危険……304
抽象的事実の錯誤……21, 47, 70, 114, 247, 358

つ

通信傍受法……317

て

転職前の職務……226

と

同意の認識……358
同時傷害の特例……109, 294
盗聴行為……317
盗品性……319
盗品等関与罪……316
盗品等有償処分あっせん罪……320
盗品等有償譲受け罪……319
特別の職務権限……318
独立燃焼説……45

な

内容虚偽の供述調書……305

に

二重評価……250
任意性……47
認識説……8
認容説……8

は

反抗抑圧後の財物奪取意思……32
犯人隠避罪……114, 302, 342
——と抽象的危険……304
犯人による偽証の教唆……116, 310
犯人による証拠隠滅の教唆……310
犯人による犯人隠避の教唆……116, 307

ひ

非現住建造物……47
人の終期……248

ふ

複数の居住者間の意思の対立……353, 354
侮辱罪……130, 133
不真正不作為犯……333
（不真正）身分犯……23
物理力の身体的接触……35
不能犯……74
部分的犯罪共同説……112, 167, 383
不法原因給付……360
——と詐欺・横領……353
不法領得の意思……33, 161, 240, 241, 287

へ

平穏侵害説……53, 87
平穏説……53

片面的教唆……152
片面的共同正犯……152
片面的共犯……152
片面的幇助……152

ほ

防衛の意思……148
法益関係的錯誤説……267
法益関係的錯誤の理論……357
放火罪……45
暴行・脅迫後の領得意思……289
暴行の意義……34
幇助犯の因果関係……89
法定的符合説（抽象的法定符合説）……166, 332, 340
方法の錯誤……166
法律の錯誤……387
保障人的地位・義務……151
補填の意思……91

み

未必的故意……8, 111
身分犯の共犯……23, 272

む

無印私文書……284
無銭宿泊・無銭飲食……380, 381

め

名義人の承諾……221, 284
名誉毀損罪……130, 132

ゆ

有印私文書……284
有形偽造……284

よ

預金債権……178
預金による金銭の占有……90, 178, 269

り

略取誘拐罪の保護法益……353
利用処分意思……33, 162
量的過剰……145

判例索引

明治

大判明 43・9・30 刑録 16-1572 …… 283
大判明 45・5・30 刑録 18-790 …… 284

大正

大判大元・9・6 刑録 18-1211 …… 32
大判大元・10・8 刑録 18-1231 …… 90
大判大 2・3・18 刑録 19-353 …… 87
大判大 2・7・9 刑録 19-771 …… 89
大判大 3・4・29 刑録 20-654 …… 306
大判大 4・2・10 刑録 21-90 …… 362
大判大 4・5・21 刑録 21-663 …… 162, 287, 288
大判大 4・6・2 刑録 21-721 …… 320
大判大 6・5・25 刑録 23-519 …… 152
大判大 7・3・15 刑録 24-219 …… 45
大判大 8・4・4 刑録 25-382 …… 70, 239
大判大 8・11・19 刑録 25-1133 …… 321
大判大 9・3・29 刑録 26-211 …… 21
大判大 11・2・25 刑集 1-79 …… 152
大判大 12・7・14 刑集 2-650 …… 223
大決大 13・12・12 刑集 3-871 …… 357
大判大 14・1・22 刑集 3-921 …… 152
大判大 15・11・2 刑集 5-491 …… 70, 240

昭和元～20 年

大判昭 2・3・15 刑集 6-89 …… 84
大決昭 3・12・21 刑集 7-772 …… 181
大判昭 5・9・18 刑集 9-668 …… 302
大判昭 7・5・23 刑集 11-665 …… 283
大判昭 8・9・6 刑集 12-1593 …… 337
大判昭 9・8・4 刑集 13-1059 …… 305
大判昭 10・5・1 刑集 14-454 …… 356

昭和 21～30 年

最判昭 23・6・26 刑集 2-7-748 …… 332
最判昭 23・11・25 刑集 2-12-1649 …… 53
最判昭 24・2・8 刑集 3-2-75 …… 243, 332
最判昭 24・2・15 刑集 3-2-164 …… 32, 198
最判昭 24・3・8 刑集 3-3-276 …… 91
最判昭 24・5・28 刑集 3-6-873 …… 75, 198
最判昭 24・7・30 刑集 3-8-1418 …… 320

名古屋高判昭 24・10・6 判特 1-172 ……355
最判昭 24・12・20 刑集 3-12-2036 ……357
最判昭 25・7・4 刑集 4-7-1168 ……362
最判昭 25・7・11 刑集 4-7-1261 ……55, 360
東京高判昭 25・9・14 高刑集 3-3-407 ……291
最判昭 26・5・25 刑集 5-6-1186 ……360
最判昭 26・7・13 刑集 5-8-1437 ……287, 288
最判昭 26・12・14 刑集 5-13-2518 ……203
最判昭 27・12・25 刑集 6-12-1387 ……223
札幌高判昭 28・5・7 判特 32-26 ……70, 239
高松高判昭 28・7・27 高刑集 6-11-1442 ……51
最決昭 28・10・19 刑集 7-10-1945 ……305, 306, 311
大阪高判昭 29・6・24 判特 28-148 ……239
広島高判昭 29・7・14 裁特 1-1-21 ……51
仙台高判昭 29・9・28 裁特 1-6-270 ……390
最判昭 30・10・14 刑集 9-11-2173 ……86, 271
名古屋高判昭 30・12・13 裁特 2-24-1276 ……361

昭和 31～40 年

最決昭 31・1・19 刑集 10-1-67 ……241
東京高判昭 31・3・15 東時 7-3-109 ……50
最判昭 31・10・25 刑集 10-10-1455 ……251
最決昭 32・4・23 刑集 11-4-1393 ……35
最判昭 32・10・4 刑集 11-10-2464 ……224
最判昭 32・11・8 刑集 11-12-3061 ……66
最判昭 32・11・19 刑集 11-12-3073 ……272
松江地判昭 33・1・21 一審刑集 1-1-50 ……46
最決昭 33・9・16 刑集 12-13-3031 ……283
大阪高判昭 33・12・9 高刑集 11-10-611 ……391
最判昭 34・2・5 刑集 13-1-1 ……148
最判昭 34・7・24 刑集 13-8-1176 ……125
最決昭 34・9・28 刑集 13-11-2993 ……181, 267, 385
東京高判昭 35・7・15 東時 11-7-191 ……70
最決昭 35・7・18 刑集 14-9-1189 ……302, 307
神戸地姫路支判昭 35・12・12 下刑集 2-11=12-1527 ……76
東京高判昭 36・7・4 高刑集 14-4-246 ……239
最判昭 36・10・10 刑集 15-9-1580 ……184, 321
東京高判昭 37・8・30 高刑集 15-6-488 ……289
最決昭 37・12・4 裁判集(刑)145-431 ……46
最決昭 38・4・18 刑集 17-3-248 ……357
高松地丸亀支判昭 38・9・16 下刑集 5-9=10-867 ……223
福岡高判昭 38・12・20 下刑集 5-11=12-1093 ……46
最決昭 39・1・28 刑集 18-1-31 ……35
東京地判昭 39・7・31 下刑集 6-7=8-891 ……239

大阪高判昭 39・10・5 下刑集 6-9=10-988 …… 381
最決昭 40・3・30 刑集 19-2-125 …… 87

昭和 41～50 年

最判昭 41・4・8 刑集 20-4-207 …… 290
最判昭 44・6・25 刑集 23-7-975 …… 133
東京地判昭 44・9・1 刑月 1-9-865 …… 125
最判昭 45・1・29 刑集 24-1-1 …… 286
福岡高判昭 45・5・16 判時 621-106 …… 8
最判昭 45・10・21 民集 24-11-1560 …… 360
仙台高判昭 46・6・21 高刑集 24-2-418 …… 162, 288
福岡高判昭 46・10・11 刑月 3-10-1311 …… 34
東京高判昭 48・3・26 高刑集 26-1-85 …… 289

昭和 51～60 年

最決昭 51・4・1 刑集 30-3-425 …… 223
松江地判昭 51・11・2 刑月 8-11=12-495 …… 292
東京高判昭 52・12・22 刑月 9-11=12-857 …… 310
最判昭 53・7・28 刑集 32-5-1068 …… 332, 389
大阪高判昭 53・7・28 高刑集 31-2-118 …… 357
最決昭 54・3・27 刑集 33-2-140 …… 21
最決昭 54・4・13 刑集 33-3-179 …… 152, 383
東京高判昭 54・5・15 判時 937-123 …… 149
大阪地判昭 54・8・15 刑月 11-7=8-816 …… 285
東京高判昭 54・12・13 判タ 410-140 …… 45
最決昭 55・10・30 刑集 34-5-357 …… 161
最決昭 56・4・8 刑集 35-3-57 …… 222, 285
最判昭 56・4・16 刑集 35-3-84 …… 133
最決昭 56・12・21 刑集 35-9-911 …… 308
最決昭 57・1・28 刑集 36-1-1 …… 318
最決昭 57・2・17 刑集 36-2-206 …… 343
旭川地判昭 57・9・29 判時 1070-157 …… 342
東京高判昭 58・1・20 判時 1088-147 …… 53
最決昭 58・3・25 刑集 37-2-170 …… 227
最判昭 58・4・8 刑集 37-3-215 …… 88
横浜地判昭 58・7・20 判時 1108-138 …… 46
最決昭 58・9・27 刑集 37-7-1078 …… 358
最判昭 59・2・17 刑集 38-3-336 …… 284
最判昭 59・3・6 刑集 38-5-1961 …… 308
最決昭 59・3・23 刑集 38-5-2030 …… 382
最決昭 59・4・12 刑集 38-6-2107 …… 124
東京地判昭 59・4・24 判時 1119-40 …… 164
福岡地判昭 59・8・30 判時 1152-182 …… 269
東京地判昭 59・10・15 判例集未登載 …… 202

最決昭 59・12・21 刑集 38-12-3071 …… 125
最判昭 60・3・28 刑集 39-2-75 …… 165

昭和 61～63 年

福岡高判昭 61・2・13 判時 1189-160 …… 338
福岡高判昭 61・7・17 判タ 618-176 …… 341
福岡地小倉支判昭 61・8・5 判時 1253-143 …… 302, 303
大阪高判昭 61・10・7 判時 1217-143 …… 289
最決昭 61・11・18 刑集 40-7-523 …… 198, 242, 248
最決昭 62・3・12 刑集 41-2-140 …… 122, 127
最決昭 62・3・26 刑集 41-2-182 …… 19
最決昭 62・4・10 刑集 41-3-221 …… 239
大阪高判昭 62・7・17 判時 1253-141 …… 23
東京地判昭 62・10・6 判時 1259-137 …… 288
福岡高判昭 63・1・28 判時 1264-139 …… 302, 303
東京地判昭 63・7・27 判時 1300-153 …… 152
大阪地判昭 63・12・22 判タ 707-267 …… 240, 241

平成元～10 年

大阪高判平元・3・3 判タ 712-248 …… 289
最決平元・3・14 刑集 43-3-283 …… 317, 318
最決平元・5・1 刑集 43-5-405 …… 302, 303, 304
最決平元・6・26 刑集 43-6-567 …… 245, 291
最判平元・11・13 刑集 43-10-823 …… 19
最決平元・12・15 刑集 43-13-879 …… 333, 363
東京高判平 2・2・21 判タ 733-232 …… 89
最決平 2・11・20 刑集 44-8-837 …… 249
東京高判平 3・4・1 判時 1400-128 …… 68, 69
名古屋高金沢支判平 3・7・18 判時 1403-125 …… 197, 198
神戸地判平 3・9・19 判タ 797-269 …… 284
最決平 4・12・17 刑集 46-9-683 …… 37
東京高判平 5・2・1 判時 1476-163 …… 125
東京高判平 5・4・5 高刑集 46-2-35 …… 285, 286
大阪地判平 5・7・9 判時 1473-156 …… 248
京都家決平 6・2・8 家月 46-12-82 …… 310
仙台高判平 6・3・31 判時 1513-175 …… 125
最決平 6・11・29 刑集 48-7-453 …… 284
大阪高判平 7・5・18 高検速報平 7-129 …… 310
千葉地判平 7・6・2 判時 1535-144 …… 305
札幌高判平 7・6・29 判時 1551-142 …… 289
東京地判平 7・10・24 判時 1596-125 …… 48, 49
最判平 8・4・26 民集 50-5-1267 …… 179
最判平 9・6・16 刑集 51-5-435 …… 147
東京地判平 9・9・25 判タ 984-288 …… 130

横浜地判平 10・4・16 判タ 985-300 ……7, 10
東京地判平 10・8・19 判時 1653-154 ……285, 286
東京高判平 10・12・10 東時 49-1～12-87 ……202

平成 11～20 年

最決平 12・2・17 刑集 54-2-38 ……122
最決平 12・3・27 刑集 54-3-402 ……223
東京高判平 12・3・30 東時 51-36 ……379
大阪高判平 13・3・14 高刑集 54-1-1 ……289
最判平 13・7・19 刑集 55-5-371 ……182
名古屋高判平 13・9・17 高検速報平 13-179 ……74
東京地判平 14・1・22 判時 1821-155 ……48
最決平 14・2・8 刑集 56-2-71 ……72
最決平 14・2・14 刑集 56-2-86 ……20
名古屋高判平 14・8・29 判時 1831-158 ……245, 293, 294
大阪高判平 14・9・4 判タ 1114-293 ……332
横浜地判平 14・9・5 判タ 1140-280 ……126
最決平 14・9・30 刑集 56-7-395 ……122
大阪地判平 14・11・27 判タ 1113-281 ……50
東京高判平 14・12・25 判タ 1168-306 ……390
大津地判平 15・1・31 判タ 1134-311 ……361
最決平 15・3・12 刑集 57-3-322 ……178, 179
東京高判平 15・3・20 判時 1855-171 ……32
最決平 15・4・14 刑集 57-4-445 ……164
最決平 15・7・16 刑集 57-7-950 ……37
最決平 16・3・22 刑集 58-3-187 ……106, 391
最決平 16・7・7 刑集 58-5-309 ……182
最決平 16・8・25 刑集 58-6-515 ……67, 68
最決平 16・10・19 刑集 58-7-645 ……35, 36, 37
最決平 16・11・30 刑集 58-8-1005 ……33, 162, 240, 287, 382
最判平 16・12・10 刑集 58-9-1047 ……20
最決平 17・3・11 刑集 59-2-1 ……226
最決平 17・7・4 刑集 59-6-403 ……112, 383
東京高判平 17・12・15 東時 56-1～12-107 ……178
最決平 18・3・27 刑集 60-3-382 ……36
最決平 18・8・21 判タ 1227-184 ……223
東京高判平 18・10・10 東時 57-1～12-53 ……178
最決平 18・11・21 刑集 60-9-770 ……309
最決平 19・7・2 刑集 61-5-379 ……88, 125, 184, 251, 393
神戸地判平 19・8・28 研修 724-111 ……336
最決平 20・2・18 刑集 62-2-37 ……269
東京高判平 20・3・19 判タ 1274-342 ……290
最決平 20・6・25 刑集 62-6-1859 ……148
東京高判平 20・10・6 判タ 1309-292 ……109

最判平 20・10・10 民集 62-9-2361 …… 179, 180
名古屋地判平 20・12・18 研修 761-83 …… 55, 247

平成 21～31 年

最決平 21・2・24 刑集 63-2-1 …… 148
東京高判平 21・3・12 判タ 1304-302 …… 126
横浜地判平 21・6・25 判タ 1308-312 …… 76
最決平 21・6・30 刑集 63-5-475 …… 225, 245, 246, 292
東京高判平 21・11・16 判タ 1337-280 …… 336
最決平 22・3・17 刑集 64-2-111 …… 387
最決平 22・7・29 刑集 64-5-829 …… 242, 267, 385
最決平 22・10・26 刑集 64-7-1019 …… 249
最決平 24・1・30 刑集 66-1-36 …… 337
最決平 24・2・8 刑集 66-4-200 …… 249
最決平 24・10・9 刑集 66-10-981 …… 270
最決平 24・11・6 刑集 66-11-1281 …… 109
東京高判平 24・12・13 判タ 1408-274 …… 181
東京高判平 25・4・12 東時 64-1～12-103 …… 126
東京高判平 25・9・4 判時 2218-134 …… 178, 180
最判平 26・3・28 刑集 68-3-582 …… 182, 268
最決平 26・3・28 刑集 68-3-646 …… 181, 182, 267, 268
最決平 26・4・7 刑集 68-4-715 …… 182
最決平 28・3・24 刑集 70-3-349 …… 109, 110
最決平 28・3・31 刑集 70-3-406 …… 305
最決平 29・3・27 刑集 71-3-183 …… 304
福岡高判平 29・5・31 判タ 1442-65 …… 205
最大判平 29・11・29 刑集 71-9-467 …… 286
最判平 30・3・22 刑集 72-1-82 …… 205
名古屋高金沢支判平 30・10・30 LEX/DB25561935 …… 126

令和元年～

京都地判令元・5・7 LEX/DB25563868 …… 203
最決令 2・9・30 刑集 74-6-669 …… 110, 294
最決令 4・2・14 裁判所ウェブサイト …… 203

●執筆者紹介●

只木　誠（ただき・まこと）　＊編者

1956年生まれ。中央大学法学部卒業。2000年獨協大学法学部教授、2002年より中央大学法学部教授、2004年より中央大学大学院法務研究科教授。

『刑事法学における現代的課題』（中央大学出版部・2009）、『罪数論の研究［補訂版］』（成文堂・2009）、『たのしい刑法Ⅰ総論［第2版］／Ⅱ各論』（共著、弘文堂・2017／2011）。

北川佳世子（きたがわ・かよこ）

1963年生まれ。早稲田大学法学部卒業。1996年海上保安大学校専任講師、2003年岡山大学大学院法務研究科教授、2007年より早稲田大学大学院法務研究科教授。

『重点課題刑法総論／各論』（共著、成文堂・2008）、『海上保安体制』（共著、三省堂・2009）、『入門刑事法［第7版］』（共編著、有斐閣・2020）。

十河太朗（そごう・たろう）

1965年生まれ。同志社大学法学部卒業。1997年愛媛大学法文学部助教授、2004年同志社大学大学院司法研究科助教授、2005年より同志社大学大学院司法研究科教授。

『刑法事例演習 メソッドから学ぶ』（有斐閣・2021）、『基本刑法Ⅰ総論［第3版］／Ⅱ各論［第2版］』（共著、日本評論社・2019／2018）、『START UP 刑法総論判例50！／刑法各論判例50！』（共著、有斐閣・2016／2017）。

髙橋直哉（たかはし・なおや）

1966年生まれ。中央大学法学部卒業。1999年東海大学専任講師、2010年駿河台大学法科大学院教授、2013年より中央大学大学院法務研究科教授。

『刑法基礎理論の可能性』（成文堂・2018）、『刑法演習サブノート210問』（共編著、弘文堂・2020）、『刑法の授業上巻／下巻』（成文堂・2022）。

安田拓人（やすだ・たくと）

1970年生まれ。京都大学法学部卒業。1997年金沢大学法学部助教授、2001年大阪大学大学院法学研究科助教授、2008年より京都大学大学院法学研究科教授。

『刑事責任能力の本質とその判断』（弘文堂・2006）、『アクチュアル刑法総論／各論』（共著、弘文堂・2005／2007）、『ひとりで学ぶ刑法』（共著、有斐閣・2015）。

安廣文夫（やすひろ・ふみお）

1944年生まれ。東京大学法学部卒業。1969年判事補任官、最高裁調査官、東京地裁・東京高裁部総括判事等を歴任。2009年定年退官より2015年まで中央大学大学院法務研究科教授。現在、中央大学大学院法務研究科フェロー。

『最高裁判所判例解説刑事篇（昭和58年度～平成元年度）』（分担執筆、法曹会）、『大コンメンタール刑事訴訟法［第2版］第7巻』（分担執筆、青林書院・2012）、『裁判員裁判時代の刑事裁判』（編著、成文堂・2015）。

和田俊憲（わだ・としのり）

1975年生まれ。東京大学法学部卒業。1998年東京大学助手、2001年北海道大学助教授、2006年慶應義塾大学大学院法務研究科助教授、2013年同教授、2020年より東京大学教授。

『鉄道と刑法のはなし』（NHK出版・2013）、『どこでも刑法＃総論』（有斐閣・2019）、『刑法ガイドマップ（総論）』（共著、信山社・2019）、『刑法Ⅱ各論』（共著、日本評論社・2020）。

【編著者】
只木　誠　中央大学法学部教授

【著　者】
北川佳世子　早稲田大学大学院法務研究科教授
十河　太朗　同志社大学大学院司法研究科教授
髙橋　直哉　中央大学大学院法務研究科教授
安田　拓人　京都大学大学院法学研究科教授
安廣　文夫　中央大学大学院法務研究科フェロー
和田　俊憲　東京大学大学院法学政治学研究科教授

刑法演習ノート――刑法を楽しむ21問［第3版］

2013(平成25)年5月30日　初　版1刷発行
2017(平成29)年3月30日　第2版1刷発行
2022(令和4)年3月30日　第3版1刷発行

編著者　只木　誠
発行者　鯉渕友南
発行所　株式会社　弘文堂　101-0062 東京都千代田区神田駿河台1の7
TEL 03(3294)4801　振替 00120-6-53909
https://www.koubundou.co.jp

装　丁　笠井亞子
印　刷　三陽社
製　本　井上製本所

ISBN 978-4-335-35894-4